九三学社人物传略（第一辑）

九三学社中央研究室　主编

学苑出版社

图书在版编目（CIP）数据

九三学社人物传略. 第一辑/九三学社中央研究室主编. —北京：学苑出版社，2020.9
ISBN 978-7-5077-4880-2

Ⅰ．①九… Ⅱ．①九… Ⅲ．①九三学社-人物-生平事迹-中国 Ⅳ．①K827=7

中国版本图书馆 CIP 数据核字（2020）第 090154 号

责任编辑：李　耕　徐志琴
出版发行：学苑出版社
社　　址：北京市丰台区南方庄 2 号院 1 号楼
邮政编码：100079
网　　址：www.book001.com
电子信箱：xueyuanpress@163.com
销售电话：010-67601101（营销部）、010-67603091（总编室）
印　刷　厂：北京建宏印刷有限公司
开　　本：787×1092　1/16
印　　张：29.25
字　　数：420 千字
版　　次：2020 年 9 月第 1 版
印　　次：2020 年 9 月第 1 次印刷
定　　价：88.00 元

序

邵 鸿

2015年9月3日，是中国人民抗日战争和世界反法西斯战争胜利70周年纪念日，也是九三学社创建70周年纪念日。为了庆祝、纪念这个特殊日子，缅怀和彰表九三学社先贤，推动我社社史研究、宣传和思想建设，九三学社中央研究室组织编写了《九三学社人物传略》（以下简称《传略》）第一辑，由学苑出版社出版发行。

九三学社有着光荣历史和众多的杰出先贤，他们热爱祖国和人民，为了民族独立、人民解放和国家富强，努力奋斗，无私奉献，始终不渝。他们的人生道路和历史命运给后人以深刻启迪，他们的卓越贡献和崇高风范激励引导后来者见贤思齐，踵武前贤。研究、宣传他们是我们义不容辞的责任，也是加强我社自身建设，继承传统，凝心聚力，更好发挥参政党职能的必然要求。为了加大九三学社历史研究和宣传的工作力度，在韩启德同志的直接领导下，九三学社中央从2006年开始启动了"九三学社社史工程"。近十年来，通过全社上下的共同努力，社史工作取得了可喜成绩，《传略》就是其中一项重要成果。

我以为，《传略》较为突出的特点和优点有三。

一是首次对九三学社创社前辈做了群体性的介绍和展现。

虽然以往已有一些关于社史人物的文章和传记著作，但在我社历史上，社史人物传略的编撰出版尚属首次。《传略》第一辑共收入我社创社先贤20人，包括许德珩、褚辅成、张西曼、梁希、潘菽、税西恒、吴藻溪、黄国璋、张雪岩、王卓然、涂长望、笪移今、卢于道、何鲁、黎锦熙、金善宝、谢立惠、袁翰青、孙荪荃、王造时。他们不仅是九三学社的缔造者和早期核心成员，也是中国近现代著名的爱国知识分子、民主主义者和社会活动家。此次将他们的传略集中编纂出版，可谓展现了一组风华各异而又厚重协调的历史群像，不仅能够使我们深化对各位创社先贤生平事迹的了解，更可以由此深刻认识到，九三学社的创立和发展，是一个追求民主、致力科学的爱国知识分子群体的集体选择和事业，也是历史大趋势下的产物。

二是坚持求真求信，力求客观记述，还原历史真相。

"文革"以前，在当时特定历史条件下，九三学社的社史叙述既受制于"左"的意识形态，也缺少真正的研究，因而存在着明显的缺陷。如若干史实不清，一些重要成员的作用、地位被忽略，有的历史被回避甚至改写。改革开放以后，特别是近十年来，得益于思想观念的解放和研究工作的深入，社史研究有了很多新的突破，不仅使一些长期以来因为种种原因被埋没或忽视的前贤，如褚辅成、张西曼、张雪岩、王卓然等人的事迹得以发现和彰显，而且发现和纠正了一些以往社史著述中存在的错误。《传略》继续了这一取向，注重从历史实际出发，首次为吴藻溪、黄国璋、孙荪荃、笪移今、卢于道等人立传，填补了社史的空白，而且通过各创社先贤的历史叙述，实事求是地复原和修正了社史的许多细节，并给予更贴切的评价。比如"民主科学座谈会"的实际情况，解放战争时期九三学社总社的设置和各地方组织的活动，褚辅成、张西曼、吴藻溪、黄国璋、孙荪荃等人对新民主主义革命和九三学社的贡献等，在《传略》中都有更合乎历史实际的叙述。

三是注重史料发掘，充分体现和吸收最新研究成果。

《传略》的作者中，有的本人就是相关人物的研究专家，比如王天松同志，以近二十年之力，刻苦搜辑褚辅成的生平史料，著有《褚辅成先生年谱长编》《褚辅成文存》；张小曼女士数十年如一日，在国内外发掘寻找父亲张西曼的各种著译和历史资料，有多项重大发现；陈建明教授和王京强博士承担了国家级课题，对张雪岩生平广搜博采，深入研究，并在此基础上撰有二十多万字的《张雪岩传》。由他（她）们来写各位先生的传略，自然是厚积薄发，扎实可靠。很多作者虽非专门研究者，但注意深入发掘利用第一手资料，比如笪移今、卢于道传略的作者季萍、张晓鹏同志，直接查阅了传主的人事档案，并做了不少口述史料采集；吴藻溪、王卓然、黄国璋传略作者郭祥、王世铎、李书同志，则通过与传主家人的密切交往和联系，获得大量可贵的文字、实物和口述资料。其他传略作者，也多能注意尽量利用近年来学术界和我社社史研究已有的成果，保证写作质量。因此，即使从专业角度看，《传略》也可说达到了一定水准，具有历史学的学术价值。

总之，《传略》是贴近历史真实、具有教育意义和学术价值的一部著作。《传略》和最近刚刚出版的《九三史话》、即将出版的《九三学社简史（2015年修订版）》一起，既是对两个"七十周年"和九三学社各位先贤的献礼和致敬，也为世人了解九三学社，为我社更好地开展社史学习和教育、加强思想建设提供了帮助。它的出版，正逢其时，令人高兴，值得庆贺。

当然，《传略》也不可避免地存在着不足。因为时间仓促和研究不足等原因，《传略》第一辑未能立传的创社前辈还有不少，文中也存在叙述不够深入、史实不尽一致甚至可能是错误的地方，还有的传略文字不甚理想，等等。希望在下一辑出版时，这些不足能够得到改善。为此，也希望读者朋友不吝赐教，以便我们改进。

谨序。

2015年6月28日

目　录

许德珩传略 …………………………………… 许　进（1）
褚辅成传略 …………………………………… 王天松（36）
张西曼传略 …………………………………… 张小曼（69）
梁希传略 ……………………………………… 昝建军（91）
潘菽传略 ……………………………………… 李令节（115）
税西恒传略 …………………………………… 李　花（151）
吴藻溪传略 …………………………………… 郭　祥（169）
黄国璋传略 …………………………………… 李　书（189）
张雪岩传略 ……………………………陈建明　王京强（211）
王卓然传略 …………………………………… 王世铎（232）
涂长望传略 …………………………………… 乔发进（262）
笪移今传略 ……………………………季　萍　詹　耘（282）
卢于道传略 …………………………………… 张晓鹏（305）
何鲁传略 ……………………………………… 王世铎（326）
黎锦熙传略 …………………………………… 李　书（344）
金善宝传略 …………………………………… 段正初（362）
谢立惠传略 ……………………………陈义华　郭　祥（385）
袁翰青传略 …………………………………… 贾晓明（405）
孙荪荃传略 …………………………………… 李　书（425）
王造时传略 …………………………………… 贾晓明（440）

许德珩传略

许　进

同盟会员　讨袁战士

许德珩，字楚僧、楚生，1890年10月17日出生在庐山脚下的江西省德化县仁贵乡沈家冲，即今日的江西省九江市庐山区虞家河乡。

许德珩少年时，家中无力为他请私塾先生，他先在乡里的学堂就读，后在其长嫂家的私塾搭学。

许德珩的父亲曾在浙江绍兴府当文案，后回九江，在同文书院教书。具有民主革命思想的父亲，从绍兴带回了梁启超主编、充满改良思想的《新民丛报》，邹容所著、被视为"中国的人权宣言"的《革命军》，章太炎所著、充满激进言论的《訄书》和严复翻译的《天演论》等书刊及秋瑾写的文章，这些进步书刊深深地吸引了少年的许德珩。

16岁的许德珩每日步行四十华里，到九江县城内的青年教师家学习英文、数学等新学课程，风雨无阻。如此两年，他不仅学到了新学的知识，还锻炼了意志和体魄。

1908年，许德珩考入九江中学堂，因为成绩优异，他不仅免缴学费还获得了奖学金。经杨秉笙、王恒两位老师介绍，许德珩加入了由孙中山先生创建的同盟会。

1912年，许德珩毅然剪掉辫子，与清朝决裂，投笔从戎，在九江军政府参谋长李烈钧部秘书处任秘书。次年，许德珩在九江街头看到他的中学老师因在军中打错联络旗语而被杀，十分气愤，退役并返回九江中学堂继续读书。

1913年7月12日，李烈钧在九江湖口首举讨袁大旗，发布讨袁檄文，"二次革命"爆发了。许德珩再次投笔从戎，回到李烈钧部，加入讨袁行列。湖口战役失败后，北洋军阀段芝贵在江西大肆搜捕革命党人，许德珩不能在家居住，遂从九江乘轮船到上海，考入吴淞中国公学英文系，继续读书。

1915年初，许德珩因无力支付学费而辍学。

北大学子　五四群英

1915年暑假，许德珩考入北京大学英文学门。北大的学费虽比中国公学低，许德珩仍难以负担，幸有在京经商的同乡熊奎如相助，才能勉强读下去。

1916年3月，时任同文书院教员的父亲病逝，许德珩回乡奔父丧。料理完父亲的后事，许德珩的妻子陈氏也病故了，遗下一子。家中连遭不幸，迫使许德珩在家料理善后，休学一学期。1916年秋返京，转入国文学门，重读一年级。

1917年初，同乡熊奎如因生意亏本而返乡，中断了对许德珩的接济，许德珩陷入经济困境，万般无奈，他向校长蔡元培先生求助。蔡先生在测试其英文水平之后，介绍其到北大国史编纂处勤工俭学，利用课余时间翻译英文版《多桑蒙古史》。勤工俭学获得的每月十块银元收入使许德珩绝处逢生，得以继续读书。每月他把节省下来的五块银元寄给母亲，补贴家用。

1918年1月19日，蔡元培先生在北大发起成立进德会，培养个人高尚道德情操。进德会成员的基本戒条是不嫖、不赌、不纳妾，教职员中参加者百余人，学生中参加者三百余人，许德珩也加入了这个组织。

1918年5月，北京段祺瑞政府与日本政府秘密签订中日两国陆军、海军《共同防敌军事协定》，《协定》允许日本驻兵东北和训练、指挥中国军队，出卖了中国领土和军事主权。为此，中国留日学生举行抗议集会，遭到日本当局的残酷镇压。全体留日学生为反抗日本当局的暴行，罢课回国。许德珩等北大学生代表与李达、王希元等归国留日学生代表会面，并召集北京各学校的代表在北大开会，听取留日学生代表报告有关情况。大家决定集体向总统请愿，反对政府签订《协定》。5月21日，北京各大学学生两千多人和少数天津学生代表结队到新华门向总统请愿，反对签订《协定》。许德珩等八名学生代表手捧请愿书求见总统冯国璋，冯派其秘书代见并接受请愿书。学生代表们步出总统府，大队同学跟着他们往回走。社会和媒体不了解这次学生请愿的目的，请愿活动没有产生社会影响。活动的失败激励同学们组织起来，奋起救国，随即成立了学生救国会。

1918年6月30日，在李大钊先生的推动下，少年中国学会筹备成立。学会以创造"少年中国"为宗旨，以"奋斗、实践、坚忍、俭朴"为信条，为推动社会进步聚集力量。许德珩与毛泽东、张闻天、恽代英等都是该学会的会员，他们在李大钊的指导下，把"创造少年中国"和"再造神州"作为理想。

1918年暑假，学生救国会派许德珩、易克嶷作为代表，南下联络各地学生，发动学生共同救国。他们先后到了天津、济南、武汉、九江、南京、上海等地，在他们的发动下，来自全国各地的学生纷纷加入，使学生救国会成为了一个全国性的学生组织。

8月，许德珩、易克嶷持蔡元培校长的介绍信在上海见到了吴稚晖，再经吴介绍，在莫利爱路孙中山寓所拜见了孙中山先生，孙中山先生对北京学生的爱国活动十分支持。

1918年10月20日，《国民》杂志社在南池子欧美同学会举行成立大会，到会社员八十多人。许德珩任大会主席，报告杂志社筹备经过，说明办此刊物之必要。蔡元培校长出席大会并致辞说："本志酝酿数月于兹，今日始有此成立会，鄙人与诸君同一愉快。诸君为此，志在拯国家于危亡，深堪嘉尚。"在成立大会上，邓中夏（邓康）、许德珩、周炳琳等当选为编辑股干事，黄日葵、廖书仓、孟寿椿等当选为特别编辑员，谢绍敏为调查股主任，张国焘为总务股干事，段锡朋为评议部议长。

12月19日，《北京大学日刊》刊登了《〈国民〉杂志社启事》，阐述《国民》杂志的宗旨：（一）增进国民人格；（二）灌输国民常识；（三）研究学术；（四）提倡国货。

1919年1月1日，《国民》杂志创刊号发行。蔡元培先生为创刊号作序，徐悲鸿先生为杂志设计封面，许德珩发表了题为《吾所望于今后之国民者》的文章。

1月18日，巴黎和会开幕，作为协约国集团成员，中国以战胜国身份出席大会。

3月23日，北京大学平民教育讲演团成立。该组织由北京大学学生邓中夏（邓康）、许德珩、廖书仓等发起，团员三十九人，多为国民社和新潮社成员。其宗旨是：增进平民知识，唤起平民之自觉心。以露天讲演和出版刊物的方式普及平民教育。

4月30日，参加巴黎和会的英、美、法、日、意五国无视中国的战胜国地位，将德国在山东的特权转让给日本，中国外交在和会上失败了。

5月2日下午，许德珩从蔡元培校长处得知巴黎和会失败的消息，便约集《国民》杂志社的代表在北京大学西斋饭厅紧急开会，讨论办法，决定由《国民》社通告北大全体同学，于次日晚在北大第三院大礼堂举行学生大会，约请北京十三个中等以上学校的代表参加。

5月3日晚，北大全体学生在法科礼堂开会，除北大一千多名学生外，还有其他各大专学校的代表应邀参加。大会推举北大学生廖书仓为大会主席，黄日葵、孟寿椿记录，许德珩起草宣言，学生丁肇青、谢绍敏、张国焘、夏秀峰、许德珩、易克嶷等相继在大会上发言。大会决议：（一）联合各界一致力争；（二）通电巴黎专使，坚持不在和约上签字；（三）通电全国各省市于5月7日国耻纪念日举行群众游行示威；（四）5月4日齐集天安门举行学界大示威。会后，许德珩连夜起草并书写了《北京学生天安门大会宣言》。他把他唯一一床白色铺单撕成条幅，写上标语，为第二天的游行做准备。

5月4日下午，北京大学等十三所高等学校的三千余名学生汇集天安门，宣读了由许德珩起草的《北京学生天安门大会宣言》。《宣言》向全国人民呐喊：山东亡，是中国亡矣！我国同胞处其大地，有此河山，岂能目睹此强暴之欺凌我，压迫我，奴隶我，牛马我，而不作万死一生之呼救乎？《宣言》揭露、声讨帝国主义国家"背公理而逞强权"的强盗行径，提出"外争国权，内惩国贼""取消二十一条""拒绝在和约上签字"等口号，要求惩办亲日派官僚曹汝霖、章宗祥、陆宗舆。他们在天安门升起了中华民国五色旗，学生游行队伍在东交民巷公举段锡朋、许德珩、罗家伦、狄福鼎四人为代表向美国公使馆递交了《陈词》。由于在使馆区受阻两小时，愤怒的学生向位于东城区赵家楼胡同的曹汝霖宅进发，部分学生冲进曹宅，遍寻曹汝霖不着，愤激之中，放火焚毁了曹宅，并痛殴了曹宅中的一个身着西装、面容像日本人的人，事后才知道被殴之人是曾向日本政府递交书有"欣然承诺"四字换文的驻日公使章宗祥。北京政府调集军警镇压，逮捕许德珩等各校学生三十二人。

5月6日，北京中等以上学校学生联合会成立，会址设在马神庙北京大学第二院。日后，代表各校出席学联的有：北京大学黄日葵、段锡朋、许德珩、易克嶷、张国焘、康白情、陈宝锷，清华学校罗隆基（罗国煓）、陆梅僧，法专祁大鹏，俄专瞿秋白，汇文瞿世英，工专夏秀峰，高师熊梦飞，高师附中赵世炎，农专顾文萃，铁路管理学校郑振铎等。

5月7日，北京政府被迫释放被捕学生。被捕学生返校时受到各自学校师生的热烈欢迎与慰勉，蔡元培校长率北京大学全校师生在沙滩广场迎候获释的被捕同学，被捕同学全体站立在桌子上与大家见面。由于当时太激动，被捕同学和在校同学无一人讲话，大家只是热泪交流。

5月8日,总统徐世昌下令警察厅将释放的学生送交法庭审办。

5月9日,北京政府公布三道命令:一、查办北大校长(此令中途收回);二、将学生送交法庭;三、整饬学风。在政府的强大压力下,蔡元培校长悄悄离校出京,返回故乡绍兴。行前他留下了一张字条说:"我倦矣!'杀君马者道旁儿也','民亦劳止,汔可小休'。我愿小休矣!"蔡校长被迫出走的消息很快传到北京各校,学生们极为震动,设法挽留,爱国学生运动掀起了更大的浪潮。

5月18日,各校学生五千余人在北大法科礼堂追悼在五四运动中死去的北大学生郭钦光。北大学生代表许德珩首先发表演说:"今日追悼郭君,实无异追悼我们自己。因郭君未了之事业,全凭我们继行其志,做到他现在的地位,才肯罢休。"

5月27日,各校代表在北大三院开会,会议决定扩大运动,并委派许德珩、黄日葵到天津、济南、武汉、九江、南京、上海串联,扩大声势,呼吁一致行动,争取胜利。许、黄从北大三院跳墙逃过军警的包围,化装出京,学生运动在南方也如火如荼地开展起来了。

5月29日,许德珩、黄日葵到达上海,最初住孟洲旅馆。后受南洋商业专门学校校长郭虞裳(郭绍虞)之邀,搬入该校,住在教室中,直至8月底第一届全国学联会议结束,许德珩等才返京。

5月31日,上海学生联合会联合本埠商、工各界,在西门公共体育场追悼北京大学学生郭钦光,约万人参加。北京学生会代表许德珩在会上发表演说:"我于二十七日出京时,学校四周密布军警,干涉行动。易敝服,化装潜行,始得今日与诸君参与此会,可谓幸事。人皆有死。为什么要追悼郭君呢?郭君为国而死之目的有二:(甲)取消中日密约,收回青岛;(乙)惩办卖国贼。设吾人不能继烈士之志,并力求达到目的,烈士英灵有知,必且追悼我辈。"当时出版的《上海罢市救亡史》记载:"许君言词沉痛,闻者为之泣下。当由何会长告诉大众,谓许君系北京大学学生被拘三十二人中之一人。会众闻知,群为鼓掌,表示敬意。"

6月5日,上海各界代表在宁波路卡尔登西饭店举行联席会议,并成立上海商、学、工、报各界联合会，北京、天津等地的学生代表应邀参加。会议讨论决定，将运动的目标集中于惩办卖国贼，此目标不达，即不开市。许德珩在会上介绍了北京学生的斗争经验和决心，并提出"国民自决"的口号："'国民自决'四字，吾人心目中所恒有，望政府惩卖国贼，恐不可得也。"

6月10日，在全国人民的强大压力下，北京政府被迫罢免曹汝霖、陆宗舆和章宗祥三人的职务，国务总理钱能训亦提出辞职。

6月初，许德珩代表北大学生从上海到绍兴，劝蔡元培先生返校主持校务。在蔡先生的寓所，许德珩看到这位提倡劳工神圣的大学校长正在洗衣服，望着蔡先生欢迎他的沾满肥皂沫的手，许德珩深受感动。

6月16日，在北京、天津学联的倡议下，中华民国学生联合会在上海大东旅馆举行成立大会。各地学生代表五十余人参加，他们是北京段锡朋、陈宝锷、许德珩、黄日葵、黄炳蔚、罗国烺、罗发组、张伯谦，上海何葆仁、陈伦会、恽震等。北京学生代表许德珩在会上强调："我辈宜去虚荣心而牢守坚忍心。"

6月28日，在全国人民和旅法学生、工人的强大压力下，中国参加巴黎和会的代表拒绝在《巴黎和约》上签字，至此，五四爱国运动取得了重大胜利。

全国学联成立后，派许德珩到江西、湖南等地发动各界支持学生运动。据1919年7月26日《申报》报道："昨日（二十五）下午新钟二时（全国学生联合会评议会）开会，到会者三十九人。首席评议员刘庆平主席，主席朗读本会派赴江西、湖南一带之代表许德珩之报告书，其意盖各界组织联合会异常踊跃且通电各省绝端推翻日军阀派徐树铮、段祺瑞辈云云。"

8月，许德珩与刘清扬、康白情、张国焘等以全国学联代表的名义会晤孙中山先生。

8月底，许德珩、黄日葵等从上海乘船经天津回到北京。

8月29日，许德珩致信曾琦，他在信中说：这回运动，好时机，好事业，未从根本上着手去做，致无多大的印象于社会，甚为咎心。个人的学识不足，修养不到，以后当拼命从此处下手。

9月12日，在各方面的劝说、敦请下，蔡元培先生终于回到北京。9月20日，北大师生举行大会欢迎蔡校长返校，张国焘主持北大学生欢迎会。许德珩虽已毕业，也参加了欢迎会。

10月12日，北大平民教育讲演团假理科学长室召开第二次大会并欢送许德珩、陈宝锷赴法勤工俭学，临时主席丁肇青致词后，许德珩讲话。同日，《国民》杂志社在欧美同学会举行成立一周年纪念会并欢送许德珩、陈宝锷赴法勤工俭学，到会社员七十余人，来宾中有李大钊、陈独秀、蓝公武、徐宝璜等，陈独秀、李大钊分别发表演说。

1920年1月，张东荪约集许德珩、康白情、张国焘、罗家伦等在《时事新报》报馆与刚从欧洲回国的梁启超先生会晤。梁慨叹他从事政治运动二十余年徒劳无功，今后对政治已无兴趣。他提出了一个"五十年文化"的大计划，希望青年学者赞助。许德珩等向他介绍了当下无法安心研究学业，必须从事反日爱国运动的情况。许看到这位当年编辑《新民丛报》，为中国文化启蒙运动做出了重大贡献的任公，曾依附袁世凯，现又退出政治运动，从事学术研究，联想到也曾对其青少年时代产生重大影响、将《天演论》介绍到中国的严复先生，晚年竟组织筹安会，拥护袁世凯称帝。原来他们只是设法帮助皇帝维新，并不想推翻专制王朝，当民主革命到来时，他们就站到革命的对立面去了。只有像孙中山先生这样组织起来，彻底推翻帝制，建立国民政府才有出路。这两位清朝末年著名维新人物的蜕变，更坚定了许德珩投身民主运动的决心。

1920年2月15日，许德珩从上海杨树浦码头登上博尔多斯号法国邮船，走上了勤工俭学之路。黄介民、王独清、康白情、刘清扬、戈公振、狄侃、何葆仁、张国焘等到码头相送。

3月25日，途经香港、越南、新加坡、锡兰，穿过苏伊士运河，许德珩到达法国马赛港。从马赛来到巴黎，许德珩在巴黎大学文学院社会学系注册。他住在巴黎市第五区距巴黎大学不远的一家小旅馆里，由于法文水平低，他听课感到很吃力，遂去法文学校学习法文。

塞纳河畔　发奋读书

4月5日，旅法中国学生组织"国际和平促进会"在巴黎哲人厅（Societe Sarante）召开欢迎旅法新同学大会，到会者百余人。会长李圣章主持大会，书记周览（鲠生）报告该会成立一年之经过，许德珩报告了国内最近的形势。

暑假期间，许德珩到英国伦敦，在政治经济学院注册听讲，课余到大英图书馆抄录有关太平天国和英法联军侵略中国的史料，他在英国学习两个月后回到法国。许德珩为了专心学习法文，避开各种活动，搬到了第戎（Dijon，法国一城市）居住。

1921年10月，许德珩由第戎经比利时到德国。战败后的德国，社会紊乱，物价飞涨。他在柏林见到徐悲鸿，参观了博物馆。停留约两个月，返回法国。

1922年10月，许德珩从第戎回到巴黎，住在第五区国葬院边的埃斯特拉巴德大街（Rue de l'Estrapade）。11月底巴黎大学开课后，他仍进文学院社会学系读书。

1923年5月5日，国内发生了山东临城土匪劫掠火车事件，自浦口至天津列车上的三百余中外旅客被土匪绑架，早有共管中国铁路企图的帝国主义列强借此机会发难。7月初，许德珩与周恩来、徐特立、谢乐发等共同发起旅法各团体联合会，大家捐款，拍电报至国内各界和中国驻外公使、华侨，反对铁路共管。

1924年，许德珩将涂尔干著《社会学方法论》译成中文，由蔡元培先生作序并推荐给商务印书馆出版，蔡先生在序中说：

> 吾友许君德珩在国立北京大学哲学系毕业后，来法研究，已历五年。虽然经济状况常常给他以困难，而他的刻苦用功，

积久不懈，每日用功时间，总在十五点钟左右，为留欧同学所仅见。他所专研的是社会学，于各派的学说，都经涉猎，而尤服膺于涂尔干的学说。特于课余，译述此书。他的译法，精审忠实，在他自记的译例上，可以看得出来。我曾经用原著检讨一过，觉得他的译文，不但当得起"信达"两个字，而且有几处，因为原书颇涉晦涩，经他加以解释与例证，觉得比读原书更容易了解。我认为是近年来最有价值的译本，谨为郑重介绍。

　　　　蔡元培十三年（一九二四年）十一月十日巴黎

　　1925年4月16日，许德珩与劳君展在巴黎中国饭馆举行婚礼，出席婚礼的有徐悲鸿夫妇、刘半农夫妇、周炳琳、魏璧、严济慈、郭有守、何思源夫妇等，许、劳以蔡元培先生之贺词作为结婚证书。劳君展从巴黎大学数学系毕业之后，到居里研究所向居里夫人学习数学。居里夫人曾在一天下午到劳君展的住所做客，劳君展以中国茶点招待。当时，亚洲人，特别是中国人的国际地位很低，劳君展能够成为居里夫人的学生十分不易，说明了她本人的聪颖和勤奋。当时，西方人看到许德珩、劳君展等能够进入法国著名学府读书并学有所成，都以为他们是日本人。他们每当遇到这种情况，都坚决地回答说："我们是中国人。"

　　1925年蔡元培先生在巴黎时，许德珩与之过从甚密，并向其提出回国的工作问题。经蔡先生推荐，许德珩于1926年秋收到广州中山大学的聘书及路费。路费仅够一个人用，遂由许德珩先回国并筹集路费，劳君展留在巴黎居里研究所继续追随居里夫人从事研究工作。

　　为了纪念在法国的共同生活经历，许德珩、劳君展合译了小仲马所著小说《茶花女》。胡适看到译稿后，十分赞赏，表示愿代他们联系出版。但此译著一直未问世，他们曾多次追问胡适，胡后来答复说译稿找不到了。此事成为许德珩、劳君展终生的遗憾。

革命洪流　惊涛骇浪

1927年1月，许德珩从法国乘船启程回国，他利用旅行的时间写好了将在广州中山大学讲授的社会学和社会主义史的讲义。

1927年2月，许德珩到达广州，在中山大学文学系任教。

3月，许德珩到黄埔军校兼任该校政治教官，为第五期学员讲授社会主义史。

4月初，许德珩到达上海，他在上海看望了留法时期的同学陈延年、赵世炎，北大同学黄日葵、陈宝锷和老校长蔡元培先生。

4月12日，许德珩与黄日葵同船离开上海赴武汉，当晚上海发生了由国民党反动派发动的"四一二"政变，大批优秀的共产党员和三百余工人被杀害。

4月17日，许德珩在九江家中探望母亲时接到中山大学的电报，通知他已被校方解聘。

4月21日，许德珩到达武汉。应恽代英、张国焘的邀请，许德珩到中央军事政治学校武汉分校（即黄埔军校武汉分校）任教，同时兼任第四中山大学教授。教书之余，许德珩翻译了布哈林著《社会主义之路与工农联合》，在报刊上连载。应陈独秀先生之邀，许德珩在汉口与陈独秀、张国焘、蔡和森、恽代英、瞿秋白、李立三等数十人相聚。一见到许德珩，陈独秀就说："还是老样子，没有变。"同桌的蔡和森问许德珩"到哪里工作"，恽代英忙说："安排好了，在我那里（恽代英当时主持中央军事政治学校武汉分校）。"在这次聚餐会上，许德珩见到了很多故交，大家十分高兴。

5月4日，武汉各界在阅马场举行"五四"纪念大会，许德珩在会上讲话，他说，五四运动所遗留下来的有三种精神：第一，推倒封建制度；第二，反对国际帝国主义的侵略；第三，人民直接起来和军阀及其走狗斗争。

5月初，李大钊同志被奉系军阀张作霖杀害的消息传到武汉，群情悲愤。5月中旬，武汉各界举行李大钊先生追悼大会，许德珩在会上致悼词。

7月，许德珩出任国民革命军总政治部秘书长。劳君展定于7月底从法国到达上海，许德珩到上海，将她接到武汉。

9月初，许德珩看到武汉的反共气氛日甚，而唐生智等国民革命军首领在家中烧香拜佛，他遂辞去总政治部的职务，与劳君展乘船自汉口去上海。

霖雨化人　绛帐生辉

起初，许德珩与劳君展租住到一个亭子间里，后来他们搬到法租界的霞飞路住下，他们的女儿鹿希、儿子中明相继在上海出生。

为恪守中山先生"联俄、联共、扶助农工"的三大政策，不忘本，许德珩、邓初民、李达、黄松龄、马哲民、施存统、劳君展、钟复光、颜亚苏等组成了一个小团体——本社，许德珩还参加了中国社会科学家联盟。

1928年至1930年，许德珩在上海翻译的书籍有：马克思著《哲学之贫乏》、布哈林著《唯物史观社会学》、拉法格著《家族进化论》，先后由北平东亚书局、上海北新书局和上海大东书局出版。

许德珩任教于大陆大学，讲授社会主义史和唯物论辩证法。许德珩的北大同学、中共的发起人之一陈公博担任该校校长。后来，大陆大学被查封，报载："大陆大学为共党分子聚会之所，经常散发共产党言论之传单，故于昨日查封。"许德珩用译书所得的稿酬自费创办了社会科学院，将被当局查封的大陆大学的师生转入社会科学院继续学习。

1929年底，受北大同学、暨南大学文学院院长陈中凡之邀，许德珩任暨南大学教授兼历史社会系主任，他将社会科学院的学生转入暨南大学学习。后因其在暨南大学讲授历史唯物论和唯物辩证法，为上海的蒋介石势力所不容，许德珩于1931年初被暨南大学解聘。

许德珩的留法同学、北平师范大学校长徐炳昶得知许被暨南大学解聘的消息后，聘请他到北师大任教。1931年7月初，许德珩、劳君展携子女抵达北平，许任北平师范大学教授兼历史社会学系主任，劳任北平女子文理学院教授。应北京大学的邀请，许德珩兼任北京大学法学院教授，后辞去师大教职，专职在北大任教。许德珩、劳君展来到北平后，住在东城遂安伯胡同14号，他们终于不必像在白色恐怖的上海那样居住不定，一两个月搬一次家了。

东北被日本侵略者占领后，许德珩经常到北京大学和北平师范大学讲演，宣传抗日救亡的思想，揭发日本帝国主义侵略中国的罪行，痛斥南京政府的不抵抗政策。在中国共产党的号召和组织下，北平、上海、南京等地的学潮风起云涌。

1932年12月13日，许德珩被北平当局逮捕，家中的外文书籍、红色封面的书籍及其手稿、译稿均被抄走。为了营救许德珩，劳君展设法查到许德珩被羁押在户部街公安局第三科，遂将此消息通知了北平《世界日报》社记者萨空了、在上海的蔡元培先生和北京大学。次日，《世界日报》教育界版面以头条消息对许德珩被捕做了报道。

12月17日，蔡元培与宋庆龄、杨铨、黎照寰、林语堂等以中国人权保障同盟筹备委员会的名义致电蒋介石、宋子文、于学忠，要求释放许德珩等各校师生，人权保障同盟总干事杨铨到北平亲自营救。

12月21日下午4时，劳君展与北大校长蒋梦麟、法学院院长周炳琳等一起到北平市公安局第三科，将许德珩保释出狱。

12月27日，许德珩致函蔡元培先生，报告其被捕的经过，请蔡先生以长者的地位保障人民的言论居处等自由，信的全文如下：

孑师钧鉴：

　　不聆教诲半年有余，瞻仰之怀无时或释。珩于本月十三日上课归来，被平当局非礼逮捕，事前并无任何通知于学校当局。事后询问缘由，仅知是"九一八"事变后常做公开讲演之故，并无其他罪名。逮捕时，寓中横被搜查，损失中、西文书籍，译稿、著稿甚多，课余成绩丧失过半。此种举动昔日北洋军阀不忍为之，而乃见之于今日，殊令人具无穷之感也。珩现虽出狱，然精神甚苦闷，多承先生关怀，感惭交并。然此乃今日中国社会之整个的问题，非个人的问题也，诚以对外屈服，贪官污吏横行，而欲使人民都俯首降心不讲话，则中国只有灭亡而已。狱中尚有十四岁小学生，十六七岁中学生，状至可怜。谁无子女？谁无弟兄？而乃不为社会爱惜人如此，可为痛哭者也。先生长者，望以长者的地位于此种非人道的举动及人民言论居处等自由力为保障，则中国虽亡或可以稍留一二分民气。学生为一愤世嫉俗者，只求问心得过，虽受任何处罚无怨也。现仍留平，母校教职本拟辞去而梦麟先生又不许可，只好以后再说。先生近来安好否？夫人想常康健，深用为念。专此敬叩

　　双安并祝年禧

　　　　　　　　　　　　　　学生许德珩谨启君展附候
　　　　　　　　　　　　　　十二月廿七日

　　1932年12月21日许德珩出狱后，一面教书，一面继续从事抗日救亡运动。杨铨邀请许德珩加入民权保障同盟，许对杨说："我自己的人权都保障不了，如何保障别人的民权？"杨铨笑着回答说："我们就是需要你这样的人来保障民权。"

　　1933年1月30日，民权保障同盟北平分会成立，许德珩、胡适等九人当选为执行委员。3月18日，因攻击民权保障同盟，胡适被开除会籍。

　　6月，杨铨在上海遭特务暗杀。许德珩闻讯后，悲愤交加，不能自已，写下《哭杨杏佛先生》诗志哀。

　　1934年暑假，许德珩携全家赴日本考察，他想了解日本的国力和人民生活情况。他看到长期的对外侵略战争使得日本人民的生活十分贫苦，许德珩一家吃剩下的西瓜皮，马上被人拣去食用。日本国内民生凋敝、文化

落后的状况,更坚定了他取得抗日战争胜利的信心。

1935年8月,许德珩、劳君展邀集徐冰和陈豹隐、张申府、刘清扬、张晓梅、吴觉先等在玉泉山聚谈,研究如何加强各校师生的联系,进一步开展抗日救亡运动。后来,杨秀峰、孙文淑、程希孟、彭道真、温健公等教授也加入进来,大家再次相聚,共商对策。会议对于各校的联系和发动工作做了分工,许德珩负责北京大学、东北大学,张申府负责清华大学,劳君展负责女子文理学院,寸树声、陈豹隐、程希孟负责北平大学法商学院,杨秀峰负责北平师范大学,徐冰、张晓梅负责内外联系。后来又增加马叙伦、尚仲衣负责北京大学,潘怀素负责清华大学。

1935年10月,中共中央红军完成了两万五千里长征,到达陕北根据地。中共北平党组织秘密地以各种方式传播、宣传《为抗日救国告全体同胞书》(即《八一宣言》)。《八一宣言》号召停止内战,一致抗日,全国人民不分阶级,不分党派,共同团结,组织国防政府和抗日联军,以挽救民族危亡。许德珩从北大学生俞启威(黄敬)处得到《八一宣言》。许德珩、劳君展阅读后深受鼓舞,他们与北平其他高等院校的进步教授马叙伦、吴承仕、张友渔、黄松龄、齐燕铭、管彤、寸雨洲(树声)等,冒着被解聘和坐牢的风险,在北平的各高等院校中宣传抗日救亡的思想。

12月9日,北平国立、私立十五所大学的学生和中学生万余人,举行了轰轰烈烈的示威游行,著名的"一二·九"运动爆发了。当游行队伍行至沙滩北大一院时,红楼后面的钟被激烈地敲响了,同学们冲出课堂,加入游行的行列,许德珩和劳君展加入到北大学生的游行队伍中。当游行队伍经东华门、王府井大街到达王府井大街南口时,路旁站满了手持大刀、木棍的警察,有的警察手中还拿着消防水龙头。学生与警察交涉无果,就一齐英勇地向前冲。这些在日本人面前无所作为的警察打开水龙头向学生队伍喷射,挥动大刀、木棍,乱砍乱杀。在零下十几度的寒冬里,许德珩、劳君展和同学们的棉衣被水龙头喷射后,很快就结了冰。大家不顾一切,昂首阔步,继续前进。当日有一百多名学生受伤,三十多名学生被捕。

由于12月9日北平当局紧闭城门，位于城外的清华大学和燕京大学两校的学生未能进城参加示威游行。清华大学救国会的学生代表与徐冰一起约许德珩到清华讲演，介绍游行示威情况。12月14日，许德珩与劳君展到清华大学大礼堂，向学生们介绍了12月9日同学们不怕流血牺牲的英勇事迹。他们刚刚回到城里的家中，北大校长蒋梦麟就来电话说，清华大学校长梅贻琦来电话说，你们到清华放了一把火，学生们要上街游行了。

12月19日，许德珩等以华北文化劳动者协会的名义发表宣言，支持学生运动，宣言中说：为了中华民族之自由与独立，为了全国民众自动的救亡，北平全体的青年学生，已经起来作英勇的斗争了！他们这种救亡的悲壮运动，是光荣不是"耻辱"，是全民族的呼声，不是少数人的"意气"！它正是对南京政府及华北无耻的官僚政客出卖华北之必然的回答！中华民族的危机已到了最后的阶段。更横暴的侵略，更残酷的屠杀，更巧妙的出卖，马上就要到来。我们如果不愿意坐以待亡，便应该起来斗争。自由和奴隶，中间并没有第三条路可走！这篇宣言发表在1936年1月13日出版的《北大周刊》上。

1936年初，许德珩与马叙伦、白鹏飞、黄松龄、张申府等发起成立北平文化界救国会，并于1月27日在北平大学举行成立大会。大会通过了会章及宣言，号召全国文化界人士火速行动起来，促进全国民众的抗敌救亡运动，不要偷安退缩准备做亡国奴。华北的民众，全国的民众，起来！赶快起来！抵抗敌人的侵略，救护我们的国家，收复我们的失地，争取我们的自由！

5月4日，北大举行五四运动十七周年纪念会，请曾经参加运动的马叙伦、曾昭抡、周炳琳、许德珩四教授演讲，参加纪念会的学生把北大二院的礼堂挤得满满的。许德珩在讲述了自己在五四运动中的经历后，鼓励同学们把当年五四青年"外争主权，内除国贼"的要求与今天同学们"抗日救亡"的要求结合起来，他说："纪念五四，在今天就要反对日本帝国主义，要消灭汉奸。"他最后感叹地说："当年那些勇猛的反帝青年，后来有的消沉了，有的做官了，真是滔滔者天下皆是也！"同学们对他的讲话报以热烈的掌声。

　　6月，北大当局通知提前于6月18日考试，考后即行放假，以破坏北大学生救国会领导的罢课行动，同时，宣布解聘许德珩、尚仲衣两教授，令马叙伦教授长期休假。对此，进步学生展开了斗争。被解聘的许德珩，改任北平大学法商学院教授，继续利用讲台，开展抗日救亡宣传。他对同学们说："以前说中国是次殖民地，现在要变成完全的殖民地了！"形势之危急，前景之悲惨，形象深刻，动人心弦。数十年后，当时的学生孙承佩仍然记得这句话。

　　10月的一天，徐冰、张晓梅夫妇到许家做客。他们说，现在延安的物资十分匮乏，情况十分困难，干部指挥作战时没有表，冬天来了，大家脚上还穿着草鞋。许德珩、劳君展夫妇闻听后当即表示要买一些物品送给毛润之。徐冰说，最近有车去延安，你们要买东西就抓紧时间。许德珩、劳君展决定倾家中的积蓄购买生活用品，送到延安去。为了避人耳目，由劳君展与张晓梅两位女士到东安市场买了十几块怀表、三十多双布鞋和一些火腿。她们雇了一辆人力车，由张晓梅把东西押运到秘密的地点，转送延安。分手时，张晓梅问劳君展，是否需要毛泽东同志写个收条？劳回答说："我们送给毛润之的东西怎么能要收条呢？"

　　毛泽东先生在收到这份微薄的礼物之后挥毫致谢：

各位教授先生们：

　　收到惠赠各物（火腿、时表等），衷心感谢，不胜荣幸！我们与你们之间，精神上完全是一致的。我们的敌人只有一个，就是日本帝国主义。我们正准备一切迅速地进到团结全国出兵抗日，我们与你们见面之期已不远了。为驱逐日本帝国主义而奋斗，为中华民主共和国而奋斗，这是全国人民的旗帜，也就是我们与你们共同的旗帜！谨致

　　民族革命的敬礼！

毛泽东（1936年）十一月二号

西安事变发生后，北平文化教育界进步人士对于中共和平解决事变、逼蒋抗日的方针缺乏认识，对于释放蒋介石更加想不通，许德珩曾致电张、杨，要求将蒋"就地正法"。针对这一情况，徐冰邀请北平各校进步人士在许德珩家聚餐，其间由中共北方局负责人老高（即彭真）给大家讲解中国共产党的统一战线方针和由反蒋抗日转为逼蒋抗日，再转为联蒋抗日的政策，使大家的思想得到了统一。从此，许德珩结识了彭真。

在1937年的五四纪念会上，国民党当局支持的新学联故意扰乱会场，殴打进步同学，致使二十多位同学受伤。许德珩等公开致信陶希圣，对于他和杨立奎、熊梦飞等教授支持新学联制造事端的行径表示愤慨。

1937年7月29日，北平沦陷。8月6日，平津之间的铁路恢复通车。8日，日军宣布占领北平。9日晨，许德珩乘火车只身逃往天津，次日劳君展携子女到达天津。

"八一三"正式对日宣战后，许德珩偕全家经烟台、济南到武汉，后劳君展带子女回到长沙的娘家。许德珩自武汉赴南京，在国民政府军事委员会第六部任设计委员。

抗日救国 一腔热血

1937年12月，日军分三路包围南京，13日南京沦陷。在沦陷前数小时，许德珩逃到下关，从下关乘小船渡江到浦口，赶上了一列火车，坐火车逃到武汉。攻入南京城的日军烧杀奸掠，无恶不作，制造了惨绝人寰的南京大屠杀。

南京沦陷后，国共双方领导人、各党各派的领袖和各界贤达都集中到了武汉。许德珩住在原日租界的太和街，仍在国民政府军事委员会第六部任设计委员，同在第六部任职的还有张申府、程希孟等。

1938年初，在长沙过完春节后，许德珩、劳君展携子女回到武汉。许德珩去武汉八路军办事处看望分别很久的周恩来，周恩来认为大家都聚集在武汉，不是个办法，应该回到原籍去参加抗战，保卫家乡。根据周恩来的建议，许德珩与王造时、罗隆基于3月一起回到江西，在政治讲习院授课，许德珩讲的课程是《中日关系及其现状》。此后，他把讲义整理成册，在重庆出版。

4月1日，国民党临时全国代表大会制定并通过了《抗战建国纲领》，《纲领》规定设立国民参政会作为民意机关，邀请各党派和无党派的著名人士参加。

7月6日至15日，第一届国民参政会第一次会议在汉口上海大戏院召开。一百名参政员中，国民党员约占了一半。沈钧儒、陶行知、王造时、史良、邹韬奋作为救国会南方代表，许德珩、张申府、陈豹隐、程希孟作为北方代表被邀请为国民参政员，中共参政员有毛泽东、林祖涵（林伯渠）、董必武、陈绍禹（王明）、吴玉章、秦邦宪和邓颖超。

许德珩由南昌经长沙到达汉口，出席国民参政会。会后，许德珩将劳君展和子女送上开往重庆的轮船，前往战时的陪都。他回到南昌，就任江西省各界民众抗敌后援会主任委员，王枕心为秘书长，王一帆为秘书，蒋经国为大队长。

10月，日军开始了进军广东和华南的战役，武汉形势危急，原定三个月召开一次的国民参政会，移至重庆举行。许德珩到达武汉时，武汉正在做撤退的准备。在得知国民参政会改在重庆召开后，许德珩与陶行知、于毅夫等乘船从武汉赴重庆。10月25日，他们刚刚离开武汉，日军就占领了这里。许德珩来到重庆后，全家终于又团聚了。

10月28日至11月6日，国民参政会在重庆召开一届二次会议。汪精卫及其亲信在报刊上大肆散布和平空气，鼓吹天下没有不结束的战争，战争结束即是和平，再战必亡，等等。参政员、爱国侨领陈嘉庚在新加坡通过电报提案，内容为："官吏谈和平者以汉奸论罪！"仅仅十一个字。

1939年9月，在国民参政会一届四次会议上，众多参议员又提出了声讨汪精卫的提案。许德珩的提案为：乱臣贼子，人人得而诛之，请追拿汪逆及附逆诸汉奸归案法办。最后，大会通过决议，通电全国声讨汪逆及附逆诸汉奸，并否认其一切伪组织与行动，以彰民意。

自 1939 年 1 月起，日寇的飞机经常轰炸重庆。听到空袭警报后，市民跑进防空洞躲避。由于大部分国土被日军占领，重庆的供应十分紧张，物价飞涨，民不聊生。为了子女能够平安地读书，许德珩、劳君展在重庆郊区的白沙租了一处房子，由劳君展的二姐照顾两个孩子在当地上小学，劳君展在重庆国立编译馆任编译员。为生活计，许德珩每周末到距重庆五十华里的璧山社会教育学院讲课。他每周五去，周一下午下课后回重庆，许德珩讲授的课程是唯物史观社会学。1941 年初皖南事变发生后，教育部以宣传共产主义为由，强令学院将许辞退。

从重庆乘船去白沙要经过江津，当得知陈独秀先生出狱后住在江津的消息后，许德珩曾几次在江津下船，看望陈先生，直至陈先生 1942 年 5 月病逝。

1940 年 3 月 5 日，蔡元培在香港病逝，重庆举行了追悼会，许德珩撰文《吊吾师蔡子民先生》追悼。在延安各界举行的追悼大会上，周恩来先生撰写挽联：从排满到抗日战争，先生之志在民族革命；从"五四"到人权同盟，先生之行在民主自由。

1940 年 9 月，许德珩一家躲避空袭回来，发现他们在国府路的住房已被日机炸毁了，仅从瓦砾之下挖出一些衣物。面对惶恐不安的子女，许德珩说："东西炸坏了没有关系，只要人在，一切都会有的。"许德珩在枣子岚垭租到一处位于半山上的房子，这处房子原名稚园，因被人误读为雅园，后来就改称雅园了。住在雅园，不仅进出要上山下山，而且吃水要到山下去担，生活很不方便。每次国民参政会开会时，中共参政员董必武、吴玉章、林伯渠、邓颖超等当中会有两人出席。散会后，许德珩就搭中共参政员的汽车到上清寺。中共参政员回曾家岩，许德珩步行到枣子岚垭。

1941 年 2 月，周恩来在重庆俄国餐厅约请张澜、沈钧儒、黄炎培、许德珩、章伯钧、罗隆基、张申府、梁漱溟等聚会，酝酿实行进一步的民主联合。3 月 19 日，中国民主政团联盟在上清寺特园秘密成立了，日后发表的《中国民主政团同盟对时局主张纲领》中，阐述了同盟的立场：贯彻抗日主张，反对中途妥协；实现民主精神，反对党治。

1943年7月24日，邹韬奋先生病逝。10月1日，许德珩与宋庆龄、于右任、孙科、冯玉祥、柳亚子、邵力子、陈布雷、李根源、李烈钧、林祖涵等七十二人共同发起，在重庆道门口银社召开邹韬奋先生追悼大会。

1944年底，日寇进攻中国西南地区，占领了桂林，威胁川、黔，重庆及国统区人心惶惶，蒋介石集团中，投降空气浓厚。在重庆的一部分文教、科学技术界人士许德珩、潘菽、梁希、黎锦熙、劳君展、涂长望、张雪岩、黄国璋、叶鼎彝、税西恒等，对时局极感焦虑。大家经常相聚交谈，讨论民主与抗战问题，主张团结民主、抗战到底，发扬五四运动的反帝反封建精神，为实现民主与科学而奋斗。后来，这些参加聚谈的人组成了一个组织——"民主科学座谈会"。

1944年底，许德珩得以继续在璧山社会教育学院教书。数十年后，学生张思九回忆起当时的情形：他为我们讲授《社会学》时，使用辩证唯物论的观点。如讲"改良主义"，他说："'改良主义'解决社会问题的办法就像用一块漂亮的红布把破烂不堪的桌子遮盖起来，这反而使人们对腐朽的事物认识不清，弄得眼花缭乱。"听了他的讲授，我们感到学过的一些唯心论哲学理论都站不住脚了。听他的课，我们受到了马列主义的启蒙教育。那时，许先生还是参政会的参政员，他经常与同学们讲时局问题。记得他说过，"对时局不能用显微镜看，要拿望远镜看"。这两句话既含蓄又有启发性，使我久久不忘。

9月3日，日本与盟国签订的降书生效，"民主科学座谈会"在重庆青年会大厦举行庆祝大会。在会上有人提议，为了纪念民主力量击败法西斯这个节日，将"民主科学座谈会"更名为"九三座谈会"。会议决定"民主科学座谈会"更名为"九三座谈会"，筹备成立九三学社，发起人是许德珩、梁希、褚辅成、黎锦熙、潘菽、税西恒、劳君展、张雪岩、张西曼、孟宪章、涂长望、吴藻溪、笪移今、侯外庐、施复亮、曹靖华、潘怀素、彭饬三、董渭川、刘及辰、何鲁、钟复光等。

9月10日，毛泽东与蒋介石在重庆谈判期间，会见了许德珩、劳君展。毛泽东自离开北大，与许德珩已有二十余年未见面了，毛泽东与劳君展也分别了二十余年。（1920年，劳君展赴法勤工俭学之前，在上海住了十个月，办理出国手续并等候船票，毛泽东等新民学会会员多次在上海聚谈。）毛泽东拉着他们的手说："真想不到我们在这里见面了。"回忆起阔别后的经历，毛泽东说："你们知道，我这个人怎么会打仗呢？我是逢山开路，遇水搭桥啊！"许德珩、劳君展向毛泽东介绍了他们发起九三座谈会的情况，毛泽东鼓励他们把座谈会办成一个永久性的政治组织，在推动国内和平团结、实现民主的斗争中，贡献一份力量。

1946年1月6日，许德珩、褚辅成、税西恒等邀请重庆学术界人士举行九三座谈会，在讨论了新疆问题之后，交换对于政治协商会议的意见。褚辅成警告要小心提防某种分子假借民意，破坏民主宪政运动。何鲁慷慨指出，今日的中国，赵高太多，若不予以铲除，必蹈亡秦覆辙。

2月10日，重庆各界近万人在较场口举行"庆祝政治协商会议成功"大会。国民党特务、暴徒冲入会场，打伤郭沫若、李公朴、施复亮等六十余人，制造了"较场口血案"，许德珩去慰问了郭沫若、李公朴、施复亮等受伤人士。

为了民主与科学　为了人民共和国

1946年4月10日，九三学社筹备会在重庆《新华日报》上发表书面意见："一般人都深信蒋主席四项诺言，政协决议和军事三人小组决定，是解决内政问题的最适当方法。东北问题亦应循此方法，以求解决，否则，即有治丝愈棼之虑。东北政权自应由东北人民，用民主方式，自行决定。"

5月4日，九三学社在重庆青年会大厦举行成立大会，到会者褚辅成、许德珩、梁希、税西恒、黄国璋、张雪岩、詹熊来、劳君展、潘菽、黎锦熙、李士豪、刘及辰、彭饬三、涂长望等五十余人，公推褚辅成、许德珩、税西恒为主席团。褚致开会词，许报告筹备经过，税报告社费收支账目。而后，卢于道、黄国璋、张雪岩、张迦陵等自由演说，一致指出：武力不能求得统一，东北及中原的内战必须立即停止。在政府根据政协决议改组以前，美国不应有援助中国的任何党派之行为。会议通过了社章缘起、成立宣言、基本主张、对时局主张和致美国会电文。会议选举潘菽、张雪岩、褚辅成、许德珩、税西恒、黄国璋、彭饬三、王卓然、孟宪章、吴藻溪、张西曼、张迦陵、涂长望、李士豪、笪移今、严希纯等16人为理事，梁希、卢于道、詹熊来、刘及辰、何鲁、黎锦熙、陈剑翛、侯外庐等8人为监事。

5月12日下午，九三学社在重庆兰园（税西恒住所）召开第一次理事、监事联席会议，在重庆的理事、监事褚辅成、许德珩、税西恒、张雪岩等十余人参加。推褚辅成、许德珩、税西恒、张雪岩、潘菽等为常务理事，梁希、卢于道等为常务监事。会议要求立即停止东北及其他各地内战，取消党化教育，停止党团及党团学校经费开支，切实采取彻底改善全国一切公私立小中大学教职员物质生活及精神生活之有效办法。

5月14日，许德珩由重庆乘飞机到北平。离别九年，天安门前摆满了地摊，叫卖日本人的衣物和美军的生活用品。许德珩在致友人的信中写道："九年离别之故都，除多少人门前多了一纸接收封条外，看不见什么异样。人民生活很苦，来此不及十日，生活又涨了很多。战前存书，西文约六千余册，中文亦不少，仍无下落。"在北京饭店，许德珩遇到了在北平军事调停处执行部工作的邢西萍（徐冰），邢赞同许回北大任教。

5月31日，许德珩搭乘李宗仁的飞机从北平到南京，他想看看国民党政府还都后的情形。在南京，许德珩去梅园新村看望周恩来。邓颖超告诉许德珩，恩来外出开会了，并问许，罗迈（李维汉）同志在家，你们熟不熟？许回答说，在留法时相识，许遂与罗迈见面交谈。而后，许德珩去上海看望了九三学社的同志卢于道、笪移今。

6月18日，许德珩从南京乘飞机返回重庆。

6月28日，九三学社在重庆《新华日报》上发表慰问电：

> 夷初、宝航、洁琼、汉达、高集、熙修、徐斌诸先生：此

次诸先生为呼吁和平或采访新闻，竟遭凶殴，实堪愤慨，尚望加意调养，早复健康，继续为和平民主运动努力奋斗，本社同人誓作后盾。特电奉慰，诸希鉴察。

7月11日，国民党特务在昆明暗杀了著名的民主战士李公朴，15日又暗杀了进步教授闻一多，李、闻惨案在社会上引起了极大的震动。九三学社在重庆发表宣言，愤怒谴责国民党反动派的暴行。

10月30日，许德珩携考入北京大学和清华大学的子女从重庆飞抵北平，时任孙连仲部设计委员会主任的余心清盛情邀请许德珩到其寓所住下。

11月12日，《大公报》驻北平记者徐盈、彭子冈夫妇就出席国民大会问题采访许德珩。事先，邵力子、雷震曾来电催他赴南京出席大会，许表示：愿参加一个代表各方面的国大，深恐参加了这样一个国大，会增加分裂可能。对国大延期三天事，不抱任何希望。此次国大断然召开，政局前途不堪想象，是以深感个人责任之大，故若非各方协商一致参加，我个人不拟赴京。

12月30日，许德珩等四十八名北大教授联名致函美国驻华大使司徒雷登，抗议美军士兵强奸北京大学学生沈崇。

12月31日，《益世报》登载了许德珩、闻家驷、钱端升、向达、季羡林、冯文炳、朱自清、吴晗、张奚若、何汝楫、赵访熊诸教授对美军士兵强奸北京大学学生事件发表的评论。许德珩说："你看多么气人，现在的中国几乎成了美国的半殖民地。我曾经亲自看到一个美军打中国洋车夫，气势汹汹，俨然是主子对奴隶的态度。中国政府的不争气，也难怪中国人不值钱了。要想使中国人不受到另眼看待，只有请美军退出中国。"

1947年2月，北平当局以清查户口为名，逮捕各界人士两千余人。许德珩与朱自清、袁翰青、费青等十三人联名发表《抗议北平当局任意逮捕人民宣言》，全力保障人权。

2月底，因美国退出由国、共、美三方参加的北平军事调停处执行部，叶剑英、邢西萍、薛子正等中共代表从北平撤回延安。叶剑英在离开北平之前，在什锦花园陈瑾琨家宴请了许德珩及九三学社部分同志。邢西萍向许德珩等分析了当时的战局和政治形势，并说，我们很快就会回来的。

5月4日晚，北大学生自治会组织了五四纪念活动。此前，北平学联将北大红楼后面的广场命名为民主广场，纪念活动在民主广场举行。同学们邀请了法学院许德珩、樊弘、钱端升教授，文学院向达教授等到会讲演，校长胡适也参加了纪念活动。主持会议的同学首先请许德珩讲演，许德珩在概括介绍了五四运动的经过后对同学们说："你们要向前看，不要向后看，向后看是没有希望的。"他回忆起他在"五四"当天被捕入狱后，许多同学到警察厅自愿陪同坐牢的情形时说："这是北大精神。北大精神是负责的精神，是为国家人民负责去干，干了自己担当的精神！"许德珩接着慷慨激昂地说："'五四'是北大的光荣，但是今天在我们面前也有'五四'的叛徒。"

5月20日，第四届国民参政会第三次会议在南京林森路国民大会堂开幕。许德珩出席会议并在会上提案反对一党召开国民大会，要求立即停止内战，实现国内和平，他的提案刊载于5月22日《中央日报》。会场外面，京、沪、苏、杭各市学生六千余人举行"抢救教育危机、反饥饿、反内战联合大游行"，并向国民参政会请愿。游行队伍在中山路、珠江路口与军警发生冲突，有二十余名学生被打伤，其中有多名受重伤，另有多名学生被捕，这就是"五二〇"血案。许德珩目睹学生被殴的惨状，十分气愤。据《文汇报》5月21日报道：今日学生游行发生惨案时，许参政员德珩曾亲往慰问，立于街头之学生行列。许目睹惨状时，泣不成声，并疾赴国大会堂向邵力子交涉，请迅即设法打破僵持之局面。"五二〇"运动没有因遭到镇压而中止，游行示威、罢课抗议活动迅速扩展到国民党统治的六十多个大中城市。

7月15日，劳君展从重庆乘飞机到达北平，因为支持国立女子师范学院的学生运动、保护进步学生，劳君展被当局解除院长职务。在邵力子先生的协助下，劳君展拿到飞机票，平安回来。

1948年3月29日下午，北平各校学生万余人在北大民主广场集会，抗议政府下令查禁华北学联。数千名警察在会场周围设置路障，架起了机枪，装甲车在会场外面巡弋。面对如此紧张的气氛，原来准备出席集会并演讲的教授大都退却了，许德珩与九三学社同志樊弘、袁翰青教授出席大会并发表演讲。许德珩演讲的题目是《黄花岗革命的意义和教训》，袁翰青演讲的题目是《知识青年的道路》，樊弘演讲的题目是《两条路》。许德珩等三教授结束演讲后，在学生们的护送下步行回家。为了保护许德珩的人身安全，学生会安排学生住在许家的客厅里，以防意外。

4月19日，国民党北平市党部主任吴铸人在总理纪念周中报告学潮经过及会后消弭学潮的方法。他说，每次学潮的目的皆为"奸匪宣传""忠告三位教授"，勿再受"奸匪利用"，否则"万一五十万人中出一激烈分子，其结果是演一幕害人、害己、害国家的惨剧"（当时北平一百五十万市民当中，有五十万名国民党员——作者注）。吴的这番话被报纸披露后，4月23日，北大、清华、燕京、师院等校九十名教授联名发表《对吴铸人谈话之驳斥与质询》。文中写道：无论吴铸人氏所忠告的三位教授是指何人，我们要质询他，所谓受奸匪利用，究竟有何证据？我们更要追问，第二次"闻一多事件"是否已在预谋制造中？随后，中国科学工作者协会，旅港各界人士郭沫若、沈钧儒、马叙伦、茅盾、邓初民等一百五十余人相继致函许德珩等三教授，表示声援，侯外庐还向世界学术界发出题为《谁敢制造第二李闻事件》的申诉。这一文化教育界与北平当局的激烈斗争，被称为"四月风暴"。

许德珩在北大学生刊物上发表了题为《五四二十九周年》的文章。他在文章中说：五四运动到现在已经是廿九周年了。在这廿九周年的长期岁月中，中国的学生青年，仍然是这样的受着苦难迫害；中国的教育界及其人士，仍然是千磨百折，动荡不安；中国人民大众所千呼万唤的德先生、赛先生，仍然是停滞在险阻艰难的途程中，不能前进！使我们曾经参与过这一运动的人，遇到这个日子，真不胜其惭愧与感喟！他鼓励青年们：今日的中国青年，当然要而并且也已经跨越"五四"前进一步。我们不要追赶时代,为时代遗弃,而要把握时代,创造时代。是这样,今日纪念"五四",才成为有意义的。

1948年5月1日,中共中央发布"五一口号",次日发出《关于邀请各民主党派代表来解放区协商召开新政协问题》的指示。指示中说:新政协会议由国民党革命委员会、民主同盟及中共联名发起,我党拟邀请李济深、冯玉祥、何香凝、李章达、柳亚子、谭平山、沈钧儒、章伯钧、彭泽民、史良、邓初民、沙千里、郭沫若、茅盾、马叙伦、章乃器、张伯、陈嘉庚、简玉阶、施存统、黄炎培、张澜、罗隆基、张东荪、许德珩、吴晗、曾昭抡、符定一、雷洁琼及其他民主人士来解放区开会,其中有被敌监视不能来者,可派遣本人的代表。

6月12日,许德珩、吴晗、费孝通等北平各大学教授四百三十七人联合发表题为《为反对美国扶日致司徒雷登书》的公开信。18日,朱自清等数百名教授联名发表宣言,抗议美国扶植日本,并拒绝购买"美援"面粉。

6月18日,国民党飞机滥肆轰炸开封城,致使十万余人丧生。7月5日,华北及东北十八所大学河南同学会在北平举行"哀悼开封十万冤魂控诉大会",许德珩手书的挽联,挂在会场中央:人民何辜,遭此荼毒;时日曷丧,及汝偕亡。表现了他对于国民党政府轰炸屠杀人民罪行的谴责和与反动派同归于尽的决心。

面对人民解放军强大的攻势,蒋介石亲临北平督战,以挽救其在华北的岌岌可危的局面。蒋召集北平各大学的校长,责令稳定学生,不准罢课。而与此同时,许德珩等约集北平各大学的教授和学生代表在府学胡同北大教员宿舍开会,商讨举行总罢课。就在胡适向蒋介石拍胸说"我可以担保平安无事"时,以北大为首的学生、教员已开始罢课、罢教了。

1948年初夏,北京大学在民主广场西侧的小操场上举行毕业典礼。许德珩讲话,他告诫同学们,走上社会后首先要深入到人民中间去,多为人民办实事,做好事,切不可做什么人上人,而是应该立志做人中人。他的这番应该怎样做人,应该树立什么样的人生观的讲话,对于即将步入社会的青年，产生了一定的影响，几十年后，一些同学回忆起来，仍十分感动。8月9日，许德珩在北大理学院荷花池前演讲，反对政府发行金圆券，听者数千人。与1947年1月至6月平均物价相比，1948年8月的物价上涨了500万至1100万倍。

8月12日，朱自清在贫病交迫中英年早逝。宁可饿死，也不吃嗟来之食的精神，使世人看到了中国人的脊梁。许德珩写了一副挽联追悼这位老同学：教书三十年，一面教，一面学，向时代学，向青年学，生能如此，君诚健者；生存五一载，愈艰苦，愈奋斗，与丑恶斗，与暴力斗，死而后已，我哭斯人。

8月21日，许德珩等北大、师院教授五十五人联名发表抗议书，说：近来政府威胁文化事业，一天厉害一天。最近，更以行政压迫司法的手段，向北平特种刑庭提出一个多达二百四十余人的所谓"职业学生"名单，并且新名单仍在继续提出，同时公布"清除后方匪谍办法"，准许军警可不依法令程序而进行逮捕。我们对于这样以"莫须有"的罪名来摧残全国教育的行动，不能不提出严重的抗议！

1949年1月16日，傅作义将军请许德珩、徐悲鸿、周炳琳、朱光潜、杨人梗等二十多位学者名流到中南海聚餐，讨论北平的安危。各位学者的共同意见是战则败，和则安，北平问题要和平解决。傅作义引用汉代政治家荀悦的话说："不闻大论，则志不宏；不听至言，则心不固。"

1月21日，傅作义与解放军正式签署《关于和平解决北平问题的协议》。1月31日，傅作义部队撤出北平城，北平获得和平解放，万人空巷欢庆北平解放。

2月1日清晨，北平各大学师生万余人汇集北大民主广场，庆祝北平和平解放。许德珩在会上激动地说："朋友们、同学们，天快亮了！太阳快出来了！妖魔鬼怪快要被消灭了！"

2月3日，人民解放军举行进驻北平入城式，许德珩、劳君展被邀到前门箭楼上，观看解放军入城的盛况。

涓流归海　风雨同舟

1949年2月初，根据徐冰同志的安排，与张奚若、吴晗等教授共同邀请北大、清华、燕京、辅仁等大学的教授百余人聚会，由董必武讲解中国共产党的知识分子政策，希望大家安心教学与科研。

2月26日，人民解放军平津前线司令部、北平市军管会、北平市人民政府、中共北平市委在中南海怀仁堂举行欢迎各方民主人士大会。北平市军管会主任叶剑英主持会议，平津前线司令员林彪、中共北平市委书记彭真先后致欢迎词，来宾李济深、沈钧儒、马叙伦、郭沫若、谭平山、李德全、章伯钧、周建人、朱学范、朱俊欣、章乃器、张奚若、许德珩、萧采瑜等十四人先后发表演说。

3月24日，由各人民团体选出的出席第一次世界拥护和平大会中国代表团在北平成立，郭沫若为团长，刘宁一、马寅初为副团长，许德珩与张奚若、徐悲鸿、许广平、李德全等三十六人为团员。代表团3月29日从北平启程，行前，周恩来为代表团践行。5月23日北平市举行大会欢迎出席世界拥护和平大会的中国代表团归来。

3月25日，中共中央在西苑机场举行盛大的阅兵式，庆祝中共中央、中国人民解放军总部机关从河北省平山县西柏坡迁至北平。毛泽东主席、朱德总司令等检阅了人民解放军部队并受到北平各界群众代表和民主人士的热烈欢迎，许德珩和劳君展出席欢迎仪式。

5月，北京大学管理机构改组为委员制，许德珩任常务委员。

6月15日，作为北京大学的代表，许德珩以民主教授身份出席新政治协商会议筹备委员会议，并被指定为第一小组成员和第三小组副组长。第一小组负责拟定参加新政协的单位及代表名额，李维汉任组长、章伯钧任副组长；第三小组负责起草共同纲领，周恩来任组长。

6月19日，新政治协商会议筹备会第一次全体会议通过了《关于参加新政协会议的单位及其代表名额的规定》。许德珩代表九三学社向筹备会提交了由他本人和黄国璋、薛愚、潘菽、笪移今等五人具名的《九三学社工作报告》，介绍了九三学社的成立经过及其所做的工作，说明了身处国统区的九三学社无法像在香港的其他民主党派一样及时公开声明支持"五一口号"的情况。九三学社成为参加新政协的四十五个单位之一，代表名额为五人。九三学社推举许德珩、潘菽、黎锦熙、袁翰青和吴藻溪为正式代表，叶丁易为候补代表。

9月20日，新政协筹备会议于下午5时圆满结束，翌日将举行中国人民政治协商会议第一届全体会议。当晚，筹委会在中南海瀛台设宴招待与会人员。7时许，当毛泽东面带笑容步入大殿时，全场起立，热烈鼓掌。毛泽东没有立即落座，他挥手示意大家坐下之后，才稳稳地坐下。毛泽东高兴地说："我们第一桌什么人都齐了，有无产阶级李立三，有文学家郭沫若，有民主教授许德珩，有前清翰林陈叔通，还有妇女界廖夫人何香凝和华侨老人司徒美堂，这是大联合嘛。"

9月21日，许德珩作为九三学社首席代表出席中国人民政治协商会议第一届全体会议。9月24日，许德珩在政协全体会议上发言。9月30日，许德珩当选为政协第一届全国委员会委员。10月22日，许德珩被政协常委会第一次会议指定为政治法律组组长。

10月22日，中央人民政府法制委员会在中南海勤政殿举行成立会，陈绍禹（王明）任主任委员，张曙时、许德珩、陈瑾昆任副主任委员。后陈绍禹去苏联养病，1951年起许德珩代行法制委员会主任职责。

12月5日，在九三学社第一次全国工作会议上，许德珩当选为第二届中央理事会主席，梁希当选为副主席。

1950年6月25日，美国操纵南韩李承晚集团向朝鲜发动进攻。8月，许德珩与郭沫若、李立三、高崇民、章乃器、许广平、蔡廷锴等以中国人民保卫世界和平委员会代表团的名义赴朝鲜慰问。

1952年6月，全国高等院校开始院系调整，北京大学从市内迁至西郊燕京大学的校址。许德珩请示周恩来总理，提出辞去其担任的政府职务，随北大迁至燕园，继续教书。周恩来指示许德珩辞去北大教职，专职从事政府工作，从此离开北京大学。

9月20日，在九三学社第二次全国（扩大）工作会议上，许德珩当选为第三届中央委员会主席，梁希当选为副主席。

1953年2月7日，中国人民政治协商会议第一届全国委员会第四次会议补选林伯渠、邓小平、胡乔木、张治中、罗隆基、施复亮、马寅初、许广平、黄琪翔、许德珩等23人为第一届全国委员会常务委员。

1954年9月15日，许德珩作为江西省的代表出席第一届全国人民代表大会第一次会议，9月28日当选为常务委员会委员。

1956年2月16日，在九三学社第一届全国社员代表大会上，许德珩当选为第四届中央委员会主席，梁希当选为副主席。

7月，许德珩被任命为水产部部长。许德珩到政府任职，不再担任全国人民代表大会常务委员会委员。

1956年6月12日至14日许德珩在北京主持了中、苏、朝、越四国渔业、海洋学和湖沼学研究会议。与会四国签订了《太平洋西部渔业、海洋学和湖沼学研究的合作协定》，四国共同组成"太平洋西部渔业研究委员会"。委员会的常设机构设在北京，许德珩为委员会主席。

1958年12月15日，在九三学社第二届全国社员代表大会上，许德珩当选为九三学社第五届中央委员会主席，梁希、周培源、潘菽、茅以升、涂长望、严济慈当选为副主席。

1959年4月17日，许德珩出席中国人民政治协商会议第三届全国委员会第一次会议。4月29日，当选为第三届全国委员会常务委员。

4月18日，许德珩作为江西省的代表出席第二届全国人民代表大会第一次会议。4月28日，根据周恩来总理的提名，被任命为水产部部长。

1959年12月，许德珩率中国代表团赴越南首都河内市参加太平洋西部渔业研究委员会第四次会议。会后，越南胡志明主席在主席府接见了各国代表团。

1961年6月12日，许德珩向水产部党委会提出入党申请。

9月，许德珩率中国代表团赴蒙古人民共和国首都乌兰巴托市出席太平洋西部渔业研究委员会第六次会议。会议期间，蒙古政府举行那达慕大会，欢迎各国代表团。

1964年2月13日（农历甲辰年春节），毛泽东主席在人民大会堂邀集党内外负责人召开教育工作座谈会，提出学制要缩短，课程要精简，方法要改变。许德珩出席了座谈会。

12月20日，许德珩出席中国人民政治协商会议第四届全国委员会第一次会议。

1965年1月5日，许德珩当选为政协第四届全国委员会副主席。

1975年1月13日，许德珩作为天津市的代表出席第四届全国人民代表大会第一次会议。1月17日，当选为常务委员会副委员长。

1978年2月24日，许德珩出席中国人民政治协商会议第五届全国委员会第一次会议。3月8日，当选为政协第五届全国委员会副主席。

1978年2月26日，许德珩作为天津市的代表出席第五届全国人民代表大会第一次会议。3月5日，当选为常务委员会副委员长。

1979年3月24日，许德珩经邓颖超、乌兰夫同志介绍加入了中国共产党。4月8日，中共中央统战部举行入党仪式，乌兰夫部长，平杰三、李贵副部长等同志参加了仪式，邓颖超同志因有出国访问任务请假。许德珩表示他能在垂暮之年，由一个爱国的民主主义者转变为共产主义者，感到无限光荣。他要永远为党工作，为共产主义事业奋斗终生，死而后已。

1979年10月20日，在九三学社第三届全国社员代表大会上，许德珩当选为第六届中央委员会主席，周培源、潘菽、茅以升、严济慈、税西恒、金善宝、卢于道、王竹溪、柯召、孙承佩当选为副主席。

1983年6月6日，许德珩作为天津市的代表出席第六届全国人民代表大会，6月21日，许德珩当选为常务委员会副委员长。

1983年12月14日，在九三学社第四届全国社员代表大会上，许德珩当选为第七届中央委员会主席，周培源、潘菽、茅以升、严济慈、金善宝、卢于道、柯召、孙承佩、徐采栋、郝诒纯、安振东当选为副主席。

1986年1月，许德珩发高烧入院，药石无效，他的体温连续11天超过39℃，最后他竟奇迹般地战胜了疾病。从此，他一直住院治疗、休养。

9月，许德珩抱病到人民大会堂参加第六届全国人大常委会第十七次会议。看到许德珩抱病出席会议，彭真委员长与他亲切握手。这是许德珩最后一次到人民大会堂，最后一次参加人大常委会的会议。

1987年底，许德珩谢辞第七届全国人民代表大会代表提名。

1988年5月4日，北京大学举行九十周年校庆，许德珩委托秘书于永水代读他致大会的贺信，会场上响起了长达一分钟的热烈掌声。

1989年1月8日，在九三学社第五次全国代表大会上，许德珩当选为第八届中央委员会名誉主席，周培源当选为主席。1989年10月17日，许德珩步入百年。国务院总理李鹏上午来到北京医院，代表党中央、国务院和江泽民总书记祝他生日愉快，健康长寿。身着紫红色长袍的许德珩端坐在沙发上，他的面前摆放着江泽民、邓颖超同志送来的花篮，全国人大常委会、政协全国委员会、国务院办公厅、九三学社中央、中央统战部送来的生日蛋糕。李鹏在向许德珩祝贺时说，许老是中国知识分子的优秀代表，他从一个民主主义革命战士到一名坚定的共产主义者，是九三学社的光荣，也是中国共产党的光荣。李鹏希望大家学习他革命的坚定性，学习他对青年无限的关怀和热忱，学习他远大的共产主义理想，团结一致，克服困难，把中国的革命事业推向前进。

当天上午，全国人大常委会委员长万里，副委员长习仲勋、彭冲、阿沛·阿旺晋美，全国政协副主席王任重，中顾委副主任宋任穷，中共中央政治局候补委员丁关根，国务院秘书长罗干等领导同志也来到医院，向许德珩表示祝贺。万里对许德珩说："你在中国革命的历史上有很大贡献，祝贺你百岁生日！"许德珩握着他们的手久久不肯放下。

九三学社中央名誉主席严济慈、金善宝，主席周培源以及九三学社中央委员会、参议委员会的其他在京负责人也前往医院祝贺。

1990年2月8日下午，许德珩在北京医院去世，享年100岁。弥留之际，彭冲副委员长代表全国人大常委会，与九三学社中央在京副主席一起到医院向许德珩告别。

许德珩的枕边放着一束鲜花和一封信,信中写道:

敬爱的许德珩老师:

我们是您的学生,是您亲手培育的一群老学生。在九十年代第一个春节,又欣逢您老人家百岁寿辰之际,我们一齐向您鞠躬遥拜,祝贺您遐龄高寿,霖雨化人!

敬爱的许老师,我们永远不会忘记您。当我们在北大红楼读书的年代,那正是我们祖国最危险的时刻,寇骑深入,华北危急,河山破碎,风云变色。那时我们这些年轻人,曾凭一腔热血,奋起救亡,掀起了著名的"一二·九"运动。在为中华民族求生图存、坎坷救国的道路上,我们共同感受到中国共产党的影响与领导,同时也感受着您的教诲和支持。那时,当我们受到反动势力诬陷时,您挺身为我们申辩;遭到挫折时,您给我们以鼓舞;遇到复杂问题时,您给我们以指引。我们能够或迟或早地跟着中国共产党沿着一条正确的方向,寻求救国的真谛,探索人生的真谛,而未后走上为建设社会主义新中国各尽一份责任的道路上来,这与您,还有其他几位老师的教诲是分不开的。许老师,当您还年轻的时候,在五四爱国运动中,您就是与腐恶势力搏斗的一员闯将。其后,在长期岁月中,您都是站在以我们党为首的革命阵营方面,成为著名的捍卫真理的斗士。解放前,在那风风雨雨的险恶环境中,您总是坚忍不拔,傲然独立,铁骨铮铮。解放后,您与党一直是肝胆相照,风雨同舟。您不仅是我们的榜样,也是广大爱国青年的楷模。

敬爱的许老师,在这新春佳节,又逢您一百岁庆辰的时候,我们这些白了头的老学生,同声祝愿您长寿,再长寿!

末后,我们奉上一首颂歌,歌曰:

寿山有石兮熠熠生光,岱岳有松兮柯骨苍苍。

我有良师兮堪与相将，育桃与李兮教泽流芳。

胸怀磊落兮月霁风光，德隆望重兮高山景行。

龄超百岁兮企延千霜，企延千霜兮乐且永康。

北京大学三十年代学生：

王士光、王寿仁、邓力群、白文治、田介人、吕东、甘重斗、朱国平、朱穆之、任继愈、纪坚博、刘火、刘导生、刘玉柱、刘居英、孙思白、李兆翔、李晓惠、杨锡钧、吴文焘、吴承明、汪鸿文、宋尔廉、佟城、张毓、张震寰、陆平、陈忠经、胡昭衡、姚震江、袁宝华、顾大椿、唐敖庆、韩天石、谢邦治、葛佩琦

1990 年春节

参考文献

1. 许德珩《为了民主与科学——许德珩回忆录》，中国青年出版社 1987 年版。

2. 九三学社中央研究室编《九三学社简史》，学苑出版社 2005 年版。

3. 许进主编《1890—1990 百年风云许德珩》，北京出版社 2003 年版。

4. 彭明《五四运动史》，人民出版社 1984 年版。

5. 中国国家博物馆编《中国近代留法学者传》，紫禁城出版社 2008 年版。

6. 林贤志《五四之魂：中国知识分子精神史》，广西师范大学出版社 2008 年版。

7. 徐康编著《青春永在 1946—1948 北平学生运动风云录》，北京出版社 2004 年版。

褚辅成传略
■ 王天松

留学日本，加入同盟会

褚辅成，字慧僧，别号南湖。1873 年 5 月 27 日（清同治十二年五月初二）生于浙江嘉兴南门梅湾街盐井弄。祖籍河南，先世自宋以来着籍钱塘，明代自崇德迁来嘉兴。父字子仙，母殳氏。有弟兄八人，褚辅成排行居六，前面四兄一姐，长兄、三哥、四哥都夭折，后面两弟弟均早殇，只二哥和姐姐活下来。褚家世业"庄书"，即专事土地丈量、买卖过户、征粮税收等事。

1876 年，褚辅成 4 岁，父子仙公从盐井弄举家迁居南门西米棚下。6 岁，褚辅成从二哥赞成在家读书。13 岁后师从同里曹焕章，后从明经沈安甫攻读。沈安甫名文澜，以字行。同治壬戌岁贡，学有根底。授经乡里数十年，为一乡师表，从游者极盛。褚辅成在其门下 9 年，潜心攻读，学业大进。

1894 年 7 月，甲午中日战争爆发。甲午战争以中国战败、北洋水师全军覆没而告终。中国战败，以及随之而来的《马关条约》的签订和割地赔款，给中华民族带来空前严重的民族危机。褚辅成惋愤时局，时有所吐露。国势垂危，每况愈下，康有为等"公车上书"鼓吹变法，褚辅成深受影响。这一年，22岁的褚辅成进秀水县学，成为秀才，而面对家国之痛，其志不在科第。1898年，戊戌变法发生，不久失败，清政府腐败颠顶已无可救药。鉴于国势日衰，年轻的褚辅成绝意仕途，锐意革命。他注目世界大势，发奋读书，凡译著新论，致力钻研。而早在1872年5月就在嘉兴设点销售的上海《申报》，则成为褚辅成观察社会、了解国内外大势的主要窗口。

1903年，反清革命的舆论在知识分子中深入传播，继而影响社会。2月，浙江留日学生在日本创刊《浙江潮》，宣扬民族、民权思想。5月，邹容著《革命军》由上海大同书局刊行，《革命军》提出了"中华共和国"二十五条政纲，系统阐发了孙中山"建立民国"的设想。8月，章士钊、张继等在上海创刊的《民国日报》，鼓吹反清革命，由章士钊担任主笔后的《苏报》大力宣传邹容的《革命军》，大造革命舆论。次年，蔡元培、龚宝铨在上海成立光复会，聚集革命力量，等等。这些反清革命势力的兴起以及舆论宣传，对褚辅成的思想产生了重大影响。

这一年褚辅成做了两件大事，一件是受业师沈安甫的影响，在南湖之畔筹办了一所新式学堂——南湖两等小学堂（以下简称"南湖学堂"）。南湖学堂的筹办开嘉兴新式教育之风，日后更成为了浙江辛亥革命时期革命党人的主要活动据点。另一件是褚辅成与敖嘉熊、田毓甫等在嘉兴发起组织"竞争体育会"，名为体育会，号召强身健体，实为进行反清革命宣传。同时鉴于鸦片烟及赌博之害，又在会内大力提倡禁烟禁毒，并在街头演讲。组织竞争体育会是褚辅成投身社会政治活动的最初尝试，也是褚辅成一生与烟毒作斗争的开始。

1904年，褚辅成闻"国中俊良，群集于东瀛"，遂东渡日本留学，入东京警监学校学习警监。这是一所学制一年的警务学校，当时清廷宣布预备立宪，开出新政项目，分9年实行，其中包括警察改革须在几年之内完成，所以清政府用官费派人到日本学警察。所谓警监，警是警察，监是监狱，那时中国各地监狱非常腐败，若要行宪，必须加以改革。

留日期间，褚辅成与学生中的反清分子密切往来，与秋瑾等江浙籍革命人士建立了联系，尤与孙中山先生深结纳，接受了孙中山先生的革命思想。1905年8月，孙中山与黄兴等在东京创立中国同盟会（简称"同盟会"）后，褚辅成宣誓入盟。是年11月奉命回国，任同盟会浙江支部部长，推动革命。

浙江辛亥革命元勋

褚辅成回国后，明里是南湖学堂堂长、嘉兴府中学堂教员，暗里是同盟会浙江支部部长，以教员身份做掩护，以南湖学堂为联络掩护之所，奔走于杭州、上海之间，结交各方志士，发展壮大革命力量。

1905年底秋瑾回国，先到嘉兴，住南湖学堂，褚、秋两人聚商浙江革命策略，确定以发展壮大革命力量为首要任务。秋瑾先在嘉兴征得党员不少，冬季到杭垣，住在过军桥南面的荣庆堂客栈里，运动弁目学堂学生周亚卫、吴斌、徐忍茹等多人，加入光复会。

次年3月，秋瑾再次到嘉兴，褚辅成介绍她进南浔女子学堂任教员。此举为秋瑾开展革命活动发展同盟、光复两会会员，壮大革命力量提供了身份掩护，该校女教员徐自华等多受其召感而加入同盟会。不久秋瑾辞职，"赴杭、绍各地征求党员，从者甚多"。

1907年皖浙武装起义前夕，秋瑾第三次奔走嘉兴，为皖浙武装起义筹集经费，住南湖学堂与褚辅成会商。

在秋瑾奔波于各地进行革命活动期间，褚辅成为其提供各种有利条件，并以浙江革命运动全局性眼光，谋篇布局。由于他们两人的密切配合，浙江的革命力量有了很大的扩展，党员已散播各地，各方革命力量由点线成面，由分散变集聚，各界待机而动。此时，光复会制定的1907年皖浙武装起义已箭在弦上。7月6日（农历五月二十六日），徐锡麟如期在安庆刺死安徽巡抚恩铭，发动起义，由于未得军队响应与支持，起义失败。

绍兴方面则发生了事前泄密，徐、秋二人先后牺牲，浙江革命遭受挫折。

1908年2月，褚辅成至杭州参加秘密安葬秋瑾，乘机与前来送葬之浙江同志聚商革命策略。鉴于皖浙起义因无军队力量的支持而失败，议定此后革命运动宜注全力于军队方面，相机策动新军反正，这是浙江反清革命的重要转折。

是年冬，光绪、慈禧接踵而亡。浙江革命党人以为时机已到，拟在上海召集浙江各府属代表商议起事。其中，褚辅成、蒋志新为嘉属代表，陈其美、姚勇忱、杨谱笙为湖属代表，会场设在天保客栈。就在会议即将召开之际，已被清政府收买的党人刘光汉侦悉此举，即向两广总督端方告密，在预定开会的12月7日（农历十一月十四日）这天，端方勾结租界当局，搜查了秘密机关天保客栈，金华代表、华龙会首领张恭被捕，陈其美适外出，周淡游、褚辅成易装天保客栈工人服走脱，"密谋尽泄，不能成会而星散"。

1909年，清廷予各省设咨议局，10月，浙江咨议局成立，褚辅成当选为浙江咨议局议员，后又当选为资政院浙江籍议员。褚辅成利用这一机构与身份开展反清活动，副议长陈时夏、沈钧儒均参与其中。

1911年（辛亥）7月，中国同盟会中部总会成立，陈其美是中部总会的实际主持人。为迎接即将到来的革命总爆发，在陈其美的支持下，褚辅成从舆论上、组织人事上加紧浙江起义的筹备工作。

3月，褚辅成偕陈其美来嘉兴，是日召集市众在县学明伦堂前演说。陈其美此次来禾（嘉兴简称），名为推广体育之组织，实则是一种革命总爆发前必不可少的舆论鼓动，"听者动容"，演讲取得很好效果。鉴于嘉兴是沪、杭联络点，地位之重要，褚辅成在人事力量上做出布置，派陈以义驻上海，专门同同盟会中部总会进行联络；又由计宗型担任杭州方面的接洽事宜，指派党人庄幼三、田毓甫、钱大忠等人密切注意时局，随时准备策应沪、杭起义。

6月，支持浙籍国民会会员李复真、李砥等在嘉兴成立了国民嘉兴分会（为避官府注目，后改国民尚武会），此后又成立了嘉善、桐乡、石门等县分会。6月30日,省城杭州国民尚武会成立,褚辅成被推为副会长(徐定超被推为会长)。陈其美专门从上海来杭出席,并发表演讲。国民尚武会实则隐为武装起义做准备,会后派出代表分赴湖州、宁波、绍兴、台州、严州、处州、衢州等地开展活动,建立分会和民团,借机更广泛地集聚起反清革命力量。

从1907年始,同(同盟会)、光(光复会)两会矛盾日益加深,至1910年2月演变成为两个革命团体之间的冲突,进而公开分裂,在组织上、政治上削弱了革命的总体力量。在浙江,作为同盟会浙江支部长的褚辅成,此时不以领袖身份自居,而从完成革命大业的总目标出发,与光复会会员之间保持着十分融洽的友谊,以他自身的人格魅力,与两会会友肝胆相照,以公正的精神、和平的态度,消弭了许多无形轧轹,维护同盟、光复两会革命力量在浙江的总体稳定与发展。

此时,杭州南屏山下的白云庵已成为浙江革命党人的另一处主要集聚据点,"一月之中,时有会议"。褚辅成利用咨议局议员的身份,来往于嘉兴与杭州,多次在白云庵与陈其美及陶成章、顾乃斌等人见面密商义举。

1911年10月10日,武昌起义成功。12日,陈其美亲来杭州,谓武汉已有密电到沪,促各省响应。次日,陈其美约集顾乃斌、褚辅成、吕公望、朱瑞、黄元秀、吴恩豫、俞炜、童保暄、傅孟等,在西湖白云庵密商,月底又在城隍山密议。为革命顺利进行,褚辅成由朱瑞介绍加入了光复会,这对于加强褚辅成进一步与光复会会员占优势的军队的联系,提供了便利的条件。同盟会中部总会制订沪杭联动起义策略后,于农历九月初,陈其美再派黄郛、蒋介石来杭,催促浙江加紧起义筹备。此时,在上海光复会机关部的陶成章也派人携带筹集到的枪枝弹药到杭,催促并指导浙江革命党人起事。浙江方面公推褚辅成去上海商请陈其美筹发军火、印信及经费,陈其美嘱褚辅成回浙主持浙江起义筹备事宜,并答应所需各物随即送来。回浙后,褚辅成在同盟、光复两会会员的支持下,与两会骨干日夜会商、布置,遂决定农历九月十五日破晓前发难,政治方面由褚辅成以及陈时夏、沈钧儒等负责,仿上海做法成立"机关部",褚任机关部长

（上海由陈其美任机关部长），军事方面由童保暄、朱瑞、周承菼、顾乃斌等负责。

起义前数日，浙江革命党人讨论新政府首脑都督人选时，朱瑞首推褚辅成担任此席，褚答称："东南及江北各省均在观望中，吾省宜推一员有重望者担任，方足以资号召，革命较易成功，汤寿潜先生为沪杭甬铁路争回自办，众望所归，堪膺此选。"推举汤寿潜出任革命成功后的新政府都督一职，是褚辅成从维护浙江革命大局出发的正确决策，众赞成，随后密商咨议局陈时夏到沪迎汤寿潜到杭。

11月4日，上海光复，翌日，江苏宣布独立，浙江革命党人旋即于5日夜间行动。6日，杭州光复，是日下午浙江军政府成立，汤寿潜被推为都督。都督以下，设立政事与军事两部；褚辅成任政事部部长，省内所有民政、财政、交通、外交、教育、实业各部皆归其总揽，军事部由周承菼任浙江军总司令，沈钧儒时任警察局长（后任教育司长，1912年由褚辅成、顾乃斌介绍加入同盟会），马叙伦任都督府秘书。

革命政权创立，百废待兴。褚辅成在任期间，以巩固革命政权，重视民生二端为重。褚辅成采取诸多有效政策措施，形成"民合政治"的良好政治局面，使新生的浙江革命政权迅速稳定。

1912年（民国元年）1月，孙中山先生在南京就任临时大总统，成立民国临时政府，汤寿潜调任交通部总长，蒋百器（尊簋）继任浙江都督，2月，浙江实行新官制，褚辅成改任民政司司长，8月即被免职。免职的背景，一是急于办省议会，在中央政府尚无统一规定前，即自定省议会法及选举法，震怒袁世凯；二是褚厉行禁止鸦片贸易，触犯英国在华利益，引起外交交涉。北京政府外交部同浙省督军间往来电文，对褚辅成皆有责备之意。

8月，同盟会改组为国民党，褚辅成任参议。同月，同盟会浙江支部改组为国民党浙江支部，褚辅成任支部长，莫永贞为副支部长。

12月8日，孙中山先生应浙江都督朱瑞之请，由沪启程赴杭，经嘉兴时应邀下车演讲三民主义。褚辅成从杭州返里欢迎，陪同演讲，并游览南湖，于烟雨楼假山旁合影留念。下午陪同孙中山先生赴杭，浙江五十一团体3000余人在杭州公民所召开特别欢迎大会，孙中山先生入席后，褚辅成以国民党浙江支部长身份报告欢迎，随即孙中山上台演讲钱币革命。

孙中山先生此次在杭演讲，对褚辅成经济思想产生重大影响，但他认为中山先生之钱币革命时机未熟，恐难实行，是一个值得研究之问题，因此历年观察社会各方面情形，求此问题之解答。20余年后，褚辅成撰《货币革命十讲》，其中的许多主张后来被国民政府在经济改革中所采纳。

反袁、护法

1913年春，褚辅成膺选为第一届国会众议院议员，随即离开浙江到北京。4月8日，出席民国首届国会，不久当选为宪法起草委员会委员。其间三事遭袁世凯忌恨，一是对袁政府一系列人事任免未经国会通过，提出严重质问书，引袁氏不满；二是反对大借款一案并领衔弹劾，尤为袁世凯所忌惮；三是主张制定完密宪法，束缚袁氏之政治活动，成为袁氏复辟帝制的眼中钉。"二次革命"发生后，袁世凯乘机在国会剪除异己，授意亲信雷震春、鲍世贵诬告褚辅成串通乱党，密筹以手枪、炸弹在京暗杀要人，以煽惑军队，扰乱京师为辞，于8月27日晨将褚辅成等八议员逮捕。八议员逮捕后由京警司令陆建章逐个过堂受审，尚文明、唯褚辅成被指为叛党中重要人物、哥老会首领，罪名最大，喝令跪堂，遭严审。11月，袁世凯发布解散国民党令，宣布国民党议员助乱证据布告，褚辅成作为重要分子，被解往安庆关押。褚辅成被捕下狱，沈氏夫人闻讯，急命在海军服役的长子褚凤章展开营救，未成。

1915年12月12日，袁世凯称帝。此前他曾派人到安庆狱中，以提前出狱到国会任职或回嘉兴老家为说项，引诱褚辅成拥护袁氏当皇帝。褚辅成对来人说："袁大帅他要当皇帝尽管当，我宁愿待在监狱里比较清静。"褚辅成在安庆狱中潜心于阳明学说。

1916年6月6日，袁世凯在全国人民的一致声讨中死去。26日，褚辅成被释放，30日返回嘉兴原籍。家乡父老千余人在嘉兴县学明伦堂前召开欢迎大会，地方士绅潘谋先、范古农、计仰先、沈辅之相继演说，褚辅成略述在皖狱中情况等。7月6日，在杭的浙江参议会为他与章太炎出狱召开欢迎大会，会上褚辅成发表演讲：他"希望国家日见进步，但国会须以国民为后盾"，表示"将来政府如有不法行为，辅成固不敢放弃其责任"，会后赴沪谒见中华革命党总理孙中山先生。7月15日，出席粤驻沪国会议员欢迎孙中山诸名流茶话会，再次发表演讲，他说"民国三年之党争，绝非党争，乃国民与袁世凯之恶政策争。故吾人今后宜抱持正当之义，振奋精神以为之"。被羁三十四月、饱受牢狱之苦的褚辅成风采依然。

黎元洪出任大总统后，恢复临时约法，召集国会，褚辅成重返北京，继任国会议员。时许世英调任交通总长，商请他出任次长，褚氏以制宪为职志复函婉拒，谓："我视议员之地位实较总、次长为高，故不欲舍此而就彼。"作为国会议员，为国家制定宪法，是无尚荣光的事，褚辅成不就高官当议员，一生恪守宪政理想，从那时起已不再动摇。8月，当选为众议院预算委员会委员长。

1917年5月，国务总理段祺瑞威迫国会通过对德宣战案，参加第一次世界大战，褚辅成动议搁置该案，段祺瑞恼羞成怒，要求总统黎元洪解散国会。7月初发生张勋复辟，段祺瑞任国务总理，破坏约法，另组临时参议院，不再恢复国会，孙中山先生乘军舰南下广州。8月，褚辅成以拥护临时约法为号召，率沈钧儒等部分国会议员南下护法。9月10日，非常国会选举孙中山先生为护法军政府大元帅，恢复约法。不久，褚辅成受非常国会的委派赴沪，主持非常国会驻沪通讯处工作，在经费极端困难的情况之下，确保联络、接待旧国会参、众两院大批议员南下护法。由于其出色的组织协调能力，被推选为非常国会众议院副议长，后又被推选为宪法审议会审议长。

1919年5月初，巴黎和会上中国代表在山东问题上的交涉失败，消息传来，举国愤慨。4日，为争山东主权，北京大学等13校学生3000余人举行示威运动，火烧赵家楼，痛打章宗祥。北洋政府则进行镇压，许德珩等32名学生被捕，五四运动发生。褚辅成与林森、吴景濂以护法国会正副议长名义发出通电，要求北洋政府释放许德珩等被捕学生，严惩曹汝霖、章宗祥、陆宗舆。由于信息的滞后，通电于5月9日发出时被捕学生已于7日释放，但此电表达了南方护法国会议长们反对北洋政府镇压学生爱国运动的正义立场。此后，褚辅成与吴景濂等指示非常国会驻上海通讯处张瑞仙、陈策等密切关注并报告五四运动后北京、上海两地情况，护法国会依据形势发展做出正确判断，发出一系列正义之声。

1920年，褚辅成代理众议院临时议长，这是他扶助孙中山护法运动后期重要一年，也是在整个护法运动期间最为辛苦的一年。由于政学系议员的搅局，护法国会制宪不成，国会分裂，褚辅成、吴景濂等率国会议员在广东、云南、上海、香港等地颠沛流离，居无定所，而国会移渝（重庆）制宪一节最为惊险，褚辅成差点掉了脑袋。先是非常国会两院联合会议议决国会移滇，由于唐继尧阻挠未成，后两院联合会议议决军府、国会移渝。会议决定在滇之一部分议员由褚辅成率领，于9月7日从昆明由陆路经宣威、毕节、叙府一带入渝。途中遭遇土匪抢劫，一阵乱枪射击后，褚辅成所戴草帽已穿数孔，幸而脑袋未被射中。然而来渝不到一月，重庆被川军攻克，军政府解散。褚辅成与吴景濂等发布离渝宣言后，沿长江水路转回上海，途经三峡时褚辅成再次遭遇险情，差点被双方混战中的军阀部队误捕误伤。返回上海后，褚辅成与孙中山等四总裁商议，决再度赴粤。11月，孙中山抵广东重组军政府，褚辅成与林森等奉命返回广东恢复国会，召开非常会议，准备推举孙中山为正式大总统。

1921年1月1日，军政府庆贺元旦，孙中山发表演讲，主张建立正式政府，褚辅成赞成其主张，但在选举总统问题上力持慎重，并坚持取决于来粤国会议员之多数同意方为有效，一度与孙中山产生分歧。4月7日，孙中山当选总统，褚辅成即离开广东回到上海。

5月初，褚辅成到杭州参加浙江省宪运动，被推选为省宪法会议副会长。褚辅成对浙江省宪运动寄予厚望，希望"浙省此次不受官厅拘束，有制宪自动之机会，从速制成省宪，以谋人民幸福"。由于此次省宪正逢浙省三届议会议员选举，省宪与省选不能调和，发生暴力流血事件，褚辅成被殴伤，为制宪再次付出血的代价。9月9日，省宪法会议宣布浙江省宪法告成，是为"九九宪法"，最后实施终因无力为继而放弃。月底，褚辅成回到上海。

1921年7月下旬，中国共产党第一次全国代表大会在上海召开，为避租界侦探的窥破，会议转移到嘉兴南湖的一条游船上继续进行，会议通过了党的纲领和关于工作计划的决议，会议选举了党的领导机构，陈独秀、张国焘、李达为中央局成员，选举陈独秀担任中央局书记。当时陈独秀还在广东省政府教育委员会委员长的任上，中共成立后，陈独秀离开广东前往上海，从事中央局书记的专职党务工作。10月4日，在上海被特别机关探目黄金荣、包探程子卿侦悉，陈独秀在法租界居所被捕。被捕当天陈独秀未被认出，即被带入捕房。当天下午5时许，褚辅成与邵力子到陈独秀居所探望，亦被误捕并被带入捕房，褚辅成一见陈独秀就拉着他的手说："仲甫，怎么回事，一到你家就把我弄到这儿来了。"这一下陈独秀就暴露了，褚辅成和邵力子在弄清身份后就释放了。第三天，褚辅成即与张继将陈独秀保释出狱。

褚辅成在与中共创始人的交往中，陈独秀是他熟识、交往的最早一位。从1908年陈独秀在浙江参与反清活动，到1917年在北京组织政余俱乐部，再到1920年陈独秀在广州开展农民运动，褚辅成一度与之共事，并保持密切联系，保释陈独秀一事使褚辅成从此与中国共产党人建立起了良好信誉与友谊。

1922年4月，孙中山先生领导第一次北伐。由于粤军总司令陈炯明与孙中山先生在谋求统一中国的政治纲领上产生严重分歧，两人最终分道扬镳，进而反目成仇。陈炯明在广州发动兵变，北伐失败，孙中山先生离广州赴上海。褚辅成拟去老隆面劝陈炯明改变态度，行至汕头被陈炯明拒绝，只得折返上海。

6月，褚辅成与旅居上海的浙江籍国会议员与著名士绅虞洽卿等百余人发起成立"全浙公会"，6月25日召开成立大会。全浙公会成立后，在反对军阀乱政、反对日寇侵华、关心民生疾苦、慈善救灾、兴修水利、重视教育、维护民权等方面，做了大量工作，反映了民意，监督了政府，实质起到了省议会的作用。褚辅成是主持全浙公会常务的主要领导人，成立之初即当选为总干事。1926年，全浙公会由干事制改为董事会制，褚辅成当选为董事长。直到抗日战争全面爆发，褚辅成赴汉口入国民参政会任参政员，全浙公会才基本停止活动。

1923年6月，发生黎元洪总统任期之争，6月13日，黎元洪被迫离职出京。政变发生后的第二天，国会开两院议员谈话会，商应付时局办法。议员分为两派，以吴景濂为首的拥吴派议员赞成驱黎，主张组织"总统选举会"，选出继任大总统；以褚辅成一派（包括政学系）议员共200余人主张迁地开会制宪。褚、吴政见不合，褚辅成当晚率部分议员离京赴津，在津设议员招待处，并组国会移沪筹备处，6月30日率议员由津至沪（其后国会移沪运动因两院均不足法定人数而不能成会）。褚辅成率议员离京后，以拥吴派议员为主力，留京议员在吴景濂的操纵下拉开了选举继任大总统的序幕。其间褚辅成数度向吴景濂发出劝告，要他不要十分向热的地方跑，"还是冷淡一点的好"，但被吴景濂斥之为"慧僧是在那里做梦"，终于演出了中国议会史上一场廉耻道尽的贿选丑剧。10月5日，直系曹锟重贿当选为第三任中华民国大总统。

曹锟贿选，举国哗然，吴景濂脱变为贿选主持人，受贿议员被人讥为"猪仔议员"，受到舆论的猛烈抨击。褚辅成则成为拒贿议员的领军人物，得到了全国舆论的支持和赞扬，从此声望日隆。

创办法科大学，支持北伐

1924年1月，中国国民党在广州召开第一次全国代表大会，确定联俄、联共、扶助农工三大政策，实行国共合作。此时褚辅成已回到浙江，8月初，当选为浙省自治法会议主席，筹备浙省自治。9月初，"江浙战争"爆发，月底，浙军战败，卢永祥离浙赴沪，不久下野。北方张作霖的奉军以援助卢永祥、讨伐贿选为名，大举入关。9月15日，第二次直奉大战爆发。此时，孙中山北伐义师尚在韶关一带，南方孙传芳的闽军见机入浙，曹锟令孙传芳督理浙江军务，兼闽浙巡阅使。浙局既变，褚辅成与蒋尊簋、屈映光、吕公望等赴宁波组浙省自治政府，宣布浙省自治，组织保卫军，实行自卫。同时，联络王正廷、黄郛、王廷扬、朱庆澜等成立省宪法执行委员会，宣言实施民国十年制定的浙江省宪法。但随着卢永祥的战败下野、孙传芳入浙，褚辅成策动之浙省自治与实施省宪两项消于无形。

11月中旬，张作霖、冯玉祥、卢永祥等推段祺瑞为中华民国临时执政。12月24日，段祺瑞公布善后会议条例，派许世英筹备善后会议。褚辅成被临时执政段祺瑞邀为善后会议会员，1925年2月，偕滇、黔代表到京出席。在会提出《中华民国临时政府制草案》提案，主张以执政三十三人（委员制）组国务院。此举含有废督之初步办法，后遭段祺瑞、张作霖两系议员相抵制未果。褚辅成返回上海，从此离开了中央政坛。

1925年3月12日，孙中山先生在北京逝世，褚辅成十分悲痛。14日，与范熙壬、王家襄、王绍鏊等以国会非常会议议员名义发出唁电，沉痛悼念。月底，北京举行悼念孙中山先生活动，褚辅成撰挽联悼念。1929年，褚辅成在"题国民党浙江支部开会，欢迎孙总理莅杭摄影照"时，回顾孙中山先生逝世时的悲痛情形谓"肃瞻遗容，不禁感恸五中""吾党骤失导师，曷胜悲痛"，怀念之情溢于言表。

1926年上半年，褚辅成与沈钧儒等奔波于上海与浙江之间，推动浙江自治，又与章太炎、董康、王开疆等发起创办上海法科大学，在法租界南阳桥北首敏体尼荫路（现西藏南路北段）415号设立上海法科大学筹备处。6月21日，假西藏路一品香二楼79-80号召开发起人会议，到会者有章太炎、董康、褚辅成、陈霆锐、蒋保厘、王开疆、范发源、李琢、陶本厚、施瑾、王孝师、王立功等，推定章太炎、董康两氏为正副校长，并由章、董两氏就国内名宿中分别物色各科教授。10月召开校董会，通过上海法科大学组织大纲；推举褚辅成任校董会董事长，董康为校长，潘力山为副校长主事校务；11月7日（农历十月三日）举行上海法科大学创立典礼。1927年10月，在"清党"中，潘力山不幸遭暗杀于校门外，董亦辞职。褚辅成被公推为代校长，沈钧儒为教务长。1928年1月，第十五次董事会议以校长职务重要，不可久行代理为由，公推褚为正式校长，改选钱新之为董事长。后经第二十八次校董事会议决，自1930年1月1日起上海法科大学改名为私立上海法学院。褚辅成终其一生，始终担任院长职，长达21年。

抗日战争爆发后，学校内迁浙皖边境，后又在四川万县成立"上海法学院分院"，为四川教育事业做出贡献。

据不完全统计，褚辅成一生从小学办到大学，在15所学校中担任过校（院）长、董事、董事长等职，弟子无数。而尤办法学院，于20多年中为国家培养了大批法律人才，许多学生直到1949年后成为新中国第一代法律工作者，而师生中诸如王造时、楚图南、潘大逵、朱学范、史良、沙千里等先生，后来都成为民主党派的著名人士。

除兴办教育、培养人才外，褚辅成还致力于开发实业，建设家乡。如1923年发起创办嘉兴禾丰造纸厂（即嘉兴民丰造纸厂的前身），开嘉兴有现代机器工业之始。

1926年7月，国民革命军誓师北伐。9月，与孙传芳的五省联军接战于江西，为避免江浙地区卷入战祸，以褚辅成为首的全浙公会联络民间团体，大规模发起"东南和平运动"。11月，国民革命军进入江西，相继占领九江、南昌等，战局有移至江浙两省之趋势，又进一步推动"东南和平运动"向三省自治运动转化。在全浙公会的全力推动下，成立了皖苏浙三省联合会，划皖苏浙三省为民治区域，一切军政、民政悉由人民推举委员，组织各委员会处理，即日停止军事行动，并由人民推举代表向广州及奉鲁方面运动和平，宣布孙传芳与三省无关。皖苏浙三省自治运动曾引起中共上海区委的重视，提出"要联合他们（即褚辅成等），共同反孙（即孙传芳）"。

12月19日，浙江自治政府成立，褚辅成为省务委员之一。自治政府发出通电，拒绝孙传芳退回浙江，从此"以自决之精神，行真正之民治"。

孙传芳闻讯即派孟昭月率部于22日开入杭州,将浙军第一师一部缴械,民政长陈仪被捕,解往南京。24日,孙传芳下令通缉蔡元培、褚辅成、沈钧儒、董康等11人。褚辅成与蔡元培、沈钧儒等偕赴浙东,董康避往日本,自治政府即告失败。

是年冬,国民革命军攻克南昌,占领江西全省,中央政治会议在南昌议决设立浙江临时政治会议。1927年1月8日,中央政治会议派张静江等为浙江临时政治会议委员,并以张为主席,张未到前,由蔡元培先生代理。下设政务及财政两委员会,政务委员会亦以张为主任委员,张未到前由褚辅成代理。褚辅成奉命第二次主持浙江省政后,在宁波设临时省府于道尹公署,2月,任沈钧儒为临时省府秘书长。3月1日起在省城行使职权。

"四一二"事件发生后,蒋介石实行"清党",共产党员、浙江临时政治会议代理主席宣中华遭杀害。褚辅成、沈钧儒二人被检举是"左派""共产党",于4月14日遭逮捕。在大逮捕之前,已有消息透露,省政府和省党部的委员,除阮性存、沈钧儒、褚辅成几人外,全数逃避一空。曾有人通知褚辅成,叫他赶快逃走。他说:"我不逃。"又告诉他,清党捕人是蒋介石的命令,他则说:"蒋介石也杀不了我,不须逃。"结果遭逮捕,囚禁于杭州留守营部7天,囚禁期间褚辅成对在任时未能在全省举办农业银行一事尤感可惜。

4月21日,褚、沈二人同被解送南京。两天后,蔡元培、庄崧甫等人赶去南京,要求蒋介石释放褚辅成。褚辅成是一个国家利益至上者,此时蒋介石也知道褚辅成不大可能是"共党",只是在他主持省政期间与中共人士走得太近了,就说:"慧老在这里原本没有什么,我只是想问问他浙江的一些情况。"蒋介石的话听似平淡,其实里边隐含着极其复杂的人际关系。褚辅成第二次主政浙江,既受同代中宵小的嫉忌诬陷,也受国民党新生代的排挤,任职时间之短仅一个半月,即被蒋撤免。当时环境之复杂、时局之险恶,褚辅成看得很清楚。当蒋介石以道歉的口气征求褚辅成个人意见"愿就何种职务"时,盱衡时局,褚以"愿以在野之身,兴办教育,有余力为政府谋贡献"相答。褚辅成的选择是极其明智的。一周后褚辅成获释,从此离开政坛,息影上海,致力于全浙公会、上海法科大学、慈善救灾等事业。

站在抗日救亡的前列

1931年9月,日寇在东北发动"九一八"事变,给褚辅成极大震动,使他看清日本帝国主义的侵华野心。次年,"一·二八"事变接踵而来,褚辅成以一名"在野人士"之身,坚决地站到了抗日救亡活动的前列。

1931年9月22日,上海市各界代表大会召开,决将上海市各界反日援侨委员会更名为抗日救国会,褚辅成被推为委员,后被推为常务委员,负责该会日常工作。救国会主张对日经济绝交,提醒各同业公会,切实抵制日货,激发民众爱国热情,扼敌气焰。同时,褚辅成还是抗日救国会义勇军委员会的常务委员,主持该会工作。

褚辅成组织上海法学院院内义勇军,加强军事训练,使之成为上海市教育界一支重要的抗日力量。他同时主持全浙公会董事常会,做出一系列抗日决议,如致电国民政府建议加强国防建设,防堵日本军舰登陆温州、入侵长江;建议浙江省政府训练义务民兵等,要求中央出兵支援黑龙江省政府主席马占山的抗日活动等。

12月19日,中华民国国难救济会成立,他是主要发起人之一,当选为常务理事。他以国难救济会名义发表宣言,呼吁国民党抗日,通电国民政府:解除党禁,进行制宪,保障人民政治权利,还政于民,并建议在宪政还未实施前,应该先行设置民选的国民参政会,监督政府,筹备宪政。同一天,浙江省国难救济会成立,褚辅成是主要发起人,当选为首席常务理事,发表宣言:誓与全国人民"戮力周旋,共赴国难"。

1932年1月,"一·二八"事变发生,面对日寇的无理要求与上海市政府的软弱,褚辅成坚决反对解散抗日救国会,表示"抗日会由辽案而起,辽案一日不解决,抗日会即存在一日",此后更应"再接再厉,进行抗日救国工作"。月底,上海各团体救国联合会成立,褚辅成当选为理事、常务理事。为维护该团体的内部团结,全力支援十九路军抗战,他做了大量工作。4月,他发起成立东北义勇军后援会,任常务理事。该会成立后,褚辅成以极大的精力与热情投入其中,连续在报纸、刊物上呼吁上海民众勿忘东北,踊跃输将,救东北同胞,免中国广国,从舆论道义上、物资款项上全力援助东北抗日义勇军,一直延续到下年底。

这一年他还发起筹组中华民国各团体救国联合会、上海战区难民临时救济会、国民自救会、浙江各界救国会等一系列抗日团体,并任要职,全力支援十九路军抗战。

淞沪抗战失败后,在沪日军为庆祝他们的所谓胜利,于4月29日借"天长节"名义在上海虹口公园阅兵祝捷。韩国独立运动领袖金九策划"虹口爆炸案",当场炸毙敌酋白川,炸断重光葵一条腿,另两名高级军官重伤。金九逃入上海法租界,日寇悬赏60万大洋追杀,褚辅成不顾自身及家人安危,掩护金九一行避难于嘉兴、海盐两地,"凡三迁移",长达4年。

12月初,褚辅成与王云五、史量才、朱子桥等发起,在宝山县庙行镇建造无名英雄墓,以纪念在淞沪抗战中抵抗最久、炮火最烈、伤亡最多、苦战30余日不退之庙行战役中牺牲的国军英烈。

12月12日,中苏邦交恢复。褚辅成等同人以东北义勇军后援会常务理事名义致电国民政府行政院、外交部,建议利用中俄复交契机,运用外交渠道,将自"九一八"事变以来因抗战弹尽援绝而退入俄境的马占山、苏炳文、李杜等抗日将军接运回国。后在中俄双方的共同努力下,马占山、苏炳文等20余人于1933年4月中旬,从托木斯克启程回国,6月5日到达上海。为了迎接抗日英雄们的到来,上海市商会、总工会、东北义勇军后援会等300余团体组织欢迎马、苏将军筹备会,褚辅成被推为常务委员及欢迎大会主席团成员,王延松、沈钧儒等任总干事。在7月11日、12日东北义勇军后援会和上海市200余团体举行的欢迎大会上,褚辅成代表致辞,对马、苏等将军奋起抗日,为民族争人格表示钦佩,勖勉马、苏等将军继续努力抗日救国。代表上海各抗日团体表示：自今日始，将加倍努力，誓做东北义勇军后盾，无论精神上、物质上有充分之接济。

1933年，日寇加紧侵华。1月，日军陷山海关、临榆城，登陆秦皇岛，陷九门口。鉴于东北问题之严重与关系之重大，褚辅成与熊希龄、李次山等致电南京国民政府行政院、外交部："应请即日宣告对日绝交，一面电令日内瓦代表，要求国联引用盟约第十六条，制裁暴日。"又与吴铁城、张公权、林康侯等发起组织东北协会，被推为理事。

5月26日，冯玉祥在张家口通电任抗日同盟军总司令。7月12日，抗日同盟军克复多伦，褚辅成获悉后兴奋不已。17日至19日，与李次山、殷铸夫、俞寰澄等以东北义勇军后援会常务理事名义三次在《申报》上发表《多伦克复》文稿，号召海内外爱国同胞"踊跃输将，接济冯玉祥、吉鸿昌等抗日"。

1934年2月，中共北满地区"东北人民革命军"军部组织以李延禄为首的三人代表团到上海找中共"临时中央"请示方针，因临时中央已于一年前迁往苏区，李延禄就找到"抗日救国会办公处"。褚辅成出面接谈，并给予经费上的支持。

这一年浙江遭遇百年未遇特大旱灾，嘉兴六邑旱况更重。9月，褚辅成在上海发起成立甲戌全浙救灾会，任主席，领导救灾，同时负责嘉兴具体救灾事宜。

1935年11月，殷汝耕之伪"冀东防共自治委员会"在通县成立，殷为委员长。褚辅成获悉后，当即主持召开全浙公会常务会议，开除了殷汝耕全浙公会会籍，并发电警告。北平"一二·九"学生运动爆发，上海马相伯等283人联合发表救国宣言，褚辅成列名。12月14日，褚辅成与上海市各大学校长10余人到市政府会晤市长吴铁城，代表上海教育界陈述反对华北伪自治运动之意见。是年底，褚辅成当选为上海文化界救国会委员，呼吁"用全国的兵力财力反抗敌人的侵略"，并"严惩一切卖国贼"。

从1931年东北"九一八"事变，到1932年的上海"一·二八"事变，再到1935年策动华北伪自治运动，日本帝国主义步步蚕食中国，形势日趋严峻,褚辅成抗日意志愈坚。1936年初,褚辅成从上海回到嘉兴老家,合葬已故家人于庄曹圩祖茔,并为自己留下空穴,誓死赴国难。为明心志,他在自撰墓志铭《鸳湖营圹记》中写下这样一段话:"今敌人益肆灭我之谋,群起救亡,讵容再缓。吾辈既负革命之责,乌可不赴国难,忼忼俍俍,以老死牖下。最后牺牲之日,至赴汤蹈火,其奚敢辞。"

6月,桂系李宗仁等主张抗日救国、联合反蒋,"两广事变"发生。面对外敌入侵,国难日深,褚辅成与上海各大学校长翁之龙等致电南京与两广政府,希望双方为国家前途计,以至诚之精神,消弭国家分裂之隐患,商讨一致对外之大计。同时通过冯玉祥专电蒋介石,中肯指出:在国难深重之时,切勿"注广西一省之人事,漠视华北七省之危机",提出要以和平办法解决之,为蒋所接受。"七君子事件"发生后,褚辅成各方奔走,努力展开营救,曾使老友沈钧儒获得短暂自由。

1937年7月,卢沟桥事变爆发,中国开始了全面抗战。7月22日,上海各界抗敌后援会成立,褚辅成被推为监察委员,表示要以"铁血求生存,作抗敌之后援"。10月,他被推选为后援会对日经济绝交委员会执行委员,积极推动经济抗战。11月,上海沦陷,嘉兴失守,日寇找到"抗日分子"褚辅成位于南门西米棚下的住宅,举火焚之,仅存门墙。

上海沦陷前夕,褚辅成在国民党高层黄绍竑和中共地下党骆耕漠、潘枫涂的支持下,于10月中旬在上海发起成立了"浙江旅沪同乡回乡服务团",组织起来回到浙江去参加抗日救亡运动。这些人员后来在浙江的抗日救亡中发挥了很好的作用。12月初,褚辅成秘密离开上海,先到缙云(今隶属浙江丽水),寓老友赵舒家。在缙期间,褚辅成在赵舒举办的第四战区教职员训练班中讲解时事形势,鼓舞抗战士气;又在赵氏宗祠举行抗日救国宣传大会,振奋民众抗战信心;出资翻印了300册八路军政治处编印的游击战术宣传册,并亲笔题字,分发宣传。这些宣传册后来在浙江游击区发挥了很大的作用。

1938年1月,褚辅成离开缙云到丽水,与中共地下党骆耕漠、严北溟及战时生活周刊等文化团体发起成立了浙江省文化界抗敌协会期成会,号召并团结全浙江文化界人士，利用各自的特长，担负起宣传民众、训练民众和组织民众抗日的任务，不久在丽水、遂昌、宁波、青田、金华、永康、兰溪、平阳等县都成立了分会，总计会员人数达到1000人以上。

在国民参政会上

1938年3月，中国国民党临时全国代表大会通过了《抗战救国纲领》和《设国民参政会案》，决议设立国民参政会。依照该会组织条例第三条（甲）项，褚辅成被遴选为国民参政会参政员，3月底离开浙江到汉口。5月，褚辅成适逢六十六初度，在汉口成诗一律：

> 生辰常在客中过，今岁犹遭国难多。烽火遥迷牯岭月，雷声时震洞庭波。河山半壁愁无补，风烛残年尚几何。但愿此身偕日丧，还须努力莫蹉跎！

自是年起，于抗战期间，褚辅成每遇诞辰，感成一律，抗战八年，适成《抗战八咏》，以诗明志，表达自己坚定不屈的抗战意志。

7月6日至15日，国民参政会一届一次会议在汉口举行，会前褚辅成接受《新华日报》记者专访，他向记者介绍了预备在会上提出关于改善征兵应先改善保甲的提案。案中主张乡村里的保甲长完全要民选，完成乡村自治制度，征兵制度才能有所改进。由于该案的实施连带到乡村的自治问题，因而遭到蒋介石的反对，蒋致函汪精卫要求发动国民党籍参政员在会予以驳斥，"毋令通过"。由于该案得到各党派许多参政员的联署，大会审查通过。

9月26日，九江失陷，褚辅成随国民政府西迁重庆。10月28日，参政会一届二次会议在重庆召开，会上提交《严禁壮丁吸食鸦片，以利征兵案》一案。这时，广州、武汉已经陷落，日寇对国民党遂采取政治诱降为主、军事打击为辅的方针，汪精卫在会上频频放出妥协投降论调，遭到很多参政员的反对。参政员、南洋华侨领袖陈嘉庚发来"在敌寇未退出国土以前,公务人员任何人谈和平条件者,当以汉奸国贼论"的30字电报提案,这个被邹韬奋称之为是"古今中外最伟大的提案",褚辅成第一个赞成签押,不多时例额已签足,于是成案,付诸参政员讨论。会议将提案修改成"敌未出国土前,言和即汉奸",获大多数通过,对汪精卫一伙主张"与敌和平妥协"的投降论调以沉重一击。

第二天,褚辅成接受《新华日报》记者专访,谈当前抗战局势,怒斥有些人看到广州、武汉两个大城市失守了就"动摇起来,彷徨起来",语锋直指汪精卫等人的投降论调。呼吁参政会应该更进一步推进国内团结,来消灭这种"毒害抗战的气氛""以铁的团结的事实,来粉碎敌人的阴谋"。谈话在《新华日报》刊出后,在重庆政军界的一部分人中及部分报章媒体上不敢言战的氛围迅即转捩。12月29日,汪精卫发表艳电(因29日的韵目代日为"艳"而得名),公开投降日本,激起全国人民的一致声讨。1939年2月12日,参政会一届三次会议召开,褚辅成的提案是:第二期抗战开始,本会应郑重宣言重申拥护抗战国策案。该案在第六次会议上获全场参政员一致起立通过。

为持久抗战计,本次会议通过了蒋介石议长提川康建设案,于大会休会后立即组织国民参政会川康建设期成会,褚辅成任该会会员、常务委员。根据期成会组织规则第四条之规定,于四川之成都、万县、阆中、宜宾分设四个办事处(西康之雅安设一办事处),褚辅成任万县办事处主任(宜宾黄炎培,成都李璜,阆中张澜,雅安林虎)。此后褚辅成坐镇万县,"以仁爱敦笃之诚,树廉洁勤和之范",日理万机,辛劳三载,为陪都重庆的安全、为抗战胜利做出贡献。

1939年9月,参政会一届四次会议召开前夕,重庆《新华日报》记者专访褚辅成,他强调指出:"目前最主要的是怎样加强各党各派的团结,开诚布公,避免一切摩擦。反对妥协投降,粉碎汪逆阴谋。"对于抗战前途充满乐观。9月9日至18日,参政会一届四次会议召开,褚辅成被推选为参政会休会期间的驻会委员会委员,并自本届起至第四届第二次会议期间连续当选。在此次大会决议中，除通过川康建设方案外，请政府明令定期召集国民大会，制定宪法，实行宪政为最重要。会议结束前由议长指定参政员黄炎培、褚辅成等19人为国民参政会宪政期成会委员，协助政府促成宪政，褚辅成与中共参政员董必武等还被推选为征集汇合、研究修改《五五宪草》的5人组之一。

10月，褚辅成与张澜、沈钧儒、莫德惠、张申府、王造时、章伯钧、李璜、左舜生、胡石青、江恒源、张君劢等25人在重庆发起宪政座谈会，前后共举行了8次政治集会，主要就宪政运动与民众运动的关系、宪政和抗战救国的关系、实施宪政的条件等提出主张，在第二次宪政座谈会上褚辅成重点做了"宪政的意义"与"宪政和抗战建国"的发言。1940年3月20日宪政期成会第三次会议，汇集各方意见，修改形成《中华民国宪法》草案（《五五宪草》）。但由于国民党的阻挠，在参政会一届五次会议上进行讨论并送政府后即无下文。

1940年4月1日，参政会一届五次会议召开，褚辅成在会上提交了"请政府加紧禁烟"和"请政府平准物价"两案，获得通过。8月，国民政府成立川省烟毒总检查督察团，督察大员由政府指定在川康期成会中聘刚正廉明者担任，褚辅成被聘为督察团副团长，代理团长职（团长蒋介石），同时兼任川东禁政监察。褚辅成于30年后重操禁政，在川省严厉禁烟（毒），但当禁到蒋介石的连襟国民政府财政部长孔祥熙头上时，即被调离了督察团代理团长岗位。褚辅成做诗一首自嘲，其中一句"腰缠金印却非官"即指此。

1941年1月，皖南事变发生，中共参政员拒绝出席参政会。作为国民党老前辈，素不存党派成见的褚辅成与黄炎培、张君劢、左舜生、沈钧儒、张澜六参政员面见蒋介石，商讨解决办法，再同周恩来及中共参政员接洽商谈，前后40余日辛劳奔走。

时抗日战争进入最艰苦的战略相持阶段，褚辅成在万县十分重视征粮问题，他认为抗战以来，军需最为切要，军粮尤为军队之命脉。在参政会二届二次大会上，他提交了《请策动全国士绅拥护中央既定军粮政策，劝导民众踊跃认购并竭力协助运输，以裕军事而利抗战案》，国民政府高度重视此案，推动落实。他关注农村问题，在川东一带重视开展农村地租调查，提出要"调整租佃，提高人民增产热情"，以利抗战。

1942年10月，参政会三届一次会议议决设立国民参政会经济动员策进会，褚辅成改任经济动员策进会驻昆明滇黔区办事处主任，王晓籁副之。因川康建设期成会在万县已办未毕之工作一时未能交接，直到1943年2月才赴任。时褚辅成以70岁高龄往返滇黔各地，为大后方建设不辞辛劳。9月，参政会三届二次会议开幕，褚辅成作为参政员代表在会上致词，强调在抗日战争形势好转的情况下，国内更需要精诚团结；希望政府切实推进各级民意机构，巩固宪政基础，实现中央既经决定在战后一年以内召集国民大会，实施宪政。

1944年9月1日，褚辅成与黄炎培、冷御秋、王云五、薛明剑、卢作孚、章乃器、孙起孟等各界人士30余人，联合发表对时局主张——《民主与胜利献言》，提出9项建议，迫切主张"真正实行民主，与民更始"。

9月3日，褚辅成由昆飞渝，出席参政会三届三次大会，他向大会提交了在昆明拟就的《请政府改善征兵办法，以充实兵源并提高素质案》《请政府紧缩通货，别筹的款，弥补预算之不敷案》《核减本年度浙江省之征实征借数量案》三件提案，被大会审查通过。

在大会召开的前夕，褚辅成在参政会招待茶会上发言，他说，在抗战就要胜利时刻，"我们对于国家重要问题，应拿出勇气来，有话就要讲，不要讲空话，因为这就是尊重自己，以善尽其代表民意机关的任务"。大家听了后，热烈鼓掌。5日，接受重庆《新华日报》记者专访，谈团结问题。褚辅成在担任国民参政员期间，最关心的问题就是巩固国内团结问题。当此抗战胜利前夕，他仍然呼吁团结，而且是要"全国真正的团结"，同时"全国要集中力量在打仗上，军事上要有办法，前线上要能够打胜仗"。最后对记者说：我所注重的就是团结、打胜仗这两件事情。

由于国民党军队的腐败，将官吃空饷，士兵生活艰苦，严重影响了部队士气与战斗力，在日寇发动的豫湘桂战役期间一败涂地。褚辅成在第十五次会议讨论改善士兵生活问题时,提出"请将中国在美国冻结的存款三万万美元提充军费用"的建议案,得到 60 余位参政员的响应。在对该案做说明时褚辅成说:改善士兵生活"不要只是空口讲白话,而要认真地去做""要取消现在从上至下层层吃空额的现象,要一兵一名",要官兵平等。对于军费的来源,反对向人民加征,"三万万美金合八百多万两黄金,合一千几百万万法币,这样军需来源不就可靠了吗?该做"。褚辅成的说明引起参政员共鸣,许多正直的参政员起来说这是贪官污吏的钱,"不仅应动用,还应没收"。参政员们提议动用贪官污吏在美存款事,要求大会一致通过。9 月 22 日,褚辅成出席经济建设策进会谈话会,商讨改善官兵生活筹款办法,再次提到这个问题,但该案后来不了了之。

9 月 30 日,中苏文化协会举行招待茶会,褚辅成发表演说,主张要更加注意中苏两国在经济上和文化上的交流,以期获得两国"更深的友谊"。

10 月 1 日,褚辅成与宋庆龄、于右任、林祖涵、黄炎培、柳亚子、许德珩等 72 人在重庆发起邹韬奋先生追悼大会,并做极哀痛的讲演。回顾 1941 年 2 月邹韬奋先生因努力倡导抗战建国文化,被迫离开重庆的这段经历就在眼前,如今韬奋先生已逝去。褚辅成悲愤地说:"先生是毕生为争言论自由奋斗,忠心耿耿,为国而死。""先生之退出国民参政会也是出于不得已。假若中国有民主,假若中国有言论自由,先生能够在重庆有发表言论帮助抗战的机会,他是不会离渝出走。"

延安之行,为国共合作热心奔走

八年抗战即将胜利,国内各界精英关心国家前途,要求参与国是的热情高涨。他们急切希望国共两党继续团结合作,和平民主建国,使中国从此远离战争,人民休养生息,国家元气得以恢复,褚辅成为此付出极大心血。

1945 年元旦,褚辅成与黄炎培等 60 余位社会知名人士联名发表《对转捩当前时局献言》,号召各党派加强团结,迎接抗战胜利,进行国内和平建设。

1945年5月，国共两党在联合政府问题上的谈判陷于僵局，褚辅成开始出面促进国共会谈。他联络黄炎培等民主人士开展一系列活动，力图促成国共商谈的恢复。6月1日，褚辅成、黄炎培、冷遹、傅斯年、王云五、左舜生、章伯钧7人利用蒋介石邀餐，向蒋谈到他们发起促成国共继续商谈，并已商定致电延安一事，蒋介石对此表示"无成见"。6月18日，毛泽东、周恩来致电王若飞，表示欢迎7参政员去延安商谈国是。7月1日，除王云五因病未去，褚辅成等6参政员由中共代表王若飞陪同，从重庆乘飞机抵延安，受到毛泽东、朱德、周恩来、任弼时等中共领导人的热烈欢迎。中共中央于次日晚专门举行盛大晚会，周恩来代表中共中央致欢迎词，称6参政员为"我们的老朋友""六位先生求抗战胜利、谋全国民主、团结的精神，是同我们一致的"。初到延安的褚辅成与黄炎培、冷遹信步延安新市场，来到"超饿街"，了解民众生活及物资交易情况。7月2日，毛泽东在杨家岭窑洞亲自介绍褚辅成与前来商谈的刘少奇见面认识。在延安期间，同毛泽东、周恩来、刘少奇等进行了3次正式商谈。7月4日，商谈形成结果：国民大会停止进行，从速召开政治会议。中共方面还提出五点建议，最后一条：政治会议召开前，应由国、共、民（盟）三方面先做预备性质的协商，以便商定上述四点及具体内容。商谈结果形成纪要——《中国共产党关于停止国民大会从速召开政治会议的建议——中共代表与褚辅成、黄炎培等六参政员延安会谈记录》，由6参政员携回重庆。7月5日，6参政员结束对延安的访问，飞返重庆。

延安会谈纪要中建议之最后一条，以今天的眼光看来，在中国当代政治史上具有重大影响的"政治协商会议"这一国家基本制度的萌芽破土而出，意义深远。这一年，褚辅成已73岁，为了国家的前途，为了心头的责任，将老命一拼，高龄仆仆于延渝间，由于劳瘁过度，落下脑充血症的病根。

回渝后，褚辅成出席7月7日参政会四届一次大会，会中向蒋介石报告与延安商谈结果，并将从延安带回的会谈纪要交王世杰。但蒋并未有任何态度之表示，而于 7 月 14 日利用参政会四届一次十二次会议讨论国民大会问题。褚辅成与国民党内有民主思想的人士及大学教授如周炳琳、钱端升、许德珩、王又庸诸氏感到这个问题的严重性，在会上纷纷发言，总其要旨，希望政府慎重处理，"先求国内团结，国共协商，再求国民大会问题之圆满达成"。20 日，参政会四届一次大会结束，褚辅成于 8 月 2 日飞返昆明，但心中一直记挂着在延安与中共商定的两条结果的落实问题，返昆前嘱黄炎培：如为国共冲突之制止，或邀延安派人继续商谈，可由黄代他签字。

8 月 10 日，日本政府发出乞降照会。15 日，日本宣布正式投降，返回昆明的褚辅成闻讯兴奋过度，旧病复发，突流鼻血，通宵未止，病势严重，急电在万县法学院的三子褚一飞，即日飞滇侍奉，经治疗一周后略有恢复。

褚辅成虽在病中，但时刻关怀国事，探询国内外消息，让他最关心、忧虑的仍是抗战胜利后的国共团结、和平建国问题。8 月 25 日于病中致蒋介石一电，希望政府采纳延安会谈纪要中之中共建议"先开预备会议一款""拟请王雪艇部长电邀周恩来速偕中共代表来渝商谈，并邀他党人士参加斡旋，在会议席上开诚商讨。团结民主之目的相同，当无不可解决之问题，化干戈为玉帛"。当黄炎培告诉他蒋介石将电邀毛泽东到重庆商讨和平建国后，褚辅成不顾年迈体弱，疾病缠身，往返于昆渝之间。

8 月 28 日，毛泽东、周恩来、王若飞应邀到重庆，与蒋介石商讨团结救国大计。30 日，毛泽东在桂园由周恩来、王若飞、徐冰夫妇、王炳南同志陪同，会见褚辅成、黄炎培及张澜、柳亚子、王昆仑、张申府等人，并同他们进行了长时间的交谈。9 月 5 日晚上，褚辅成等访问延安的 6 参政员，于重庆中央研究院设宴招待毛泽东、周恩来、王若飞三同志。此后，褚辅成飞回昆明。

重庆谈判的结果，签署了《国共会谈纪要》即《双十协定》。依据《双十协定》，自 1946 年 1 月 10 日至 31 日，有各党派和社会贤达代表参加的政治协商会议将在重庆召开。褚辅成获悉后表示：亟愿于政治协商会议召开时，能以一非代表之身份，在会外提供若干意见。11月21日，褚辅成由昆明飞往重庆，行前发表谈话："盖中国于抗战胜利后，实不容再有战争，以阻碍建国工作之进行。一切问题应以政治商谈求得解决，断不能诉诸战争。"到渝后，褚辅成与胡政之、左舜生等一批非政协代表身份的社会著名人士一起，为促进会议召开并取得成功付出极大努力。

1946年1月1日，褚辅成接受重庆《新华日报》专访，发表谈话，主张在政治协商会议召开之前，最主要的问题是要把军事冲突立即停止下来。同时认为对政治协商会议没有信心的想法是不对的，大家应该有一个成功的信念和多做促成的工作。

1月4日，褚辅成利用主持留渝参政员茶话会之机会，与董必武、许德珩等就目前时局、政治协商会议等问题与参政会主席团成员交换意见。

1月6日，褚辅成与许德珩、税西恒、张西曼等邀请重庆学术界人士举行九三座谈会，会议一致认为：政治协商会议必须完全公开，只许成功，不许失败。会议决定成立"九三学社筹备会"，推褚辅成、许德珩、张西曼等筹组九三学社，声援出席政治协商会议各代表，完成他们所负的历史任务，这次会议也体现出了九三学社以学术界人士为主要成分的组织特色。

1月8日，中国民主建国会招待政治协商会议代表及各界著名人士，褚辅成作为九三学社筹备会负责人应邀出席，会上陈述对国是的意见。他表示"自己愿做沟通各方面意见的人，以期会议的必定成功"。对于会议程序，他认为两星期的会期很难完成宪法的讨论，所以主张分两步：首先解决当前的政治问题，然后休会相当时期，由各党派人士组小组会研究宪草，再开第二次会，决定宪法问题。对于制宪程序，也表达了他自己的看法。

1946年1月10日至31日，全国殷切盼望实现和平民主的政治协商会议在重庆举行。在政协会议期间，九三学社筹备会发表《对政治协商会议之意见》，主张开放中央和地方政权，裁兵，废除保甲，确保言论、集会、结社自由，切实执行停止军事冲突之命令等10个问题。中共《新华日报》

及重庆其他各报刊登。

政协会议经过激烈的斗争,通过了和平建国纲领等五项协议。陪都各界于2月10日在重庆较场口广场举行庆祝大会,国民党派出特务进行捣乱,大会主席团成员郭沫若、李公朴及60余与会群众被打伤,会场的桌、凳、旗帜、布标也被抢掠一空,演出了"较场口流血惨案"。2月14日,九三学社筹备会负责人对"较场口流血惨案"向新闻记者发表谈话,强烈谴责国民党特务的残暴罪行,提出追凶、赔偿、保障地方集会自由等项处理意见。

3月20日,参政会四届二次大会召开,褚辅成提交了《请政府迅筹安定东北以利和平建国案》,希望国民党政府根据东北停战协议和政协决议和平解决东北问题,但是,随着蒋介石公然撕毁东北停战协议和政协议案,褚辅成所提一案被置于冷宫。4月8日,九三学社筹备会集会,形成九三学社筹备会《对东北问题的意见》,主张"东北政权应由人民用民主方式自行决定,军事三人小组应立即解决军事纠纷"。该意见的提出标志着褚辅成、许德珩等人开始以政党组织的名义——九三学社发出对国是的主张,引起中共南方局的关注,4月10日,重庆《新华日报》配以醒目的标题迅即发表。

4月8日,王若飞、叶挺、秦邦宪、邓发等飞返延安汇报工作,途中飞机失事,不幸殉难(史称"四八烈士"),延安遭受重大人事损失。19日,重庆各界6000余人举行追悼"四八烈士"大会,九三学社筹备会负责人褚辅成参加主席团并担任陪祭,同时撰挽联悼念。九三学社筹备会的其他成员张西曼、王卓然、张雪岩、詹熊来、许德珩、吴藻溪等先后向中共领导人致函悼念。

自1月6日九三学社筹备会成立后,经过近4个月的积极筹备,5月4日,九三学社在重庆青年会大厦举行成立大会。褚辅成致开会辞,许德珩报告筹备经过,税西恒报告社费收支账目。大会发言后,通过了社章缘起、成立宣言、基本主张、对时局主张及致美国电文。会议选举潘菽、张雪岩、褚辅成、许德珩、税西恒、吴藻溪、黄国璋、彭饬三、王卓然、孟宪章、张西曼、涂长望、李士豪、笪移今、张迦陵、严希纯16人为理事，卢于道、詹熊来、刘及辰、何鲁、侯外庐、黎锦熙、梁希、陈剑鞘8人为监事。

5月12日，在重庆兰园举行九三学社理、监事第一次联席会议。这是一次十分重要的会议，会议讨论了社务及时局，确立了九三学社的核心班子及领导体制，由此形成三项重要决议：一、设总社于京、沪区，设分社于重庆、武汉、成都、昆明、香港、广州、北平、天津及伦敦等地；二、推褚辅成、许德珩、税西恒、张雪岩、潘菽、黄国璋、吴藻溪为常务理事，卢于道、詹熊来、梁希为常务监事；三、要求立即停止东北及其他各地内战，取消党化教育，停止党团部及党团学校经费开支，切实采取彻底改善全国一切公私立小中大学教职员物质生活及精神生活之有效办法。至此，以纪念1945年9月3日抗日战争胜利而命名的九三学社正式登上了中国的政治舞台。

抗战胜利后，褚辅成曾邀许德珩有筹备"和平建国协会"之议，但那次没有产生组织。进而他联络许德珩、张西曼、吴藻溪、王卓然等发起筹建以学术界人士为主体组成的九三学社，在筹建过程中以他自身的资望，为创建九三学社起到了核心稳定的作用；从九三学社筹备会发表对政治协商会议之意见、提出解决东北问题之主张，到九三学社筹备会主要成员参加追悼"四八烈士"大会，再到九三学社成立大会通过的宣言、基本主张，所提出的一系列对国是的主张与实际行动，呼应了中共反内战、反独裁的斗争；作为中国同盟会首批会员、元老级国民党党员的褚辅成，一切以国家、民族利益为重，政治上采取与中共协商、合作的立场，虽越古稀之年，而其思想与时代日趋一致。

晚年的奋斗　爱国者的呼声

随着抗战胜利国民政府迁都，政治中心东移。九三学社成立后，褚辅成回到上海，重掌上海法学院，同时推动九三学社在上海的工作。

离开重庆前褚辅成接受《新华日报》记者拜访，发表谈话，他主张立即停止内战，并严厉指责"警管区制"与人民自由相抵触，责问国民党当局："这样搞下去，还有什么人身自由？"九三学社其他理事、常务理事如王卓然向《新华日报》发表了同样的谈话；吴藻溪对《民主报》记者发表谈话，希望川渝当局接受民意，反对法西斯统治。5月26日，重庆各界人士时事座谈会发起"呼吁和平、反对内战"签名运动，吴藻溪、王卓然签名。据许德珩先生回忆录，此时珩老则完全融入中共地下党，与国民党展开斗争。九三学社领导人的一系列演讲、签名等活动，成为九三学社成立后对国是主张的又一次集体发声，为配合中共推动蒋管区人民民主运动的开展做出了贡献。

5月28日，褚辅成乘冯玉祥租用的民联轮东归，在船上发表讲演：他说"目前的中心是内战问题。不能替人民谋福利的国家，人民自然不爱护，君之视民如草芥，则民之视君如寇仇，是一定的"，抗议国民党一党专制，表示愿为民主的实现而拼老命到底。6月8日到达上海，上海法学院全体师生、历届校友、浙江旅沪同乡会、上海缫丝业公会及浙江省丝厂联合会等10余家团体共千余人，聚集在北火车站欢迎。他在火车站发表书面讲话说："于今宪政民主已势所必行，辅成以毕生精力致力于此，经犹期以耆耄之年，见其实现，窃愿与本院师生，共谋努力。"

回到上海的第四天，6月12日发起成立九三学社上海分社，任主任理事。分社的成立使在沪社员有了自己的组织，在褚老的领导下经常集会，为九三学社在上海开展工作提供了组织保障。

6月13日，褚辅成向《申报》记者发表谈话，他谴责抗战胜利后的"两种人"。一种是抗战期间在内地发了国难财，回到上海囤积居奇，扰乱市场，使上海的风气更坏的人；另一种是国民党的不肖接收人员。褚辅成愤愤地说："他们哪里是接收，简直是抢东西！"表达了九三人的正义心声。

6月23日，褚辅成偕老友沈钧儒回到嘉兴，这是自抗战胜利后首次归故里，地方各界人士举行欢迎大会。应家乡父老之请，挥毫写下了至今仍不时勾起人们种种奇想的"分烟话雨"四个大字,制成匾额悬挂于南湖烟雨楼上。在家乡期间,正逢嘉兴县参议会第一届成立大会,褚辅成应邀莅会并致辞。25日去杭州,为减少家乡民众征购军粮负担过重及免除田赋征实之弊病,以利家乡劫后休养生息,他访晤省主席沈鸿烈与省参议会朱献文议长,寻求解决问题的途径。26日国民党军队向中原解放区发动猛烈进攻,内战正式爆发。褚辅成闻讯匆匆赶回上海,在上海法学院主持召集九三学社会议,到会者有50余人,当场作出四项决议,并发表对时局的意见,表示内政非军事所能解决,民族必须独立自主。九三学社对时局的立场得到中共的呼应与支持,延安《人民日报》于7月20日对九三学社发表对时局意见进行了转载报道。

7月中旬,李(公朴)闻(一多)惨案发生,褚辅成随周恩来、郭沫若等发起组成李、闻追悼大会筹备委员会。7月28日,重庆各界举行追悼李、闻大会时撰送挽联悼念。

10月11日,国民党军队强行侵占了张家口,蒋介石被一时的胜利冲昏了头脑,公然撕毁政协协议,宣布于11月12日召开"国民大会",但遭到中共及各民主党派的抵制。鉴于当前时局之严重,褚辅成、王卓然、张西曼、许德珩等发表了对时局六点意见,同时与谭平山、李济深、孟宪章联名致电国民党当局要求延缓国大开会日期。11月13日,褚辅成对《大公报》记者发表谈话,希望国共和谈成功,共谋国是。要求国大召开之期由政协商定,由各党派商定国大召开之日期,并表示:"最近不拟赴京。"临到开会前数日,大会秘书长专程到上海促驾,褚辅成怀着再次促进国共和谈的意图与会,但看到会议形势已无可挽回,愤而中途退会,提前返回上海。国民党单独召开"国民大会",开始失去民心,政治上遭到了孤立,但自恃手中握有强大武力,认为收拾大局已有把握,彻底关闭了国共和谈大门,褚辅成主张国共和谈成功、实现民主、共谋国是的祈望落空,由于深度忧虑国是身体很快衰弱下来。1947年2月3日,褚辅成往访老友黄炎培,两人深谈。此时上海市场动乱,粮价暴涨,反内战、反饥饿、反独裁的斗争彼此起伏。国是如斯,两老堪忧。

随着纪念五四运动二十八周年的到来，上海法学院学生与上海各大专院校学生一起举行集会纪念。学生上街宣传、张贴纪念"五四"、要求人权的标语，但遭到反动警宪的殴打，有两名同学被打成重伤，学生们组织了"五四事件"抗议委员会展开斗争。为支持学生的爱国运动，保护学生的人生安全，褚辅成亲至上海市政府与市长吴国桢进行面对面的说理斗争，取得有利于学生运动的斗争结果。

纪念五四运动的斗争刚刚结束，5月20日，又传来南京"五二〇"学潮血案发生的消息，当天上海法学院学生组织"五二〇"惨案后援会，发出声援信。在这次学潮中，上海法学院学生斗争在第一线，同样遭到当局的镇压，学生数度遭殴打，屈元等7名学生骨干遭逮捕。时褚辅成、沈钧儒人在南京，校中事宜由代校长褚凤仪负责。褚辅成心挂两头，十分担心学生的安危，数度长途电话相询，指示凤仪代校长要尽力保护营救学生。6月16日，屈元等7名被捕学生获救出狱。

"五二〇"学潮发生的同一天，参政会四届三次会议召开，褚辅成与邵从恩、张难先等仍提"和平方案"，要求政府重申和平意愿，恢复和谈，邀中共派代表进行商谈，并由参政会组织特种委员会，促进和平。会议期间又领衔提出《请政府对输日物资交换对象，应将人造丝一项删去，换列日本干茧以切合实际需要，解救国内缫丝工业原料恐慌案》。此时国民党迷信武力，内战全面爆发，对褚辅成、邵从恩等所提和谈方案无暇顾及，提案审查匆匆通过了事。

晚年的褚辅成还担任上海三区缫丝同业公会理事长，呕心沥血，为中国战后民族纺织工业的复兴做出贡献。

1947年春夏，美国扶植日本的趋向渐露端倪。九三社员孟宪章在上海《大公报》发表《急管哀弦愈逼愈紧的日本问题》一文，褚辅成十分赞赏，召集孙荪荃、笪移今、王造时、吴溪藻及孟宪章发起成立"对日问题座谈会"，并以反对美国扶植日本作为九三学社的中心任务，且以扩大座谈的方式，邀请其他进步友人参加。连续三次在沪、津、渝、港四地《大公报》上领衔发表对日问题的意见，警告政府在对日问题上"应站在国家民族永久利益的立场,不可因敷衍某友邦一时的面子,随人俯仰,听人摆布"。

在主持对日问题座谈中,发起成立了"中国对日政策协会",并联合各地爱国人士,针对美国积极助日,提出中国应有的对日政策,以督促政府,对于日本问题,采取稳定而坚决的立场。立案、呈文及宣言,均由褚辅成领衔签署。

褚辅成还亲自撰文,发表在《创世》杂志上,强烈反对政府战后开放对日贸易。对政府在对日和约尚未签订,即是对日战争的时期尚未终了,而中日商约更未签订的情况下处处尾随他人,不顾全国舆情的反对,不顾国家民族的前途,置一切忠言于不顾,毅然宣布开放对日贸易的做法痛心疾首。

1947年10月,国民党政府宣布民主同盟为非法团体,下令解散民盟。褚辅成十分气愤,想方设法保护周新民、楚图南等人的安全。楚图南离沪去港后,上海法学院代院长褚凤仪(九三学社社员,褚辅成长子)奉父命,每月都派人将楚的工资如数送到他家中,直至上海解放。

1948年3月初,褚辅成不慎摔跌,血压激增,虽经中西医治疗,未见效果,3月29日清晨去世,逝世前10日留下遗嘱:

> 余早读儒书,志存报国,五十年来,无敢间息。所憾国家多故,外患迭乘,忠义仅存,涓埃无补。溯自满清末年,目击国势日蹙,只身东渡,联合同志,以期复国自强。辛亥民国成立,厕身议会有年,始终以法自持,以廉自励,以惠养民,以诚待友,嫉恶黜贪,无间亲仇。现当国事蜩螗,兆民涂炭,世界大势所趋,非真正民主,实施宪法,无以救国。所期爱国之士,至诚团结,共图国是,永奠邦基。余既以身许国,不事生计,尔辈深体余志,忠心为国,余目瞑矣。此嘱。

褚辅成逝世,各界悲痛。上海、嘉兴两地各界举行追悼会,褚辅成于

5月16日被归葬在嘉兴南门外祖茔。杭州仁和路改名辅成街，嘉兴环城路改名辅成路，以志纪念。

老友黄炎培撰悼诗《写褚慧僧先生（辅成）生平五首》，其中一句"只知有国宁知党"，是对褚辅成极中肯、贴切的写照。

老友俞寰澄撰文纪念，称他是一个"极度的爱国者"。

老友孟宪章撰文纪念，称他是一个"热情的爱国者"。

褚辅成的一生，鄙视投机取巧，无意做官发财；他为国家、民族，为推进中国的民主宪政，奋斗了一生。

参考文献

1. 王天松编《褚辅成年谱长编》，中国文史出版社2012年版。
2. 上海全浙公会编《全浙公会会务报告》《全浙公会文牍报告》。
3. 嘉兴市政协文史资料委员会编《褚辅成专辑》，浙江人民出版社1991年版。
4. 汉口、重庆《新华日报》印影本。
5. 上海《申报》印影本。

张西曼传略
■ 张小曼

张西曼,九三学社创始人之一,政治活动家,教育家,中国与苏俄文化交流的开拓者,中国俄罗斯学的奠基人。

张西曼一生丰富多彩,为马列主义在中国的传播、为中国共产党的建立发展壮大发挥了重要作用,为反帝反封建、促进中国民主法治和宪政运动的发展、促进两次国共合作和中苏两国人民的友好事业,为团结全国人民实行联苏制日方针夺取抗日斗争的最后胜利,倾注了大量心血,做出了不可磨灭的贡献。

游学俄罗斯,萌生中俄革命互助思想

张西曼,字百禄,1895年6月15日生于湖南长沙。父亲张梓林在清廷太医院任职,是位热衷维新运动的官员;二哥张仲钧,是同盟会老会员。受父兄影响,张西曼于1908年经宋教仁、谭人凤介绍加入同盟会。

1909年,张西曼进入族兄张百熙曾经主持的京师大学堂(北京大学前身)学习。1911年1月,为躲避清廷追捕,张西曼前往俄罗斯海参崴,进入帝国国立东方语文专科学校学习政治经济,在校期间大量阅读普列汉诺夫和列宁著作，产生了中俄革命互助的思想。他利用暑假访问莫斯科、彼得堡，曾见过列宁，是较早接受马克思列宁主义的中国人。同年12月，张西曼受宋教仁、陈其美指派，曾深入海参崴深山为辛亥革命招募反满骑兵刘弹子部数百人南下受编为北伐骑兵团，支援辛亥革命。

1914年，张西曼经蒙古回到东三省，在哈尔滨滨江道尹公署任翻译，同时开始传播马列主义。1917年，与友人霍占一、邓西园、邓洁民等共同创立哈尔滨东华学校，以后该校成为东北中共建党据点和革命者赴苏俄考察学习的中转站。

1917年十月革命爆发后，张西曼再度深入西伯利亚到新兴的苏俄学习考察，搜集了大量十月革命的文献，择要译成中文，是国内最早介绍十月革命的先进人物之一。

参与创立社会主义研究会，积极传播俄国革命思想

1919年7月，张西曼回到北京，进入北京大学图书馆编目室担任事务员工作。

受十月革命的影响，张西曼与陈独秀、李大钊、瞿秋白等人秘密成立了"社会主义研究会"。张西曼回忆"社会主义研究会"成立的缘起时说：

> 从1911年我在俄国留学时和俄国革命党人发生了接触，就感到了他们的学识渊博、眼光远大和热诚毅力的惊人。到了列宁斯大林所领导的震撼世界的十月革命红旗高举以后……深信十月革命必有伟大的成功前途，如是就将个人客观观察所得分别缕陈于国父和在北京的中国革命元勋之一万福华先烈和北京大学蔡元培校长之前，积极主张发起"社会主义研究会"，接受十月革命的经验，在适应中国落后的经济条件下，充实我国革命的领导组织、青年干部和民众基础，以补救以前仅仅利

用会党新军策略的不足。

社会主义研究会的宗旨是:"集合信仰和有能力研究社会主义的同志互助的来研究并传播社会主义思想。"分会分布于全国大都会,成员遍及全国;在日本也成立了分会,由周佛海任负责人。社会主义研究会的成立,促进了马克思列宁主义及苏俄革命在中国的研究和传播。

张西曼认为"社会主义研究会"代表了五四运动的两大主流之一,"五四运动是中国青年集体的反帝反封建运动,直接奠定了以后三大政策、国共合作以及北伐成功的基础。就因为五四运动不是单纯的反帝反封建运动,而配合时代产生了自由主义和社会主义的两大主流。前者的具体表现是打倒吃人的旧礼教,反对尊孔,主张信仰自由,拥护学术思想自由,提倡白话文,开放高等教育的女禁,等等。后者的具体表现是创设社会主义研究会。它的主要理想是研究俄国十月革命成功的因素,改造中国革命的落后作风(利用会党新军而不能组织广大革命的群众),建立革命民主的政权,促进社会主义经济和文化的建设,等等"。

与此同时,张西曼积极翻译介绍俄国共产主义文献,为马克思主义在中国的传播起到了积极作用。1920年8月,为在中国建立共产党,共产国际远东局出版了张西曼翻译的《俄国共产党党纲》《俄国革命记实》等一大批十月革命文献和著作。早期的中国共产党人充分利用了张西曼的译本,仅在1921年就印刷出版了《俄国共产党党纲》的两个版本。

张西曼对俄国革命的积极介绍,推动孙中山确立了"联俄、联共、扶助农工"三大政策。1921年,张西曼到广州再次谒见孙中山,张西曼看出孙先生面对陈炯明变生肘腋的情况,深切感到巩固民众基础和团结一切革命力量的必要,认识到在帝国主义的压迫和环视中,中国只有在国际上争取革命盟友苏俄共同奋斗,以求实现中国独立平等。孙中山参考了张西曼提供的近年编译的苏俄党政资料,表示要尽一切力量促进中苏两大革命国家领袖和民众间的相互认识与友谊,以期收到"联俄决策"预期的伟大效果,并下决心对国民党进行改组,从而促成了第一次国共合作。

1922年10月18日，张西曼回到北京后，根据孙中山的意思，以"煌言"的笔名在北京《晨报》上发表《我们对中俄会议应有的表示》一文，批评当时北京政府一再拖延中俄会议的错误态度。10天之后，俄文版《上海生活日报》转载了这篇文章，对于促进改善中苏关系产生了影响。正如1949年由田汉撰文、李济深书写的《张西曼墓志铭》中所评价的："孙中山先生联俄联共等三大政策，西曼实为建议者之一。"

俄罗斯学的奠基人

语言是文化的重要载体，张西曼为在中国推广俄语，传播俄罗斯思想文化，做出了重要的贡献。

张西曼除翻译、编辑出版俄语教科书以外，还亲自教授俄语。1919年，张西曼曾在外交部北京俄文专修馆教书，瞿秋白就是这时期的学生；又积极协助北京大学恢复俄文系，曹靖华就是二期旁听生中的佼佼者。

1921年4月4日，张西曼致信胡适说："我是有志研究俄罗斯文学的一人，且常以中俄文化的'相互沟通'自任。"

为便利俄语的学习与推广，张西曼积极编撰俄文工具书。1921年，张西曼在北大图书馆工作期间与俄籍教授柏烈伟合作，出版了一本简明的《俄文文法》。1923年，张西曼出版《中等俄文典》，同时，他还任教中国大学，在北京交通大学创立俄文班，在冯玉祥的学兵团教授俄文。1925年，张西曼出版《新俄罗斯》读本，同年利用俄国放弃的庚子赔款创办了中俄大学，推徐谦为校长。《俄文文法》《中等俄文典》《新俄罗斯》三本书配套，摈弃了旧文字，开辟了十月革命后俄语教学的新天地，张西曼也因此被誉为中国俄罗斯学的奠基人。

创立中苏文化协会

1935年5月，张西曼为实现孙中山先生"联合世界上以平等待我之民族"的遗训,进一步实现"联苏制日"的方针,联合徐悲鸿、张仲钧等不少文化界人士,在南京发起成立了"中苏文化协会"。

得知中苏文化协会即将成立,日本帝国主义首先表达了强烈反对,他们一方面由日本驻南京使领官派人调查张西曼发起中苏文化协会的动机,另一方面则暗示,若中方许可组织中苏文化协会,就须同时策动中日文化协会的发起,并指使亲日反苏的时任国民政府行政院院长兼外交部部长的汪精卫多方阻挠。汪精卫亲自约谈张西曼,并派遣亲日派的外交次长唐有壬三次到张家游说,以委任驻苏大使为诱饵,劝张改弦更张。张西曼却毫不动心,不为威服,不为利趋,排除种种险阻,最终于1935年10月25日在南京创立了中苏文化协会。

中苏文化协会以沟通中苏文化和促进中苏两国人民友谊为宗旨,会长由孙中山先生之子、时任国民政府立法院院长孙科担任,蔡元培、于右任、陈立夫、鲍格莫洛夫、颜惠庆、卡尔品斯基为名誉会长,张西曼担任常务理事。中苏文化协会团结了各方面有影响的人士,为"联苏抗日"做出了积极贡献。

中苏文化协会建立后,分别在上海、湖南、湖北、贵州、广西、云南、四川、延安、香港等地成立了分会。

张西曼以中苏文化协会为阵地,做了大量介绍苏联情况、传播苏联文化和促进中苏文化交流和中苏友好的工作。1936年,张西曼翻译出版了《苏联新宪法草案》,1937年又翻译了《苏联宪法》,并将苏联哈萨克斯坦等五个加盟共和国宪法翻译为中文。1936年1月11日和2月20日,在张西曼的积极奔走和主持下,苏联版画展览会先后在南京和上海举行,两地参观人数均在万人以上,在社会上引起极大轰动。鲁迅先生2月24日在《申报》上亲自撰文表示赞赏,他写道:"我以为为中国和苏联两国起见,这现象是极好的,一面是真象(相)为我们所知道,一面是不再误解,而且证明了我们中国,确有许多'威武不能屈,贫贱不能移'的必说真话的人们。"这两次展览会不仅使中国广大民众了解了苏联的版画艺术成就,而且使中国人民对社会主义的苏联产生了深深的向往。

1936年2月6日,中苏文化协会成立出版委员会,张西曼任8名委员之一。2月8日,出版委员会决定设置杂志和丛书两个组,由徐恩曾、张西曼分别担任杂志组正、副主任,并将已发行4年的《中国与苏俄》季刊改名为《中苏文化》月刊,正式出版发行。

1938年底,国民政府迁都重庆,中苏文化协会亦随之迁往重庆。张西曼在房荒严重的情况下,不辞辛苦,四处奔走,寻觅会址,终于租到位于重庆中一路的一幢两层的楼房。此楼房位于市中心,有个大院子,还附设有餐厅和活动室,十分便于开展集会和各种活动。抗战期间,中苏文化协会为宣传社会主义的苏联、推动进步文化活动、鼓舞人民抗日意志和勇气,几乎每天都有各种各样丰富多彩的展览、报告,中苏文化协会成为革命者活动的据点,文化界进步人士经常聚会的最佳场所。不仅周恩来、董必武等中央南方局的同志经常到这里参加活动,1945年毛泽东到重庆参加国共谈判时,也曾利用中苏文化协会与国民党官方人士、各民主党派和广大群众见面。后来,阳翰生曾撰文充分肯定中苏文化协会的历史功绩,强调"中苏文协在抗战时期做出了很大的贡献"。

积极投身抗日战争

1931年"九一八"事变爆发,张西曼对蒋介石"攘外必先安内"的对日不抵抗主义极其愤慨,怀着深深的忧虑之情,于同年12月初到山西汾阳访问主张积极抗日的冯玉祥将军,就如何抗日救国交换意见。

1932年,日寇进攻上海,蒋介石仍坚持"攘外必先安内"的反动政策,疯狂围剿"苏区"。这时已随陆军大学迁校南京的张西曼面见蒋介石,建议停止剿共,一致对外,联苏制日,力主建立统一的政权,实行孙中山"唤起民众乃联合世界上以平等待我之民族共同奋斗"的遗训,对日本帝国主义绝交、宣战。因建议不为蒋介石采纳,张西曼毅然拒绝了蒋所挽任的湖北省主席一职,并赋诗:"心系春晖图报力,神惭尸位与时违。却存饥溺存肝胆,不作渊丛误事机,以此酬恩还尽瘁,男儿大志未全非。"抒发刚直不阿、壮志未酬的心情。

1936年11月间，日本帝国主义勾结蒙奸侵略绥远，绥远军民奋起抗战。南京救国会在中共地下党组织的领导下，决定抓住这个机会，发起一次较大的群众性运动，打破南京白色恐怖下死气沉沉的局面。但在当时严峻形势下，若要发动公开援绥运动，必须有国民党上层人士出面才能实现，否则会受到当局的阻拦甚至镇压。张西曼对此表现得非常积极，经常与救国会的同志一起研究方案，制定措施，他力主要搞一次公开的、场面浩大的援绥大会。由于张西曼和其他几位同志积极奔走联系，请到了国民党元老张继亲自主持大会，何香凝、柳亚子等国民党左派元老也都亲临会场签名表示支持。张西曼在大会上慷慨陈词，广大听众无不动容。为积极支持绥远抗战，大会还发起募捐运动。张西曼为了抗战募捐和营救被捕的救国会领导人孙晓村、曹孟君等人，不遗余力，各地奔走。

1937年"七七"事变爆发，揭开了中国全民抗战的序幕，张西曼更加积极地呼吁联苏抗日，以挽救国家的危亡。7月15日，张西曼参加了蒋介石召集有著名学者、教授及国内各党派知名人士200余人参加的庐山谈话会。会上，张西曼慷慨陈词，重申了联苏抗日的主张。

1937年8月，以周恩来为首的中共代表团第一次到达南京，张西曼为了给国共合作牵线搭桥，亲自出面四处联络，组织和推动了在梁寒操先生家里召开的有国共两党及第三方人士和外国记者参加的茶话会，在这里沈钧儒和千家驹等第一次与周恩来见面。

1938年1月，张西曼参加国际反侵略协会中国分会，列为发起人第一名，被推为理事，后又担任中华文艺界抗敌协会监事，从事抗战中的左翼文艺活动。又发起战时儿童保育会，任名誉理事，这个组织先后救助了3万多名在战争中流离失所的儿童。

张西曼利用群众集会讲演的机会，宣传国共合作、团结抗日的主张，公开反对蒋介石的反共论调，被誉为向国民党反动派猛烈开火的"大炮"。如1938年2月27日在武汉各界追悼钱亦石先生的大会上，继邹韬奋报告生平后，张西曼即席演说，强调国共团结，实现孙中山先生的三民主义、三大政策，呼吁全民抗战到底，争取最后的胜利。

上海、南京相继沦陷后，国民政府先迁到武汉。1938年在武汉政治部三厅举行的"八一三"淞沪抗战周年纪念会上，他基于民族大义，不顾个人安危，在大会上公开声讨时任国民政府行政院长汪精卫是"国贼汉奸，秦桧第二"，要求杀贼以谢国人。

国民政府迁都重庆后，张西曼与中共中央直接领导的驻渝办事处经常保持联系。1940年9月3日，张西曼与周恩来在张曙追悼大会上先后发言，公开抨击了国民党行政院副院长孔祥熙买外汇、存外款、发国难财、病国肥已等卑劣行径。为此，主持正义、反腐倡廉的张西曼受到国民党行政院秘书处的严重警告。

马寅初因抨击蒋介石、孔祥熙的经济政策，1940年被捕关在息烽集中营，为营救他出狱，1941年3月31日，重庆大学学生举办"遥祝马寅初六十寿辰大会"。张西曼与马寅初同为国民政府立法委员，因直言抨击行政院院长孔祥熙处境同样艰难，但张西曼不顾个人安危，第一个来到会场并率先在大会上进行演讲，呼吁营救马寅初。张西曼以茶代酒，遥祝马先生健康长寿，他说："过去历朝言官专司谏议朝政之责，民国以来的监察院也算是言官衙门，可是，我却听不见他们的发言。仔细想了一下，原来言官的嘴巴只顾了吃饭就顾不得说话了。马先生虽不是言官，但他那张嘴巴，实在令人钦佩，因为不管吃饭不吃饭，他都敢于说话。"并当场拿出一部《资本论》赠给祝寿大会。

1941年6月22日，法西斯德军大举进攻苏联时，他十分焦虑不安，但他坚信，最终胜利必将属于苏联人民。1941年秋，张西曼精心挑选了一个名贵的五彩瓷瓶送给苏联驻华使馆，以表示他对英勇抗击德国法西斯的苏联人民的敬意。据苏联驻华大使馆新闻处1946年10月5日刊行的1538号"新闻类编"所载，该瓷瓶已成为莫斯科革命博物馆新陈列品之一。

1945年8月14日，《中苏友好同盟互助条约》签定，张西曼为此撰写了《中苏友好保证了中国的复兴》一文，高度评价了这一条约的签定。9月1日，毛泽东、周恩来、王若飞等亲临中苏文化协会，参加为庆祝中苏友好协定而举行的盛大的鸡尾酒会。在酒会上，张西曼与中共领导人频频举杯，整个会场洋溢着欢乐友好的气氛。

1944年12月，张西曼开始在《新华日报》发表《民主与科学》杂志的征稿启事。从1945年1月至12月，《民主与科学》杂志高举民主和科学的旗帜，共出版了12期（其中4期合刊）计8册杂志，为宣扬民主、提倡科学、反对内战做出积极贡献。

1945年5月，张西曼与柳亚子、郭沫若、田汉、熊瑾玎、林北丽等创立了"革命诗社"，实际是柳亚子南社、新南社的继续，"革命诗社"以柳亚子为社长，张西曼为主编。"革命诗社"以张西曼主办的"民主与科学"杂志为阵地，发表了部分诗人的佳作，只可惜"民主与科学"杂志不久就被迫停刊，以致"革命诗社"失去了宣传的阵地，未能有更大的发展。

张西曼在中国抗日战争的思想文化战线上英勇顽强的斗争精神，坚定不移的意志和坚韧不拔的毅力及其卓有成效的工作，博得了国共两党及社会各界进步人士和有识之士的共同赞誉。1945年10月10日，国民政府褒扬抗战有功的文武官员和社会领袖人士时，张西曼被授予"胜利勋章"。

参与创建九三学社和中国民主宪政促进会

1946年1月6日，九三座谈会召开会议，决定筹组九三学社，张西曼与褚辅成、许德珩一起被推举出来，负责筹组九三学社。张西曼利用中苏文化协会的场所，经常为九三学社的活动提供方便。

1946年1月10日，政治协商会议在重庆国府礼堂揭幕。1月12日，政治协商会议陪都各界协进会在重庆成立，设政治、经济、军事、教育、文化和综合五个专门委员会，主席团改为理事会，张西曼积极参与了协进会的发起，与会者同声疾呼当局实行经济民主化，撤销特务机关，使自由真正兑现。1月31日，政治协商会议闭幕，通过《关于政府组织问题的决议》《和平建国纲领》《关于军事问题的协议》《关于宪法问题的协议》《关于国民大会问题的协议》五项决议。2月9日，"人权保障委员会"发起人在重庆召开第一次会议，张西曼出席并发表演讲。2月10日上午，陪都重庆各界庆政协成功大会在较场口广场举行，到3000人，会议进行中间突遭一群暴徒捣乱会场，殴伤李公朴、郭沫若、施复亮及《大公报》记者等10余人，是为"较场口血案"。血案发生后，张西曼立即亲临市民医院慰问伤员。

中国民主宪政促进会就是在这样的历史背景下，由张西曼领衔发起的。1946年2月18日，中国民主宪政促进会召开第二次筹备会，会议讨论的项目有：（一）要求宪草审议委员会遵守政治协商会议所决定之原则修改宪草；（二）要求立即释放一切政治犯，严禁各地党政军机关侵害人民自由；（三）要求政府切实执行豁免田赋明令，严令粮政机关和各省军政当局立即停止变相征粮行为。该会还讨论了"较场口事件"，通过致函慰问中国劳动协会、育才学校暨郭沫若、施复亮、李公朴诸先生，信中说"本会对于暴徒破坏民主组织之铁的事实，无限愤慨。除对你们敬致慰问外，誓为正义后盾，共同争取全国人民所急需的和平民主事业之彻底完成"。

1946年2月24日下午2时，中国民主宪政促进会在中苏文化协会餐厅举行成立大会，通过《中国民主宪政促进会章程》和《中国民主宪政促进会宣言》，提出十一项政治主张，选举张西曼、许德珩、孟宪章、吴藻溪、何思敬、潘震亚、章友江、李澄之、王卓然、伍丹戈、崔国翰、马哲民等25人为理事，张西曼被推为理事长。

大会在宣言中旗帜鲜明地指出：民主政治必须要有宪法做实施准绳，但有宪法的国家，不一定是民主国家。法西斯德意日三国，都曾有过宪法，但他们都不是民主国家，而是法西斯独裁国家。本会以"民主宪政"命名，就是表示本会同仁希望中国实施的，并不是别的什么宪政，而是民主的宪政。本会认为最近闭幕的政治协商会议，是中国政治的重要转折点。政治协商会议所通过的五项协议，基本上符合于民主原则，如能一一付诸实施，是推进中国走向民主的正确道路。因此，本会表示真诚拥护，并愿为促进其彻底实现而奋斗。

本会认为正在举行的宪草审议委员会，应该根据政治协商会议所通过的十二项宪草修改原则，更深刻研究各民主国家的宪政趋势，切实把握当前中国国情，并继续与发挥政协的精神，以便汇综整理出一部真正符合民主原则的宪法草案，提供国民大会采纳，这是推进中国走上民主宪政大道的重要步骤。但是，有了好的宪草，还必须有深厚的民主力量做基础，必须人民大众真正成为国家的主人，才能施行无阻，有利于和平民主事业建国的推行。因此，政府当局所宣布的四项诺言必须完全兑现，人民身体、思想、信仰、言论、出版、集会、结社、通讯、居住等和其他自由权利，必须有切实的保障。沧白堂与较场口的丑剧及殴打新华日报与民主报的事件，绝对不许重演。现政府必须根据政协决议，在和平建国纲领的基础上，立即实行改组。本会认为争取立即实施这些必要步骤，当前的急迫任务乃是民主宪政促进会通过的十一项政治主张是：

一、要求遵守政治协商会议的决议，实施蒋主席的四项诺言，制止破坏政协成功及阻挠修改五五宪草的一切企图，迅速实行政治民主化，军队国家化。

二、要求释放政治犯及一切非法拘捕之人犯，并要请政府确定政治犯名词界说。

三、要求政府令各地当局，禁止非法逮捕要求民主政治的人士。

四、要求取消保甲制度及包办式的现行地方自治机构，解散一切特务机关，严惩贪官土劣，扫清农村民主运动及农村科学化的一切障碍。

五、要求政府制止干涉人民团体的自由活动，废止一切妨碍人民团体的法令。

六、要求立即取缔教育统制政策，废除党化教育，修改现行一切教育法令，革新各级教育行政机关人事，借以扫除民主教育与科学教育的障碍，发扬学术精神，提高学术水平。

七、要求一切党派立即真正退出一切学校。

八、要求制止在收复区的变相征粮。

九、函请宪草审议会采纳本会对司法改革的意见。

十、要求立即确立平行外交政策,增进中、苏、美、英的邦交,借以奠定远东大局,巩固世界和平。

十一、要求保障国际新闻自由,立即撤销禁止爱金生等六记者来华命令。

民主宪政促进会是为了推动国民党蒋介石遵守政治协商会议的决议,促进中国民主宪政的彻底实施,为配合各革命团体争取民主的斗争而组织成立的一个具有国共合作的统一战线性质、具有广泛社会基础的政治团体。民主宪政促进会不仅包括社会各界贤达,还包括中共代表团的邓发、何思敬等人,与后来正式成立的九三学社在成员上存在较大的重叠性。

1946年2月27日,中国民主宪政促进会召开第一次理事会,到有张西曼、张雪岩、李澄之、孙荪荃、吴藻溪等20余人,会上讨论东北问题,继东北名宿王卓然讲话后,邓发同志发表讲话,他说"受伤的民主战士成了被告要受到审判,凶手反成了原告,真是岂有此理"。何思敬指出较场口特务暴徒打了民主人士,是破坏立国方针,应该受到严厉的惩处。会上还通过致电慰问被特务暴徒捣殴的燕大及成都新华日报营业分处,慰劳马张周三人,庆祝整军方案成立,抗议佛朗哥判处民主分子十人死刑等议案。

1946年3月27日《新华日报》以"中国民主宪政促进会发表对东北问题意见"为题报道了21日召开的中国民主宪政促进会临时会员大会通过的主张,认为"东北问题必须实行和平民主而不允许实行内战独裁,政府应迅允三人小组赴东北,并应增请民主联军代表为委员"。

1946年5月4日,九三学社在重庆召开成立大会,张西曼虽然已于4月回到南京,仍被推为第一届理事会理事,会议提出"愿本'五四'精神,为民主与科学之实现而努力!"

反对内战，支持学生运动

抗日战争胜利后，蒋介石企图独占胜利果实，发动发全面内战。1945年11月，张西曼主编的《民主与科学》杂志联合重庆26家杂志，发出了"不要内战"的共同呼吁，响亮地提出："我们为自身着想，同时为我们的子孙着想，万万不愿再见内战的局面。"

1946年4月13日《新华日报》发表关于"中国民主宪政促进会呼吁停止东北内战"的报导，提出三项主张：

（一）东北内战必须停止，政府应给予东北小组以工作上之便利，协商解决一切问题，东北之民众武装应予承认，伪军不应庇护，政府应立即停运军队去东北。

（二）任何国家不应替一方面运输军队，接济军火，而使内战扩大。

（三）遵守政协决议，停战命令，整军方案必须在全国各地彻底实现。

蒋介石于1946年6月悍然发动全面内战，张西曼对蒋的内战、独裁政策给予了无情的揭露和批判。

1995年，张西曼的学生高叔眉在张西曼诞辰一百周年之际深情地回忆起张先生在中央大学的一次演讲，他说："1946年秋，南京中央大学外文系俄语组的同学们以及其他院系的同学们约百十来人，齐集四牌楼中大校门口右侧刚刚落成不久的中央大学校友会堂，聆听张西曼教授关于时局的讲演。张教授的讲演一气呵成，声音洪亮，慷慨激烈，气宇轩昂。在近两个小时的演说中，历数蒋介石国民党如何违背孙中山先生遗教的种种事实，特别是对蒋介石在抗日战争胜利之后背信弃义大搞独裁大打内战的倒行逆施，进行猛烈地抨击和无情地揭露。张西曼教授愤怒地指出，无论从中山先生创立的三民主义本义上讲，亦即从民族民权民生上讲，还是从三民主义的新政策上讲，亦即从联俄联共扶助农工三大政策上讲，蒋介石都完全违背了、背叛了，而且老早就违背了、背叛了。从大革命到现在，蒋介石一直打着中山先生三民主义信徒的旗号，干的却是反对人民反对民主的反动勾当，中山先生原本是为国为民的三民主义被他蒋介石搞成了独家经营的二民主义，就是民脂民膏主义嘛（记得全场响起热烈的长时间的鼓掌）！他蒋介石，四大家族，他们是怎么肥起来的呢？就是以实行三民主义之名行搜刮民脂民膏之实来满足一己之私、一党之私、豪门之私而肥起来的！大家不妨看看今日之南京，国民党的首都，学生们为什么要在蒋介石的眼皮子底下搞学生运动呢？就是因为蒋介石违反民意，不给学生吃饱饭却要借助美国佬的援助，即所谓'美援'打内战，甚至扬言要在几个月内消灭共产党，所以才从反面激起了全国老百姓反对蒋介石国民党的义愤，所以才使全国各大城市，特别是国民党的首都南京掀起了反饥饿反内战反独裁争民主争自由争和平的蓬勃浩荡的学生运动……西曼教授的这一番义正严词的话，真是落地有如金石声，使我顿时热血沸腾，给我留下难以磨灭的印象，促使我热烈无所畏惧地立即投身到中大后期的学生运动中去。"

1946 年，李公朴、闻一多相继遇害后仅仅两天的 7 月 17 日，张西曼挥毫写下了《公朴，我们民主战士的伟大楷模》一诗，庄严地宣告"民主战线绝不战栗、动摇，反要因此加强愤恨与斗争勇气。公朴，我们民主战士的伟大楷模，你那精忠报国的精神永远不死！我们同你一样的坚强英勇，不达到自由民主的目的誓不终止！"表达了张西曼不畏强暴、视死如归的斗争精神。

1946 年 9 月 18 日，张西曼在《新华日报》发表《九一八是中国内战造成的》一文，指出 1931 年的"九一八"事变，正是借 1930 年中原蒋冯阎大战时，少帅张学良率东北军精锐部队入关援蒋造成东北兵力空虚，以及 1931 年西南政委会与南京的对立这两大自相残杀的内战之机，日寇乘隙攻虚，几乎兵不血刃地占领了物产富饶的东北四省，奠定了此后进攻华北、华南以灭取全中国的侵华战争。张西曼在这篇落款为"九一八国难十五周年草于中国民主宪政促进会"的文章最后写道："在所谓胜利灾难后的今日，鉴往知来，痛定思痛，我们中国各民主党派的政治家们，切要体验'和平、奋斗、救中国'的明训，大家悔悟内战的足召灭亡，一秉公诚，相忍为国，彻底尊重民意，从速恢复政治协商会议来奠定民主统一的光明前途吧！"

1946年11月张西曼发表谈话，反对蒋介石排除各党派，单独召开伪国大的专横行为，并和青年学生一起，参加了如火如荼的反内战、反饥饿、反迫害运动。

1946年11月7日，张西曼在《新华日报》上发表《十月革命怎样感召了我》的长篇文章，以庆祝苏联友邦二十九周年国庆，文章最后说："十月大革命感召了我，使我能不畏任何艰难险阻，成为中国民族解放和民主宪政运动中的一战士，成为促进中苏永久友善和沟通中苏文化的前驱，虽然我精神仍在痛惜中国民众未能及时克服帝国主义和封建残余的继续作祟。然而我仍要以富贵不能淫、贫贱不能移、威武不能屈的节操，追随中国革命群众之后，在革命三民主义的大旗下，完成民族解放和实现民主宪政的任务。"

1947年5月4日，张西曼参加南京大中学生"五四"座谈会，发表了寓意深刻的重要演说，全文刊载在学联专刊《南京的五四周》上，他说："年年检讨'五四'，但年年坏，反帝反封建是革命的先决条件，不完成，则建立民主建立科学无望。"张西曼在演说中，呼吁继承五四精神：要民主，不要独裁；要和平，反对内战！本来张西曼因血压太高，医生不让他多说话，但在那样热烈的场面下，他抑制不住内心的激动，走到台面，大声说："拼了老命我还是反对内战！"张西曼痛斥国民党政府的腐败，激昂陈述五四运动的任务没有完成："中国只有民主与反民主，封建与反封建，帝国主义及其走狗与反帝国主义及其走狗的斗争，没有第三条道路。"会后中大学生发表宣言，各地纪念"五四"的活动，推动了爱国学生运动。

1947年5月10日到20日，以反饥饿、反内战、反迫害为中心内容的学生运动爆发。18日，蒋介石发表谈话，公布《维护社会秩序办法》威吓学生。20日，南京爆发了由南京、上海、苏州、杭州16所专科以上学校5000名学生组成的请愿大游行，遭到国民政府残酷镇压，制造了震惊中外的南京"五二〇"血案。第二天张西曼不顾个人安危，亲自去慰问受迫害的学生，并竭其所有捐款数百万元法币。为抗议血案、响应运动，全国60多个大中城市的数十万学生罢课、游行，继续遭到疯狂镇压。

学生运动不是孤立的，它得到了中国共产党的领导、各阶层人民运动的配合，还有各界爱国人士的支持。其中，张西曼先生以他老同盟会员、国民政府立法委员、大学教授的身份，以他亲身的体验，向学生们讲话，给学生们以支持和鼓励。

1948年5月20日，南京中央大学民主广场上举行纪念"五二〇"血案一周年大会，南京市大、中学校一万多学生参加大会。张西曼在会上说："抗战是为了求自由，争民主，但在惨胜以后却是贪官污吏把持政权，把全国的青年逼上无路可走的境地，豪门资本逃到美国去了。华盛顿，林肯的不肖子孙竟然利用国际贫困混乱，来扶植反动力量的成长……有人希望学生只读书，不要问国事，这是非常荒谬的……在争取光明争取民主的奋斗中，任何迫害绝不能破坏我们救国的共同信念，望各位爱国志士继续努力！"

1948年6月23日、24日两天的长沙《晚晚报》连续登载了该报驻南京特派记者史越的报道，在一篇题为《张西曼教授解剖司徒人格》的报道中，张西曼对"反扶日"运动发表谈话表达了他对司徒雷登的看法："……就整个声明而说，他代表了华尔街，就他个人来说，把他在中国教育界的声望最后摧毁了，所以不能再把他当作'中国之友'看待。"张西曼在谈话中回忆了一件往事："马卿（指马歇尔）1944年底抵渝，我有封信给他，主张美国如果要调解中国内战，首先就要放弃军事援华的愚蠢行动，和苏联协调，以促进中国的民主和平。马卿复信中称赞和感谢我的宝贵意见，但是因为他有成见在胸，不能接受我这老革命党人代表民众所提供的意见，所以美国对华政策一直错误到今天，这样只有增加中国问题的困难，乃至增加他们本身的困难和失败。"张西曼在谈话中对学生运动表示了高度的同情："我很佩服他们力量的伟大。这些青年当然是时代改造的中坚分子,他们对现状表示积极和不满,可以证明他们将不会走上欺骗和压迫民众的覆辙。我积极支持他们,因为他们比我们青年时代不但有进步,而且可以说有必然成功的条件。"他笑着说:"我是极端重视伟大人民和青年力量的人,中国前途一线生机可以说都寄托在年轻一代的肩上。"张西曼的这些活动,遭到国民党反动派的嫉恨,被指责为学生运动的"幕后黑手",他被开除了国民党籍,免去立法委员职务。同年夏天,张西曼的家受到特务的搜查,他的行动受到监视,被列上了黑名单。

在衣食忧苦和政治高压下,张西曼不忧不惧,口诛笔伐,以顽强不屈的精神继续坚持斗争,他赋诗志感:"两餐菽水自承欢,遍地呻吟国破残。可耐冬来仍敝氅,寒窗呵冻考乌桓。"诗后有小注云:"年来内战惨烈,通货恶性膨胀,物价超出平均五六万倍以上,薄俸日益不足养家。我因减少消费,早晚两餐皆食稀粥,然环观饥室遍地,又不禁忧愤万端也。入冬更难举火温室,徒穿十年前撤退武汉时所制之旧破大氅裹身取暖,勉强继续历史民族学上之发见工作……"

造诣精深的西域史专家

张西曼早在1932年就开始了中国边疆民族问题的研究,并担任中国边疆学术研究会理事长及参谋本部边务组专门委员。

1934年2月20日,国民行政院第148次会决定筹备组织新疆建设计划委员会,3月13日正式成立,张西曼担任该会委员常务委员。委员会经过五次开会议定了计划大纲,分为政治、经济、文化、交通四类,并组成相应的四个委员会,张西曼为各组召集人之一,负责处理日常事务,同年12月刊布了厚达350多页约20万字的新疆建设计划大纲。该大纲条理清楚,切中实际,浸透了张西曼的心血,成为新疆重要的资政参考,至今仍不失其历史价值。但此时盛世才倒向苏联一边,疏离中央政府,使张西曼无法参与新疆的建设,转而从事西域古民族史的研究,1935年,他在《西北问题》1卷4期、《开发西北》3卷5期、《蒙藏月报》3卷3-4期发表了《大月氏人种及西窜年代考》一文，其深厚的史学功底引起了中外西域史学界的瞩目。

1939年7月23日，中国边疆学术研究会在重庆生生花园召开成立大会，由张西曼任主席并致开会词，该会的使命是将研究介绍整理中国边疆文化资料以促进中华民族文化之沟通，发扬边疆文化，纠正过去研究边疆文化学术之错误。会议选举张西曼、马鹤天、常任侠、陈纪滢、贡沛成、黄奋生、曾学孔、王文山等9人为该会理事。

1941年，张西曼在《边政公论》1卷2期发表了《中亚缠回为沙陀苗裔考》。1944年，张西曼又在《说文月刊》5卷1-2期发表了《乌孙即哈萨克考》。1945年，张西曼在《民主与科学》1卷7-8期上发表了《哈萨克（乌孙）大事年表》，该年表起于公元前11世纪，止于道光二年（1822年），系参考了大量的中国史书和苏联史档案资料。

1947年，中国边疆学术研究会在南京将张西曼几十年来关于西域古史方面的研究成果汇集成册，出版了《西域史族新考》一书，是当时研究西域古史和新疆现实方面的珍贵资料，引起国内外史学界的关注，并被译为英、法等多国文字，更得到日本西京帝大西域学权威羽田亨教授的推崇。

1947年，由张西曼讲述、戴聪顺记录的《新疆的民族与纠纷》一文在《社会评论》发表，这是一篇以古论今之作，指出"新疆的危机，不在民族的外离，不在异国的侵略，主要在我中枢本身"。

"卅年革命为人民，绝未投机背此心"

1948年，张西曼参加南京大中学生"五四"座谈会，因痛斥国民党腐败无能，行动受到特务的监视，张西曼在南京已经无法立足，遂转入地下活动。

1948年底，张西曼悄然来到香港，找到潘汉年同志，表示要带领留在南京的家眷同奔光明之地，潘汉年为他做出"带家眷，走陆路"的安排。张西曼在中共地下党组织的帮助下回到南京，与中共上海地下党派来的交通员王克勤、周大言及一个正需从上海撤退到解放区的女同志游世华接上关系。12月24日夜，张西曼雨中化装带着残疾的夫人魏希昭和年仅9个月的小女儿离开南京，越过重重封锁线从武汉渡江进入解放区，踏上了北上之路。1949年2月，到达解放区以后，张西曼先后受到李先念、邓子恢和陈毅等领导人的亲切会见。

1949年3月2日，张西曼抵达北平，立即投入到一系列紧张而繁忙的政治活动中去。1949年4月16日，张西曼出席了柳亚子在北京中山公园来今雨轩举办的"南社新南社联合临时雅集"，主宾共80余人，周恩来、叶剑英等均亲自莅会。张西曼随后又出席教育部门的座谈，为新中国的教育提供宝贵意见。1949年4月底，张西曼参加了民主东北参观团，6月参加社会科学工作者代表大会筹委会。

7月2日，张西曼在北平参加第一次文代会，与会期间，张西曼发现痰中带血，住进了协和医院，医生诊断为肺癌。

手术前夕，7月8日，张西曼立下遗嘱："惟曼一生受孙毛两公精神感召，努力革命，不辞劳瘁，不幸因癌魔难治，竟至不起，曼生不能多做贡献于中国受苦的人民，死亦不愿玷污净土，累新国家之兴盛，请烦将遗体捐献贵院做科学上继续解剖研究之用，果能于此得有预防的根治方案，以福利于后之患者，实如同感。"

7月9日早晨6点半，张西曼在病痛中回顾了自己的一生：

卅年革命为人民，
绝未投机背此心，
憾当今日新时代，
却被妖魔断我生。

1949年7月10日，为革命奔波了一生的张西曼病逝于协和医院，享年54岁。

张西曼病逝的消息传来，张西曼的好友柳亚子闻讯悲痛万分，在他的

7月11日的日记中写道：

> ……闻张西曼兄恶耗，甚骇悼，函希昭吊唁：并函衡老（指沈钧儒，字衡山），请其代列姓名于治丧委员中。余于文代会开幕时，曾晤西曼于怀仁堂，旬日之间，人天顿隔，悲夫！

在柳亚子的《磨剑室诗词集》中还收录了柳亚子一首情真意切的《张西曼挽诗》：

> 西曼以一九四九年七月九日夜二时半①病故协和医院，诗以悼之。
>
> 记曾文宴渝州共，更喜心情陬市开。
> 谁料浃旬成永诀，恍闻天半起惊雷。
> 密书在箧休轻展，壮志临危总未灰。
> 僻处郊园生死隔，未能一恸抚棺来。
> 卅载堂堂见此张，天人三策意难忘。
> 铁函心史凭谁续，夔足遗楱要共商。
> 及见澄清原不恨，独怜怀抱未全偿。
> （遗嘱以不能多所贡献于中国痛苦的人民为恨）
> 黄垆向笛中南海，跃马辽东更断肠。

因为柳亚子先生住在颐和园，消息和交通均很闭塞，竟未能为好友最后送行，以"生死隔""未能一恸抚棺来"表达了柳亚老无比痛惜和遗憾的心情。

面对失去丈夫的沉重打击，魏希昭强忍悲痛，为深深敬爱的丈夫、战

---

① 实际应是1949年7月10日凌晨。

友和老师办理了丧事。张西曼逝世当月,魏希昭写下了情深意切的悼文《挽西曼》:

啊!在过去黑暗罪恶的世纪里,你那四五十年如一日的火,不知灼伤了多少吃人的猛兽,不知撒下多少为人类幸福而奋斗的火种。你已经勇敢地走完你的历史道路,你的生命虽离开我们,你的火种在人间,你没完成的事业有我们千万战友和后死者继承。

1949年8月,周恩来总理应魏希昭夫人之请亲自为张西曼教授题写了"敬题"的墓碑,落款是"张魏希昭率女小曼敬立";田汉、李济深书写了张西曼墓志铭,郭沫若也题写了碑文。张西曼遗体葬在香山脚下的万安公墓。

尾 声

张西曼没能看到他毕生为之奋斗的新中国的诞生,未能大有作为于新中国,实在令人惋惜。但是,张西曼在诸多方面的历史功绩,尤其是抗日战争时期他在思想文化战线上的突出贡献,历史将永远铭记。

1995年,张西曼诞辰100周年,中共中央统战部部长王兆国在纪念中称颂张西曼是"坚定的爱国主义者和英勇投身于抗日运动的民族英雄"。俄罗斯驻华大使馆罗高寿大使在致张西曼诞辰100周年纪念座谈会的贺信中说:"多年来,张西曼以从事加强中国与俄罗斯友谊的事业而在俄罗斯享有盛名。……张西曼终生为之奋斗的事业永存,在中国的成就中,及在不断发展的全面的中俄合作中可以得以证实,为了中俄两国和两国人民的友谊,张西曼的事业永存!"

1996年8月,俄罗斯《真理报》称颂张西曼是"中国俄罗斯学的奠基人"!

1999年10月5日,在庆祝俄中友协成立50周年大会上,俄中友协名誉主席齐赫文斯基在讲话中,以"吃水不忘挖井人"深切怀念20世纪30年代张西曼教授在非常艰苦的环境下团结了一大批进步的文化人,为加强中俄两国人民的友谊做出的重大贡献!

2005年12月,因为张西曼在抗日战争中的英勇斗争事迹,其女张小曼代父亲张西曼获得中共中央、国务院、国家军委颁发的"纪念中国人民抗日战争胜利六十周年"金质奖章。

参考文献

1. 李长林、张小曼编《张西曼集》,湖南人民出版社2010年版。
2. 张小曼编《张西曼纪念文集》,中国文史出版社1995年版。
3. 九三学社中央研究室编《九三学社简史》,学苑出版社2005年版。

梁希传略

■ 昝建军

梁希，我国著名林学家、林业教育家、社会活动家、九三学社的创始人之一和杰出的领导者。

两浙才子　海外求学　立志林业

1883年12月28日，梁希生于浙江省吴兴县（现湖州市南浔区）双林镇一个书香门第，原名曦，字索五，后改名为希，字叔五（或叔伍），笔名凡僧、一丁、阿五等。梁希的祖父梁湘，1859年考中副贡，叙直隶州州判，就职教谕，授徒60余年，主讲双林蓉湖书院，教育生员凡数百人，著有《潜确斋诗文草》《大雷山房诗集序》及《游水镜寺札》等诗文。梁希的父亲梁枚，少颖悟，年9岁即应童子试，有神童之称。1877年中选举人，次年参加会试中进士，授翰林院庶吉士，出任江苏宝应县知县，晋直隶知州。梁希幼年丧父，初在私塾启蒙，稍后就学于蓉湖书院。他有兄弟姐妹5人，长兄为举人，设私塾课徒。梁希排行第五，故稚名阿五，自幼随长兄读书。他资质聪慧过人，饱读诗书，过目不忘，15岁中秀才，有"两浙才子"之美称。1902年与双林望族姚兰坪之女成婚，1905年生下长子梁尧（后名梁震），1908年次子梁超出生。1921年，妻子姚氏病故，他孑然一人，此后未娶，把一切精力献给中国林业，终成一代泰斗。

梁希青年时期追求进步。1898年戊戌变法失败后，在"武备救国"的思想支配下，梁希怀抱爱国救民志向，投笔从戎，进浙杭武备学堂学习西洋军事。1906年官费留日，在日本士官学校学习海军。

在日本，梁希受孙中山民主革命思想影响，在东京加入了中国同盟会，并在《民报》上不断发表诗文，挞伐腐朽的清王朝。1911年辛亥革命后，梁希满怀救国热忱，于1912年停学回国投入民主革命浪潮，在浙江湖属军政分府从事新军训练。不久袁世凯篡夺辛亥革命果实，军政分府撤销，新军裁编，梁希再度去日本士官学校就读。因不甘受日本学生的侮辱和歧视，愤然离开士官学校，于1913年改入日本东京帝国大学农学部林科，攻读林产制造学和森林利用学，从此梁希变军事救国为科学救国，这是他人生道路上的大转折。

梁希在日本取得了优异成绩，于1916年7月毕业返国。当时北京政府选派他前往奉天安东（今辽宁丹东市）中日合办的鸭绿江采木公司任技师，因不愿参与日方滥伐我国森林的行径，仅一个月他就忿然拂袖而去，赴北京就职于国立北京农业专门学校，走上了林业教学岗位。

国立北京农业专门学校是民国初年建立的一所设有林科的农业大学，即今日中国农业大学和北京林业大学的前身。梁希在该校任教授兼林科主任，讲授《森林利用》《林产制造》和《森林工学》等课程。林产制造学科在我国是首次开创，他还筹建了中国首个林产制造室，开展科学实验。他在该校任教7年，培养了很多中国早期的林业人才。

梁希鉴于日本的林业科学技术最早是从德国引进的，为了直接借鉴德国林业化学和木材研究方面的成果，1923年自费前往德国，在萨克逊森林学院研究林产化学和木材防腐学，历时4年。他那时已40岁，他严谨踏实的治学精神，给这个学院的教师们留下了深刻的印象。

1927年9月，梁希从德国回国，仍回原北京农业专门学校任教，该校已于1926年改为国立北京农业大学，梁希任教授兼森林系主任。因不堪忍受奉系军阀的统治,他于1928年初离校南下,到浙江大学农学院就任该校森林系首任系主任,仍教授林产制造化学等课程,并任浙江省建设厅技正(相当于今日高级工程师)。梁希在兼任浙江省建设厅技正时,只同意短期协助制定发展浙江森业事业的规划,不担任行政领导职务,也不额外兼领薪俸。他走遍杭州、湖州、宁波、绍兴、台州5个专区,发表了《两浙看山记》等考察报告。他认为,西湖固然美,但很大原因是因为周围没有与之争锋的山水名胜。与瑞士、意大利驰名世界的湖山风致相比较,其缺陷就很明显了,那就是,西湖没有森林,他为此写有《西湖可以无森林乎》一文。

1931年春,新任中央大学校长朱家骅派人专程到杭州浙江大学农学院邀请梁希出任中央大学农学院院长,他因不愿从事行政工作,到院视事仅一个月,即悄然离开南京回到杭州,并致书朱家骅婉言谢绝。梁希挂冠而去的行动,一时传为佳话。

1932年,国民党要人陈果夫要求在浙江大学农学院设一个"火腿系",梁希和当时院长许璇认为这是干涉学校工作,不予理睬。陈果夫又通过浙江大学校长郭任远对农学院施加压力,许院长愤然辞职。政府当局乃请梁希继任院长,而梁希却同情老友许璇立场,断然拒绝出任院长,并与金善宝、蔡邦华等60多位教师一起辞职,离开浙大,去中央大学森林系任教。从1933年起,他在中央大学执教凡16年,其间筹设中大森林化学室,并主持《中华农学会报》编辑工作。

探索救国道路

抗日战争之前,梁希在教学事业上,虽取得了很大成绩,培养了大批林业人才,对我国林业发展也起到了一些作用。但大量事实告诉他,仅靠教育和科学救不了国。1937年日本帝国主义大举进攻中国,不久就占领了大半国土,南京国民政府迁都重庆,梁希所从教的南京国立中央大学亦随之迁往重庆沙坪坝。

1937年梁希到重庆初期，一心埋头教学，想在战时的艰苦条件下把教学工作坚持下去，为抗战贡献力量，可是政治与时局却使他感到茫然。中国的前途在哪里？中央大学一些关心时局的教授，时常相聚议论形势，并与驻重庆的《新华日报》社联系，还常去十八集团军（八路军）办事处听抗战形势的报告。梁希当时是《新华日报》的热心读者，他还通过地下党组织与周恩来、董必武、邓颖超及《新华日报》社的一些同志多次接触，搜集了许多马列主义和毛泽东的著作。他通过学习，思想豁然开朗，他说："中国有灯塔了，中国有贤相了，中国有希望了，中国的希望在延安！"梁希对时局认识的转变，是他人生道路上的又一次转折。

1938年的秋天，学校号召向前线战士捐献寒衣，梁希与同校的金善宝教授商量后，赶到八路军办事处捐赠。因为没有买到现成的衣服，他和金善宝便各捐了100元的"寒衣款"给八路军。第二天，《新华日报》登出一则消息："梁、金献金200元。"100元，在当时不是一个小数目，《新华日报》从社长到勤务员，每月的津贴只有8元。

1939年，梁希参加了由周恩来、潘梓年指导的"自然科学座谈会"，并被委任负责编辑《新华日报》的《自然科学副刊》。

1941年初，国民党为了消除异己，背信弃义，发动了令国人痛心的皖南事变，梁希得知后心情沉重，寝食难安，毅然提出了奔赴延安参加抗战的要求。中共党组织出于安全的考虑，未同意他前往。就在皖南事变后不久的一个夜晚，他冒着莫大危险在自己寓所掩护了受警方追捕的共产党地下工作者陈晓原，昭示了他献身革命事业的决心与胆识。

1941年夏天，在周恩来、董必武、王若飞同志的亲切关怀和直接领导下，"小民革"（"中国民主革命同盟"）在重庆正式成立。它的主要任务是利用各种渠道，广泛联络国民党上层中愿意进步的人，推动他们联合起来，从国民党内部推动坚持团结、民主、抗战的斗争，梁希是"小民革"成员。

1941年，他把自己学习辩证唯物主义的体会，以读书笔记的形式写成了《用唯物论辩证法观察森林》的论文，用以说明森林发展规律。这篇论文是中国学术界用马列主义论证林业工作的首创,受到科技工作者的重视和赞扬,周恩来同志评价它是自然科学家联系实际的良好开端。

1943年12月28日,梁希60岁寿辰时,《新华日报》社为梁希举行祝寿酒会,到会的有周恩来等中国共产党的领导同志。周恩来在祝酒时说:"中国需要科学家,新中国更需要科学家,不管道路如何曲折,新中国总要到来。现在是举步维艰,到那时就大有用武之地了。"梁希这天格外兴奋愉快,他无限感慨地说:"我无家无室,有了这样一个大家庭,真使我温暖忘年!"

1944年下半年,日本帝国主义对我国大西南地区发动新的进攻,桂林失陷,川黔吃紧。在中国共产党的抗日民族统一战线政策的影响和感召下,国统区的抗日民主运动风起云涌。正是在这国家民族的危急关头,国民参政会中的中共代表林伯渠,适时地在三届三次国民参政会上,提出了"废除国民党一党专政,召开各党派会议,成立民主联合政府"的主张,立即得到社会各阶层的热烈响应。10月10日,周恩来在延安发表《如何解决》的演讲,进一步阐明召开各方代表参加的紧急国事会议,成立民主联合政府的具体步骤和方法。

受中国共产党号召的感召,抗战时期先后来到重庆的一部分文教、科学技术界的高级知识分子许德珩、潘菽、梁希、褚辅成、张西曼、吴藻溪、黄国璋、金善宝、税西恒、涂长望、张雪岩、劳君展、叶丁易等,发起组织了"民主科学座谈会",讨论民主与抗战问题,主张"团结民主,抗战到底",发扬"五四"反帝反封建的精神,为实现人民民主与发展科学而奋斗。

在"民主科学座谈会"活动的同时,由重庆中央大学教授梁希、金善宝、潘菽、涂长望、干铎、李士豪,以及重庆大学的谢立惠为主要成员的"自然科学座谈会"也在活动。"自然科学座谈会"的成员,大都是大学教授、科学家,他们中的许多人也参加了"民主科学座谈会"。

"自然科学座谈会"的核心人物是梁希。1937年,梁希、金善宝等教授随中央大学迁到重庆沙坪坝,他们来到抗日战争时期的陪都重庆,看到的是在国民党统治下，政治腐败，经济萧条，反动势力猖獗，科技文教界的朋友普遍感到茫然和苦闷。梁希同潘菽虽然同是中央大学的教授，但平时没有交往。中央大学迁到重庆以后，梁希听说潘菽与《新华日报》社有来往，就主动与潘菽接近，交谈有关抗战形势问题，特别是中共方面的情况，梁希更为关心。交谈几次之后，效果很好，他们约定各自找一些朋友来一起谈，时间是每星期找一天晚上，地点在同事李士豪的房间里，他单身住一个房间，来往的人很少，地点也较僻静。中央大学的涂长望、干铎，重庆大学的谢立惠先后参加进来，较后参加进来的还有在附近一个工厂里工作的钱保功，以及一些临时来参加一二次座谈的同志。活动的内容主要是交换所听到关于时局的消息，特别是延安方面的消息，议论抗战局势问题，尤其是延安方面的政治主张和政策及言论，后来又增加了学习马列主义代表著作的内容。

"自然科学座谈会"这个组织并不保密，但参加的成员却是不公开的。潘梓年经常直接或间接地指导这个座谈会的活动，因此，这个座谈会与《新华日报》社有了密切的关系。《新华日报》在当时的重庆，像一座熠熠闪光的灯塔，给人民以光明和希望。座谈会的同志经常参加《新华日报》社组织的各种活动，也经常去周恩来住所听抗战形势报告和参加座谈会。在中国共产党的帮助教育下，大家的觉悟不断提高，后来成为《新华日报》的亲密战友。"自然科学座谈会"的一些成员应《新华日报》编辑部的邀请，协助编辑"自然科学"副刊。对中国共产党了解愈多，他们便油然产生一种向往之情。在梁希、金善宝、涂长望等科学家的带动下，"自然科学座谈会"的科学家大部分留在重庆，团结广大科学技术界的人士，参加了在国民党统治区的爱国民主运动。为了扩大党的抗日民族统一战线，他们在周恩来、潘梓年的授意下，积极团结更多的科学技术工作者和文教工作者，成立"中国科学工作者协会"，参加协会的有竺可桢、李四光、任鸿隽、丁燮年、严济慈等100多位著名的科学家。

"民主科学座谈会"开展活动后，经周恩来、潘梓年授意，"自然科学座谈会"的同志由潘菽介绍，先后参加了"民主科学座谈会"，使"民主科学座谈会"以及后来的九三学社成为一个以科学技术界、文化教育界高级知识分子为主体的民主政团。

1945年2月,重庆文化界以郭沫若为首,草拟《陪都文教界对时局进言》,反对内战,反对投降,反独裁,争民主,要求成立有中国共产党参加的民主联合政府。梁希在《进言》上签了名,这使国民党右翼极为惊恐,写信劝说梁希发表声明予以否认。梁希复信说:"名系我亲手所签,全非由人代笔。如欲发表声明,亦仅此而已矣。备承关注,谨表谢意。"没过几天,国民党当局又派人来征求梁希愿否共掌农林部?如不就,又愿否当浙江省参政会的议长?梁希婉转回答说:"我是聋子,叫聋子干这样的大事,岂不耽误大事?"利诱不成,它们又派特务短枪实弹分立梁希门旁,仍让梁希登报否认签名之事,梁希愤然拒绝。

在梁希等进步教授的影响下,中央大学森林系靠近共产党追求进步的学生很多,当时人们称森林系是"红色系"。

1945年8月,毛泽东赴重庆谈判,梁希听到这一消息很兴奋。在重庆期间,毛泽东接见了一些九三学社发起人,有梁希、潘菽、金善宝、涂长望、干铎、谢立惠、李士豪等。9月的一天,这些教授按约定的时间来到嘉陵江边的张治中公馆,在一个长方形的房间里,毛泽东、周恩来、王若飞与他们一一握手,寒暄落座后,便拉起了家常。毛泽东先说不习惯重庆气候,又谈到来重庆的一路见闻,交谈中聊起重庆的科学家朋友提供气象资料、支援良种和农业技术的事。谈话中,毛泽东点燃一支烟,深深吸了一口,说:"谈谈吧,你们(对时局)有什么意见?"梁希说:"我们感到很苦闷。"然后没有了下文。毛泽东边点头边重复着梁希的话:"噢,苦闷——苦闷——苦闷。"接着,大家就战后中国时局、国共和谈、中国前途和命运等方面感到苦闷的问题,向毛泽东提问。毛泽东一一答复,解释党在抗战胜利后的路线方针政策。会见结束时,毛泽东满怀深情地说:"我十分感谢诸位教授先生们,在爱国、民主、和平方面,我们的心是相通的。"

1945年底,抗战虽已胜利,但当时的国统区仍是政治腐败,经济萧条，局面混乱不堪，作为从不被统治者重视的林业更是萎靡不振。1946年元旦，梁希应邀为校刊《林钟》写了一篇《复刊词》，他怀着对当局的巨大愤怒和对林业事业的满腔热情，响亮地提出了战斗召唤："提起精神来，鼓起勇气来，挺起胸膛来，举起手，拿起锤子来，打钟！打林钟！林钟是我们的晨钟，林钟是我们的警钟，要打得准，打得猛，打得紧，唤起社会，觉醒政府，警告脑满肠肥、醉生梦死的人们……一直打到黄河流碧水，赤地变青山！"从此，"黄河流碧水，赤地变青山"这一名言，脍炙人口，成为中国林业人的奋斗目标。

1946年，九三学社在重庆召开了成立大会，选出许德珩、潘菽等16人为理事，卢于道、梁希等8人为监事，并发表成立宣言，提出八点基本主张和三点对时局的主张。从此，九三学社作为中国的民主党派，正式走上了历史的舞台。

随中央大学抗战胜利后的回迁，梁希于1946年夏回到南京。当时国内形势十分严峻，国民党撕毁"政协协议"和"停战协定"，大举向解放区进攻。国统区经济危机，人民生活恶化，爱国民主运动日益活跃，全国掀起了大规模的反美、反蒋斗争高潮。梁希作为爱国民主人士和九三学社的领导人之一，积极参加爱国民主运动，态度鲜明地"反独裁、反内战、反饥饿"。他发表演讲，撰写文章，支持爱国同学的正义斗争。

1948年，在一次南京大中学生举行的纪念五四运动万人营火晚会上，梁希不顾特务捣乱破坏，不顾个人安危，大声鼓励同学们："不要害怕，天色就要破晓，曙光即要到来！"会后，他做了可能遭到特务暗害的思想准备，当夜写下一首《七绝》，抒发了他为新中国诞生而甘洒热血的大无畏革命情怀：

以身殉道一身轻，与子同仇倍有情。
起看星河含曙意，愿将鲜血荐黎明。

有人为了他的安全劝说他是否托病休养一段时间，他却斩钉截铁地说：

"如果我梁希的名字能够写在闻一多后面,可谓死得其所,何惧之有!"

1948年11月,梁希写了一篇专论《科学与政治》,他呼吁:"科学离不开政治,科学好比植物,政治好比土壤,植物得有土壤才生长,科学得靠政治之力才能发扬。封建与科学是背道而驰的,必须要有一个好的政治环境,科学才能发达,国家才能富强。""科学工作者为什么不过问政治,讨论政治,必要时改造政治,改造到它适合于科学的需要呢?"此时的梁希,已摆脱了旧观念的束缚,变成了一个为新民主主义革命而斗争的新型知识分子。1949年4月23日,南京解放。5月7日,南京市军管会主任刘伯承、副主任宋任穷派员接管国立中央大学。8月8日,国立中央大学更名为国立南京大学,12日成立国立南京大学校务委员会,梁希为主席。

为人民服务 万死不辞

1949年5月上旬,梁希作为民主人士在北京参加了中央人民政府筹备会议。在9月召开的第一届全国人民政治协商会议上,周恩来提名梁希为林垦部部长。梁希感到很不安,就写了一张条子送给周恩来:"年近七十,才力不堪胜任,仍以回南京教书为宜。"周恩来看后提笔写了一句话"为人民服务,当仁不让"回复给梁希。梁希被总理的信任所打动,激动地写下了"为人民服务,万死不辞"呈给周恩来,从此梁希全部心血献给了新中国的林业建设。

林垦部是新中国的政务院的新机构,一切都要从头开始,梁希和林垦部副部长李范五等商量,决定首先抓三件事:

一是搭架子,组建林垦部机关和在全国范围内建立健全林业机构;二是摸清情况,查明全国现有森林资源;三是打好基础,为林业事业的大发展做好准备。

为了办好这几件事,梁希亲自动手,调查研究,掌握实情,反复研究,制定方略。在中央领导的关怀和他的主持下,在全国范围内很快地建立了一些林业机构,进行了东北、内蒙古林区改造与建设工作,为中国林业建设奠定了初步的物质、技术基础。

梁希非常注意深入实际调查研究，一再表示："虽然我的年龄大了一些，只要我能行走，我就要争取到全国各地多跑跑、多看看。"1950年至1955年，他先后6次，用300多天时间亲赴西北、东北及浙江等地林区进行实地考察，其中花时间最多、下功夫最大的是对黄河流域水土保持和林业建设问题的考察。

1950年夏，林垦部收到西北军政委员会农林部寄来的公函，内容为：西北修筑天宝铁路，需要大量枕木。拟在小陇山铺设窄轨铁路，架设钢索道，砍伐部分小陇山森林。

看着这封公函，梁希思考，小陇山可供利用的木材有多少呢？小陇山位于陕甘交界，林区地形险峻，北面尤甚，稠密的河流多数向北流入渭河，水流湍急，渭河一直奔腾向东流入黄河。黄河中游水土流失严重，而水土流失主要是因为没有森林。梁希给水利部部长傅作义打电话，希望了解黄河的资料，得到傅作义的支持。

傅作义提供的资料表明，黄河平均每10年就有4次决口，几乎两年一患，黄河的水患给两岸人民带来深重的灾难。过去的治黄办法一直是在堤防上做文章，一方面把它加高，一方面把它培厚。由于长期淤积，黄河的河床不断增高增大，以至于黄河的许多地方形成了悬河。这样做，每年要消耗一笔巨款，耗去许多劳力，而修堤取土，又要破坏大量良田。1950年，黄河的工程费1亿4000万斤小米，绝大部分都用在堤防上了。

梁希认为，治理黄河仅仅在黄河的堤防上下功夫，功效甚微，加强支流的水土保护才是关键。能否找到既能解决枕木，又不砍伐小陇山森林的办法？

1950年9月初，梁希率领一行6人的考察组从北京出发赴小陇山。那时西北的交通条件很差，梁希及随行人员乘的是一列货车加挂的一节战时用的救护车厢。到西安，白天听取了西北军政委员会农林部同志关于黄河主要支流渭河、泾水、洛河诸河流域的林业情况汇报。晚上，在灯下埋头于一大堆材料。

第二天直奔渭河，渭河流域是中国水土流失最严重的地区之一，梁希非常痛心。离开渭河，即赴小陇山考察。

从宝鸡去小陇山经过胡店，这一段铁路的运营尚未恢复正常，梁希及随行人员只能搭乘一节货车前往胡店。从胡店到小陇山主要林区东岔河流域，只有一条小道可通，汽车不能通行，梁希便乘一辆老牛车吱吱嘎嘎向前。森林里气候多变，道路泥泞，又改骑毛驴。骑在驴背上的梁希部长不畏艰苦，还兴致乐观，即兴赋诗：

高山流水路悠悠，红栎青松割漆沟。
添个白头驴背客，许教入画更风流。

整整三日，钻密林，涉溪水。考察队掌握了大量的第一手材料。小陇山林地面积15万公顷，森林主要分布在东岔河右岸流域。林相非常糟糕，能做枕木的针叶树寥寥无几，大都是阔叶树，且灌木多于乔木，而乔木径小尚不成用材。此外，这里山势险峻，在山坡上把林子砍伐了，很难更新。得出结论是：小陇山实际可利用的木材蓄积量仅为54万立方米。梁希说："这54万立方米的木材蓄积量，就是存在银行的老本，再穷也不能用老本，而应该用它的利息。森林的利息就是木材生长量，假定这里的木材平均年生长率为2.5%，那么，54万立方米材积的年生长量就是1.35万立方米啊。"

梁希同西北农林部的几位负责同志反复商量，反复算账，在沟通思想的基础上，提出自己的意见：停建窄轨铁路，把秦岭林场小陇山的经营方针由采伐森林改为重点护林和造林。他同东北取得联系，那里的木材价格并不高，运到这里的成本，要比在西北铺设窄轨铁路，再伐木的成本低得多。况且，小陇山的林子伐光了，将来恢复的成本更高。而小兴安岭正处在开发阶段，即便一棵不砍，日伪留下的困山材也足够运两年的了。鉴于天宝铁路建设急需枕木，梁希决定，远调东北小兴安岭的木材进关，支援西北，从而既确保了天宝铁路的建设，又保护了小陇山森林。

梁希部长就要离开小陇山的时候，林场的场长请他题词。梁希写道："却愿所来径，苍苍横翠微。"

1950年10月，梁希赴山西考察汾河；1952年11月，考察泾河流域；1953年3—4月又在延河、洛河和无定河流域考察。至此，梁希把黄河中游的几条水土流失严重的支流全部考察完毕，得出解决西北风沙、水土流失的根本办法就是保护森林。他亲自执笔写出了详尽的调查报告，为中央人民政府制定治理黄河的综合规划提供了重要依据。周恩来总理把报告批转给水利部，傅作义部长予以支持。

1953年，新中国经历了艰苦的3年经济恢复时期，走向计划经济。这时的林业形势有了很大的变化，林业建设取得了很大成就。在护林方面，1953年全国森林火灾面积比1950年减少了74%；在造林方面，1953年造林面积比1950年增加了近10倍，等于国民党政府22年造林面积的两倍。4年中，初步营造了东北西部和内蒙古东部的防护林，府谷至定边的陕北防沙林和河北西部、河南东部的防沙林。在森林工业方面，截至1953年，全国初步形成了一个相对完备的森工系统，已有51个森工局，67个木材加工厂、林产化学厂和附属企业，拥有2000多公里森林铁路，30余万职工，保证了国家建设所需木材的供应。同时，全国建立了500余处各种林业专业机构，大行政区建有林业部或农林部，省（区）建有农林厅、林业（务）局，各地还设有很多国营林场，从而加强了对林业工作的组织领导。

1954年，第四届世界林业大会在印度新德里召开，由林业部副部长刘成栋率领的中国代表团，在大会上介绍了新中国林业建设的成就，各国代表都感到惊讶，认为中国的成就为经济落后国家做出了榜样。新中国初创时期林业的成就，为后来的林业发展奠定了坚实的基础。

1954年，中国共产党正式提出过渡时期的总路线，进一步加快社会主义建设。梁希根据总路线的精神，结合头几年林业建设的经验，会同几位副部长于1954年提出了新的林业发展方针，即：普遍护林护山，大力造林育林，合理采伐利用森林。这一方针的提出和实施，把中国林业建设推向了全面迅速发展的轨道。在造林方面，提出了在南方自然条件好的地区大力营造用材林,建设南方用材林基地。同时加强对防护林营造工作的领导,把水土保持造林纳入林业五年计划。

在梁希的直接推动下,1954年组建了森林航空调查队,对新林区进行了航测和森调,很快编制了长白山、小兴安岭、白龙江、岷江上游等新开发林区的施业方案和总体规划设计,从而为科学经营森林和开发新林区打下了基础。

梁希要求国有林区要加强护林工作,加强对现有林的抚育工作,由大面积采伐逐步过渡到小面积采伐,并加强森林更新,逐步把采伐迹地恢复起来。由于加强了对国有林区的管理和新林区的开发工作,我国的森林管理水平大大提高了。

1955年,梁希极力拥护党中央提出的在山区进行生产规划的方案,后经中央决定成立了国务院山区生产规划办公室,地址设在林业部。1957年这个办公室和林业部分别发出《山区生产规划纲要》和《山区林业规划纲要》,林业部召开了两次全国林业会议,把搞好山区生产规划列入重要议题加以贯彻执行。他建议"各县最好指定一位县委委员和一位县长负责领导林业,负责山区生产规划,负责十二年绿化工作"。经过几年努力,全国大部分山区县进行了山区生产规划,促进了农、林、牧生产的全面发展。

1956年3月,中央要在延安召开5省区青年造林大会,梁希为《中国青年》杂志撰文,号召青年实现绿化全中国的美好理想,号召"勇敢地、果断地、愉快地"加入林业队伍,学会绿化荒山、征服黄河,替祖国改造大自然。

1957年,在举国弥漫的大干快上气氛中,梁希力辩森林保护与发展工业、农业的关系,为森林的价值而大声疾呼。针对各省毁林开荒,种杂粮,他说:"抓住千斤亩,丢掉万宝山,得不偿失。""古人说'民以食为天',我们赞成山区生产粮食,但不赞成粮食排挤森林。山区无森林,农民就没有前途。只顾眼前,只顾广种薄收,却忘记了'山上开荒,山下遭殃'一句老话。"他还写出《贯彻农业发展纲要大力开展造林工作》《进一步扩大林业在水土保持上的作用》《每社造林百亩千亩万亩，每户植树十株百株千株》三篇文章。

身为共和国部长的梁希大公无私，廉洁奉公。1952年，他的次子从杭州来京，要求调来北京照顾父亲，被梁希断然拒绝。长子因患精神病安置在京治疗和工作，儿媳多次来信要求来京照顾，也遭梁希拒绝。1953年，苏州的侄儿因家庭困难也要求来京请叔叔给他安排工作，梁希没有同意，此后每月给侄儿汇钱以补贴生活。他从不为私事使用公车，当时他身边有个孙子在幼儿园入托，每周接送都是请人帮忙，从不派车。

梁希在遵守制度、讲求公德方面也是大家的楷模。他严以律己，上班、开会从不迟到；公出必定守时；会议发言言简意赅，从不拖泥带水浪费别人的时间。他处处为别人着想的作风，无不让人肃然起敬。

1958年3月，梁希因发高烧入北京医院治疗，退烧后不顾体弱有病，仍坚持工作，并为《人民日报》撰写了《让绿荫护夏，红叶迎秋》的文章，这是他最后一篇为林业建设事业而作的论文。9月，他参加了全国科联和科普召开的全国代表大会。这期间曾两次住院，两次出院。当他第四次住院时，确诊为肺癌，涉及胸膜，超出手术及放射治疗的范围。他身体异常消瘦，体重只有35公斤。10月25日，他还亲自写信给林业部办公厅主任："北京医院检查身体后，医生要我把休养延长到十二月底，请办公厅替我向国务院续假。"病情如此严重，仍念念不忘向国务院请假。由于病情加剧，抢救无效，1958年12月10日凌晨5时，梁希与世长辞。梁希担任林垦部（后改为林业部）部长，历时9年，一直遵循他当初向周恩来总理表达过的"为人民服务，万死不辞"的诺言，一心一意扑在林业事业上，兢兢业业、勤勤恳恳，为新中国林业奉献出自己全部的精力，对林业生产建设做出了重大贡献。

梁希去世后，周恩来、彭真、邓子恢、习仲勋、郭沫若、陈叔通、李维汉、许德珩等36人组成治丧委员会，沉痛悼念他的与世长辞。

1983年12月28日，梁希诞辰一百周年，全国政协、九三学社中央、中国科协、林业部、中国林学会、中国农学会于12月15日在北京联合举行纪念大会，回顾了梁希热爱祖国、热爱人民的一生，高度赞扬他是"中国共产党的真诚朋友，我国林业界的一代师表，我国科技界的一面旗帜"。

参政议政　肝胆相照

梁希在政治上拥护共产党、热爱共产党，与共产党团结合作，肝胆相照。他与林业部党组成员的关系十分融洽，尊重部党组，信赖部党组，与几位党员副部长合作共事，亲如手足。部党组也一直把梁希看成是一家人，常请他出席党组会议，听取他的意见，共同研究问题。梁希对中央、部党组，凡有建议和意见，都能坦率诚恳地及时提出来。

梁希任林业部（初期为林垦部）部长之初，深感培养新中国林业技术干部的重要性，立即与林业部几位领导商议，提出了尽快发展林业教育，解决干部缺乏问题的意见。1952年，在梁希的建议下，经国务院领导同意，林业部配合教育部，对农林高等院校做了调整，分别在北京、哈尔滨、南京成立了3所独立的林学院，并在13个农学院扩大了森林系，增加了招生名额。到1958年全国独立的林业高等学院已达11所，设在农学院中的森林系有19个，在校师生有3万多人，而1950年初全国高等院校森林系在校学生还不到100人，可见发展之快。

1950—1958年，梁希担任九三学社中央副主席（当时只一位副主席），同时还担任其余很多社会职务。

1950年，各地发生了3390多起毁林和火灾事件，使山林树木遭受严重损失，梁希对此痛心疾首。经分析研究主要原因是乱砍滥伐，他和部党组向中央提出建议，要求各级人民政府加强组织领导，依靠群众，护林防火；由林业机构统一伐木，实行计划采伐和计划供应，取缔私商和私人承包伐木，等等。中共中央、国务院和中央军委根据这一建议，先后发布了《关于严防森林火灾的指示》《各级部队不得自行采伐森林的通知》和《关于节约木材的指示》等文件。国务院协调相关部门还采取了很多切实可行的措施，取得了良好的效果。

1950年11月,梁希陪陈云带领的调查组到海南考察。考察后,梁希向政务院写了报告,认为在海南岛发展橡胶大有用途。政务院批准了报告,并以政务院名义下达了《关于发展橡胶树的决议(草案)》。经过几年艰苦的努力,在海南岛初步建成了我国最大橡胶生产基地。

1951年,他在中国人民政治协商会议第一届全国委员会第三次会议上又提出在西北东北西部造成大规模防沙林带的设想,为今日建设的"三北"防护林定下了基调。

1954年,他在第一届全国人民代表大会第一次会议发言时,提出了"划分经济区"的建议,将"宜农、宜林、宜牧地区,大体上加以划分,使农、林、牧得到平衡发展",提出了对国有林区实行科学管理和开发新林区的建议。

1955年冬,他作为全国人大代表赴浙江考察。他看到开化县为了增产粮食,用集体力量把山坡大片烧垦,林子大片破坏,造成"山上开荒,山下遭殃",水灾加重。梁希对此十分气愤!回京写了《开化县不应该开山的报告》,受到各方面的重视,中共中央在制定《全国农业发展刚要(草案)》时,采纳了他的主张。

1956年,他在全国人民代表大会一届三次会议上提出建议:"只有搞好山区规划,特别是做好合理利用土地的规划,解决农、林、牧之间的矛盾,才可以给群众指出美丽的远景,才可以防止群众滥垦山地。"中共中央在制定《全国农业发展纲要》时,采纳了梁希的主张。

梁希不仅对中共中央的林业方针政策能诚恳地提出建议,对中共中央在政治方面的政策也能直言不讳地发表意见。

1956年,在开展"百家争鸣"时,梁希撰文对当时社会上一些糊涂观念,提出了自己的看法:"为了学术昌明,为了文化发达,'家'的尺度应该放宽,'鸣'的园地应该扩大。只要不是反革命,大家都可以伸出手来写,张开口来说。博学鸿儒要鸣、一技之长和一得之见也要鸣,长期刻苦钻研过的老前辈要鸣,初出茅庐的小伙子也鸣,这样才能够生气勃勃地从'百鸣'中产生出成千成万的青年优秀科学家来,向科学进军,向社会主义进军。"

教育家　科学家　理论家

梁希早在1916年任中日采木公司技师期间，就深感中国森林工业很不发达，而森林的采伐及林产品利用均受外国人控制，对于合理利用森林资源，对于国家经济的发展，极为不利。他认为要发展中国的林业，亟须从教育着手培养人才，从而立下了教书育人的大志。他从事教学30多年，讲授森林利用学、林产制造化学、木材学和木材防腐学等课程，培养了一批又一批林业专门人才。鉴于梁希在教学与科研方面的卓著成就，1942年，当时教育部批准梁希为"部聘教授"（"部聘教授"学校当局无权解职和辞聘）。1944年，中华农学会设置了"梁叔五先生六十寿辰纪念奖学基金"。中华人民共和国成立后，梁希又为新中国的林业教育事业做出了重大贡献。

梁希在40多年林业工作的生涯中，有30多年担任林产制造化学、森林利用学的教学和科学研究工作。他认为中国是多山之国，林产丰富，大力发展林产制造化学事业是富国利民之道。梁希从1916年开始讲授林产制造化学，使之在中国首次成为一门独立的学科。他在教学的同时，十分重视科研工作。他认为科研是教学之根本，教学不与科研相结合，就不能接触实际，不能探索新鲜事物而有所创新，从而使教学内容和教学思想凝固僵化。1919年在浙江大学首创中国第一个森林化学室，而后又在中央大学创立了同类实验室，进行了如松树采脂、樟脑制造器具、油桐种子分析和桐油抽提、木材干馏、木精定量、木素定量等试验研究。1935年，他在中大农学院将浙江诸暨制樟脑使用的凝结器加以改良，制造成提炼樟脑（樟油）的实验装置，与日本东京帝国大学三浦伊八郎教授改良的土佐凝结器相比，樟脑得率提高110%－169%。中国旧法榨取桐油，有25%－50%的桐油残留在桐饼（粕）内，十分可惜。梁希于1935年做的化学浸提桐油试验，可获取桐子中的桐油99%以上，大大增加了桐油得率。

1937年，中央大学本部因日寇侵占南京而迁到重庆沙坪坝，他领导了

3个实验室：木材学实验室、森林化学实验室和中央林业实验所林产利用组实验室。当时，梁希年近花甲，为了实验室和材料设备常常东奔西跑，有一次为了领取几加仑酒精，竟跑了8趟，可见当时科研工作之艰难。就在这样艰苦的条件下，经他苦心经营，中央大学（现南京大学）森林化学实验室初具规模，图书资料和种种设备在国内各森林系中首屈一指。

梁希讲授的课程，都是自己编写教材，并不断修改讲稿，补充新内容。梁希在30多年的教学实践中，编写了许多讲义，其中有代表性的，是他花了一生心血编写成的《林产制造化学》，这是一本60多万字的教科书。林产制造化学是以林产品为原料的制造化学，以前统称林产制造学。由于林产物的机械工艺利用部分已在森林利用学中讲述，因此梁希改用林产制造化学这个名称，专述利用木材或树皮、树叶、树实等副产物为原料制成他种物质的制造化学。此书初稿虽完成于20世纪30年代，但由于他治学严谨，不愿草率付印，以致初稿虽经多次增补，也未问世。中华人民共和国成立后，他任林业部部长期间仍继续收集资料，充实内容。遗憾的是，他生前未能见到该书的出版，直到他去世后，1983年才由他的学生们将原稿加以整理出版。该书堪称中国林业发展的科学巨著，对当前中国林产化学生产的发展仍有重要指导作用。

梁希在林业学术理论方面提出了很多重要论述和新的观点，具有超越时空的意义。

他基于"森林是创造自己环境的林木整体……是森林本身和它的环境的统一体"的基本认识，提出了森林"对水、旱、风、沙等自然灾害有相当的控制能力，从而对农田水利有显著的效用"，这个观点是梁希主张"绿化全中国，改造大自然"的理论基础。

他认为保持水土应以生物措施为主，他提出："森林是最好的保水工具，森林是水的'财政部'，它把水的流通过程调节得很好，做到收支平衡。……森林是造价最廉的水库，它把人们一时不需要的水蓄积起来。因此要保水，最经济最有效的办法是造林。"梁希说："万山留有甘泉，森林就是水库。"

他还主张以"治坡为主，结合治沟"的办法来进行水土保持工作："要根治各河流的灾害和综合开发利用，必须在各河流上、中游进行水土保持工作，而森林是水土保持工作中的基本环节之一。"

梁希提出了农业和林业的辩证关系，他认为"只有提高单位面积产量，才能够少垦山，多造林；反过来说，只有少垦山，多造林，才能够稳定地提高耕地单位面积产量"，并进一步得出了"林业是农业的根本"的科学理论。

梁希针对中国森林资源奇缺、自然灾害频繁的现状，极力主张发展林业不能只砍木头，必须普遍护林，大力造林，增加森林资源，提高覆盖率，全面满足社会经济对林业日益增长的需要。

梁希根据多年观察研究得出结论："水保是治黄之关键，森林改良土壤是水土保持工作中基本环节之一""造林是保水保土最有效的途径"。

梁希任林业部部长后，在党和政府发展林业的方针指导下，对全面发展林业的经营思想和理论又有了新的发展。梁希把森林的作用提到了更高的地位，多次讲话著文论述森林与农业、森林与工业、森林与环境的多方面的关系，科学地论证森林可以防止旱灾、防止水灾、防止风沙灾害，深刻分析了森林主产物（木材）对工业建设的作用，详细地阐明了森林副产物对人民生活的作用，他特别关心的是森林与农业、水利的关系。

1949年，他在一次林业座谈会上提出："伐木务需依照一定计划，伐木必须注意某地点之应伐与不应伐，而不专顾某地点之便于伐与不便于伐，按照预定的施业方案进行，才是正理。"

在1950年2月首次全国林业业务会议上，梁希根据大家的讨论，并和林业部其他领导人研究，提出了建国初期林业方针任务是："普遍护林，重点造林，合理经营森林和采伐利用森林。"梁希还多次提出全面营造各林种的计划，其中包括用材林、防风林、防洪林、薪炭林、果木林以及特用经济林等。

1950年，梁希又在西北农业技术会议上提出了"有计划有步骤地在西北建设防沙林带和黄河水源林""在宁夏东边、甘肃北边，……筑起一道绿的长城，制止沙漠的南迁"。

1951年3月，他在《新中国的林业》一文中，为中国河山描绘出了一幅瑰丽的远景，对林业工作者提出了殷切的期望：

无山不绿，有水皆清，四时花香，万壑鸟鸣，
替河山装成锦绣，把国土绘成丹青。

1956年，他在《青年们起来绿化祖国》一文中进一步提出了"要绿化村庄，绿化道路，绿化河岸，绿化城市。要绿化中国的山，从而绿化中国的水"，争取做到"全国山清水秀，风调雨顺"。为了实现这一目标，梁希认为一是要向自然开战，二是要与人们的传统经营方式斗争。他非常明确地反对毁林开荒，指出"开垦山坡不能增加社会总产量，被开垦的土地充其量不过在最初一二年内略有增产，可是陡坡开垦必难久保，迟早要造成山坡光，河川恶，坡地变石地，川水变沙田，走到山穷水尽、不可挽救的地步"。

1958年，他在《旅行家》杂志上发表文章，指出"造林就是保水保土的最有效而且最经济的办法""由于山区防止水土流失，还可庇护农田，减免灾害，保障农作物的丰收"。"由于森林资源的增加，出产的木材又可支援工业建设，所以林业建设是国家社会主义的重要建设之一"。

在梁希林业理论的指引下，20世纪50年代，全国林业工作出现了新的局面，中国人工造林面积大幅度增加，人工造林的质量好，成活率高。同时，由于对梁希的思想、理论和政策建议重视程度不够，他的思想和政策建议没有得到全面持久的贯彻落实，几十年来对森林的过度利用和滥砍滥伐，造成了巨大的损失。

梁希还十分重视学会的活动。早在1927年，他就参加了当时的中华农学会的活动，担任中华农学会理事。1928年，又被选为中华林学会的理事，直到1949年。他在两个学会任职20多年，其中1935年至1941年，担任中华农学会理事长达6年之久。中华人民共和国成立后又积极筹划成

立中国林学会,并被选为理事会理事长。

梁希在兼任中华全国科学技术普及协会主席期间,还亲自执笔编写了一本图文并茂的科普小册子《森林在国民经济建设中的作用》,对森林、森林主副产品在中国经济建设中的作用深入浅出地做了介绍。

梁希担任学会工作期间,十分重视办好学会刊物,他认为"无报便无会",学报是学会的命脉。他不但是学报主编,还积极为学会刊物撰写论文。据粗略统计,他曾为农学会、林学会的刊物撰写了24篇论文,真可谓办学报的热心人。当时办学会的经费来源全靠会费和社会募捐,在这十分不利的情况下,梁希对学会的工作仍是十分积极热情。他节衣缩食,慷慨解囊,每次都是缴会费最多的一位。不仅如此,他还把大量休息时间献给学会事业。在他担任中华农学会理事长的6年间,在学会办公地点的小楼上安了床位,每到周末即前来处理会务,直到星期一早晨方回校上课,这种全心全意对待学会工作的态度受到广大会员的称赞。中华农学会在他的主持下,发展迅速,会员人数日益增多,成为最有声望的学会之一。

诗人梁希

诗言志,歌咏怀。梁希在工作学习中,写了大量的诗篇,表达了他的革命意志和乐观主义情怀。笔者读到的梁希诗歌有130余首,《梁希文集》中收录了他部分旧体诗词作品。梁希的诗朴素真切,清澈隽永,紧扣现实,当是熟谙《诗经》《唐诗》方可有的意境。

1942年《新华日报》创刊四周年,梁希以"凡僧"的笔名赠诗祝贺。以后,每当《新华日报》创刊纪念日,梁希都发表诗文纪念,这些诗歌都表达了梁希坚定的革命信念和对国家前途命运的担忧。

祝《新华日报》创刊四周年

黄柑斗酒读新华,老眼如看雾里花。

我辈暗中能探索，英雄名下不虚夸。
残篇人尽千回诵，众目谁当一手遮。
料得满天星斗夜，万家儿女唱边笳。
（原载 1942 年 1 月 11 日重庆《新华日报》）

祝《新华日报》八周年

（一）

自有雄辞动百蛮，谁能强笑作奴颜。
此中文字苏辛棘，天下黎民稼穑艰。
胡马踏平春草地，蜀鹃啼老夕阳山。
凭君仗义为喉舌，八载唇焦岂等闲。

（二）

果然欣见九州同，雨露应教天下公。
中国何曾秦万世，大王不是楚重瞳。
六朝楼阁空陈迹，一统河山谩武功。
知否人间清议在，可能玉帛化兵戎。

（原载 1946 年 1 月 11 日重庆《新华日报》）

以西北考察期间为例，梁希写有《西北纪行》诗 35 首，记录了考察途中的见闻与感想。

防风林

防风林木绿连阡，阡陌无风好种田。
尘土不扬沙不起，木麻黄叶舞翩跹。

碑林

西汉文章日月光，未央宫瓦更寻常。
若教数到元明后，真个人才如斗量。

宝鸡渭河大桥晚眺

一色黄流一色天，江山如此岂徒然。

西来二水平分渭，南去千峰尽入川。

秋草离披压沙渚，夕阳高下照梯田。

桥头陇蜀皆堪望，三处云烟咫尺连。

这首诗表达了他对黄河泥沙淤集的惋惜与遗憾。

胡店

甘陕程途到此分，千峰送翠百花芬。

君今得陇将何望，客已过秦可有文？

低涧龙泉高涧雨，入山驴背出山云。

宵来居士还乡梦，犹恨木犀香未闻。

考察途中，历经辛苦，这首诗却充满从容、开朗的意趣。

烧荒

百载乔林一炬空，三年田作又成空。

老农他去觅新地，烧到山荒人更穷。

诗的题解是："烧山垦地者三年后地力衰微，必须他迁，名烧荒。"

伐木

巨材还有几，旦旦发樵夫。

兔窟频移处，牛车劳载途。

梓桐盈把仅，樗栎中绳无？

莫柱伤乔木，嘤嘤鸟在呼。

诗中描写的是一幅乱砍滥伐之下的荒凉图景以及一个林学家忧心如焚的感受。

梁希写下的诗文中,有许多为林业界工作的人们传诵为佳句,如"无山不绿,有水皆清,四时花香,万壑鸟鸣,替河山装成锦绣,把国土绘成丹青",这一诗意的词句永远激励人们为国家的绿化事业努力奋斗!

参考文献

1. 《梁希纪念集》编辑组编《梁希纪念集》,中国林业出版社1983年版。
2. 《福建林业》2014年第1期。
3. 中华人民共和国林业部编《中国林业的杰出开拓者——梁希》,中国林业出版社1997年版。

潘菽传略

■ 李令节

潘菽（1897—1988），原名淑，字水叔，号有年。中国著名心理学家、教育家和科教界的社会活动家，中国科学院资深院士。早年就学于北京大学哲学门（系），1921年留美主修心理学，获芝加哥大学博士学位。1927年回国后，从应聘为国立第四中山大学心理学系副教授到被任命为南京大学第一任校长，杏坛授业30年，为中国教育事业做出了重要贡献。从20世纪50年代中期到80年代中期，长期担任中国心理学会理事长和中国科学院心理研究所所长，是新中国心理学工作和心理学专业队伍的主要组织者、领导者，也是中国现代心理学的奠基人之一和理论心理学的开拓者。潘菽是九三学社和中国科学工作者协会的主要创始人和领导人之一，曾任第一、二、三届全国人大代表，第五、六届全国政协常委和第七届全国政协一次会议主席团成员，为党的统一战线工作和多党合作事业做出了积极的贡献。

家世与成长

1. 芸窗苦读

1897年7月13日（光绪二十三年丁酉六月十四日），潘菽出生于江苏省宜兴县（现宜兴市）陆平村一户书香门第，其祖训是"耕读传家，不入仕途"。潘菽的曾祖父和祖父都是清朝举人，两个伯父均为光绪年间的秀才，父亲潘菉华在村上开设蒙馆，兼务农事。潘菽兄弟姊妹九人，五男四女，他排行老三。五岁时的潘菽看到他的哥哥、姐姐和邻居家的孩子们在蒙馆里像唱歌一样地高声朗读，感到非常有趣又十分好奇，便悄悄地挤进屋里，乖乖地坐在一边听。这么小的年纪，对老师讲的内容自然难于听懂，却能默默地记住。当别的学生被老师叫起来考问而答不出时，他却能一字不差地背出来，这使当老师的父亲大为吃惊。次年，潘菽便作为一名正式的学生开始在父亲的私塾里接受启蒙教育。清末民初，废科举兴学堂，他也进了新式学校。起初先后去苏州、无锡两地考师范学校，因没学过英语，无法通过英语考试，未能录取，只好退而求其次，考取了本县的高小。因所学太浅，感到"吃不饱"，又考入一家私立中学和杭州蚕桑学校，因仍不满意，都只读了不长一段时间。后来，省里在常州市开办了第五中学，他考取了三年级插班生，终于在一个较好的学习环境里稳定下来。潘菽天资聪颖又勤奋好学，是全校品学兼优的学生。在每学期末公布的红榜上，他的名字总是在甲等前两名。他的兴趣广泛，不仅文章写得好，而且喜欢书法、绘画和篆刻，在《江苏省立第五中学校杂志》上经常刊登他的文章和其他作品。当时五中校长童伯章和知名教师史贤夫都十分欣赏他的好学与多才，曾分别为他书写对联、条幅以资鼓励。少年时期的潘菽已阅读了许多先秦诸子及宋明理学家的著作，并为先哲们深邃的思想所吸引。他尤其崇拜宋代思想家朱熹，在《中学同学录》的末页上，他题诗言志，希望将来做一个像朱熹一样的大学问家。

潘菽中学毕业后很希望考大学继续深造，但父亲不同意，主要原因是经济困难。潘菽的姑姑和已参加工作的胞兄潘梓年[①]都极力支持他报考大

[①] 潘梓年（1893—1972），1927年参加中国共产党，早期是上海左翼文化运动的领导人之一，抗战期间任驻国民党政府所在地重庆的共产党机关报《新华日报》社社长。中华人民共和国成立后任中国科学院哲学社会科学部副主任，兼哲学研究所所长。是中国科学院哲学社会科学学部委员、一级研究员，曾任全国人民代表大会第一、二、三届代表。

学，并表示可以负担部分学费。既然经济问题可以解决了，潘父便欣然答应了儿子考大学的要求。哥哥潘梓年建议弟弟考北京大学，因北大很有名气，学费也不算高。尤其是新任校长蔡元培很开明，主张"思想自由""兼容并包"，又很有学问。当时的北大分预科和本科两级，一般都是先考预科，学两年后才能进本科。潘菽很争气，竟以优异的成绩直接考取了哲学系本科，终于圆了他的大学梦。

2. 大学生活

潘菽1917年秋季进入北京大学，也正是蔡元培先生从欧洲回来做北大校长的第一个学期。从管理十分严格的中学来到北大，潘菽感到"如太空，如大海，一无拘束，十分自由"。不但没有学监或训导长之类的人，就连排班、点名、吃饭时排队、晚上按时熄灯等规定也都没有了。学生来不来上课，学习努力不努力，完全由自己，选什么课，是否在校内用餐和住宿也没有人过问。在蔡元培校长"兼容并包"的开明办学方针主导下，各种学术思想可以自由宣传，各种学术团体也可以自由组织，学术气氛十分活跃。学校开设的课程并不多，却极具多样性。哲学系的主要课程有胡适的中国哲学史，陈大齐的西洋哲学和心理学，还有庄子哲学、宗教哲学、逻辑学、印度哲学、人类学和生物学等。潘菽以为讲得最好、他最有兴趣的课就是胡适的中国哲学史课，这门课主要讲了从古代到春秋战国这一时期思想家的哲学思想。胡适曾布置一个作业，让学生写一篇关于惠施[①]和公孙龙[②]的文章，潘菽围绕惠施的"天与地卑，山与泽平"和公孙龙的"白马非马"等主要命题中的辩证思想及某些片面性，评述得头头是道，文章写得很漂亮，又颇有见解，胡适给了他"甲上"的最高评级。胡适还请他的美国老师、哲学家、教育家杜威来北大讲学，杜威用实用主义的观点，结合欧美的现实宣传他的民主主义教育思想，强调教育是重建人

---

① 惠施（约公元前370—前318年），战国中期宋国人，曾任魏相，是著名的政治家、思想家。

② 公孙龙（约公元前325—前250年），战国中期赵国人，曾做过平原君的门客，著名思想家。

类社会、政治和道德最健全的工具。杜威的演讲对潘菽很有吸引力,他每次都去听。欧美的科学与文化给他留下了深刻的印象,这对他早年的思想和后来专业方向以及就业选择都颇有影响,尤其使他对教育加深了认识,并产生了浓厚的兴趣。

潘菽在北大读书的三年,正是五四运动酝酿、爆发并深入发展的重要历史时期,北大无疑是新文化运动的中心。蔡元培校长本着"兼容并包"的办学方针和"学术思想自由"的指导思想,聘请了不少有新思想的著名教授来校任教。这些人充分利用北大的讲坛和学术阵地,积极宣传进步思想和新文化。潘菽很喜欢陈独秀主办的《新青年》杂志,每期必读。他还仔细阅读了李大钊主编的"马克思研究"专号以及许多介绍马克思主义的文章,并从中受到了马克思主义的启蒙教育。

潘菽最喜欢北大自由和宽松的环境,正是这样的环境,培养了他主动求索、独立思考的好习惯。多年后他在追念北大生活时写道:"在北大学生的心中是没有权威的",师生之间很平等,"学生在教室里质问老师,互相辩难,弄得面红耳赤"。当忆及在北大几年的收获时,他又写道:"回想起来,所得到的益处还是从耳濡目染而来的多,从教室听来的少";"北大所给我的最重要的教育是见解上的廓清和解放,我觉得这是我过去所受的教育中最可珍贵的一项。我宁可不要我现在所有的一些零七八碎的知识,我不愿意抛弃五四时代的北大所给我的那一份礼物"。

1920年,潘菽以优异的成绩由北大毕业,正巧,当年江苏省要招官费留学生,名额极少,这是一个难得的机会。他顺利地通过了南京的初试和北京的复试,被正式录取。1921年春,他同几位中国同学一道登上了一艘叫"南京号"的中国客轮离开上海,在大洋上度过了28个昼夜,抵达彼岸的美国城市旧金山,开始了6年之久的留学生活。

3. 异国深造

在"教育救国"思想的驱使下,加之受杜威讲学的影响,潘菽决定到美国学教育。到美国后,最初是在加利福尼亚大学学习。过了一段时间,他思想上产生了一个变化,感到美国的教育不一定适合中国的国情,用美国式的教育也未必能解决中国的问题，因此想改学别的。在当时所学的课程中有心理学的课程，并且还巧遇先期来这里主修心理学的蔡翘和郭任远等。郭当时已是高年级的学生，毕业前就已在美国的心理学刊物上发表研究报告，这也使潘菽对心理学产生好感和兴趣。潘菽与蔡翘的住处很近，常与其讨论心理学方面的问题，这种讨论更使他增进了对心理学的认识。他觉得心理学作为研究人的科学有非同寻常的重要意义，因为世界上的事情都是要人去做的，对人有了一个科学的了解之后，一切事情也就比较好办了。他感到心理学比教育具有更根本的性质，是一门重要的基础科学。基于这种认识，他决定改学心理学，由此，就开始了他的心理学历程。

潘菽在美国先后进了四所大学。先是到加利福尼亚大学，为了节省开支，一学期后与蔡翘一起转入生活费较低一些的印第安纳大学。在此期间，他补学了所有基础课程，并做了关于汉字问题的心理学研究，取得了硕士学位。有一个暑假，他还去了俄亥俄州立大学读了一个季度。1923年秋，又转入芝加哥大学继续深造，主科仍为心理学，副科是动物学。在哈微·卡尔[①]教授的指导下，完成了题为《背景对学习和记忆的影响》(The Influence of context upon learning and Recall) 的论文，于1926年秋取得博士学位。

潘菽在美国留学期间，选读了几所大学所开设的与心理学和动物学有关的全部课程，还学了部分理化方面的课程。在所学的课程中，他最喜欢、最受益的是实验心理学。所有的实验他都认真地去做，并认真地写实验报告。对实验报告中的"讨论"部分，他更是特别下功夫，不但用心写出对实验结果的解释，还常发表自己的一些见解。因此，他的实验报告经常得到"优"的最高评级。潘菽学习非常刻苦，生活也十分艰苦。他性格内向，不爱交际，更舍不得花时间和经费去旅游，也不喜欢文娱体育活动，六年之中从未休过假期，一年年，一月月，他总是在图书馆或实验室

[①] 卡尔（Harvey A. Carr, 1873—1954），美国心理学家。1919—1938年任芝加哥大学心理学系主任，1926年当选美国心理学会主席。

学习或从事实验研究。取得博士学位后，本可以回国了，但他还想再多学一些东西。经费花完了，就到餐馆当杂工，半工半读。每天下午五点上班，到快天亮时才返校。为尽量节约开支，他在印第安纳大学学习期间，与蔡翘合租一间房，共睡一张床，同盖一床被。到了芝加哥大学，他又一度与五六位中国同学合伙轮流做饭吃。就这样，他又留在芝加哥大学继续学习一年，于1927年秋回国。从读私塾到取得洋博士，潘菽在求学路上奋斗了整整24个春秋。

杏坛授业　桃李盈园

1. 执教经历

潘菽回国后本希望在高校做一名助教，以便有较多的时间学习，继续充实和提高自己。不料一回国就被当时的国立第四中山大学聘为副教授（据查，当时该校四年多没有提升一名正教授——作者注），第二年又兼心理系主任。这所学校是1927年由原东南大学、江南工程大学等多所专科以上学校合并组建，不久改称江苏大学，后来又定名为国立中央大学（以下简称"中央大学"或"中大"）。解放前，潘菽一直在该校理学院心理系任教授并两度任系主任。南京解放后，潘菽受命参与了南京及华东地区高等学校的接收和院系调整工作。中央大学调整后，改称南京大学（以下简称"南大"）。1949年8月，南大成立校务委员会，潘菽任常委、教务长，同年11月接替调任新中国林垦部部长的梁希，任校务委员会主席。1951年改为校长制，他被任命为南京大学第一任校长，直至1957年正式调离。①

从任副教授到当大学校长，潘菽于杏坛授业30年，为国家培养了大批

---

① 实际上，1956年9月潘菽即离开南大到北京，开始主持中国科学院心理研究所的工作。此前8月18日，国务院批准成立中国科学院心理研究所，12月22日，中科院心理所在北京正式成立，潘菽上任。

人才，尤其是心理学方面的专门人才，他的从事心理学专业工作的学生后来都成了我国心理学队伍的骨干力量，或成为知名的专家、教授。在他担任南大主要领导职务的8年中，学校由接管到正式开学上课，以至逐步走上正轨，经历了接管、院系调整、课程改革及其他一系列改革、改造和政治运动。潘菽废寝忘食，夜以继日地工作，为改造旧大学，建立人民的新大学，做出了重要的历史性贡献。

2. 良师益友

潘菽的知识渊博又扎实，在心理学系他曾讲授过普通心理学、实验心理学、社会心理学、理论心理学、生理心理学、比较心理学、应用心理学等十来门主要课程。他讲课从不用现成的教材照本宣科，而是自编讲义。他编的讲义或写的书有一个最突出的特点，就是有自己的独立见解，并自成体系，而不是照搬别人的东西。他不善言辞，但他认真负责的态度、朴实无华的言辞、丰富深刻又新鲜的内容和深入浅出的讲解却引人入胜。他的文笔极好，写的文章不仅很有见地、观点鲜明，而且十分幽默风趣。他的讲话，虽然口才不那么流利，但思想深刻，逻辑性很强，思路十分清晰，一字不差地记录下来，就是一篇很好的文章。他晚期刊出的文章，有不少就是根据他讲话的记录整理而成的。

潘菽的教学态度一向极为认真负责，一丝不苟，在学生中有口皆碑。心理系的学生很少，有时有的班级只有一两个学生。即使这样，他也从不敷衍，照样认真备课，照样到教室里，站在黑板前面对着一两个学生讲课，像对着满堂的学生讲课一样。一次，一个学生缺了一堂课，也没有做实验，事后抄了同学的一份实验报告交了差。潘菽发现后立即找来那个学生，严肃地批评了他，并单独给这个学生补了课，还指导他重做了实验，重写了自己的实验报告。几十年之后，年逾花甲且已成了大学教授的这个学生，每忆起此事，都对他的老师潘菽先生肃然起敬。

潘菽还非常讲究教学方法，他反对灌输式的教学，注重启发，鼓励独立思考，善于调动学生的积极性、主动性。有时，他事先给学生指定参考书，拟好思考题，让学生在独立自学的基础上上讲台谈学习心得，通过交流，互相启发，最后他再做总结。在考试时，他有时只出一道较大的思考题，让学生自由发挥。这样，不仅可使学生牢固地掌握知识，而且也学会了如何学习、如何研究，培养了学生的自学能力和独立研究问题、解决问题的能力。

潘菽既教书又育人，身教重于言教。他平时言语不多，但处处以身作则，为人表率，影响学生于潜移默化之中。他的一个学生深有感触地说："我说不出他是怎样教育我的，但我却感到他确是在时刻教育着我。一个赞许的微笑，一个不以为然的表情，都给人以如何明辨是非、如何做人的启示。"[①] 他对学生十分关心爱护，态度和蔼可亲，作风平易近人，平时总喜欢穿一件半旧的蓝布长衫，没有一点架子，很有忠厚长者的风度。正因为这样，学生有困难有问题，都爱找他倾诉，平时也喜欢到他宿舍谈心，甚至结婚时的证婚人也乐于请他来当。在学生心目中，潘菽既是良师，又是益友。

3. 教育主张

潘菽在多年的教育实践中，不仅积累了丰富的教育教学经验，而且十分重视我国教育理论的研究。他常在报刊上发表文章，对当时我国教育方面存在的问题表明自己的看法，对发展我国的教育提出过许多有价值的主张，并在自己力所能及的范围内努力付诸实践。

有这样一件事：1945 年日寇投降时，中央大学心理系的一群学生来到潘菽的住处，与他一起庆祝胜利。一个学生问潘菽："今后我们中国是走苏联的路呢还是走美国的路？"他十分干脆地回答："走我们自己的路。"

"走自己的路"不仅是潘菽的政治主张，也是他对发展我国科学和教育的一个根本的主张。

1937 年，他在一篇文章中写道："中国自前清废科举、兴学堂以来，所谓新教育，虽然在制度和方法上曾经过许多次的改革，但每一次的改革差不多都是模仿别人的。"他认为借鉴是必要的，但一味模仿，机械地照

[①] 引自苏州大学教授黄乃松写给本文作者的信。

搬是没有出路的，因为"一种制度或一种方法，绝不是凭空生出来的，他们都是针对着实际情形以解决实际问题的。……他国的社会情形和我国的社会情形并不相同，因此他们所有实际上的教育问题，和我们所要解决的实际教育问题未必一致"。潘菽明确指出，"中国的教育必须密切地适合于中国的实际社会和国情以及民族复兴的需要"。当时，有的爱国教育家搞了一些适合我国国情的探索，如小先生制度、流动学校等。有的人对这些探索指手画脚，认为它们太简单，算不上是教育，而潘菽则为之辩护，为之叫好，对这些探索寄予希望，说它们都是完全破除了模仿的途径而想把教育密切适合中国社会的实际情形和急切需要的。他还亲自到陶行知先生在重庆创办的社会大学去讲课，用自己的行动来支持爱国教育家的探索和创新。

中华人民共和国成立后，我国在各方面都学习苏联，潘菽认为，学习苏联的先进经验和先进科学是十分必要的，他的态度也是积极的，但是，他很不赞成盲目地一切照搬苏联模式的做法。在南京大学做校长时，他对苏联专家过多的干预和我们有些领导对苏联专家的意见不考虑是否适合我国国情而言听计从的态度很有看法。但在当时的情况下，顾虑颇多，自作寒蝉，却又心犹不甘，于是，到1957年7月，在第一届全国人民代表大会第四次会议上，他以人大代表的身份递交了一篇《对两个教育部的几点批评》的书面发言。在书面发言中，他尖锐地批评了两个教育部机械地盲目地学习苏联，把南京大学心理系撤销，使心理学教育工作以及新中国心理学的发展遭受不应有的挫折。他还进一步直截了当地指出，两个教育部有的领导人不适于领导科学和高等教育工作，需要改正。

潘菽对大学教育有独到的见解。他在《大学教育之我见》一文中提出："大学应该是陶冶社会文化的洪炉。但所谓文化不仅包括学问和知识，并且包括生活的理想和态度。"因此，大学除传授知识，还应给学生以"生活的训练和陶养"，培养学生的民族感情和生活理想，使学生养成良好的社会习惯，获得自由主动的能力。潘菽还十分重视大学中的科学研究工作和人才的培养问题，他认为，大学不应成为一个单纯的知识传习所，而必须兼是一个科研机构，大学教师也不应只是一个教书匠，必须兼是一个科学研究工作者或科学家。有位著名的大学校长概言："所谓大学者，非谓有大楼之谓也，有大师之谓也。"潘菽认为，这句话虽然寓意深刻，文字也颇有趣，但说得还不够全面，还漏了大学者的培养这个大学应承担的重要责任，应改为"大学者，大学者之所趋，大学者之所出也"。

潘菽特别重视职业教育。他在《中国职业教育理论的建立》《私拟中国职业教育原则》等文章中，对职业教育的意义和范围、职业教育与自由教育的区别，为什么中国需要职业教育、中国需要怎样的职业教育以及如何实施等，都做了系统而充分的论述。他特别强调指出，中国教育应实现"一元化"，即要"把中国整个教育系统都职业化"。针对社会上轻视职业教育的偏见和危险倾向，他尖锐地指出，职业教育的地位，"仿佛只是侍婢而不是夫人。它好像只是为了不能'上进'的贫寒青年而设的，如要'上进'，则最好由小学而普通中学而大学那条'正途'"。潘菽关于职业教育的见解，在今天看来，仍然有许多可取之处。他所批评的偏见和倾向，在当今社会上也仍未根除。潘菽对职业教育的重视也体现在行动上，抗战期间，他被黄炎培创办的中华职业教育社聘为研究主任兼中华职业教育学校教务主任，为我国早期职业教育做出了实实在在的贡献。

"中国心理学的一面旗帜"

1. 艰难曲折的心理学历程

心理学不同于其他科学，他研究的对象是极为复杂的人类自身的心理现象，是一门兼有自然科学和社会科学双重性质的边缘科学、中间科学，这门科学的发展与经济社会的发展有着不同寻常的密切关系。由于以往种种社会条件的限制和心理学本身的原因，我国心理学注定要经历十分坎坷的道路。自然，潘菽作为中国为数寥寥的早期心理学拓荒者之一，所能走的道路像他自己所说，"并不是现成的康庄大道，而仿佛是山间之蹊径，颇为崎岖曲折，有时还要披荆斩棘"。晚年，他回顾自己的心理学历程，将其大概分为六个阶段，即十年立志、十年彷徨、十年探路、十年依傍、十年自强、十年播扬。潘菽是与中国现代心理学一起成长起来的心理学家，他在心理学上所走过的道路可谓是中国现代心理学历史发展的一个缩影，他为心理学的奋斗精神也堪称中国老一辈心理学家迎难奋进的一个典范。

潘菽初识心理学是在北京大学求学期间，他的第一位心理学老师是陈大齐教授。北大毕业，由于受"教育救国"思想的影响，他决定去美国学教育。到美国一段时间后，他感到美国的教育不一定适合于中国的国情，而作为教育的基础又是研究人类自身的心理学，对于改造人、改造社会应该更有作用，更具有根本性质。基于这种认识，他转而主修心理学。20世纪20年代的心理学正处于学派林立、众说纷纭的时期，然而，这种情况不仅没有动摇他的志向，反而更加坚定了他的决心。他认为，正因为这门科学还很幼弱，而且又十分重要，才需要有更多的人去从事刻苦的研究。此后，无论遇到多么大的艰难和挫折，他的志向从没有丝毫动摇过，一生执着地追求，一往直前。

1927年秋，潘菽学成回国。当时，中国现代心理学正处于创建时期，一些大学纷纷成立心理学系，一片兴旺景象。他被最早成立心理学系的国立第四中山大学（即后来的中央大学）聘为副教授，本以为此后可以专心致志地从事心理学工作了，但好景不长，20世纪30年代初，由于日本帝国主义大举入侵，加之国民党消极抗日、积极剿共，我国陷入内忧外患的状态，在当时的情况下，很难再开展心理学的研究。同时，潘菽对心理学存在的根本问题和应该走一条什么样的道路也看不清楚，这使他一度陷入彷徨。

20世纪30年代后期，一些大学纷纷取消心理学系，心理学者普遍感到学了心理学很"倒霉"，一些很有才能的心理学者被迫改行。面对十分幼弱的我国心理学可能夭折的厄运，潘菽接连在报刊上发表文章，争取社会各方面对心理学的了解、重视和支持，坚定同行们的信心。他在《替心理学辩护》一文中写道："无论从哪一方面看，我们都不能否认心理学的价值和重要。它所有的唯一罪过是年龄太幼，它在中国所有的唯一罪过是中国现在这种社会还不适宜于它的生长和繁荣……心理学必须等社会进步到某一阶段……才能得到充分的发展，并充分显出它的价值。"他还向一些意欲改行的同行们大声呼吁："科学上探求真理……要百折不回。……我们最多不过受到社会上的一点误会而已，我们毫没有因此就要沮丧或去而之它的理由。"他的这种坚定态度，在当时的社会上，尤其是心理学界产生了积极的影响。

中华人民共和国成立后，我国高等学校经院系调整，全国只有南京大学保留了心理学系，在北京大学的哲学系内设了心理学专业。但主管领导部门仍嫌太多，要把两处合并。由于潘菽坚持认为不妥，才一时未做决定。后来，南大遵从上级主管部门的意图，执意要取消心理学系。潘菽对这种缺乏远见的错误决定很有意见，但虽身为校长，却无能为力。在此情况下，他着眼于我国心理学发展的大局，明确表示不愿再当脱离专业的南大校长，而要同心理学系在一起，终于毅然离开工作和居住30年的古都南京，携心理学系（连同图书、仪器）举家迁到北京，与中国科学院心理研究室合并，扩建为心理研究所，并被任命为所长，从而为心理学在我国的生存和发展开辟了后来一直是我国心理学研究中心的新基地，同时，也找到了自己的归宿。

1963年春，潘菽得了急性心肌梗死症，几濒于危，在北京医院住了一年多。住院后期，病情渐趋稳定，虽身卧病床活动受限，但头脑还是清醒的。他便利用这种住院治病的机会，开始思考心理学中一些多年来未得解决、对心理学的发展又是至关重要的基本理论问题。因受身体和住院条件所限，不能将思考所得随时用纸笔写下来，只好默记在心。出院不久，便开始凭回忆将记在心中的对心理学基本理论问题的看法，在一个本子上逐一写下来。由于健康状况不允许他执笔久坐从事系统的写作，只好采取札记的方式，想起一个问题，就写下一条，边思考，边写作，两年间陆续写了两百多条，遂定名为《心理学简札》。接着便开始了"文化大革命"，心理学被宣判为"资产阶级伪科学"，我国唯一的中国科学院心理研究所被撤销，潘菽本人也被扣上了"资产阶级反动学术权威"的帽子。那时，他虽已是古稀老人，而且正在全休养病，但抄家、批斗、劳改等均未能幸免。在一次"砸烂"心理所、批斗"反动学术权威"的全所大会上，心理所的大牌子被摘下，用大铁锤砸碎并与一堆心理学图书一起烧成灰烬，他为心理所和心理学所蒙受的灾难而伤心到了极点。回到家中，一串串热泪夺眶而出，但这丝毫也没有动摇他对我国心理学事业的信心。他十分坚定地对家人说："心理所被'砸烂'了，撤销了，但心理学作为一门科学是砸不烂的，也是取消不了的，前途是光明的，大有希望的。"在一次抄家中，许多有价值的书报资料均被抄走，但潘菽最珍惜的"简札"手稿竟未被造反派发现而尚存家中。在当时的恐怖气氛下，家人唯恐因这些手稿而再次遭灾引祸，力主一烧了之。潘菽迫于当时的形势，痛心而又无奈地任由家人将其付之一炬。但是，出于对所热爱的心理学光明前途的预见，出于对心理学基本理论重要性的认识和对自己深思熟虑所得科学见解的珍惜，潘菽实在心有不甘。他怀着为我国心理学尽自己可能是最后一份贡献的特殊心情，置个人安危于度外，在批斗、劳改之余，以写"检查"和"交代"材料做掩护，决心重新执笔写作。就这样，他在一张张小活页纸上，竟偷偷地写下了60多万字的《心理学简札》的大部分初稿。后来，潘菽在回顾这段经历时写道："通过写《心理学简札》这项工作，我自以为明确了不少心理学中的问题，较明确地认识了心理学的过去和现在及未来的趋向，也比较明确了我国心理学的研究和发展基本上应该怎么办。我更加坚信我国的心理学必须自力更生、自强自立，绝不能再一味仰望于任何国家。"

粉碎"四人帮"后，结束了十年动乱，中国心理学也获得了新生。为了尽快恢复濒临灭绝的中国心理学，年已八旬的潘菽当仁不让，重新挑起了中国科学院心理研究所所长和中国心理学会理事长这两副重担。在他有效的组织领导下，中国心理学较快地得到了恢复并取得了前所未有的发展。

他一方面不辞辛苦地为中国心理学的恢复和发展运筹帷幄，日夜操劳，同时身先士卒带头从事研究和著述，奋力播扬。就在他生命的最后十来年，总共发表论文和学术会议报告、讲话等60多篇，为各种心理学出版物写序言、发刊词等50多篇。在此期间，还主持修订并正式出版了他主编的高等学校教材《教育心理学》和高级科普著作《人类的智能》，这两部著作分别获全国高等学校优秀教材奖和全国科技图书一等奖。同时，他还花费了很大精力补充、修改并于1984年出版了60多万字的专著《心理学简札》。此外，还出版了《潘菽心理学文选》，与高觉敷教授共同主编、出版了《中国古代心理学思想研究》。去世前，他正在主持中国科学院院长基金课题《关于意识的研究》。同时，还担任《中国大百科全书·心理学》分卷编委会主任，主持了该卷的编撰工作。10年间，他还在其他导师的协助下，先后带了3名硕士生和4名博士生，为培养心理学专业人才付出了大量心血。

晚年的潘菽一方面为我国心理学所取得的前所未有的进展感到无比喜悦，同时又为我国心理学工作中存在的问题及绠短汲深的状况深感不安，他利用各种机会和场合极力呼吁通过改革开创我国心理学的新局面。他认为自己所以要这样去做，是一种不能回避的责任。基于对心理学的重要性和发展前景的深刻认识，怀着对发展我国心理科学的这种高度的事业心和责任感，潘菽60年如一日，一心扑在心理学上，锲而不舍，百折不回，无私地奉献了自己的一生。

2. 新中国心理学工作和心理学队伍的组织者和领军人

自20世纪50年代中期到80年代中期，除去中科院心理所被撤销的那段时间，潘菽一直担任中国心理学会理事长和中科院心理所所长这两个重要职务，在中科院心理所和中国心理学经历的各个时期、各个阶段，都发挥着极为重要的作用。他是新中国心理学工作和心理学队伍的组织者和领军人，也是中国现代心理学的奠基人之一。

中华人民共和国成立之初，潘菽作为中科院心理所筹备处的重要成员和中国心理学会筹备委员会主任，为我国的这两个最重要的心理学机构的成立发挥了积极的推动作用。1955年8月，在心理学会第一届会员代表大会上，潘菽被选为理事长。面对新的时代和新的要求，他在开幕词中就如何发挥集体力量发展我国心理学，提出了包括学习苏联心理学先进经验，密切联系社会主义建设实际开展创造性的研究，加快培养心理学专业人才等工作在内的十项任务，为新中国心理学的发展指出了方向。

中科院心理所成立后，作为所长的潘菽亲自制订了心理所的发展规划和年度研究工作计划，提出争取在三个"五年计划"期间达到或接近世界先进水平。接着又主持制定了研究所的各项规章制度，从而使心理所的各项工作很快走上了正轨。

1958年，某高校一些人在某些高层领导人物的策划下，发动了一场"批判心理学资产阶级方向"的运动。这股来势汹汹的极左思潮也不可避免地波及到心理所以至我国整个心理学界，造成了思想混乱，严重挫伤了科研人员的积极性，妨碍了心理学的发展。潘菽在中宣部有远见的领导同志的支持下，通过组织心理学的学术讨论、辩论，厘清了被批判运动搞乱了的心理学基本理论问题，明确了心理学研究的对象、任务、方法和途径，也明确了心理所要担负的研究任务，从而使心理所和中国心理学的工作又回到正确的轨道上来。

十年动乱使心理所和中国心理学遭到灭顶之灾，粉碎"四人帮"后，心理所于1977年6月正式恢复，潘菽也恢复所长职务。此时，心理所原副所长曹日昌、丁瓒和党委书记尚山羽已在十年动乱中在各种折磨下相继亡故，年已八旬的潘菽勇敢而义无反顾地挑起了重建心理所并尽快恢复和发展中国心理学的重任。就在当年8月，即"四人帮"垮台后的第二年，当极"左"的遗毒尚在，人们还心有余悸之际，潘菽果断地决定召开全国心理学学科规划座谈会。在他的亲自主持下，后经充分研讨，集思广益，按三年计划、八年规划和二十三年设想的三阶段安排，制定了一个十分详细和全面的规划。这一重大举措，不仅有力地促进了我国心理学事业的恢复和发展，而且对我国广大心理学工作者起了极大的鼓舞作用，被认为是中国心理学发展史上的一个重要转折点。此后，为落实规划，推动心理学各分支科学及各地区心理学工作的恢复和发展，潘菽不顾这些年来被折磨得十分虚弱的身体，在家人的陪护下，提着氧气袋去杭州、保定、天津、重庆、南京等地出席了一个又一个的全国性心理学会议。一次出差历时35天，中途心脏病发作，经紧急救治后，仍坚持原定日程。在他的组织领导下，心理所和我国心理学得到了迅速的恢复和发展。

潘菽在60多年的学术生涯中，一向最为关注的是心理学的发展方向、道路和提高心理学的科学性这类根本性问题，并且毕生一直在探索改革近代传统心理学和建立辩证唯物论心理学的途径。晚年，基于对西方近代心理学发展历史的深刻认识和自己亲身经历的我国近现代心理学发展的曲折道路和经验教训，他多次明确提出，我国心理学必须走自己的道路，不能走传统心理学的任何老路或新路。要坚持改革，努力创新，建立具有我国鲜明特色的辩证唯物论心理学，以便能更好地为我国的社会主义事业服务，并为国际心理科学的发展做出我们应有的贡献。

潘菽还进一步明确提出了改革旧心理学，建立具有中国特色的辩证唯物论心理学的四条主要途径，即：必须以马克思主义哲学的立场、观点即辩证唯物论和历史唯物论作为指导思想；必须密切结合我国社会主义事业的实际和心理学发展的实际创造性地开展研究；要有辨别地继承和发扬我国古代思想家可贵的心理学思想，发扬国光，古为今用；要有批判地吸收外国心理学中一切有价值的东西，博采众长，洋为中用。他的这些正确主张被视为发展我国心理学的纲领和战略方针，对我国心理学的发展具有深远的影响，也对我国心理学有根本意义的贡献。

此外，潘菽对我国心理学的体制改革也提出了有远见的倡议和建议。随着我国"四化"建设的蓬勃发展和改革的深入推行，社会各有关方面对心理学的需求越来越迫切，心理学的研究领域日益扩大，在这样的形势下，我国心理学研究机构和教学机构的设置已经很难适应客观的要求。作为中国心理学领军人的潘菽，从中国心理学的全局出发，着眼于为中国心理学的发展创设更有利的条件，以高度的责任感，在中国心理学会基本理论专业1985年学术年会上提出一个很有战略眼光的设想，他说："我国现在的一个专职心理学研究所显得太少，在目前至少应增设为两个所。一个所的任务以研究心理学偏于自然方面的问题为主，另一个所的任务以研究心理学偏于社会方面的任务为主。前者就是中国科学院现有的心理研究所，后者则可以在中国社会科学院内创建。心理学的领域广阔，分支研究日益增加，一个研究所是照顾不了的，由两个研究所分工比较合适，也比较便于领导。"无疑，潘菽的这一提议是非常适时的，也代表了广大中国心理学者的共同愿望，因而得到与会代表的一致赞同，遂决定以中国心理学会心理学基本理论专业委员会的名义正式发出倡议，并呈报国家有关领导机构，潘菽为此还专门写信给中宣部领导同志。令他失望的是，这样的合理倡议并没有得到领导机关的积极回应，并且至今也未能实现。

潘菽还对高等学校心理学教育机构的设置提出了建设性的意见。他在前文所引的同一个报告中提出："心理学有自然科学的性质，又有社会科学的性质。因此，大学中的心理学系可以分为两种，一种是理科的性质，一种是文科的性质。在系科设置完备，理科较强的大学里的心理系应作为理科的系来办，在文科较强的大学里的心理系则可以作为文科的系来办，两种系在训练上可以有所偏重。此外，在医科和工科院校中如有条件并认为有必要，也可以考虑设立心理系或专业。"应该说，这一建议同样是很合理的，是大大有利于心理学人才的培养，因而是大大有利于我国心理学可持续发展的。

为了贯彻这些正确主张，他在担任中国科学院心理研究所所长和中国心理学会理事长的30年中，做了大量切实有效的组织领导工作。从制定长期发展规划到组织全国协作研究，从国内协作到国际交流，从科研到教学，从心理学基本理论探讨到实验研究，从干部培养到教材建设，从学术著作和刊物的出版到心理学科普工作的开展……总之，在心理学工作的各个方面都凝聚着他的心血。中国心理学者普遍认为，中国心理学在历经坎坷和饱受磨难中能得以生存并取得前所未有的繁荣发展，是与潘菽的远见卓识和呕心沥血的操劳分不开的。他在我国心理学界，尤其是新中国心理学界的地位和作用，是无人可以取代的。我国著名心理学史专家、南京师范大学心理系教授、中国心理学会副理事长高觉敷在几篇文章中都认定：

"毫无疑义,潘菽是当代中国心理学的带路人……是我国心理学界的泰斗""是中国心理学的一位重要奠基者"。

3. 我国理论心理学的开拓者

潘菽早期较注重心理学的实验研究,希望通过实验取得可靠的结果,并逐渐积累科学资料,以求消除心理学各派别的分歧,推动心理科学的发展。后来,经过一段时间的实践和对各学派分歧实质的深入研究,他认识到照自己原来的设想未必就能达到所期望的结果。20世纪30年代中期之后,潘菽在初步学习了一些马列主义经典著作和苏联早期的辩证唯物论心理学之后,很受启发:"体会到此后的问题是要把自己的心理学工作做较大的方向调整,到马列主义方面找寻心理学的科学道路。"由此他转而更加注重心理学基本理论的研究,以期从根本上提高心理学的科学性。40年代中期,他特为中央大学心理系开设了"理论心理学"课程,试图用辩证唯物论观点分析说明心理学中一些长期争论不休的理论问题。中华人民共和国成立后,在他的大力倡导和推动下,心理学基本理论研究一直是我国心理学研究的一个重要领域。在"文革"后,中国科学院心理研究所成立了心理学基本理论研究室,中国心理学会也增设了心理学基本理论专业委员会,他直接带领和指导我国心理学理论队伍逐一研究心理学中一些有很大分歧的根本性的理论问题。他自己更是率先开展研究,并提出了许多新的理论见解。主要观点如下:

1. 心理学是阐明人类最本质特点的科学,是人类为了认识自己而研究自己的一门最重要的基础科学。

2. 首先明确提出,心理学是既具有近于自然科学性质,又具有近于社会科学性质的一种二重性科学,或称为跨界科学、边缘科学、中间科学。

3. 提出心理活动的"二分法",将心理活动分为认识活动和意向活动两大类,认为情和意是同一性质的心理活动,这对传统心理学将心理活动分为知、情、意的三分法是一种革新,同时构成了潘菽心理学体系的基本框架。

4. 全面阐述了辩证唯物论心理学的方法论原则，强调指出，生活实践的观点是心理学首要和基本的观点。

5. 提出并系统阐述了自己关于心身关系问题的唯物一元论观点，认为身和心是体用关系，人体，尤其是人脑和人的感觉器官是心理活动的物质器官，心理活动是人体，尤其是人脑的一种作用和机能。心身是统一的，一元的，并认为人脑具有生理和心理双重机能。

6. 提出新的意识观，认为意识是人在生活实践中对包括自己在内的客观世界的综合的认识活动或认识作用，它并不包括心理活动的全部，而只代表"知"的一方面。

7. 认为人的心理活动有动态和静态之分，心理活动的动态表现就是常说的心理过程，而心理活动的静态或较稳定的状态就是个性。他还继承并发展了我国古代"习与性成"的科学论断，并进而提出人的性有生性（生成的性）和习性（习得的性）的新见解。

8. 对人的实质及其在自然界中的位置做了精辟的论述，提出了"新三界说"，即把整个世界分成无生物界、生物界和人界。认为人的实质包括自然和社会两种成分，归根来看，人全部是属于自然、统一于自然的，它的社会性只是相对而言的，那种认为心理学是一种纯粹社会科学的看法是片面的、不正确的。

9. 对我国古代心理学思想进行了挖掘、整理、鉴别和研究，概括出符合科学而光辉独特的七个论断，即人贵论、天人论、形神论、性习论、知行论、情二端论和唯物论的认识论，并将其作为有我国特色的心理科学的重要构成部分。

10. 指出近代传统心理学是在唯心论和形而上学的母胎中形成、发育起来的，先天不足，并患有"意识模糊""人兽不分"和"心生混淆"三种严重病症，必须以辩证唯物论为理论基础进行彻底改造，同时对其合乎科学的具体成果要加以吸收，洋为中用。

11. 关于心理学的前瞻。潘菽基于对人类认识发展规律的认识和对心理学历史发展的考察，在 20 世纪 20 年代末期就预言，在物理科学和生物科学得到相当程度的发展之后，应该是心理科学大发展的时期。

晚年，基于对心理科学的重要性和发展趋势以及心理学与经济社会发展的密切关系有了更深刻的认识，他更加坚信，"在不太长的时期内，心理学必然会有一个飞跃式发展而成为一门能起广泛作用并具有广泛重要性和足够科学性的大科学"。他认为现在的心理学正处于大转变大突破的前夜，在心理学领域内可能不要经太长的时间就会出现哥白尼、达尔文式的人，完成哥白尼在天文学方面和达尔文在生物学方面所完成的历史任务。他满怀信心地断言："心理学肯定是会大有可为的，是有很广阔的前途的，尤其有利于使人成为充分发展的人，使人类社会成为充分发展的社会。"

潘菽的心理学思想已基本形成了具有我国特色的辩证唯物论心理学的理论体系，并且已在我国心理学界以至国际心理学界都产生了广泛而深刻的影响。中国心理学会前理事长、中国社会心理学会前会长、南开大学社会心理学系前主任乐国安教授指出："至今为止，在中国心理学界还没有任何人像潘菽那样对一系列心理学基本理论问题提出了自己独特的见解。"中国心理学会副理事长、国际理论心理学会执委、南京师范大学教授叶浩生在潘菽去世20年后撰文指出："理论贡献的极致可能就是经典的言述。这些几十年前的文字，仍然继续总领理论心理学的风骚，潘菽先生是中国心理学的一个不朽的象征。"美国著名心理学史专家斯密斯（Noel W. Smith）在《当代心理学体系》（*Current Systems in Psychology*）一书中多次介绍了潘菽的理论心理学思想。

毋庸讳言，对潘菽的某些学术观点，我国心理学界也存在不同看法，但这并不影响其科学价值。为了更好地探讨他的学术思想，1988年10月成立了中国潘菽心理学思想研究会。中国心理学者将遵循"百花齐放、百家争鸣"的方针开展研究，以促进我国心理学的繁荣和发展。

潘菽一生著作甚丰，成部的心理学著作有10种，包括个人专著4部，合编著作1部，主编著作5部，另有文选1部。发表各种文章近400篇，所论内容除主要为心理学外，还涉及教育、哲学、美学、政论、科学和科协运动、古汉语研究、汉字改革、书画研究、青年修养等广泛领域。为继承潘菽所留下的这份宝贵学术遗产，在纪念潘菽诞辰110周年、逝世20周年之际，中国科学院心理研究所、中国心理学会和人民教育出版社联合编辑出版了《潘菽全集》，该书已于2008年12月获得第二届中华优秀出版物图书提名奖，2010年12月又获中华人民共和国新闻出版总署颁发的第二届中国出版政府奖图书奖。他主编的《教育心理学》（1980年）和《人类的智能》（1981年）分别获全国高等学校优秀教材奖和全国科技图书一等奖，他的代表作《心理学简札》（上、下册）1991年获得《光明日报》的"光明杯"优秀哲学社会科学学术著作荣誉奖，1992年又获国家教委首届高等学校出版社优秀学术著作特等奖。

从五四运动的亲历者到九三学社和中国科学工作者协会的重要发起人和领导人

潘菽出生于清朝末年，一生经历了旧民主主义革命、新民主主义革命和社会主义革命与建设三个重要历史时期。在每个时代，他都紧紧地追逐着进步潮流，发挥着积极的作用。

潘菽的家乡江苏宜兴是中国共产党领导的民主革命运动开展较早的一个地区，他的胞兄潘梓年在大革命时期就加入了中国共产党，堂弟潘汉年[①]是党在秘密工作战线上的主要领导人之一，三个弟弟在哥哥的影响下都先后以不同的形式参加了革命，四弟、五弟在抗战时期为革命献出了年轻的生命。[②] 潘菽本人也通过自己的探索一步步走上了为国效力的革命道路。

[①] 潘汉年（1906—1977），1925年加入中国共产党，是中国共产党隐蔽战线、文化战线和统一战线的卓越领导人之一。中华人民共和国成立后，任上海市常务副市长兼中共上海市人民政府党组书记。1955年因"内奸"问题被捕入狱，1977年含冤病逝。1982年中共中央为其平反昭雪，对其历史功绩作出了高度评价。

[②] 潘美年，潘菽的四弟，清华大学物理系毕业，抗战爆发后，随长兄潘梓年在《新华日报》社工作。1938年10月，报社由武汉撤往重庆时遭日寇飞机轰炸，壮烈牺牲。五弟潘卜年在赴延安的途中被捕入狱，染病后不治身亡。

1. 亲历五四运动

潘菽早在中学读书时，就是一个很有爱国心的青年，常在校刊发表文章，抒发忧国忧民的情怀。在北京大学求学期间，正值五四运动时期。目睹帝国主义的肆意侵略和军阀政府的腐败无能，潘菽为中华民族严重的内忧外患痛心疾首，使他的爱国主义思想一天天更加强烈。当巴黎和会上丧权辱国的消息传来后，身为北大文科二年级的学生，他怒火中烧，积极参加5月4日北京青年学生的大游行，并且是32名被捕者之一。5月4日，北大学生按事前计划整队出发直奔天安门，一路上，队伍高呼着"外争主权、内除国贼""废除二十一条""还我青岛""打倒卖国贼"等口号，群情激昂。潘菽忆及当时的情况和心情时写道："我还是初次参加这种事情。夹杂在队伍里，每一次听到这样的一声声愤怒的呼喊，我的全身神经便很厉害地震动一次，只觉得一股热血直向胸口涌上来，连耳朵和面颊也觉得发热。"北京各校学生和一路上加入的热血青年聚集天安门后，在天安门前面的广场上开了露天大会。会上，各校代表纷纷登高发表演讲，群情激昂。大会通过了《北京学生界宣言》，宣言尖锐地揭露了日、美、英、法等帝国主义的侵华罪行，呼吁国民团结一致，愤起救国。会后举行示威游行，先奔东交民巷使馆区，同学们高呼着口号，散发传单，向使馆递交抗议书。之后直奔曹汝霖住地赵家楼，欲找卖国贼算账。当队伍到达曹宅时，见大门紧闭，且有警察守卫，无法入内，学生们纷纷围上来与警察说理。此时机警的学生发现，大门一侧的房子有向街开的窗户，有位身体敏捷的同学便破窗而入，并从里面把大门撬开，大批学生便蜂拥而入，潘菽也随之进入院内。一时间，院内秩序很乱，学生们见到一个官员模样的人，便误以为是曹汝霖，将其痛打一顿。被打者原来是章宗祥，曹已躲藏起来未被发现。人们见室内陈设豪华，更生怒气。正好有一个学生会吸烟，身上带有火柴，一气之下将卧室内的罗纱帐点燃，顿时大火燃起，房子也烧起来。不一会儿，大批警察赶来，学生们见状纷纷撤离。潘菽在离开院子奔向小巷时，被人猛的一拳打倒在地，随即将双手拧到背后用麻绳紧紧绑起来。那人还大声喝道："你干的好事！"随后，便把被绑起来的人押解到附近的一个院子内的土牢里。牢里肮脏无比,尿臊臭和汗臭刺鼻,并且里面已经关押着几个人,蓬头垢面。当天晚上又被移送到了警察厅,一到那里,就对每个人逐一审问。潘菽被审问时,他注意到那个审判官脸上现出一丝得意轻蔑的微笑,"好像在说,像你这样的一个未知世故的孩子那能闹什么事,一定是上了别人的当了……他应该这样想:连这样的孩子也激动起来,那一定是天怒人怨,总有什么不对的了"。审问自然不会得到当局希望得到的结果,令审判官也颇感失望。

学生的示威游行和当局抓捕学生的暴行使全城震惊,次日全市学生罢课抗议。蔡元培校长和进步教授也多方奔走,设法营救。外市学生和民众通过罢课、罢市等多种方式声援,更有孙中山先生通电呼吁坚称"学生无罪",强烈要求当局尽快释放被捕学生。在社会各界,尤其是各地广大师生的压力下,北京军阀政府不得不于5月7日将许德珩、潘菽等32名被捕学生释放。学生回到学校后,蔡元培校长和北大全体师生聚集在校内文科大楼后的广场,热烈迎接他们返校,并欢庆运动取得初步胜利。潘菽还清楚地记得,第一个跑出来迎接他们的是罗家伦同学,"他热烈地拉着我的手……一边说话,一边掉下泪来"。潘菽还记得,北京高等师范学校一位姓瞿的学生代表亲自到他的宿舍里很诚挚地对他表示慰问,后来知道,那位同学就是后来曾任我党主要领导人的瞿秋白同志。

反帝反封建的五四运动使潘菽受到了有生以来第一次真正的革命洗礼,使他进一步认清了帝国主义的狰狞面目和军阀政府的反动本质。同时,在五四运动及运动前后蓬勃开展的新文化运动的影响下,他摆脱了封建主义的精神枷锁,民主与科学的新思想开始在头脑中生根。

"五四"以后,一部分青年学生接受了马克思主义,逐步与工农结合,走上了新民主主义革命的道路,一小部分人走向反面,还有许多知识分子则走上了"科学救国""教育救国"的道路。潘菽说,他属于后一种人。潘菽在国外学习期间以至回国以后的几年里,曾一度只顾埋头读书,专心教书。他认为政治与学术应有不同的人分别去搞,从而变成一个"两耳不闻窗外事,一心只读圣贤书"脱离政治的人。1931年"九一八"事变后,日本帝国主义开始了对我国大规模的公开的侵略，由于国民党政府奉行"攘外必先安内"消极抗战而积极剿共的方针，致使日寇很快占领了整个东北。"国家兴亡，匹夫有责"，埋头于书斋的潘菽再也坐不住了，五四运动的火种在他的胸中重新燃起，日本侵略者的炮声和国民党政府消极抗战积极剿共的反动政策使他幡然醒悟。1933年，潘菽的胞兄共产党员潘梓年因担任上海左翼文化运动领导工作而被国民党反动派逮捕并判无期徒刑。在营救哥哥的过程中，潘菽开始接触到共产党，对党的性质和艰苦奋斗情况有了更多的了解，认识到共产党才是真正代表了我们国家和民族根本利益的，他开始同情并逐步靠拢共产党，进而积极支持共产党，并从此摆脱了纯学术的道路，积极投入到抗日救国的斗争中。

2. 参与发起成立九三学社和中国科学工作者协会

抗战爆发后，潘菽随中央大学内迁重庆。不久，中共机关报《新华日报》也迁至重庆，潘菽的胞兄潘梓年时任报社社长。两兄弟志同道合，往来密切。潘菽来重庆时，因当时条件限制未带家属，在重庆的九年中，一直是过独身生活。这也使他有更多的时间到长兄家及《新华日报》社走动，因而有机会接触并结识了在那里工作的一些党内同志，如章汉夫、石西民、乔冠华等。党组织的一些活动，如纪念会、节日的联欢会或庆祝会也都邀潘菽参加。也由于这种关系，常驻重庆八路军办事处的中共领导同志，如周恩来、董必武、邓颖超等也常有机会见到。潘菽回忆当时的主导思想就是"除了学校的教学任务和不能丢掉的业务工作外，应该力所能及地多参加一些对党的事业有益，也就是对抗战有益的活动或工作。这是促使我在那时参加一些社会活动的动力根源"。这样，潘菽就成为中共八路军办事处联系和团结后方高层广大爱国知识分子的有效渠道和桥梁之一。

潘菽经长兄潘梓年介绍参加的第一个学术界的进步组织是中国学术研究会。第一次参加活动时，在门口招呼他的是中央大学心理系的学生陈元晖。这个研究会是党推动组织的，会长是郭沫若。这个会分为自然科学和社会科学两个组，潘菽是自然科学组的成员。此后，因社会科学组的人纷纷离开重庆到解放区去了，只剩自然科学组的人虽还继续活动，但并不经常组织，其影响似乎也并不太大。抗日战争进入相持阶段后，日寇对国民党采取诱降政策，国民党顽固派则企图利用日本帝国主义者的手消灭共产党，蓄意破坏国共合作，策划投降分裂活动。鉴于这种形势，中国共产党更加重视统一战线工作，大力争取所谓中间势力。高层知识界人士是其中的重要力量，而这些人中的很多人都很赞成中共的主张，非常关心抗战形势。一向不善交际、性格内向的潘菽此时竟变成其中的一个活跃分子，他在长兄潘梓年的支持下，在中央大学进步教授圈子中积极活动。梁希、金善宝等中大同事知道潘菽和《新华日报》有较多联系后，也都想通过他更多地了解党的主张和延安方面的消息，潘菽就和他们约定时间地点组织了一个长期座谈会。因不愿让当局知道以免受到阻挠，此后就没再吸收更多的新人参加，经常参加活动的有十来人。这个座谈会既没有正式的组织形式及成文的章程，也没有名称。这个组织通过《新华日报》社和潘梓年与中国共产党保持着密切的联系，成为中国共产党团结科教界进步学者的重要渠道之一。潘菽因常与《新华日报》及八路军办事处有联系，信息较灵通，自然常常成为座谈会上的主角。后来，根据与会同志的学习愿望和潘梓年的建议，座谈会又增加了学习马列主义经典著作和毛泽东著作的内容，大家都学得很认真，常在会上交流学习心得。潘菽基于心理学理论研究的需要，更是自觉刻苦研读，而且自此开始，将马克思主义哲学作为自己研究心理学的指导思想。座谈会的同志还承担了为《新华日报》编辑《自然科学副刊》的任务，潘菽也常为该副刊撰稿。周恩来和八路军办事处及《新华日报》都给予座谈会很大关注和支持，有什么纪念会、庆祝会、报告会之类的活动，常通过潘菽邀请座谈会的同志参加。随着座谈会人数的增加，活动日益活跃，其影响日渐扩大，对外也有了一些联系。为了对外联系方便，大家商量后，决定给座谈会取了一个学术性较强的名称，叫"自然科学座谈会"。这个座谈会与起初参加的中国学术研究会的自然科学组在成员有交叉，虽不是同一个组织，但都是中共联系科教界进步人士的重要渠道和桥梁。

就在同一时期，潘菽还与许德珩、黄国璋、劳君展等人一起，共同创意、发起组织了另一个座谈会，即"民主与科学座谈会"。

黄国璋是著名地理学家，抗战期间，有一段时间在重庆工作，他与许德珩、劳君展都比较熟悉，常有交往。潘菽与许不仅是北大的同学，而且是五四运动中同时被捕的难友。因许、潘二人在北大不是一个系，许比潘高一个年级，且二人虽被捕后关在同一个牢房，但时间只短短几天，故彼此虽然认识，并不太熟悉。经黄国璋牵线相聚，二人一见如故，共同语言很多，相谈甚欢。最初在一起探讨的就他（她）们四人，后来，潘菽又陆续将重庆工学院院长税西恒和参加自然科学座谈会的同志介绍过来参加这个座谈会，此外，还有一些别的方面的人参加进来，这样，座谈会就有了相当的规模。这时，已接近抗战胜利，为便于与外界联系，以求在团结抗日、争取民主的斗争中发挥更大的作用，大家觉得这个座谈会有必要起一个合适的名字。由于座谈会的主要发起人和组织者许德珩是五四运动中的学生领袖，潘菽也是运动中的积极分子，民主与科学一直是他们为之奋斗的目标，同时也与当时的爱国民主运动目标相一致，因此，座谈会取名为"民主与科学座谈会"，但在当时并没有完全公开。

1945年8月15日日本宣布无条件投降。9月3日，投降书正式生效，这一天标志着中国抗日战争胜利结束，也标志着世界反法西斯战争胜利结束。就在当天，"民主与科学座谈会"召开会议，热烈庆祝抗日战争取得伟大胜利。面临抗战胜利后"两个中国之命运"激烈斗争的新形势和新要求，会上一致通过，以9月3日这一有重大意义的日子命名，即"九三座谈会"。1946年1月6日，"九三座谈会"召开会议，声援出席即将在重庆召开的政治协商会议的代表，希望他们完成所担负的历史任务。会上做出一项重要决定，将"九三座谈会"建成一个永久性的民主政治组织，以适应新形势的需要。对于组织的名称，会上进行了认真的讨论。有人提议把"九三座谈会"改称"民主科学社"，另一些人则表示异议，认为"民主与科学"是"五四"的口号，在抗战胜利后的形势下，在"两个中国之命运"激烈斗争的时候，"民主与科学"的口号就显得不够，不太适宜了。一个颇有共同性的意见认为，"九三"的主体主要是科技、教育等方面的知识分子，成为永久性的政治组织后，仍应保持这样的本色。而鉴于当时知识分子中的很多人虽有进步要求，却又不愿太多地参与政治，所以，这个组织应是一个政治色彩不太浓而又带有较强学术性的民主政治组织，于是决定取名"九三学社"。"九三"意为九月三日，是抗日战争胜利结束的日子，有重要的政治含义，但其政治性又不是太强。"学社"一词则带有明显的学术性，以利团结广大的爱国知识分子参加进来为建设民主富强的新中国而共同奋斗。

名字确定后，经过一番周密筹备，于1946年5月4日这个有特殊意义的日子，九三学社召开成立大会。会上，许多同志做了充满激情的发言，通过了《成立宣言》《基本主张》等几个重要文件。会上选举潘菽、张雪岩、褚辅成、许德珩、税西恒、黄国璋等16人为理事，梁希、卢于道等为监事。在稍后召开的第一次理监事联席会上，又公推许德珩、潘菽等人为常务理事。九三学社的成立，把科教等方面爱国知识分子紧密地团结在一起，成为中共爱国统一战线的一个重要的方面军，壮大了反对国民党一党专政、反内战、争取和平与民主运动的力量。潘菽不仅是九三学社的重要发起人之一，而且在学社的发展过程中，遵照周恩来的建议，分三批介绍了许多科教界有影响的高级知识分子加入九三学社，对九三学社的壮大和组织特点的形成起了至关重要的作用。回到南京后，一批在各自领域很有影响的著名科学家，如心理学家高觉敷、社会学家孙本文、教育学家陈鹤琴、天文学家张珏哲、热工自动化学家钱钟韩、蒙古史专家韩儒林等，也都是由潘菽直接介绍或在其影响下先后加入了九三学社，这为九三学社南京分社的组建和发展奠定了坚实的基础。

1949年4月初，潘菽与梁希、涂长望在党组织的安排下秘密离开南京，经由香港来到已经解放了的北京，并准备参加筹备中的新政治协商会议。在京期间，周恩来、李维汉、齐燕铭经常到潘菽一行所在北京饭店的住处看望、交谈。有一次，潘菽对周恩来说："现在不仅抗日战争和解放战争都已经取得胜利，而且新中国也就要成立了。对民主与科学，共产党会做得更好。当年九三学社为之奋斗的目标已经达到，因而，九三学社似无继续存在的必要,可以解散了。"周恩来听后说:"这事太大了,我要回去与中央商量。"没过几天,周恩来又过来明确地对潘菽说:"中央已决定,九三学社不仅不能解散,而且要作为民主党派参加新政协,继续高举民主与科学的旗帜,与共产党一起为建设新中国而奋斗。"1958年后,潘菽一直任九三学社中央副主席,在共产党领导下的多党合作中,积极参政议政,为社会主义革命和建设事业,继续发挥着应有的作用。

潘菽还是中国科学工作者协会(以下简称"中国科协")的主要发起人之一,在中国科协的创建、发展和组织运作中做出了历史性的重要贡献。

1945年春,中国的抗日战争迎来了胜利的曙光。潘菽和"自然科学座谈会"的梁希、涂长望等10来位同志在聚会中谈论的中心话题就是抗战胜利后实现和平、民主和科学建国问题。他们一致认为,科学家和技术专家应该是建国工作的"中心干部",这些人应担负起这一艰巨任务。为此,中国很需要组建一个全国性的科学团体,唯其如此,才能充分发挥他们的巨大作用。这个组织的名称,经大家讨论,暂定为"中国科学工作者协会"。接着,便着手积极筹备,包括起草发起这个组织的缘起和会章草案,并分头征求发起人和对几个文件的意见。潘菽是中国科学工作者协会宪章及宣言的主要起草人之一,也是"发起缘起"文件的执笔人。征求发起人的工作进行得很顺利,在较短时间内就得到包括著名学者竺可桢、李四光等100多人的热烈响应。于是筹备委员会成立,召开了筹备会议,通过了"发起缘起",决定了会章的若干重要原则和基本框架。1945年7月1日,中国科学工作者协会在重庆召开成立大会,会上推举竺可桢为会长,梁希为副会长,李四光为监事长,涂长望为总干事长,潘菽为常务理事。协会还决定出版会刊,名为《科学新闻》,潘菽任主编,并兼管协会财务。中国科学工作者协会的成立,把我国科技界有影响有进步要求的高级知识分子紧密团结在一起,不仅扩大了党的爱国统一战线,同时也加强了我国科学家与国际科技界的联系。中华人民共和国成立后,中国科学工作者协会与国内科技界的其他几个组织合并成为统一的"中华全国自然科学会联会"。从中国科学工作者协会的创意人和发起人可以看到，这个组织与"自然科学座谈会"是有特殊关系的。九三学社正式成立后，特别是在中华人民共和国成立后的发展中，中国科学工作者协会的许多成员都加入了九三学社，大大地壮大了九三学社的力量。

中国科协成立后，在一年之内，会员即由100多人剧增至700多人。它不仅在团结国内科技界为争取抗战的最后胜利，争取和平、民主和科学建国等方面发挥了重要作用，而且对增进与国际科技界的交流和推动国际科技合作事业也做出了具有历史意义的建设性贡献。在此仅举两例：

其一，发起成立世界科学工作者协会。1946年2月，中国科协应邀参加在伦敦举行的"科学与人类福利"会议。中国科协的代表作为创意和发起人之一，提议并由会议做出决定，发起组织世界科学工作者协会。经紧张筹备，1946年7月，世界科协在伦敦正式成立。会上，法国物理学家居里博士当选为会长，出席会议的中国科协代表涂长望当选为常委。自此，我国得以跻身于国际科技界行列，并成为世界科学工作者协会领导集体的一员。

其二，建议成立世界科学组织。1945年秋，伦敦举行联合国文教预备会议，我国应邀出席。中国科协经由潘菽联合中国科学社、中华自然科学社、中国气象学会和中国地理学会，在会上正式提出，在联合国机构内应设置科学组织，或将现有的联合国文教组织扩大为联合国文教科学组织。我国的这一提案在会上获得通过，这才有了现在的联合国教科文组织。我国科技界，尤其是中国科学工作者协会对国际科技界的这一有历史意义的重要贡献，至今似乎仍鲜为国人所知。

3. 毛泽东的接见

在重庆的九年中，潘菽最难忘的是得到毛泽东主席的接见。

1945年9月的一天晚上，梁希、金善宝等几个同志在校内一片草坪上乘凉闲谈。潘菽随后过来并带来一个消息，说毛主席已来到重庆与蒋介石谈判，大家都很兴奋震惊，又很担心毛主席的安全。过了两天，潘菽接到《新华日报》社的一个电话，通知毛主席要接见"自然科学座谈会"的潘菽、梁希、金善宝、涂长望、干铎、谢立惠、李士豪等八位教授,通知由潘菽分别传达。大家都喜出望外,特别高兴,按约定的时间来到毛主席在重庆期间的住地嘉陵江边的张治中将军公馆,在门口迎接的是王炳南同志。大家并排坐在一个长方形房间的一边,毛主席坐在大家的对面。主席与大家一一握手后就像拉家常似地和大家亲切交流起来,但并没有主动先对大家讲很多话。他点了一支烟,吸上一口说:"谈谈吧,你们有什么意见?"大家就抗战胜利后的国内时局、国共和谈、中国的前途和命运等方面感到困惑的问题,向毛泽东请教,毛泽东一一作答。潘菽问道:"为什么要把已经解放了的一些地方又让给国民党?"毛泽东从座位上站起来,在椅子旁边向后退了两步以示意说:"退一步是可以的,退两步也可以,"然后做了一个还击的手势说,"退三步就不可以了!"大家都会意地笑了。大家对毛主席在重庆的安全颇为担心,暗示重庆不是久留之地,希望他早做归计。毛泽东很理解大家的心情,频频点头表示会意。会见结束时,毛泽东满怀深情地说:"我十分感谢诸位教授先生们,在爱国、民主、和平方面,我们的心是相通的。"毛泽东的亲切接见,是对他们积极投身于爱国民主运动的巨大支持,使大家深感荣幸,备受鼓舞,决心以更大的勇气,更坚定地与共产党和广大人民群众一起,投入反独裁、反内战,争取和平与民主的斗争。

4. 大力支持学生抗日救国运动

潘菽对学生的抗日救国运动深表同情,并给予了极大的支持。他不仅给学生的进步活动提供方便条件,而且在道义上大力支持,在活动经费上也常给予资助。当时共产党在学生中有一个外围组织"抗日救国工作团",他常拿自己的工资为该组织的宣传活动提供经费。1937年5月,心理学系的一个学生因主持中日问题研究会,并发起组织学生抗日救国会而被捕入狱,那时国民党对于不是涉共的案件比较宽松,对于一些被关押月余,要求抗日的进步学生,只要有学校的教授去保释就可以出狱。但当时由于南京的白色恐怖十分严重,中央大学理学院从院长、心理学系主任到教授竟无一人肯出来做保,至多是表示同情和惋惜,唯独潘菽出于正义感和抗日救国热情，不顾个人安危，亲自和心理系同学会的一位代表一起，前往南京警备司令部，以他知名教授的身份和个人生命及家庭财产担保，并写下"今领到季钟朴一名……今后随传随到"的字据，保释该同学出狱。出狱后，该学生又受到学校当局的百般刁难，以有两门选修课缺考试成绩，不准毕业。又是潘菽仗义执言，以任课教师的资格，让该同学通过了补考，从而取得毕业证书。该学生后毅然投奔陕甘宁边区，参加了八路军。这位学生就是解放后历任哈尔滨医科大学校长、中国中医研究院院长的季钟朴同志。

潘菽对中共在中央大学的建党工作和党的活动也给予了大力支持，组建中大党支部的会议就是在他家里召开的，支部成立后也常在他家里秘密开会。中大新民主主义青年社（共产党外围进步组织）的一批进步书刊也是由潘菽帮助收藏，1946年中大迁回南京时，这批书刊装箱后贴上"潘菽书籍"的标签，瞒过当局的耳目妥善运回南京。1940年，国民党发动第二次反共高潮，一些地下党员奉命撤退，有位党员一时筹不到路费，潘菽毫不犹豫地解囊帮助，使该同志及时安全转移。

潘菽一方面坚定地站在中国共产党和人民大众的立场上，大力支持并积极投入中共组织领导和推动的人民民主运动，另一方面坚决不为国民党反动派服务。1948年，解放战争的形势发生了根本性变化，国民党军队在我人民解放军的强大攻势下节节败退，士气日趋低落。蒋介石的谋士们无计可施，转而乞灵于心理学。政工局局长邓文仪与当时心理学界的头面人物勾结，成立了"官兵心理委员会"，并于年初在南京召集会议。邓文仪亲自到会，要心理学家来为国民党军队"鼓舞士气"，妄图做垂死挣扎。京、沪、杭一带的心理学家大都出席了会议，在心理学界颇有影响的潘菽自然也在邀请之列，但他却以"外行"为由拒绝参加会议，也拒绝为《国防月刊》的《国防心理专辑》写文章。他的这一行动当时使许多同行感到惊讶，而后，人们对他所表现出来的高度政治觉悟、鲜明的态度和坚定的立场甚为钦佩。南京解放前夕，国民党反动派准备将中央大学迁往台湾，当时中大当局已派人去台湾选好了校址，并已着手装运设备。人们心急如焚，不知所措。紧要关头，潘菽与中大进步师生一起，在地下党的领导下，与当局进行了坚决的斗争。他利用自己的影响，在教授会中做了许多人的工作。最后，教授会以多数人反对迁校为由，使迁校的企图未能得逞，将这座有着较高水平的高等学府得以完整地保留了下来。

潘菽的种种活动早已引起国民党反动当局的注意，他自己对此也有所警觉，因而在行动上比较谨慎。公开的言行都尽量不离开科学活动的范围，用他自己的话说，就是"表面上涂上一层灰色的保护色"。但反动派并未因此而放过他，他的名字已被列入就要进行大逮捕的黑名单。地下党针对这一情况，及时采取了保护措施，于1949年4月初特派专人引领他和梁希、涂长望秘密地离开南京，经由香港转移至已经解放了的北平，并准备参加筹备中的新政治协商会议。后因1949年9月他同季钟朴、冯德培三人作为我国科学工作者最早的代表团应邀去苏联出席巴甫洛夫诞辰100周年纪念大会，未能参加新政协会议。

5. 积极参政议政，促进多党合作

中华人民共和国成立后，潘菽历任第一、二、三届全国人大代表，第五、六届全国政协常委。在第七届全国政协第一次会议期间不幸去世，为主席团成员。1956年，他光荣地加入了中国共产党。

作为一位著名学者并身兼中国科学院心理研究所所长和中国心理学会的理事长，潘菽集科研与组织领导于一身，工作一直十分繁忙，但对于参政议政方面的社会工作，他从来都是认真对待的，没有特殊原因，都要积极参加。就是在病中，他也以高度的责任感关注着国家的政治生活。1986年夏，他因脊柱压缩性骨折，医生让绝对卧床休息。当时党中央正在制定《关于社会主义精神文明的指导方针》这一重要文件，召集各民主党派负责人征求对文件的意见。潘菽虽无法参加会议，但他仰卧在病床上，手持放大镜认真地阅读了这份很长的文件，然后逐条口述让助手写下了好几千字的书面意见。就在他病逝的前两天，他还在人民大会堂参加中共中央总书记主持的征求关于七届人大和政协人事安排意见的民主协商会，并做了发言。作为九三学社的创始人和领导人之一，长期以来，他一直在党的统

一战线和多党合作事业中发挥着积极的作用,是科教界的一位有影响的社会活动家。

"活到老,学到老,工作到老"

1987年,中国心理学会、中国科学院心理研究所和九三学社中央委员会联合举办了庆祝潘菽从事心理学科研与教学六十周年暨九十寿辰的活动。潘菽在会上激动地表示:"要活到老,学到老,工作到老。"

潘菽这样说,更是这样地去做了。

在前文我们已经概括地介绍了潘菽在动乱年代结束后的10年中在学术上所做出的主要成就,其中,出版的学术著作就有4部(其中获奖3部),还发表了研究论文和其他各种学术性文章(包括根据他的讲话整理而成的文章)60多篇。此外,他还做了中国心理学会和中科院心理所大量的组织领导工作、培养研究生及其他社会工作。

一位耄耋之年且多病的老人,是如何完成这么繁重的任务,创造出这样的高产纪录?动力何来?

潘菽在《八十书怀》中写下了以下的诗句:"堂堂岁月,忽八十春。往者可谏,来者方生。夕阳无限,灿若朝暾。蓬勃郁葱,旧邦命新。大同可望,寰宇沸腾。我生此际,我生逢辰。旋乾转坤,匹夫有份。伏枥之心,云胡不奋。"

他在《九十吟》中又写道:"……人生贵有益,徒寿圣者讥。素餐无以报,耕者之所鄙。我益果如何?远未饱我饥,求索日夕勤,所产苦太低。思以勤补拙,孜孜不多憩。老骥伏枥中,尚志在千里。"

诗言志,面对粉碎"四人帮"以后"蓬勃郁葱"的大好形势和"旋乾转坤"的"四化"伟业,潘菽激情满怀,干劲倍增。他每天6点之前准时起床,晚上一般是11点以后才睡觉。有时,老夫人半夜醒来,他还在埋头书案写作。当家人和知情的身边工作人员劝他注意身体、多保重身体时,他总是说:"我的时间不多了,要做的事还很多,不这样干不行啊!"

一次，他的女儿代表全家郑重地以书面形式劝他夜里不要工作得太晚，要爱护自己的身体。他在劝言之下写道："我专心致志，时间不够用，对自己生活也很马虎，注意不够是事实，实无办法。早睡不可能，除非放弃工作。"

就在潘菽发病的前几天，他的日程仍然是安排得紧紧满满的。

1988年3月12日上午，心理所心理学基本理论研究室的同志在新落成的科研大楼开第一次会，他虽已不是所长，但得知后一定要去参加。会上，他激动地说，心理所的新楼盖好了，我们终于有了一个稳定的条件，较好的工作环境，一个新的家，很不容易。现在心理学正处于一个转折时期，大家都要有使命感，要一起努力，使心理学向一个正确的方向发展，要把我国心理学尽快搞上去。

12日和13日上午，潘菽阅读有关七届人大和全国政协的文件，12日晚上与13日下午，同他的一位研究生谈话。

14日上午，参加党中央总书记主持的征求关于七届全国人大和全国政协人事安排意见的民主协商会，下午为他的几个研究生讲了整整半天的课，晚上与以往一样工作到深夜。

15日上午，继续参加党中央召集的民主协商会，并做了发言。会议结束后回到家里，拆阅了他在中央大学时的一位老学生、重庆师范学院教授唐自杰的来信，信中主要讲了潘菽心理学思想研究会的筹备情况。当得知研究会已有100多人参加时，他显得很高兴。

中午1点多钟吃午饭时，潘菽突发脑溢血，面包从他手中掉下。让他拿桌上的香蕉吃，他拿不到手里，然后，未能说一句话就仰在了椅子上。当天下午住进医院时，他很想说什么，但已不能说话，又示意要笔和纸，他仰卧在病床上，歪歪斜斜地写了"打开抽屉"几个字，手也握不住笔了。此后便一直处于昏迷状态，直到26日逝世，时年91岁。

潘菽就这样匆匆地走了，弥留之际，在场的人都感到，他有许多话要说，他有许多工作要交代一下，昏迷前他还惦记着抽屉里未做完的工作，他真正是为党、为国家、为他热爱的心理科学工作到了生命的最后一息！

哲人已逝，精神永存，其所作的贡献也会为后人永远铭记。在潘菽诞辰110周年，逝世20周年之际，中国科学院心理研究所和中国心理学会组织编辑出版了《潘菽全集》，在潘菽执教30年的南京大学和他的家乡江苏省宜兴市均为他塑建了铜像以作为永久的纪念。南京大学党委书记洪银兴在致辞中高度赞扬了潘菽先生在南京解放后为学校的接管、改革和新南京大学的早期建设做出的不可磨灭的贡献。时任九三学社中央副主席邵鸿同志在讲话中特别指出，潘菽作为九三学社的创始人和领导人之一，"为九三学社的创建和组织特色的形成做出了特别的贡献""起了决定性的作用""为统一战线和多党合作事业做出了积极的贡献"。在中国心理学界，潘菽被誉为"中国心理学的一面旗帜""当代中国心理学的带路人"。

（本文承潘菽的儿子、儿媳潘宁堡、陈绍英夫妇审阅，并由他俩请人打印，特此致谢！）

参考文献

1. 中国科学心理研究所、中国心理学会编《潘菽全集》，人民教育出版社2007年版。

2. 潘宁堡、陈绍英《在时光隧道中钩沉——缅怀父亲潘菽》，《宜兴政协》2007年7期。

3. 李令节《为建立具有中国特色的心理学而奋斗的一生》，《心理学动态》2007年第5期。

4. 高觉敷《我国心理学界的泰斗》，《宜兴文史资料》第16辑。

5. 唐自杰编著《理论心理学问题探新潘菽心理学思想研究》序，重庆出版社1994年版。

6. 李令节《潘菽心理学思想研究》，《中国哲学年鉴》，哲学研究杂志社2008年版。

7. 叶浩生、宋晓东《潘菽心理学思想的后经验主义蕴含》，《心理学探新》2007年第2期。

8. Noel W. Smith著，郭本禹译《当代心理学体系》，陕西师范大学出版社2005年版。

9. 九三学社中央研究室编《九三学社简史》，学苑出版社2005年版。

10. 李书、牟小东《潘菽与九三学社——写在潘菽先生诞辰110周年》，《宜兴政协》2007年7期。

税西恒传略
■ 李 花

税西恒（1889－1980），名绍圣，四川泸州凤仪乡人。早年就学于上海中国公学。1911年加入同盟会。次年，公费赴德留学，入柏林工业大学机械系，1917年毕业，1919年回国服务。先后担任四川甲种工业学校教授、重华学院院长、中国公学大学部校长、重庆大学工学院院长，为国家培养了大量建设人才。在四川建成了第一个由中国人自己设计和施工的济和水力发电厂，创办了重庆第一座自来水厂。抗战爆发后，他积极投身抗日救亡运动，参与组织筹建九三学社，为九三学社重要创始人之一。1946年10月，九三学社重庆分社成立，税西恒联合各民主党派和人民团体，开展了一系列反独裁争民主的进步斗争。

1949年后，历任九三学社重庆分社主任委员，九三学社第六届中央委员会副主席，西南军政委员会文教委员，重庆市政协副主席，第二、第三届全国政协委员，重庆市和四川省人民代表，第三、第五届全国人大代表。遗赠川南人民图书馆图书3000余册。

参加同盟会　谋刺摄政王

税西恒又名税绍圣，1889年2月17日出生于四川泸州白云场团山堡（今泸县太伏镇王湾村）的一个书香世家，其父九章和长兄东渠都是秀才。他8至16岁在乡村私塾上学，16岁时只身来到成都读中学。

1900年庚子事变后，面对帝国主义列强的侵略和清朝政府的日益腐败，少年时期的税西恒就立下了图强报国的志向。1906年，随其二哥南承来到上海中国公学中学部读书，而这所学校是同盟会的重要活动据点。在勤奋学习的同时，他还受到了革命的启蒙和熏陶。在民主革命气氛的影响下，税西恒参加了孙中山先生领导的一系列民主革命活动。1909年，税西恒考入山东青岛高等学堂读书。不久，经李石曾介绍，税西恒加入了中国同盟会，成为了京津同盟会暗杀组的成员，参与刺杀摄政王的行动。刺杀未遂，暗杀组的部分成员被捕，壮烈牺牲。税西恒急中生智，装扮成农民模样，混杂在人群里，躲入茶馆，并巧妙地将炸弹塞进茶叶桶中，终得幸免于难。

公费赴德国留学

辛亥革命后，当时的国民革命政府为这批对革命有功的青年提供了两种选择：一是到国民革命政府任职，二是公费赴德国留学。面对积弱积贫的祖国，税西恒进一步认识到祖国要强大，关键在科技，基础在教育。为了实现自己的理想，他毫不犹豫地选择了赴德国留学，立志学成后报效祖国。1912年，税西恒作为第一批公费赴德留学的青年，进入德国柏林工业大学机电系学习。

在德国留学五年期间，他没有休息过一个节假日。其间，经历了第一次世界大战，在生活极其艰苦的条件下，常常饥肠辘辘，仅靠土豆度日。但他仍然勤奋攻读，一心想尽可能多学习到一些科学知识。在完成本专业机电系（当时机械电机同属一个专业）学业的同时，还选修有水利、建筑、采矿等课程。他的学习成绩总是名列前茅，得到了教授和同学们的尊重。1917年毕业，税西恒获得了德国国家工程师的称号。由于当时第一次世界大战未结束，无法回国，他以优异的成绩受聘为德国著名的西门子电气公司的设计工程师。但他一刻也没有忘记自己学习的目的，在第一次世界大战结束后的1919年，他便毅然放弃优厚的待遇，回到了魂牵梦绕的故乡——四川。从此，开始了他为改变祖国贫穷落后面貌，实现实业报国和科教兴国的理想，为家乡建设服务的生涯。

投入家乡建设事业

回国之初，税西恒应聘任成都兵工总厂总工程师和四川高等工业专门学校教授。1921年，税西恒应川军第二军第九师师长兼川南道尹杨森之聘，任川南道尹公署建设科科长。其间，他回到泸州开始踏勘龙溪河的水利资源，着手兴建济和水电厂的事宜。杨森战败离开泸州后，建厂资金又由新任道尹张英集股12万元。但是，资金仍然十分短缺。

税西恒下决心一定要把水电厂建起来。他找商会集资，但是商会会长及盐商们没见过电灯，对兴建水电厂没有信心。他们提出条件，要看税西恒个人出股多少，他们才肯入股。而当时税西恒是刚回国不久的留学生，没有这笔资金，不得已去求助他的祖母——税家大家庭的最高当家人。但是，大家庭中还有两个嫂子和一个弟媳（税西恒的父母和兄弟已经去世），她们意见很大，并质问税西恒："你税西恒留洋回来，没有为家庭买田地，反而要变卖家产去办什么水电厂？"她们坚决不同意。但他的祖母非常明事理，她对大家说道："西恒我信得过，他要办的事肯定没错。"于是，她独自拍板变卖了部分家产，筹足了三千银洋交给税西恒作为投资。建厂改为了商办，他的行为感动了县里的士绅，大家纷纷集资入股，筹足了资金，1923年济和水电厂终于得以开工兴建。

建厂之初，是在国内基本上还不能或仅能自制少量建材标准的情况下，税西恒带领大家，克服重重困难，就地取材，从石崖中穿凿压力引水道，压力水管则是用铁管替钢管，过河杆塔是用木塔代替铁塔修建起来的。施工期间，还由于黔军与杨森之战而被迫中断。在黔军离泸的同时，还搬走了建厂的设备和钢材，几乎使建厂工程无法进行。税西恒为建厂呕心沥血，没有钢材水泥，就以条石和石灰砂浆替代钢筋混凝土……为节省开支、确保将资金用于工程设备上，他带头表示自己只吃伙食、不拿工资。于是，大家都不计报酬，齐心协力建厂。他带领大家风餐露宿，土法上马，一期工程仅用了3袋水泥。为保证质量，他积极建议向德国商人购买机床钢材、水轮发电机组和输配电等设备，作为开办工厂、电厂之用。

1925年，位于四川省泸县里仁乡龙溪下游洞窝的济和水电厂一期工程如期建成发电。送电那天，全县城的老百姓扶老携幼涌上街头观看，霎时泸州县城万家灯火如昼，人们惊喜不已，并把税西恒说成是神仙般的奇人，直到现在还有健在的老人，每每回忆起此事，仍然感慨万千，流露出对税西恒的崇敬之情。

尽管电厂的功率约为250马力，规模不大，但济和水电厂是当时国内第二座水力发电厂，而且是由中国人自己设计和施工建成的，当属国内第一座，对于90年前落后的四川山区来讲，实属难能可贵。

电厂建成不久，随着业务的不断发展，原有机组已不能适应需要，遂向德国孔士洋行订购较大机组，改为新的立式高压发电机组，容量增加一倍。1936年，德国孔士洋行公司的工程师到济和水电厂参观，赞叹说："税西恒工程师学识之渊博，经验之丰富，诚属罕见！"

1936年，该水电厂并入原国民党第二十三兵工厂，中华人民共和国成立后归并泸县化工厂，迄今已历90年，仍能继续发电。1953年，中央水利视察团视察泸县济和水力发电厂工程时认为，在当时的条件下，能够建成这样坚固耐久的工程实属不易，为此，特呈报中央给税西恒颁发了奖状。

当年，朱德任滇军团长驻防泸县时，与税西恒交往甚密。朱德对税西恒的学识和埋头于实业救国的爱国精神，了解较深，颇为赞赏。

1951年，税西恒赴京参加全国政协一届三次会议时，朱总司令曾亲到北京饭店话旧，称赞他为中国的实业建设出力不少。1955年，修建重庆长寿狮子滩水电厂时，朱总司令来函要他担任总工程师。尽管税西恒因心脏病发作而未能上任，但他仍时常关心水电厂的筹备工作。

筹建重庆自来水公司

1927年，当济和水电厂营运正常，开始赚钱时，税西恒便独自悄然引退，来到重庆创建重庆自来水厂。重庆是一座山城，山势崎岖。当年，重庆人民用水都是要冒着严寒酷暑、靠爬坡上坎到嘉陵江和长江肩挑取水。1926年，官商决定筹建重庆自来水公司。选址七星岗通远门上的打枪坝，聘请税西恒任该工程的总工程师，负责水厂的勘测设计、建筑设计和筹建工作。该工程于1927年开工，1929年开始建厂。上任伊始，税西恒发动亲友，邀约朋友，想尽一切办法为筹集建厂资金而奔走。然而，由于军阀混战、时局不安，要兴建自来水公司这样的公用事业难上加难。这项工程的施工，税西恒仍然采用因地制宜、土洋结合，以石条替代钢筋混凝土的方法。

要由嘉陵江引水上升至打枪坝水池，工程十分复杂艰巨，每一个环节，他都亲力亲为。建厂搞基建，首先需要大量水泥，而那时国内工业十分落后，偌大的四川没有一家水泥厂。那时的水泥被称为"洋灰"，顾名思义，洋灰不仅是从国外进口，同时需经上海转运才能运到重庆，很难做到供应及时，且价格更高，这势必增加大量的经费开支。为节省开支，税西恒带领工程处，全部采用重庆随处都有的石料来替代钢筋混凝土，作为修建水池和水塔的主要材料。每天，他都要亲临施工现场指导，逐一检查施工质量和进展情况，即便是在寒冬腊月的夜晚，也要去现场察看。特别是从上海发来的向德国订购的卧式、立式水泵及机电等机器设备，每次他都要带领工程师去朝天门码头仔细检查。一次，当他在检查吊装支架跳板是否牢固时，不料竟从断裂的跳板上摔下，当场折断了三根肋骨而人事不省,被送往医院抢救。在住院治疗中,为确保工程质量和不影响工程进度,他坚持每天听取汇报并及时安排工作,认真把好工程质量关。

1932年,在税西恒的细心规划和全体工程技术人员以及工人的辛勤努力下,从筹备到建成,历时6年,重庆市第一座自来水厂终于竣工供水,结束了重庆无自来水供应的历史,为改善市民生活做出了贡献。在当时,重庆自来水公司也是我国自己设计和修建最早的自来水公司之一。如今,80多年前用石头砌成的水塔、储水池,依然完整可用,充分说明税西恒当年设计的精确严谨、技术的完善和施工的高质量。

中华人民共和国成立后,在税西恒的指导规划下,重庆自来水厂进行了多次扩建,增添和更新了许多供水设施,发挥的作用更大。如今,80多年过去了,仍然在为渝中区人民供水服务。直到现在,凡提到税老的名字,重庆很多老人,仍对他称赞不已,表达出一种饮水思源、缅念不忘之情。

税老在重庆自来水宿舍曾题有七绝两首:

渝州高耸白云边,提汲工艰欲上天。
半世微劳邀党眷,故斋容我卒余年。

技术全凭政治资,老来何幸遇明师。
寒窗夜雨伤迟暮,头白工人话故知。

1928年,39岁的税西恒与方淑芬女士结婚。方淑芬毕业于江苏崇明师范学校,婚前是小学教员,是一位知书达理、道德高尚的女士。她与税老配合默契,很多事情,税老都是交由她去实施完成的,她是税老得力的贤内助。

1932年,他们唯一的女儿税鸿先出生时,税西恒已过不惑之年,有朋友见他膝下无子,劝他纳妾,他泰然笑答:"无子何妨,女儿一样可成大业。"他对独生女儿十分疼爱,但从不娇生惯养,在为人处世和学业上要求十分严格,言传身教、教导她要自立自强,以事业为重,引导她健康成长。税鸿先不负税老的期望,品学兼优,在大学时期入团、入党,并任班长、团支书和党支部书记。高中毕业后,税鸿先分别考取了重庆女子师范学院(现西南大学)、重庆大学、哈尔滨工业大学、华北工业大学和北京大学5所高校,她选择了北京大学,毕业后,服从分配留在北方工作。直到1973年,税老夫妇年迈,才调回四川制药厂工作,先后任副厂长、总工程师、高级工程师。

只愿教书不愿做官

税西恒是著名的教育家和民主教授。1935年秋,税西恒辞去重庆自来水公司工程师职务,应聘到重庆大学,筹建工学院,并任工学院院长兼电机系主任。这并不是他第一次出任教职,早在20世纪20年代归国之初,他就曾任四川工业高等专门学校教授。他治学严谨,平易近人,关怀师生,为办学而不遗余力,希望通过培养千千万万有抱负、有科学知识的年轻人,大家一起来建设祖国。

当时,重大工学院除电机系外,还有化工、建筑、水利、铁道、公路、矿冶等系,师资不足是主要问题。为解决这个问题,他从国内外多方延揽有名学者到各系任教;为适应教学所需,经他的提议和设计,工学院修建了金属实验工厂。学校的图书特别是工具书非常缺乏,为此,他用自己的工资专门印制了数百册德文版《许特:科技手册》送给全院师生,人手一册。此后,他还把此类工具书专门作为奖学之用,即期末成绩名列前三名者,均奖赠一册。当重庆大学决定兴建工学院大楼时,他自告奋勇肩此重任,仍然按照"就地取材、因地制宜"的方法来修建。他根据重庆地处三叠纪砂岩、建筑地基条件优越和沙石坚固而丰富的特点,将就地开采出的石料作为教学大楼主体工程的重要建材。此举不仅削平了山头,便利了校园的整体规划,还节省了大量基建经费。1937年,这幢由全石料建成的三层重庆大学工学院教学大楼巍然屹立于嘉陵江畔,成为为国家培养工程技术人才的优良基地。这一时期，在他的主持下，重庆大学工学院得到巩固和发展。而今，历经78年风雨沧桑的工学院大楼，风采依旧，仍然是重庆大学值得骄傲的一道亮丽的风景和标志性建筑。这座大楼里培养出的一代又一代科技工作者，为祖国和重庆的建设事业做出了卓越贡献。

同时，在这一时期，他还利用一切假期，自费出资，带领重庆大学的部分学生，对川黔两省的水利资源和矿产资源进行了勘察。1936年，为勘测乌江中游川黔边沿彭水龚滩等地的水电资源，税西恒在寒假期间，自费约请留法的重庆大学教授刁泰乾及重大学生熊光义、黄松霖、许弟钟等人，从涪陵租小船逆流而上。乌江两岸悬崖绝壁，只有羊肠小道，滩险急流，惊险万状。他们头顶青天，脚踏险地，攀登悬崖，跋涉激流，历经艰辛，完成了彭水龚滩历史上的第一次勘测工作。为普查水电基地，他还勘测了四川境内的龙溪河、大渡河、岷江、铜梁、荣昌、万县、江津、白沙和贵州境内的二郎滩以及长寿狮子滩、高滩岩等水利工程。同时，还会同查勘了都江堰水利工程。其间，为勘测灌县岷江水利，他在灌县二王庙整整住了9个月，险些葬身鱼腹。在此基础上，他对所有勘测过的大小水利基地都提出了书面的建设方案、建设规划。但由于那时军阀割据，内战连年，民不聊生，财政无力，税西恒开发水利资源的宏伟计划未能实现。

时任国民党政府教育部部长的朱家骅，系他留德时的同学，曾特邀他出任四川省教育厅厅长。税西恒不愿同流合污，谢绝道："不会做官，只能教书。"

规划川康经济建设

1941年冬，税西恒应聘任川康经济建设委员会技术室主任，他对川康两省经济建设的国土规划，极有远见，是围绕人口、资源、环境三大问题来制定的，符合科学化和可持续发展要求。他延揽李斌都、赵生信、唐云鸿、冯路先、熊光义等专家，广泛收集川康两省各地矿产、农业、交通等有关经济建设方面的资料。同时，为掌握第一手资料，他不辞辛劳，深入边远地区考察，并在此基础上，组织编辑了川康经济建设五年和十年规划，报送经济部备用。任职期间，他还极力推动兴办四川灌县水利发电厂。无奈当时中国战争频仍，经济凋敝，加之国民党当局贪污腐败，他眼见自己设计的灌县水电厂开工无望，抱负无法实现，只得在1945年愤而辞职。

1942年至1947年，税西恒担任川康兴业公司技术室主任时，他对川康两省已有的民生公司、四川丝业公司、天府煤矿、南桐煤矿、中国植物油脂公司、川康毛纺织厂等大型企业，从投资和发展方面都提出了许多具体建议，予以了大力的帮助和扶持。在矿业方面，他主张先从解决燃煤供应问题着手，例如当时拟修建的成渝铁路、天成铁路沿线以及五通桥附近、荣昌烧酒房、隆昌、威远、黄荆沟、彭县关口、绵竹天池、广元杨家岩等地，均常年派员勘查煤矿和测绘矿区，并及时呈报有关部门领取矿产权待开发之用。到中华人民共和国成立时，领到矿权的已有10余处。其间，还将新接手的九眼桥兵工厂改办成为四川机械公司，并新办有四川农业等公司。

创办蜀都中学

在社会现实面前，税西恒思想上逐渐发生了变化。他在一份自传中写道："我自1919年至1935年16年间，埋头苦干建设工作，不管工资多少，有时甚至一二年之久毫无报酬，我也自掏腰包，或竟向朋友借贷度日地干工作，从不计较个人得失。但结果并不好，不但成功甚难，就是已办成的事业交与别人去干，不久就被破坏了，令人痛心得很。在后来办教育事业中也遇类似情况，事实教育我，纯技术观点对国家的建设帮助并不大。科学技术工作者建设国家的愿望是受上边统治者和周边环境摆布的——在抗日战争中，国民党节节败退，丧失半壁河山，把国家前途命运都断送了，还谈什么建设。"他和共产党人在思想上日益接近。创办蜀都中学，是他在党的领导下从事革命工作的开始。

蜀都中学是税西恒在周恩来、董必武的亲切关怀下，在中共南方局统战工作委员会徐冰、何其芳、刘光等人的具体帮助下，由重庆大学、中央大学的部分革命进步师生于1944年创办起来的。创办之初，税西恒任董事长兼校长，负责学校的兴建和经费的筹集。

当时，中共的一些同志考虑，如果能自己办个学校，不仅能为开展地下工作的党内同志提供一个活动地点，还可以利用教职员的公开身份开展党的群众工作，广泛团结文教界人士和青年学生。这一设想，得到了中共南方局的重视。1943年秋，南方局的徐冰指示熊扬，"可以叫我们的同志积极联络进步人士自己办个学校"，并明确提出要按照抗大的精神来办学，按照民主和科学的精神来办学，要把学校办成地下党的一个据点和爱国民主运动的一个堡垒，要把学生培养成为具有革命理想和科学知识的有用人才。通过办学，广泛团结进步力量，大量争取中坚力量，教育帮助落后力量；把开展合法斗争与非法斗争、政治斗争与教育斗争、公开工作与秘密工作紧密结合起来，深入细致地开展爱国民主运动，配合解放区战场，夺取抗战胜利。为此，经徐冰介绍，熊扬还专门走访了育才学校校长陶行知，并在参观了北碚草街子育才学校之后，确定了蜀都中学未来的"抬头开干""社会即学校"的教育方针。

中共南方局考虑到蜀都中学的出面负责人选很重要，这个人选也必须是国民党当局可以通得过的人。经南方局的同志对上层知识界人士的分析研究，有针对性地做思想工作，又由熊扬、张兴富、周学庸、张仲明、陈俊逸等同志以师生关系联系后，分别得到了周均时（四川遂宁人，早年留德，专精物理数学、爱因斯坦高足，重庆大学教授，国民党立法委员，后为民革成员，解放前夕被国民党杀害于重庆渣滓洞）、税西恒、何鲁（字奎垣、四川广安人，著名数学家，留法里昂大学，曾任安徽大学校长、重庆大学理学院院长，部聘教授，九三学社早期成员）、段调元（重庆大学教务长）、彭用仪（重庆大学化学系主任）以及艾伟（原中央大学教务长）、常道直（原中央大学教育系主任）等人的支持，他们欣然列名发起创办蜀都中学。由熊扬、张兴富等人凑集了300多亩田地的产业契纸，作为学校的固定资产。又由税西恒等人多方设法，筹措了一笔活动经费，租佃了盘溪侯姓的30亩罗盘田作为校址，之后正式呈报重庆教育局备案，得以顺利批准。

1944年8月，学校的教室、宿舍、饭堂等简易平房建成，并于当年秋季招生开学。至1948年夏，法币严重贬值，不仅影响了学校的经费支出，而且连教职员工的吃饭都成了问题。为此，税西恒又捐款500多万元法币，以撑持学校的运行。

当时，税西恒身处极端白色恐怖中，仍然坚持按照中共地下党的意图，大力支持创办这所进步学校。为此，他随时都面临身陷囹圄甚至丧失生命的险境。但他基于对中国共产党的坚定信念，不要任何报酬，不怕承担任何风险，一心为建立地下党的据点和为革命培养人才而不懈努力。

从1944年创办起，至1949年重庆解放之后将蜀都中学交与西南军政委员会工业部为止，税西恒忠实地遵循和实践了中共南方局周恩来、董必武、徐冰等人的指示，把蜀都中学办成了中共地下党工作的据点和培养革命人才、进行民主活动的中心之一。建校以来，蜀都中学培养出的数以千计的革命青年学生，其中不少人在抗日战争时期和解放战争时期，高举抗战、进步和民主革命大旗，在配合解放战争、反对日本侵略者和开展爱国学生运动中，进行了英勇的斗争，做出了巨大的贡献。中华人民共和国成立后，他们继续在社会主义革命和建设中，发挥了骨干作用。

1945年抗日战争胜利后，税西恒还同时担任了重华学院院长和重庆中国公学大学部代理校长职务。重华学院的前身为文华学院，院址位于重庆两浮支路的中印学会，后改为"重华法商学院"，经教育部批准立案。下半学期后迁至重庆南岸向家坡开学，并聘请有陈豹隐、罗志如、梅远谋、张志超等名流学者担任教授。在主持重华法商学院和中国公学大学部时，税西恒仍然与在蜀都中学时一样，积极支持进步学生运动，掩护和支持地下党的革命活动。为此，他多次受到国民党当局的各种威胁和恐吓，但他毫不畏惧，勇往直前，必达目的而后已。

组织爱国活动

1938年,重庆大学抗敌后援会出版了《五月专刊》,税西恒在专刊上发表了题为《十个月抗战的收获》的文章。他在文章中扼要指出:"日本帝国主义的目的,是要吞并中国,做东亚的主人翁,更把中国人作为工具去侵略他国他州。"又指出:十个月抗战的收获是很大的,主要表现在"国家存亡的抢救、民族性的改造、政治的进步、国际地位的提高"。税西恒对抗战的公正评价,深受爱国知识分子和广大群众赞赏。

1944年至1945年,税西恒和重庆大学学生颜又新、徐士亮、成舍我主办《世界日报》,开辟《积极评论周刊》栏目,并由他们三人自己撰文和编排。税西恒每期都要写一篇针砭时弊或为老百姓说话的文章,为此而引起了国民党当局的注意和痛恨。《积极评论周刊》专栏仅出刊了9期,就被重庆社会局勒令停刊了。

这一时期,吴玉章、熊克武、但懋辛等人,时常聚会在位于重庆两路口新村五号的税西恒家中,他们通过聚会,广泛交流对时局的看法,交换对革命、文化、科技、建设等方面的意见和见解。

参与创建九三学社

抗战后期,日本侵略者对我国大西南猖狂进攻。蒋介石集团中投降空气浓厚,国统区军事、政治、经济的全面危机,日益加剧,形势严峻。

1944年底,在重庆的一部分文教科技界人士,许德珩、潘菽、梁希、张西曼、吴藻溪、劳君展、涂长望、黄国璋等爱国知识分子,对时局倍感焦虑,时常聚会座谈,抒发苦闷,交流信息,讨论时局。不久,税西恒由中央大学教授潘菽介绍,参加了座谈。税西恒参加进来以后,活动地点改在他曾任总工程师的重庆自来水公司里,那里有较为宽敞的会客室,还有专门的厨师为聚餐提供服务。税西恒为初期的座谈会提供了活动场所和一定的经费支持。

1945年9月3日，是日本帝国主义签字投降正式生效的日子。为了庆祝抗日战争和世界反法西斯主义战争的伟大胜利，这一天举国欢腾，鞭炮、歌舞、集会狂欢、灯火游行……全国人民以各种形式表达欢悦的心情。税西恒与客居重庆的褚辅成、许德珩、吴藻溪、潘菽等人，在张西曼主持的中苏文化协会欢庆聚会。会上，大家一致赞成，为了永远纪念这个伟大的日子，把他们的座谈会命名为"九三座谈会"。

1946年1月6日，税西恒与褚辅成、许德珩、张西曼作为召集人，召开九三座谈会，声援出席政协会议各代表，并决定筹组九三学社。1月9日，重庆《新华日报》以"学术界举行九三座谈会，决定筹组九三学社"为题报道了此次会议。

1946年5月4日，九三学社成立大会在重庆召开，税西恒作为主席团成员，出席会议并向大会报告了经费收支情况。会上，税西恒当选为理事。

1946年5月12日，九三学社假座兰园——税西恒家中，召开了第一次理监事联席会议，税西恒被推举为常务理事。

当时，九三学社的一些会议多是在被称为兰园的两路口新村5号寓所召开。那是一座由税西恒自己设计建造而成的三层独幢小楼，颇具欧陆风格，而且环境幽静。税西恒为九三学社开展活动提供了适宜的场所，并且负责筹集经费与社费管理，对于九三学社的初创，可谓功不可没。

在白色恐怖中勇敢抗争

税西恒是重庆著名爱国民主人士。抗日战争中，税西恒积极主张团结抗战。他根据中共中央南方局周恩来等人的指示，不畏风险，始终热情支持学生运动，掩护和资助中共地下党开展活动。

1946年6月20日，税西恒与重庆大学教授彭用仪、段调元、蒋导江、林宇修，学生杨绪灿、谢立璟、周其昌等以及重庆市各界人士4000余人，联合呼吁全面停战、实现和平,同时,要求延长政治协商的时限,呼吁政治协商只许成功、不许失败。

1946年秋,抗战时期从各地来到重庆的绝大多数九三学社成员陆续离开重庆,复原回到南京、上海、苏州、北平等城市,九三学社亦随之在上海、重庆建立了分社。

九三学社重庆分社于1946年10月7日,在上清寺国民外交协会召开成立大会,会议推选税西恒、何鲁、谢立惠等15人为理监事。

1946年冬,由于抗战胜利,重庆分社的大部分理、监事也离开重庆,随所就职的大专院校和科研机构复原回到各地。这期间,税西恒、谢立惠和重庆分社在渝的九三学社成员,常常通过与其他民主党派、人民团体采取联合行动,发表通电、声明、宣言,以及参加学生游行等方式,积极支持和声援爱国学生的正义行动,直到重庆解放。1946年11月,税西恒以重庆分社名义,约集重庆21个人民团体发表联合声明,呼吁全国同胞反对国民党当局的分裂行为,团结起来制止国大的召开。1947年,税西恒等重庆分社的领导人不顾个人安危,与重庆数万名学生并肩战斗,一起走在"反饥饿、反内战、反迫害"的游行队伍中。为此,税西恒遭到国民党特务的多次恐吓,他置之不理。

重庆解放前夕,白色恐怖笼罩山城。税西恒时时都受到被捕坐牢的威胁,他将夫人和女儿托附给自己的学生照顾,自己则毫无惧色地与国民党周旋,直到迎来中华人民共和国的诞生。1947年2月6日、9日,他代表九三学社重庆分社发表反对美军暴行宣言,呼吁重庆各界与各人民团体发表援助爱国学生抗议联合会通电,此举得到了各界人士的响应。其间,当国民党当局提出要他到电台发表反共讲话时,他严词拒绝,并说:"要我在电台里骂共产党,杀我也不干。"表现出九三学社领导人的凛然正气。

1949年11月,临近重庆解放的一天,有位同志专门来到税西恒家,通知说他已经上了国民党特务的黑名单,随时都有被抓的危险,要他和家人立即躲避一段时间,并要求税西恒将所有保存的九三学社的文件都烧掉。来人走后,税西恒的夫人和女儿赶紧连夜去厨房烧毁了由税老夫人代为保存的两挑箱九三学社的文件。

丹心为报国

1949年，60岁的税西恒迎来了中华人民共和国的成立。他热爱中国共产党，热爱新中国，并以实际行动积极投入到新中国的建设之中。中华人民共和国成立不久，九三学社的部分成员认为，九三学社已经完成了它的历史使命，提议可以解散。酝酿解散的时候，出访苏联的毛泽东知道后，请周恩来总理及时传达了"民主党派今后还有重要的任务，九三学社不能解散"的指示和意见。中共中央统战部部长李维汉也到九三学社中央会议上表示了民主党派不取消，并希望九三学社不解散的意见。在中共中央的关怀和帮助下，九三学社于1950年3月恢复成立了中央理事会，税西恒当选为中央理事会理事。

1950年初，西南军政委员会邓小平、刘伯承等领导人宴请税西恒、何鲁、温少鹤、汪云松、段调元、彭用仪等民主人士，感谢他们支持党的地下工作，鼓励他们继续为新中国的建设做出更大贡献。根据九三学社中央指示精神，1951年9月3日，九三学社重庆分社恢复成立，税西恒当选为新的第一届理事会主任理事。自此他带领新的分社理事会，在恢复社务工作、整理内部、健全机构和发展社员等方面，做了大量工作。

之后，税西恒历任九三学社重庆分社第二、三、四、五、六届主任委员（根据九三学社第二届全国工作会议决定，社的领导机构由原来的理事会改为社会政治团体通常采用的委员会制。因此，重庆分社理事会自1952年底改为重庆分社委员会，主任理事改为主任委员），直至1980年6月因病去世。同时，税西恒曾列席1951年召开的全国第一届政协第三次会议，并历任西南军事委员会文教委员会委员；第三届、第五届全国人大代表，第一届四川省人大代表，第二、三、四、五、六、八届重庆市人大代表，第二、五、六届重庆市人大常委；第二、三届全国政协委员，第一、二、三届四川省政协委员，第二、三届四川省政协常委，第一至六届重庆市政协副主席。

他赴北京开会时，陈毅元帅曾亲到会场见他，自称是在四川甲种工业学校亲受税老教化的学生。在税老的自传中，他谦虚地说到这样一段话："我关心国家民族的前途命运，丢开个人的私利私见，全力来为国家民众服务。所以我没有多大学问和能力，但能百折不挠克服重重困难，在一生中毕竟对国家有一点贡献。"从中可见他一生的抱负和无私追求。

税老生活节俭，对吃穿从不挑剔。亲友有求于他，税老夫妇总是毫不迟疑地解囊相助。他对下级和工友总是循循善诱，以理服人。在各种政治风浪中，从不见风使舵，对权势之辈毫无奴颜婢膝，始终保持自己的气节和人格。

他和夫人在重庆50余年，无论是在工作中或是在与邻里相处中，与大家相处十分融洽。税老夫妇长期居住在自来水厂宿舍，由于女儿在外地工作，不在身边，厂里的工友们对他们也很关心。"文革"期间，对两位老人来说，上街买菜十分困难，都是工友们主动代买后，送到家中。

1975年，一次，税老家中来了一位60多岁的老人，大家都不认识，他自我介绍说是40年代重华学院的职工，他拉着税老的手说："税老先生你好！我找你多年了，今天终于见到了。30年前我家很困难，是你借给我钱，帮助我一家渡过了难关，才有了今天。今天我来向你感恩和还钱，这样，我死也瞑目了。"税老说："此事我已经不记得了，现在我生活得很好，钱你留着自己用吧。"老人坚决不肯，税老只好收下他的钱和礼物，这位老人才高高兴兴地起身告辞。尤其难能可贵的是，即使是在"文革"中，有人煽动反对税西恒这个"反动学术权威"时，却没有一个工人给税西恒贴揭发他的大字报。事后，重庆自来水厂向税老女儿说到上述情况时，十分感慨地说："两位老人真不容易呀，真是德高望重！"

税老一生工作60余年，且工资比较高，他经手的工程费用无数。1936年，重庆自来水厂建成时，自来水公司曾一次性付给税西恒工资500大洋。税西恒将其中的大部分工资用于修建两路口新村5号寓所，其余的在成都购置了土地。当时，税西恒还未结婚，新居建成后，他一人仍住在自来水厂宿舍，结婚后，他们一家很长时间都是居住在两路口新村5号的扩建房内。税老曾将新居主楼，出租给荷兰大使馆和宋希濂居住，而他将这些钱，都毫无保留地用于支持筹办蜀都中学、筹建九三学社、自费考察川康地区的水利和矿产资源、支持地下党开展活动的经费。1967年，红卫兵到税西恒家抄家时，却只搜到了几千元钱，这其中包括存折和税老夫人的首饰。对此，亲友和同事们都不相信，但这的确是事实。对此，他女儿骄傲地对我说："这就是我父亲一生廉洁奉公、无私奉献的铁证。这是父亲留给我们比金钱要宝贵得多的高尚品德和精神财富！"

1956年，税老认真总结自己一生的规划施工经验，并在全国建筑学会专刊上发表了有关石工结构的论文若干篇，受到建筑界的推崇。70岁高龄的税老，仍然坚持为扩建重庆的自来水工程亲自到现场勘测，并提出规划方案。

他曾深有感触地说道："我生不逢时，青壮年时期，遇到腐败无能的国民党，想建设国家而不可得。及至迎来解放，又已年至花甲，我若晚生十年那就好了。"因此，无论他见到或想到的，只要他认为是对国家有利的，总是坦率真诚地提出建设性意见，以表达他的拳拳爱国之心。在十年浩劫期间，尽管身处困境，面对"四人帮"的倒行逆施，他敢于仗义执言，为老一辈无产阶级革命家受迫害而鸣不平。在蒙受围斗、抄家时，也没有动摇他对党的信赖和走社会主义道路的坚定信念，仍然积极参加政协组织的各种学习。特别是在中共中央十一届三中全会拨乱反正后，他看到了党的各项政策正在逐步落实，形势越来越好，感到莫大的欣慰。

1980年6月18日，税西恒先生因病逝世，享年91岁。

当时，重庆83岁的名老中医陈源生与夫人罗侃茹送的挽联是：

魂绕北辰，一片丹心爱祖国；
星陨南极，三千桃李仰高风。

税老为祖国，为家乡的经济建设和科教事业，为九三学社的建立和发展,为中国共产党领导的多党合作事业,贡献出了毕生精力。遵照税老的遗嘱,他的骨灰安葬在他亲手创办的重庆自来水公司的水塔下。

(承蒙税西恒女儿税鸿先女士提供补充材料,在此谨致谢忱。)

参考文献

1. 彭用仪、罗元晖《爱国知识分子税西恒教授》,《成都文史资料选辑》第六辑,1984年6月。

2. 刘珍菁、潘立斋《为科教事业奋斗的税西恒》,中共四川省委统战部办公室、四川省政协文史委员会合编《风雨同舟——庆祝中国共产党建党七十周年》,四川人民出版社1991年版。

3. 刘珍菁、潘立斋《为科教事业奋斗的税西恒》,《重庆统战政协文史资料丛书》编委会编《重庆统战政协文史资料丛书·重庆九三学社》,重庆出版社2002年版。

4. 李花《心系祖国献身科教——记九三学社发起人,实业家、教育家税西恒》,重庆渝中区政协文史委员会《巴渝文史荟萃》第二卷。

5. 中共四川省委统战部编《四川统一战线人物录》,四川科学技术出版社1993年版。

6. 李花《重庆是四个民主党派的发祥地》,重庆市渝中区政协学习委员会编《重庆渝中区文史资料》第二十辑(纪念中共成立九十周年暨辛亥革命一百周年专辑),2011年12月。

吴藻溪传略

■ 郭 祥

吴藻溪,1904年6月6日出生于湖北省崇阳县南乡峰堡老屋畈,是中国近代著名的社会活动家、科学家、教育家、哲学家、诗人,九三学社重要创始人之一。他一生追求革命与真理,追求民主与科学,是共产主义的坚定信仰者。

从崇阳到武汉

吴家祖居江西省南昌府,于明末清初迁湖北省崇阳县。自吴藻溪曾祖兴文起,祖德贞、父仙桂都以耕种、塾师和行医为业,与同乡廖姓三代结亲,母亲秋媛具初等学校文化水平。仙桂有墨溪、曜溪、藻溪、南溪、蕙园、汉溪子女6人,其中南溪岁余夭折。

在那个时代,吴家人与多数农民一样,竭心全力、辛勤耕种,但一年下来依旧缺衣少食,生活十分艰难。冬天,墨溪、曜溪、藻溪有时不得不相互偎依在稻草堆里,以挨过漫漫寒夜。

1911年初,父亲在家里设书塾,对吴藻溪等一班学童进行启蒙教育。由于经常处于饥饿状态,加之照明、纸张笔墨费用没有着落,不久,吴仙桂带着学生并入交通便利、房屋宽敞、学生较多的栎树铺国民学校。因衣食短缺，吴藻溪在家由母亲辅导，翻阅《山海经图赞》一类，内心企盼到栎树铺成为一名学生，也有一个书包，也穿一身小学生制服。

1912年夏至前后一天上午，8岁的吴藻溪终于按捺不住，独自一人一路问路，步行5华里到了栎树铺。适逢父亲外出，他的同事胡敦五先生见他赤裸上身，心痛不已，从同学处借了一身白棉布旧短装给他，从此，他开始了正式求学生涯。

学校有大教室两间，校门挂"公立国民学校"校牌，教员仅吴仙桂和胡敦五，由崇阳县知事委派，归县劝学所管理。墨溪由县立模范小学肄业，每逢假期到学校协助教历史、地理和农业。在长兄的引导下，吴藻溪阅读了清末同盟会、光复会和著名革命者的进步书刊以及古今中外的英雄传记，并作文评述。此外，他还坚持每天写日记，这一习惯终其一生。

1913年冬，吴藻溪以优异成绩考中县立模范小学，报子敲锣打鼓送来报单，由于吴家缴不起学膳费，只好放弃。父亲让他自学《西学大成》等书，准备跳过县立小学，直接升入湖北省立中等学校，也附带研读《金匮要略》等医书及陈修园医书。父亲的想法很明显，最不济也让藻溪可以医立业传家。吴藻溪曾开一剂药方，让同村一穷人煎服而愈，被畈里称为"小神医"。

1915年初，栎树铺国民学校停办，地方乡绅在距离栎树铺约14华里、老屋畈9华里的泉塘畈开办了一所公立国民学校，聘吴仙桂为教员。吴藻溪跟着父亲读书、帮助授课，同时师从学过西学的苏子恒先生补习英文。

他还从同学处借阅《汉魏丛书》等书籍，同时模仿唐宋八大家、杂说等，练习作文，试着撰对写诗，其中，受韩愈影响最大。吴仙桂希望藻溪谨守"不为良相，当为良医"格言，传家立业，但他立志以韩愈为榜样，以文安身立命。

为什么皇帝没有了，世道还是这么混乱？贫苦百姓的生活没有改观，甚至变得更加艰难，中国人为什么老是被欺负……带着种种疑问，这些与他年龄不相称的问题萦绕在他的心头，少年吴藻溪总是愁眉不展、手不释卷。

1923年下半年，已经19岁的吴藻溪认为，只有走出去，才能开阔视野，学到更多知识，了解国内外大事。他向父亲提出自己的想法，并表示经费由自己解决。其后，他落脚其兄就读的武昌楚材中学，恰逢附近一小学招聘语文教师，凭借深厚的国学基础，他顺利应聘。不久，又以优异成绩考入楚材中学，并继续半工半读。

楚材中学爱国主义氛围浓烈。在这里，吴藻溪学习成绩优秀，作文尤其出众，受到师生推崇。他思想活跃，关心时事，能够就一些问题提出自己独到的见解，也敢作敢为，为大家所信任。第二年，他当选为学生自治会会长，代表该校参加武汉学联。在校期间，经张培新（董必武外甥）介绍，他加入了中国国民党。

1924年，吴藻溪凭借扎实的国学功底，被湖北国学馆录取。国学馆是经湖北教育主管部门推动、湖北督军肖耀南于1923年出资并批准设立的，国学馆任教的如王葆心、黄季刚、姚晋圻、刘凤章等，均是湖北宿学之士，他们的学生都是百里挑一的湖北籍俊杰、可造之才。

在这里，吴藻溪如饥似渴地学习中国的传统文化，诗词文赋水平有了较大提高。同时，他还广泛接触革命书刊，进一步坚定了反叛不合理旧秩序，反抗帝国主义、封建专制的思想。1925年"五卅"运动爆发后，作为中坚分子，他积极组织同学们声援。

早期的革命实践

在第一次国共合作时期，董必武作为湖北省大革命运动的核心领导人之一，广泛发动220多万农协会员开展了轰轰烈烈的湖北农民运动，形成强大的革命声势，同彼时的湖南农民运动交相辉映。吴藻溪以极大的政治热情积极投入其中，在此期间，他认识了董必武、李汉俊、孟宪章等人，还先后到蒲圻、咸宁、黄陂、孝感等地考察和旅行，增长社会知识。

1926年11月，受省农民协会指派，吴藻溪返回崇阳，与中共崇阳县委主要负责人、县农民协会委员长彭制取得联系，参加县农协筹备。1927

年3月,县农协成立后,他被分到第七区做农运工作。

在第七区,吴藻溪积极争取农民的支持,工作雷厉风行、一丝不苟,先后在青山铺、栎树铺、老屋畈等地建立了农民协会和妇女协会,发展会员800多人。在协会所在地,他积极倡导和推动禁烟禁赌禁娼,取消高利贷,破除迷信,同时解放妇女,提倡创办学校,垦荒造田,修建塘堰,以图彻底改变农村落后面貌。不久,县农协委任吴藻溪为驻白霓桥特派员。

1927年4月,蒋介石发动"四一二"反革命政变。7月,崇阳县各机关法团举行联席会议,通电予以谴责,吴藻溪则愤然退出国民党。7月15日,汪精卫在武汉召开"分共会议",新军阀夏斗寅部窜入崇阳,大肆捕杀共产党员和革命群众。

身为农协特派员,吴藻溪也被列为捕杀对象。10月,他出逃后,通过时任国民革命军第二集团军总部宣传处处长、冯玉祥随从秘书孟宪章的关系,到河南开封就任总部编辑股股长、宣传处干事,领上校军衔,主编《放足周刊》,并先后辗转郑州、洛阳等地,开展反蒋活动。

以后,吴藻溪又任开封成诚中学教员。1927年11月,在河南省政府主席冯玉祥的支持下,经多方筹措,河南中山大学(河南大学前身)正式建成开学,吴藻溪被任命为校长助理兼校刊总编辑。

1928年5月3日,日本侵略者在山东制造了"济南惨案",屠杀中国军民6000余人。为示河南军民同仇敌忾,冯玉祥在省会河南开封召开追悼济南惨案死难军民大会。按照他的要求,吴藻溪怀着满腔悲愤挥笔书写对联一副:国仇一何深?哀我官民无辜蒙大难;恶魔终自杀,看尔倭寇横行到几时。对联悬挂在大会主席台两侧,引起了参会军民强烈的共鸣。

堂堂中华任人宰割,中华民族屡遭东洋小国凌辱,所有这些,让吴藻溪愤忿之余,更多的是迷茫、彷徨。在冯部期间,吴藻溪认识了杨献珍(中华人民共和国成立后任中共中央党校校长)、薛子正(中华人民共和国成立后任中共中央统战部副部长)、南汉宸(中华人民共和国成立后任中国人民银行总经理)、王久福、夏庭才等中共地下党员,并阅读了由他们提供的中共河南省委发行的《红旗》等地下革命报刊。在杨献珍等人的引导下，他结合大革命时期的经历，确认"只有共产党才能救民于水火，只有共产党主张的社会主义、共产主义才能实现强国富民"，并从此将共产主义作为终生追求。

1930年，冯玉祥联合阎锡山、李宗仁等与蒋介石对抗，引发中原大战，兵败后退隐。是年冬，为了充实救国救民的思想与理论基础，寻找日本变身列强的根本原因，已厌倦军阀混战、无所依托的吴藻溪赴东洋留学。

在日本，吴藻溪以工养学，先后就读早稻田大学、东京帝国大学，专攻哲学、法学、社会学、农学等课程，精通了日语，选修了法语、英语、俄语。他总结参加大革命的经历，认为，"参加旋乾扭坤的政治运动比开展任何学术研究工作都重要"，由此热衷于参加各种进步团体。

在早稻田大学，他加入了日本共产主义同盟、日本全国学生联合会、日本青年反帝同盟、东京学生消费合作联盟驹场支部，以及进步留学生团体反帝同盟、"左联"东京支部（由上海"左联"领导）、社联东京支部、中国社会科学研究会东京分会（由中共东京特别支部领导）。

受中共派遣，张友渔、南汉宸等也在东京团结进步力量，积极开展反蒋抗日救亡运动。吴藻溪与他们密切接触，并积极参与进步活动，如联合中、日、朝革命同志开展反战反帝运动；秘密发行油印的《科学》月刊，宣传抗日反蒋；散发上海寄来的《红旗》《布尔什维克》《中国青年》等刊物；参加日共号召的街头游行示威，支援东京电业工人罢工；等等。

通过这些活动，他对共产主义事业的认识有了进一步提高，表示追随共产主义事业，"虽火燎焚烤而在所不能辞"。

虽然身在日本，吴藻溪无时不在关心国家与民族的命运。在日中国留学生以救助长江流域水灾为名，在旅日华侨中募捐资金，支援东北马占山抗日。他参与活动的发起，表现尤为积极。1933年4月6日下午5时，由于叛徒告密，他被日本东京西神田警署拘押。6月16日，他与汪孝达等留学生被日本军警押解回国，东京各报均在头条位置刊发了这一消息，《朝日新闻》把吴藻溪列为违法学生公布第一名。

7月7日，吴藻溪等被押解到上海，临时住大方旅社，国民党东京支部发电给国民政府，要求以破坏和平为名，对这批人再行逮捕关押，蒋介石深以为然。时任立法院长的孙科认为：我国民政府不抵抗政策已经引起全国人民反对，如果还要逮捕被日本人押送回来的留学生，老百姓一定会闹。在他的劝说下，蒋介石才没有下手。

抵达上海后，吴藻溪等得到了邹韬奋、陈叔澄、蔡子民、王雪艇等人道义和经济上的支持。他本想到马克思的故乡德国继续求学，寻求共产主义真理，并寻机加入共产党组织，因与之相熟的湖北同乡、驻德大使刘文岛调任意大利大使，加之经费无着，只好放弃。

开展救国运动

为了生计，吴藻溪在上海、南京盘桓一段时间后，北上北平，先后任中国大学、朝阳大学农业经济学及经济统计学教授，中国大学政治经济研究室主任，北平育人外国语学校教员。他利用教授身份，广泛宣传进步思想，以马克思列宁主义观点，在中国大学讲合作论、中日关系，在朝阳大学讲中国经济现状及形成原因。

1934年10月，第十二战区中将顾问、外事处处长、曾任中国大学教务长的唐嗣尧到访吴藻溪，商量在开展自然科学宣传方面做一些事。几天后，他们又邀来王良骥一起商议，决定成立世界科学社。

发起之初，计有社员邹明初、孟宪章等数十人，后来增加至百余人，社长由唐嗣尧担任。社务基本上由吴藻溪承担，并负责《科学时报》编译。《时报》内容大多取材于东京出版的科学刊物，也有英、美、法、德、苏等国的科学书报，以介绍自然科学新的理论与实践为主要任务。刊物比较畅销，每期发行2000份，并靠与国内几种杂志交换广告，销往全国各省，中国台湾、朝鲜、日本、南洋群岛、日内瓦等地有不少读者，南京监狱里的政治犯也有订阅。

《科学时报》每月要发表近10万字的稿件，一大半由吴藻溪编著或评述，其余也要吴修改、校对，还要负责发行。社的公务开支每月房租、灯火、印刷、邮寄等费，总共100多元。这笔费用原本规定由唐嗣尧担任一半，吴藻溪、王良骥平均承担另一半。后来王良骥一度离社，吴藻溪整个精力用在社务上，不能赚取兼职补贴，费用就由唐嗣尧一人承担。吴藻溪的生活最初靠私立育人外国语学校每月20元的车马费维持，有时没有钱吃饭，就饿一两天，后来有了中国大学每月支付的100多元的教学钟点费，生活才得以改善。

尽管如此，唐嗣尧还是找借口，要减少他的份额。无奈之下，吴藻溪只好邀请朋友改组世界科学社和《科学时报》，并发行《时代文化》和《文化动向》等杂志。这一时期，《科学时报》得到张友渔、杨献珍、彭友今（曾任全国政协秘书长）、张执一（曾任中央统战部副部长）等人经济和道义上的支持，在宣传科学的同时，也积极宣传抗日、宣传革命。

"九一八"事变以后，日本加快侵略中国的步伐。1935年12月9日，北平各大中学校学生发起要求捍卫中国领土完整的抗日救亡运动，得到全国人民支持响应。吴藻溪积极参加平津文化界的民主抗日运动，与罗隆基、张申府、许德珩、张西曼等19名教授发表联合声明，要求团结御侮，拥护中共抗日民主统一战线，在文化界、教育界、科技界产生了非常积极的影响。

1937年初，中国大学组织农村经济调查团，由黄松龄任团长，吴藻溪任副团长，漆文定、博燕萍（蒙古公主）为总干事，调查北平东郊农民生产情况。"一二·九"学生运动积极分子、抗日民族解放先锋队成员、中国大学政治经济系毕业生王克诚也参加调查。在此期间，吴藻溪与王克诚恋爱，并结为夫妻。

世界科学社及吴藻溪的抗日活动一直为潜伏日本特务和汉奸所忌恨，"七七"事变爆发、北平沦陷的第三天，日军宪兵和汉奸警察包围世界科学社，抓捕吴藻溪。由于提前得到中共北平地下党情报，这里早已人去楼空。日寇气急败坏，抢去全部图书杂志、家具杂物等件，并侵占社址，宣布取缔世界科学社，通缉吴藻溪。

吴藻溪夫妇离开北平后，经太原、石家庄南下，在武昌与共产党人张执一、黄松龄等人会合。此时，国共实现第二次合作，抗日民族统一战线已经形成，全民抗战热情空前高涨。按照董必武的指示，他们联络李伯刚、邓初民、胡愈之等人，于1938年1月在武汉组织了开展农村工作、具有统战性质的群众组织——湖北战时乡村工作促进会，按照《论持久战》和《抗日救国十大纲领》的指导思想和原则，提出"集中一切爱国分子，在党政军各机关领导下，以促进湖北乡村一切救亡工作及一切战时建设"。

促进会成立后，吴藻溪夫妇随即返回崇阳老屋畈，创办了抗战学校。他自任校长，招收学生60余人，成立儿童抗敌服务团和湖北战时乡村工作促进会崇阳分会，通过举办演戏、演说，在县城创办书店，出售进步书刊等各种形式，宣传中国共产党的抗日救国主张和政策。

吴藻溪的活动引起崇阳县县长郎维汉极大恐慌，他以防止赤化为名，断然查封书店，焚毁书籍。吴藻溪非常气愤，赋《斥郎维汉》一首："一勺污泥水，几个小鸭儿。国难当头日，瞑顽不知耻。"郎还纠集一帮人，准备暗杀吴藻溪。他闻讯后，只身逃脱。王克诚坚持了一段时间才离开崇阳，到重庆与他团聚。

积极推动团结抗战

1938年夏，吴藻溪随东北救亡总会（抗日救亡团体）辗转到抗战大后方重庆。11月，他在重庆机房街与董必武会面，汇报自己的工作经历。董必武向同事们介绍，吴藻溪"称的上是自己的同志"，指示他以后到《新华日报》与吴克坚、潘梓年联系。

1939年初，由CC派杜长明把持的中华自然科学社在重庆传播唯心论，影响了团结抗战的大局。为此，徐冰约请吴藻溪、熊雯岚到供职于川东师范学堂的孟宪章处，要求他们设法联络科技、文化界人士成立一个组织，写文章宣传唯物主义，抵制这股妖风。按徐冰的要求，也邀请张申府、潘菽、周建南分头联系，参与最初筹备。

此前，郭沫若就任主管抗日文化宣传工作的第三厅厅长，第三厅迁重庆后，郭沫若即与钱俊瑞（时在中共中央南方局专事文化界统战工作）等人在重庆发起了中国学术研究会，下设社会科学组（成员后来全部赴延安）、自然科学组和哲学组。自然科学组（南方局称中共学术委员会文化组）组长为徐冰，组员包括吴藻溪、张申府等人。

3月下旬，由吴藻溪、张申府、熊雯岚、潘菽、周建南、葛名中（即葛春霖）发起，沿用"自然科学"名称，重庆自然科学座谈会正式成立，活动地点设重庆打铜街曹家巷53号，川康银行后院的巴克新工程师事务所。对于座谈会的性质，1940年9月，吴藻溪、葛名中、孙克定曾致信陕甘宁边区自然科学研究会，称"重庆自然科学座谈会，是中国学术研究会自然科学组所推动成立的一个在战时首都开展科学运动的团体"。

座谈会成立后，每周六晚定期座谈，有时因情势需要，临时召集到大梁子青年大厦开会，夏天有时还举办茶座。成立之初其他成员有孙克定、李伯刚、邹明初、漆文定、汪季琦、涂长望、梁希、干铎、金善宝、李士豪、谢立惠等，总共20余人。但人员并不固定，有进有出，先后参加的有40多人。吴藻溪与熊雯岚、张申府、葛名中、孙克定先后担任召集人，座谈会的印刷品由中共中央南方局机关报《新华日报》免费印刷。

座谈会还成立了沙磁区（现沙坪坝）分会，人员主要为位于沙磁区的国立中央大学教授潘菽、梁希、金善宝、涂长望，重庆大学教授谢立惠等。因为这些人到主城一次实属不易，就经常在中央大学主动开展活动，讨论时局。

座谈一两次后，按董必武、潘梓年指示，座谈会开始协助编辑《新华日报》科学副刊——"自然科学"专栏。吴藻溪亲自撰写的稿件有《目前自然科学界的主要任务》等74篇文章，20多首诗词，在副刊和《新华日报》《群众》周刊发表。副刊编了3年多，到1942年停办。

吴藻溪还以座谈会名义，在《新华日报》上发表致美国、英国、法国、苏联等国家和地区自然科学家的函电，积极争取国际科学界抗日援华。他致力于推动重庆科学界与陕甘宁边区科学界加强联系，1940年3月，延安大学图书馆自然科学院专门致信吴藻溪，称"对于你热心赞助新中国建设事业的精神表示敬意"。

1941年1月，皖南事变后，抗战形势一度岌岌可危。由于特务的干扰破坏，《新华日报》发行受阻。吴藻溪和熊雯岚冒着风险，到《新华日报》所在的大同公司楼下办公室面见周恩来。此后，按周恩来指示，他千方百计帮助恢复《新华日报》，在报上署名赋诗"妖云兴海岛，铁火撼山城。香港私通敌，峨嵋坐拥兵。不知亡国恨，何论恤民情？幸有毛朱在，龙蟠大本营"，以声援共产党。

国民党特务煽动一些人打砸《新华日报》营业部，吴藻溪、熊雯岚挺身而出，到现场慰问报社人员，抗议制止特务暴行。他们还将一部分"黑人"（八路军驻渝办事处非登记在册的中共人员）疏散到四川邻水，加以保护。

为扩大团结抗战力量，在中共南方局的支持下，他还复刊了《科学时报》，先后参与发起成立中国青年科学技术人员促进会（简称青科技）、中国科学工作者协会、中国学术工作者协会、湖北建设协进会、中国民主宪政促进会，积极争取团结民主、和平进步。

"四八"惨案发生后，吴藻溪作为总干事代表世界科学社致电中共中央，对叶挺等遇难表示哀悼，并旗帜鲜明地提出："一致团结在毛泽东的旗帜下，为贯彻遇难诸先生的遗志而加倍努力奋斗到底。"及至内战初起，吴藻溪以各种身份致电致信，发表声明，积极奔走，呼吁反对内战、反对独裁，争取和平，《新华日报》都做了详细报道。

对于吴藻溪推动团结抗战、国内民主与和平之实现的积极贡献，社会各界给予了高度评价。1945年12月9日，延安各界青年召开纪念"一二·九"学生运动十周年大会，主席团陈伯达、范文澜、齐燕铭、黄松龄、冯文彬、黄敬、胡乔木等，向吴藻溪发出致敬信，称"延安各界青年纪念'一二·九'十周年的时候，怀念先生十年来对青年爱国运动，曾做热情的指导与支援；今日中国青年又在为反对内战要求和平争取民主而进行艰苦的斗争，先生复以大无畏的精神，仗义执言，伸张公理，远道闻之，实深感奋。谨向先生致真诚的慰问与崇高的敬意"。

1946年5月，延安庆祝"五一"国际劳动节，再次向吴藻溪发出致敬电。感激之余,吴藻溪欣然题诗:"和平巨浪漫天来,岂畏瞿塘滟滪堆。滨海夷齐皆不禄,防川幽厉祇堪哀。流漓鸿雁千创重,歌舞秦淮百态赅。指日春雨掀地起,神龙一展济苍才。"

参与发起九三学社

抗战胜利前后,吴藻溪按照徐冰的要求,积极开展争取国民参政院进步力量的工作。他数度前往下罗家湾稚园许宅,与参政员许德珩等漫谈时局,向徐冰和潘梓年汇报访晤情况。稍后,许德珩对吴藻溪表示,他去找过徐冰和潘梓年,徐冰也来找过他,彼此谈得很好。徐、潘希望他们团结的人更多一些,吴藻溪、许德珩遂有意发起成立一个政治性学术团体。

以后梁希、潘菽、褚辅成、涂长望、卢于道等也参加座谈,就时局交换意见。座谈地点转到宽敞安全的重庆自来水公司打枪坝职工宿舍,税西恒迁两路口新村五号——兰园,七星岗中苏文化协会张西曼处,或在广东酒家以聚餐做掩护,边吃边谈。大家有困惑,也有基本一致的政治主张。当时座谈没有实际召集人,也没有名称。

1945年9月3日,为庆祝中华民族抗日战争胜利和世界反法西斯胜利,国民政府宣布放假三天。这天上午,11名座谈人士在税西恒供职的川康兴业公司聚会庆祝,中午由税做东,在中苏文化协会餐厅聚餐。席间,大家提出座谈有了规模,总应该有一个名字。最后一致赞成以九月三日这一有纪念意义的日子命名,即取名为"九三座谈会"。

1946年1月6日,吴藻溪与褚辅成、许德珩、税西恒、张西曼、何鲁、刘及辰、潘菽等20余人召开九三座谈会,决定筹组成立学术性党派组织。经讨论,将该组织名称取名为"九三学社"。

会后,吴藻溪全力推动筹备工作,开展进步活动。他与张西曼代表九三学社筹备会,在《新华日报》就政治协商会议提出意见,要求"切实执行停止军事冲突之命令"。吴藻溪强调,"对东北问题的意见,东北政权应由人民自行决定"。他与许德珩还分头联系了张迦陵、孟宪章、王卓然、刘及辰、彭饬三、詹熊来、孙荪荃、李世豪、谢立惠、干铎、顾执中、龙叔修、勾适生、邓初民、马哲民、朱鸿贤、漆文定、王克诚、邹明初、雷启汉等，作为参会人员。

成立大会召开在即，最难解决的是会场问题。当时国民党特务不能为难开会的民主人士，因为大多有社会名望，而会找会场提供者的麻烦。吴藻溪因为是重庆基督教青年会会员，便借到了该会的大礼堂，开会的时间和地点也由他寄发通知或转告。

为造成声势，在南温泉实用会计高级补习学校，吴藻溪与教职员王克诚、漆文定、蒋宗仁、朱鸿贤、朱作琦、白远富、黄仁生、邹明初和学生段厚柏、彭兰芳、莫继庄、杨永碧、刘文富等人商议，决定上列教职员都参加发起和筹备工作，并由这个学校的教职员联谊会和学生自治会致函大会，表示支持。

1946年5月4日，九三学社在重庆基督教青年会大厦召开成立大会，到会的有吴藻溪与褚辅成、许德珩、税西恒等50多人。会议宣读了由吴藻溪等人创办的农村科学出版社及南泉实用学校校友会发来的贺电，吴藻溪与卢于道、王卓然、黄国宁、张雪岩、张迦陵发表了自由演说，通过了由吴藻溪起草的《九三学社缘起》《成立宣言》《基本主张》《对时局主张》，及致美国会电文，选举吴藻溪等24人为理、监事。

会议授权吴藻溪、许德珩，以本社名义向政协三方面表示支持其所达成的各项协议，并正式提出本社政治主张；代表本社慰问在较场口事件中受伤的民主人士；代表本社向中外各报、各通讯社发布本社成立新闻。

5月12日，九三学社在兰园召开理监事第一次联席会议，吴藻溪与褚辅成、许德珩、税西恒、侯外庐、张雪岩等10余人参加。会议讨论了社务及时局，推吴藻溪与褚辅成、许德珩、税西恒、张雪岩、潘菽、黄国璋为常务理事，提出立即停止东北及其他各地内战等主张。

大规模的复员活动开始后，按照中共中央南方局的指示，吴藻溪往返于重庆、南京、上海之间，组织开展进步活动。在他的推动下，九三学社上海、重庆分社分别于6月12日、10月27日成立，他均担任理事。

积极兴办进步学校

刚到重庆,潘梓年要求吴藻溪、熊雯岚等人加强学习,要"通过学习,立即行动"。如何行动?吴藻溪、熊雯岚与潘梓年反复研究,决定兴办一所农村合作函授学校,这样既看不出政治动机,又能面向中国最广大的农村,广泛联系发动民众参与抗战。

1939年2月,农村合作函授学校正式开学,校址设在巴克新工程师事务所内,由吴藻溪任教务长。南方局非常重视学校的发展,董必武代表南方局出钱资助,《新华日报》免费刊登招生广告、印刷讲义。

由于函授有方,学校社会影响逐步扩大,学员遍布大后方,学生最高时达到千人以上。学校在寄发学员的讲义教材中夹带中共的宣传资料,宣传中共领导的抗日民族统一战线,广播革命火种。

基于学校良好的发展势头,南方局指示,在农村合作函授学校的基础上,由《新华日报》支持,成立农村科学出版社,由吴藻溪任主编,熊雯岚任社长。《新华日报》也以农村科学出版社名义,公开出版发行宣传品、书籍,宣传中共抗日主张。

学校与出版社受到中共中央南方局书记周恩来重视,他邀请吴藻溪、熊雯岚到曾家岩50号面谈,勉励他们:"这样联系群众的方式很好,就像这样继续广泛联系群众,扩大影响。"

为了贯彻周恩来指示,1941年10月,吴藻溪与邹明初、熊雯岚、漆文定、王克诚、朱鸿贤、赵超凡等又创办了战时工商讲习班,宣传党的抗日民族统一战线,同时,通过学校搜集市场经济信息、物价措施,提交南方局经济组负责人许涤新作经济分析。

农村合作函授学校和战时工商讲习班的活动,引起国民政府当局的注意。国民政府教育部部长、国民党"CC"头目陈立夫派特务对学校进行监视,干扰教学。1939年5月的"五三""五四"日寇大轰炸,校舍被炸毁,学校教学工作变得十分困难。但是,在南方局的坚强领导、指导和支持下，吴藻溪等人克服困难，顶住压力，坚持办学，且越办越好，在重庆中心市区一直坚持到1943年。其间一度迁至江北县邓家花园、杨家院子，并更名为重庆实用会计专修学校。后来，吴藻溪举家迁到南泉，学校也到巴县老厂一带寻找校址。

得知吴藻溪想在南泉办学，早就对他耿耿于怀的陈立夫授意地方反动势力许湘声等百般刁难，使迁校工作迟迟不能进行。时任国民党中央宣传部部长梁寒操属孙科一派，他与潘昌猷（重庆银行董事长）在南泉创办了八一三中学，与也在此办校的陈立夫、陈果夫产生矛盾。得知实用会计专修学校苦觅校址，梁、潘遂即表示欢迎将专修学校迁八一三中学，希冀联合抗拒"二陈"势力，此议与吴藻溪、邹明初等一拍即合。

1943年，重庆实用会计专修学校迁校，更名为实用会计高级职业补习学校（简称实用学校），以后又改建为实用工商专科学校。吴藻溪等任校董，邹明初任董事长，孟宪章、王克诚等先后担任校长。

在南泉，学校遭到国民党地方反动势力的百般刁难。他们向重庆地方法院指控"这个学校尽搞共产党的事"，调动军警查封学校，指使特务恐吓殴打老师和校工。中共南方局对学校提供及时大力支持，《新华日报》公开发表文章《南泉实用学校遭军警捣乱》，披露事实真相，国民党特务和南泉地方反动势力因此受到社会公众的严厉谴责。

总结办校的经验，吴藻溪、邹明初、熊雯岚、漆文定、王克诚等认为，过去所办学校都是临时性的，面对全国新的争取民主高潮即将到来形势，重庆地区需要一所比较正规的高级院校，作为党开展统战工作的重要阵地，而实用学校已具备向高等院校发展的基础和条件。

吴藻溪、熊雯岚为此专门向徐冰汇报，又向董必武请示。董必武力表支持，并代表南方局拿出300元银元，作为学校创办基金，指示："不要让他们（国民党反动分子）找到了主根。"校名定为西南学院，校址定在南泉，聘请孔祥熙（时任中国银行董事长、国民党中央执行委员）为名誉董事长，作为"挡箭牌"。

1946年秋，西南学院正式成立，由吴藻溪任教务长。学校追求进步，中共四川省委副书记张友渔、《新华日报》总编辑熊复（解放后曾任《红旗》杂志总编辑）曾到学院讲授政治课，中共巴县县委和共青团组织在该院设立了地下机关。1946年9月，中共重庆市委派江竹筠（即《红岩》人物江姐的原型）到西南学院建立党组织，开展革命工作。学生大多订阅了《新华日报》，学院成为共产党人宣传革命的讲台、培养革命人才的摇篮、隐蔽革命力量的据点。九三学社重庆分社以西南学院为依托，也积极参加到民主运动中。

由于西南学院锋芒毕露，为蒋介石、朱家骅（时任国民政府教育部部长）、陈立夫所不容。蒋介石几次下达"手令"，查封西南学院，不予登记立案。国民政府教育部、四川省政府教育厅、重庆行营、巴县县政府及中央通讯社、中央日报等扬言西南学院非法设立，为民盟大本营，唆使地方黑恶势力扬言焚烧校舍，胁迫乡民不得租房或卖菜给学院。

面对复杂局面，王克诚与邹明初紧密合作，及时做出应变和反击对策，并随时与已赴上海的吴藻溪联系。吴藻溪向他们转达董必武指示，以中共处理"皖南事变"和"宣化店事件"的精神，坚守西南学院阵地，及时揭露国民党反动派迫害学院的一切非法勾当。

1948年，国民政府重庆当局强令西南学院更名为陪都工商学院，并窃取院长、教务长等职位。王克诚独立支撑局面，忍辱负重，配合中共地下党组织坚持斗争，积极争取实际管理权。

1949年6月1日，重庆各大中院校约定举行游行示威，反对内战。当日凌晨，当局派重兵包围学院，抓捕进步师生30多名，为重庆地区被捕人数最多的学校，还有10余人列在黑名单，因当夜未在校住宿而幸免。

吴藻溪得知消息后，马上在上海组织召开董事会紧急会议，向蒋介石、肖毅肃（时任军委重庆行营参谋长、重庆警备司令）提出抗议，并积极组织营救。其后，马哲民由他的学生张笃伦保释，部分学生由邹明初、王克诚保释，其余李文钊等20多人，在李宗仁出任代总统后，吴藻溪通过赵峰樵找到李宗仁，由他电示重庆当局全部予以释放。

在上海开展地下工作

1946年6月，内战全面爆发。年底，按照周恩来、董必武安排，吴藻溪到上海，参加中共领导的地下军事、政治、外交、文化教育等方面的工作。

在上海，吴藻溪多次以九三学社名义，积极推动落实政协各项协议，单独或与其他民主党派、民主人士提出民主与和平主张。他还与褚辅成、孙荪荃、孟宪章等，联络王造时、施复亮，发起"对日问题座谈会"，反对美国政府扶持日本军国主义。在上海，有人策动褚辅成、孟宪章出席国民大会，并以九三学社名义在谭平山、孙荪荃夫妇家聚会。吴藻溪得知消息后，以九三学社总社常务理事名义宣布解散会议，并对参会人员提出警告，深为谭平山钦佩。

中央研究院总干事萨本栋以国民政府名义与美国签订《中美商约》，勾结美国奸商雷诺察勘中国铀矿，搞积石山探险。吴藻溪在《科学时报》发表文章，揭露萨本栋卖国行径。萨在高等法院控告他，由于时任中国科学社社长的任鸿隽主持正义，他挫败了萨的阴谋。受反动势力指使，北平市参议会议长唐嗣尧在北平成立"世界科学社"，并宣称将在上海设立分社，意图抵消由吴藻溪主持的世界科学社的影响。他借助《时代日报》及时揭露唐的阴谋，劝他悬崖勒马。

1947年10月，民盟被蒋介石下令解散。作为民盟中央委员，吴藻溪主张坚决抵抗，如果蒋介石乱捕乱杀，就发动罢课、罢工、罢市，配合人民解放军军事行动，加速蒋介石灭亡。魏德迈曾挑拨说：美国只反对中共，并不反对其他各党派，偏袒蒋介石国民党一党政府。他致函魏德迈，驳斥其谬论，指出："美国没有理由干涉中国的任何党派。"

吴藻溪在上海认识了英国驻华文化委员会负责人戴勒斯，与他在静安寺附近见面，由九三社员勾适生任翻译。他们谈了中国进步的民主运动受国民党压制的问题，要求帮助向国外发布新闻，商量民盟被迫害人士政治避难办法，商请英国驻华大使转示香港当局，保障中共及中国各民主党派人士在港、澳的安全。他通过戴勒斯得到科技方面的很多书籍，通过章汉夫、李正文送往苏北解放区。

吴藻溪广泛收集内战爆发后，国统区报导的妇女、儿童和老弱人员被杀、自杀、饥寒、病痛等悲惨情况，向美国驻华使馆、联合国秘书处国际人权保障会议，以及美英苏各报致函，抗议或谴责美帝援蒋罪行。联合国公报发表了他的信，国际人权保障会议在布拉格召开，特邀请他参加，但国民政府拒发签证。

1948年，吴克坚指示吴藻溪策反闸北到江湾一线国民党军，具体工作由中共地下上海局策反委员会书记张执一、委员李正文领导。吴藻溪通过内线，找到国军上将李华英。李是军政部主任参事，因反对蒋介石发动内战、媚美绥日而主动申请退休。由于他胆小怕事，没敢做，但也未出卖吴藻溪。蒋介石引退后，密令汤恩伯将国库银元、黄金、美钞、英磅、港币等偷运台湾，具体由俞鸿钧、刘攻芸等负责。李华英将这一消息告诉了吴藻溪，吴藻溪联络中央银行和南京方面金融人士，故意通报相关消息。偷运行为受到立法、监察两院质询弹劾，上海工商界也强烈要求制止金银外运。

吴藻溪也试着对李宗仁、李文定、曹福林、刘汝明等国民党军政要员施加影响。淞沪警备司令部、上海市警察局对他的行动早有察觉，曾三次侦捕吴藻溪，由于他的机警而幸免于难。1949年5月，他的战友、黄炎培之子、民建临干会常务干事、中央银行稽核专员黄竞武（也称黄敬武）不幸被国民党保密局抓捕，受尽酷刑，被活埋在监狱。上海解放后，人民政府在旧中央银行召开黄竞武、宋茂林烈士追悼会，他在会上报告了黄竞武的工作。军事代表卢钝根代表人民解放军致辞：我们接收伪中央银行，发现一切都准备得很好，以为伪中央银行比其他各伪行都进步些。刚才听了报告，才知道这里面饱含着先烈的鲜血！

李正文在《回忆黄敬武烈士》一文中说："我认识黄敬武是在1949年2月，当时我是中共上海局策反工作委员会委员，主管陆军方面的策反工作，书记是张执一。张执一把吴藻溪作为工作关系介绍给我，吴在策反工作上是有贡献的。黄敬武，就是吴藻溪介绍给我当作工作关系的。"（《中

央盟讯》1984年第2期）

含冤待雪志不挠

1949年5月27日，上海解放。吴藻溪在军管会的领导下，积极投入到城市接收工作中，并具体负责调查国民政府及战犯遗弃和隐藏的轮船、汽车、房地产等物资，所得资料汇总后交许涤新。

9月，中国人民政治协商会议第一届全体会议在北平隆重召开，吴藻溪作为九三学社5位正式代表之一参加会议，随后，他出席全国科学会议，并参加开国大典，见证中华人民共和国的成立盛况。

中华人民共和国成立后，吴藻溪任国务院参事、上海市人民政府参事、华东军政委员会土改委员会委员，行政九级（相当于副省军级），历任大夏大学、上海商学院、苏州国立社会教育学院教授，担任上海市人民代表、中国人民外交学会会员。1950年国庆期间，吴藻溪致信毛泽东主席，表示热烈庆祝之意。10月11日，毛泽东回信："国庆日辱承函贺，并悉先生工作情况，甚为感谢！"

看到自己为之浴血奋斗的中华人民共和国成立，吴藻溪非常振奋，也深深体会到来之不易。为此，他把自己所有的精力都投入到社会主义革命和建设中，并一贯地保持清正廉洁、光明磊落的生活作风。他曾揭露少数国家干部公车私用，直接促成中共上海市委决定市级机关公车减半。

1952年底，由于种种原因，虽经中央统战部做工作，九三学社多方挽留，吴藻溪退出了九三学社。1957年反右扩大化，向来勇于言事、知无不言、言无不尽的他首当其冲，被上海市参事室定为"右派"，列了七条罪状，其中一条就是"把自己打扮成一个共产党的样子"。事实上，他时常以一名优秀共产主义战士的标准严格约束自己，但对其他无中生有的罪名，他几次辩解，都无补于事。甚至有人威胁，如果不承认，就把王克诚和他们的儿子吴维扬、吴念宁都划为"右派"。

吴藻溪被屈打成"右派"后，下放到基层劳动改造。他多次向党中央、国务院，向毛泽东、周恩来、董必武写信鸣冤，但都石沉大海，却引起了专政人员的警觉。1971年10月，他从上海被武装押送到崇阳县雷城公社监督劳动。

此时的吴藻溪虽已年近七旬，但他很快适应了农村生活，做一些力所能及的农活。老屋畈旧居由于兴修青山水库，早已被淹，他就在老屋畈附近山坡上筑了一间土坯房，希望寄情故乡山水弥补命运的多舛。

吴藻溪非常孤独，他思念自己的妻子和儿女，写信给在上海长城中学教书的长子吴维扬，在江西省冶金工业厅工作的次子吴念宁，在四川成都的妻子王克诚、女儿吴平南，但都杳无音讯。好在了解吴藻溪经历，与他有过接触的人从不把他当敌人、坏人，不少人还请他吃饭，想办法帮他寄发信件。

1976年春夏间，吴维扬终于得知父亲被软禁崇阳，急忙赶去会面。父子相伴3日。维扬返回上海时，吴藻溪不知道还有没有见面的机会，遂含泪作《送维儿回沪》："送儿回海岸，扶杖到庭前。土产含深意，奔波太苦辛。中林生嫩茨，野鸭舞荒村。身上衣何薄，长天尚未晴。"

吴藻溪在政治舞台上消失后，中共中央领导一直关心他的去向，毛泽东、周恩来、邓小平曾询问他的情况。1962年，曾担任上海市市长的陈毅直言：吴藻溪"不但不是右派，应该说是大大的左派"。

1978年4月，吴藻溪"右派"问题终于得到改正，并安排到湖北文史馆工作。1979年，他重返上海文史馆。在上海，他始终思念着家乡，牵挂着故乡的百姓，用平反补发的工资买了两台挖掘机送给崇阳，捐建了一个图书馆，注解《黄帝内经》《伤寒论》等古代医书，无偿赠送崇阳中医院。他翻译日本中江兆民的著作《一年有半》《续一年有半》，全部稿费捐给朝鲜儿童。其一生公开出版的著作和译著有《世界合作运动史》等30余部，未出版的有60余部。

1979年10月，吴藻溪与世长辞，终年75岁。中共上海市委统战部隆重举行追悼大会，对他的一生给予高度评价：虽为学者教授、哲学家，但更热心从事爱国爱民的和平民主运动，是一位进步的社会活动家，常奔走于文化科技战线。他,个性刚直,坚持真理,百折不挠;他,博学多才,德高望重,处顺境不骄,遇逆境不妥;他,坚定信仰,受冤受屈,遇苦遇难,矢志不渝。当他被错划成"右派",长时间地监督劳动改造时,他也是心向党中央、心向毛主席的。在较为困难的环境中,他仍不忘嘱咐自己的子女要坚决拥护党,拥护社会主义。

吴藻溪追求国家与民族大义,追求民主、科学与进步,追随共产主义事业,追随中国共产党,矢志不渝,他用"千秋盛业幸躬逢"为自己的一生做了最好的注解。

参考文献

1. 中共中央书记处政治研究室《关于"重庆自然科学座谈会"中南海会议记要》,1984年12月15日。

2. 张友渔、杨献珍、吴克坚、杨放之、葛春霖《一个有理想的人》,《人民政协报》1986年11月21日。

3. 中共中央南方局机关报《新华日报》(1938—1947)。

4. 中联出版社编《中国党派》,中联出版社1948年版。

5. 吴藻溪《科学运动文稿》,农村科学出版社1946年版。

6. 九三学社中央研究室编《九三学社简史》,学苑出版社2005年版。

7. 周韬《南京国民政府文化建设研究(1928—1949)》,哈尔滨工程大学出版社2009年版。

8.《九三学社概要》,1949年6月17日。

9. 孙恭顺《税西恒老师二三事》,《九三黔讯》1995年第1期总第21期。

黄国璋传略

■ 李 书

　　中国近代地理科学的开拓者和奠基人——黄国璋，与丁文江、翁文灏被学界称作中国地理界"三杰"。20世纪30年代起地理学界还有一个"南胡北黄"之说，"南胡"指南京大学（当时为中央大学）的胡焕庸，"北黄"即指北京师范大学的黄国璋，他们大学时同学又曾同事，后分掌南北学坛，皆因学术造诣和对中国地理学的发展做出了突出贡献而蜚声遐迩。

　　黄国璋，字海平，祖籍湖南湘乡人，1896年8月5日（一说6月）生于上海。说到他的家乡湘乡，大概人们最熟知的是"天下湘军出湘乡"。湘乡作为近代湘军的策源地，曾"以百里之地荟萃群才，以一军之威维系全局""以一县之兵，征伐十八省"，在中国近代史上写下了浓重的一笔。湘乡是楚南重镇，古称龙城，位于湖南省中部，山水旖旎秀丽，公元前3年置县，历史悠久，人杰地灵，英才辈出。三国蜀相蒋琬，元代文豪冯子振，晚清重臣、湘军统帅曾国藩，力平新疆叛乱的"飞将军"刘锦棠，以《知耻斋集》《清史列传》留世，怒烧和珅之车朝野闻名的监察御史、翰林院编修谢振定，参加过中日甲午之战奋力抵御日军入侵、中国同盟会湖南分会创始人禹之谟，辛亥革命先贤龚铁铮，中国共产党早期领导人蔡和森、蔡畅兄妹，红军杰出将领黄公略，大将陈赓与谭政，国际诗人萧三，著名儿童文学家张天翼，爱国将领宋希濂，一代报人成舍我……都诞生于此。黄国璋在故乡读书、生活和成长，沐浴着深厚的湘乡人文传统的雨露阳光，日后也成为了璀璨群星中耀眼的一颗。

黄国璋少年时就读于湘乡东山高等小学堂，1911年入湘乡驻省中学本科班，曾两度和毛泽东同窗。17岁入长沙雅礼大学，1919年以优异成绩毕业，留校担任中学部地理、英文教师兼教务长，直至1926年。

黄国璋从少年时代起就喜欢地理。他生活的那个年代，军阀割据，穷兵黩武，外敌入侵，山河破碎。他的父亲黄抚九很有远见，曾在上海谋事，目睹列强对中国的侵略、欺凌，笃信"师夷长技以制夷"的主张，他给年幼的黄国璋聘请了家庭教师教授英语。从小的熏陶、训练给黄国璋的英语水平打下了良好的基础，英语成绩尤其口语，一直在同学中名列前茅，这也为他下决心学习、研究地理以报效祖国，日后跨出国门学习研究西方近代地理扫清了语言障碍。

黄国璋在长沙雅礼大学中学部任教时，接触到魏源的《海国图志》以及德国学者洪波德（Humboldt）、李特（Theodor Litt）等人的著作，特别是中国近代史上明确提出向西方学习的清代著名思想家、新思维倡导者魏源"师夷长技以制夷""不善师外夷者，外夷制之"的学说给了他很深的影响。黄国璋从中渐渐悟到若要以身报国，为国图强，首先就要了解国家，为此，他立志研习地理。基于这种认识，他也像当时那些为使国家强大去国外学习西方先进科学技术、寻求科技救国之路的有志青年一样，迈出国门赴美留学。

1926—1927年，黄国璋在耶鲁大学理科研究院做研究生，1927—1928年是芝加哥大学地理系研究生。好学、勤奋、刻苦，黄国璋成为20世纪20年代我国留美学生中专攻地理学并获硕士学位的第一人。

黄国璋在美主要师从20世纪极具影响的著名人文地理学家亨廷顿（E. Huntington）教授，他对黄国璋的教导、影响甚大。亨廷顿被认为是"环境决定论"的主要代表，主要研究气候与地形、地理和历史变化、人类活动以及文明分布之关系等，尤以气候对文明影响而著称，但他又很博学，具有气象学、气候学、地貌学、自然地理学、野外地理考察等诸多方面的深厚基础，他的理论、见解无一不深深影响着他的弟子们。黄国璋认识到，中国地理学虽然兴起得很早，但是到了近代已经远远落后于欧洲和美国，特别是经济地理学，这门直接关系国计民生的现代科学，在中国却还没有得到足够的认识，没有人重视它，更是缺少研究。黄国璋的硕士论文以《上海港地理位置的择决因素》为题，后发表在1929年第四次太平洋科学会议会刊上，这是一篇由中国人自己研究上海港地理要素的经济地理学论文。

留学期间，黄国璋阅读了大量的欧美近代科学发展史和地理学专业书籍资料，在美国的一些港口、峡谷、草原地理地貌进行考察，并系统掌握了野外考察方法和绘图技术。在丰富的地学实践中，尤其是接触、目睹了西方地理学的发展成就，他愈加懂得学习传播地理学不容忽视的意义，愈加明确了回国工作的方向。

黄国璋在美国的学习、研究以及生活条件逐步得到改善，但他始终无法忘记哺育过他的故土。他谢绝了导师亨廷顿教授挽留他在美国继续进行科研的好意，毅然决然放弃了优厚的物质待遇，选择了回国，他要回国去施展自己的远大理想和抱负。他说："在地理学家的眼里，地理不仅仅是一个沙盘，它牵连着一个国家一个民族的政治文化历史、经济民生民俗。我的祖国连年军阀混战，民不聊生，统治者无心科学，连版图都绘得错误百出，家底不知，民事不晓，谈何图强？"就这样，1928年10月，他从大洋彼岸踏上了归程。他踌躇满志，要把所学到的知识全部献给生养自己的祖国。

黄国璋回国后，在竺可桢创办的南京中央大学地理系任教，主要讲授"人生地理""北美地理"课程，并先后撰述了《社会的地理基础》一书和《美国加州葡萄干产区之位置与地理环境之关系》《纽约地理学会概况》《爪哇——低纬农业之研究》《从地理方面检讨中欧政治的演变》《中国地形区域》《我国国防与地理》等多篇论文，其讲授、著作、文章冲击和改变了我国传统的记述地理学，展现出我国现代地理学的新面貌和新气象。

地理学在我国是一门古老的学科。早在千余年前，中国就有了《禹贡》《山海经》《史记〈货殖列传〉》《史记·河渠书》《汉书·地理志》《水经注》等不朽的地学名著。《禹迹图》《平江图》的绘制等反映出我国古代地学发展的概貌，《管子》《梦溪笔谈》《朱子语类》《本草纲目》《天工开物》等著作中不乏关于地图、水文、土壤、岩石、矿物、化石等方面知识的记载。颜真卿、沈括、朱熹等学者，对于海陆变迁、化石的认知，不仅闪烁着古代地球科学思想的火花，就世界范围来说，也属于早期正确认识地质历史演化先进思想之列。然而，当19世纪中叶欧洲高扬地理革命的旗帜，并将其应用于工业、农业、交通业等各业发展之时，中国的地理学则止步不前。尽管20世纪初曾有欧美地理新著进入我国，但是没有对我国古老的地理学形成较大的冲击，也没有引起学人的足够重视。因此，那时的中国地理学不仅落后于欧美各国，甚至落后于国内其他学科。

黄国璋看到了这一点，归国后，他身体力行，将其所学全部投入到他所热爱所选择的事业中，积极开拓推进中国近代地理学的发展。

黄国璋于1930年发表《社会的地理基础》，全面论述了环境的类别与变迁、地理位置、地形、矿产、土壤、水、气候、生物等与社会发展的关系，辩证地论证了人地关系的性质、缘由和结果，被学界认为是我国最早最全面论述人地相互关系的著作。其《自序》中明确阐述："改良社会生活，是近代社会学家和经济学家时常研究和讨论的问题，我对此亦甚注意。社会是环境的产物，环境有约制人群社会的力量，人群有支配环境的反应，假使我们不明了这种的'相互'关系，而要从根本上去改良社会，我们就不能对症下药，去医治社会的病痛。"他把著述该书的目的定为"(1)把人与地理环境间的各种'相互'关系做有系统的叙述；(2)说明这种关系的性质并非永久不变的。"他对社会的地理基础定义"乃是研究'人'与'环境'间的相互关系，并不是研究社会的自然基础。人的因子 (Human Factor) 和环境因子 (Environmental Factor)，两者必相提并论。这两种因子在彼此发生关系的时候，都可名为地理因子"。他认为，人与环境间的相互关系的研究"即是社会的地理基础的研究"。书中写道："人与环境间的地理关系，可从两方面去看：(1)环境因子对于人的影响；(2)

人的因子对于环境的支配。"黄国璋参考了亨廷顿和森普尔等学者的著作，引用了大量中外实例为佐证，从地理位置、气候、地形、矿产、土壤、水系、生物等诸多的自然环境因子来说明自然环境对人类社会的密切关系和影响；各环境因子之间相互作用相互影响，密切又复杂，此时的黄国璋只有34岁，已见出他的眼界之深远，视野之开阔，头脑之明晰、敏锐。

黄国璋非常重视地理知识的实用性，认为"近代地理学推求人地相关之理，不但是一门理论的科学，同时也是一门实用的学问"。"人类对于自然，不仅消极地适应，而且积极地改变，以适应人类的需求，不全是适应，而是利用"。要利用自然的前提，就是人们对于生存环境的了解。黄国璋说："在普通的情况之下，在相似的环境中，人们利用自然的方法大体总相类似，甲地利用环境的方法，常足为乙地所取法。"他强调环境利用方式的可鉴性。他在所撰写的《美国加州葡萄干产区之位置与地理环境之关系》一文中，全面分析了加州葡萄干产区的地理环境与葡萄干生产的关系后，谈到盛产葡萄干的沙那圭河中游地带，50年前还是人口稀少的偏僻牧场，后竟成为美国最富庶的农业区。而我国如果能将那些尚未开辟的土地，如加州一样，"使有自然利益者，人民能利用之；自然障碍者，能设计战胜之，如是，不惟能谋事业上之发展，人民生计亦可根本改良"。

黄国璋认为，热爱自己的国家，必先了解自己的国家，而地理学天然具有这一功能。他希望学生们了解自己的国家，从而更热爱自己的国家。他说："历史和地理一经一纬，交织而成国民的必备要素，在国民教育上的功用言，二者相得益彰，关系至切。学习本国地理的第一要义是什么呢？简单地回答就是为着要明了我们国家的伟大，我们国家的可爱，唤起民众、一般国民共同的国家观念。"他很强调学习地理的必要性，认为"一个近代公民，对自己国家以内的山川气候等自然形势、人口聚落、物产交通等人文现象及其相关之理，总该有一个比较深刻的了解。因为只有这样才能培养出共同的国家观念，才能激发出爱国的激情"。

作为我国传播西方地理科学知识的主要学者，许多大学纷纷邀请他去兼课。

1930年，黄国璋首次被聘为北平师范大学地理系兼职教授，他以全新的教学内容、缜密的思维方法、新颖的教学手段、清晰而风趣的谈吐受到学生们的好评和欢迎。

1931年"九一八"事变，日本帝国主义一举鲸吞我国东北三省，金瓯蚀缺，激起全国人民极大愤慨。黄国璋和师生们一起走上街头游行，向南京政府请愿，希望枪口对外，收复东北三省。

1934年中国地理学会在南京成立，黄国璋当选为理事。

黄国璋认为要传播最新地理知识、提高地理学术水平、扩大地理教育影响、交流地理教学经验，还必须创办有关地理的专门刊物。1934年在南京中央大学任教时，他参与发起了创办当时最具权威性的《地理学报》。

理论与实践相结合是黄国璋一贯所提倡并坚持的，1934年10月至翌年6月他领导"云南地理考察团"入滇考察。

山河破碎，国无宁日。20世纪30年代初期，英国借助其殖民地缅甸，攫取、掠夺我国云南银矿。由于当时疆界不清，谈判缺乏实据，黄国璋受命负责筹划、物色专家和随员，组团前往云南南部考察。由于事关重大，国民政府还派对云南外交问题素有研究的滇籍张凤岐偕行。经过多方努力，筹措到法币2.4万元，购置了德国先进的测绘仪器，于1934年10月，由黄国璋领队，与国际联盟特聘中央大学外籍教授费师孟（H. Von Wissman）、王德基、严德一等组成云南地理考察团。尽管此行因省政府主席龙云寄以殷切期望而通令各方给予最大支持，但处于20世纪30年代的滇南地区，贫穷落后、地广人稀、交通闭塞、瘴疠肆虐、疟疾为灾，对考察团所有成员无一不是严峻考验。

参加此次考察的严德一，在时隔46年后的1981年所撰《三十年代西双版纳的地理考察》一文中对此行野外环境工作之艰苦、感触至深之难忘，有真实、生动记录。"三十年代初期，江南各省公路尚未修通以前（1937年春京滇公路——南京至昆明汽车才通），南京去云南，仍仅有两条古代驿路可通：一经湘西、贵州，一经四川、黔北。以上两道，向称山原，地无三里平，天无三日晴，又加各地围防割据，辎重道远。""普洱、思茅两城，原为滇南边防重镇，殖边督办和海关公署所在，民国以来瘴疟未经防治，城市萧条。郊外沃野平坝，人都患病，水利失修，无力耕种，田多荒芜。……晓行夜宿，凄凉寂寞；南下坝子，行旅更视为畏途。""雨季马蹄铁砍成凹凸坑洼，旱季山径变为悬梯，无论骑乘，备感忐忑。"

　　严德一记录了他们在如此险恶环境中如何工作，他们分工不同，有照相、测量、测绘的，有采集热带植物标本的，有专往边界实地调查研究云南边疆外交问题的，"黄国璋教授中、晚到站都要作农业地理访问。王德基和我两人轮流随从做助手，配合测高，照相；每晚都要用煮沸气压表校对高程，日记；……"他们深入普思沿边，到西双版纳首府，"在黄国璋教授指导下调查农业地理，利用平板仪步测允景洪坝曼景囊村的田亩图，研究傣族土司的土地制度和灌渠系统"。

　　玉溪、峨山、新平、元江、江城、东里、佛海（即今勐海）、澜沧、思茅、普洱等地都留下了他们的身影和足迹，至1935年6月考察归来，历时8个月之久，获得了大量宝贵的云南西南部地区有关热带资源、农业地理、边界形势、民族历史等方面的第一手资料。

　　考察回来后，黄国璋撰写了《滇南人生与自然》《滇南之边疆情势及今后应注意之点》。文章明确指出，滇南地区"关系我国目前抗战及未来国防"，他从"边疆形势""边区情况""边民特性""边防要点"四个方面详细叙述滇南边疆在地理上的重要位置，阐释打通滇缅交通，发展边疆经济对巩固边防的重大意义。他具有深邃的战略眼光，认为加强边境地区的国防力量，不仅仅要在军事上采取强有力的措施，还要发展经济、发展教育。针对当时滇南地区刀耕火种的落后生产方式，黄国璋提出发展生产的重点要放在如下几个方面：一、改革田制发展特殊农业。当时滇南地区由于各民族管辖区域的限制，耕地分布畸形，平坦坝子内茂林荫翳，山上陡坡却被辟为耕地。黄国璋提出土地归公，计口授田，根据地理条件因地制宜，坝子种水稻，山坡种茶树，还可以种棉花、甘蔗等经济作物。二、开采矿产，注意农矿并重。边地山区金属矿藏丰富，可以发展采矿业，与农业相辅而行。三、推行卫生事业。这些构想，有的即使是在今天也不失为能够推动边疆地区经济发展的可行、有效方法。

由黄国璋率队进行的这次云南边境地理考察，有着不同寻常的意义。1937年7月7日卢沟桥事变，抗日战争全面爆发，为了获得国际援助，支援前线，国民政府急需开辟西南通道。黄国璋一行的考察成果，一方面提供了20世纪30年代滇南地区地理、人文经济的第一手资料，另一方面为打通西南滇缅通道提供了基础数据。考察团成员严德一正是由于有这8个月的滇南考察实践与经验，担任了第二次世界大战中滇缅公路的勘察和设计工作，为打通西南通道做出了不可泯灭的成绩。

1939年7月1日，中英庚子赔款董事会主办成立了"川康科学考察团"，武汉大学工学院院长邵逸国教授为团长，时任西北师范学院史地系系主任的黄国璋为副团长，全团由41人组成。这次考察工作从1939年5月至1940年1月，历时8个月。他们在相当于现在的川西和西藏自治区东部高原地区，翻山越岭，艰难跋涉，考察了地质地貌、地理环境、森林资源、民族宗教等诸多情况，填补了那些地区地理研究的空白。

考察归来，黄国璋发表《西康在我国国防上之位置》《西康边防问题及其解决途径》等论文。对于国防问题，他一贯的观点是，发展经济要与军事措施相辅而行。他在这篇文章中既强调了巩固康滇缅交通对抗战的重大意义，也指出了发展西康地区经济的必要性。为了进一步阐明这一问题，他以自然地理特征为主要线索，把他们考察的西康省分为康属高原、雅属丘陵、宁属谷地三个自然区（因为当时西康省除原来的西康省外，还辖原属四川的雅安和西昌等县，西昌县为宁远府治，所以就有了康、雅、宁属之称）。黄国璋指出，康属高原地势高亢，不利农业，却是发展林木的好地方。这一地区可以发展畜牧、林业，并建立与畜牧业有关的小型工厂，如洗毛厂、毛织厂、制酪厂。雅属丘陵海拔高度从700~1500米，低冈浅谷，阡陌交替，耕地遍野，除产稻米等粮食外，还可以发展茶、麻等多种经济作物。宁属谷地气候湿润，地形多平坦河谷，农业发达，除生产粮食，还可以种植棉桑以及各种亚热带水果。越（即越西）一带矿产丰富，亦可发展采矿业。黄国璋的三个自然区划分，精辟地概括了西康地区的自然、经济面貌。他们带回来的资料翔实，论述生动，令学界耳目一新，这是又一次在抗战期间进行的规模较大的、比较全面的科学考察活动。如果说，滇南考察留给后世的是研究20世纪30年代滇南地理的第一手资料，那么，川康考察则奠定了西康地区区域地理研究的雏形，为后来者提供了可贵的经验和借鉴。

黄国璋是一位专心敬业、思维敏捷、长于管理的教育家，从他1928年年底到南京中央大学地理系任教，直到1966年9月故去，先后主持过7所知名大学地理系，其中有4所是由黄国璋首创，也因此成为创办大学地理系最多、担任地理系主任时间最长的人。

1935—1936年间，北师大地理学系主任王益崖深知地理系在全国地理教育中执牛耳的重要位置，多次邀请在中央大学任教的黄国璋到北师大专职任教，中央大学闻讯后，师生全力挽留。王益崖专程前往南京诚邀，恳请黄国璋出任北师大地理系主任。2015年征求意见稿《北京师范大学校史》里记载了曾在20世纪30年代担任过北师大代理校长、后为国民政府教育部社会教育司司长李蒸在学校周会上详细介绍地理系引进黄国璋教授兼系主任的事情经过，他说，作为黄国璋的多年知交，"王先生为使黄先生能尽力发展计，请黄先生担任主任，经过好久，黄先生才答应"。1936年9月，黄国璋接替王益崖担任地理系主任。这件事，不仅体现出两位学者不计个人名誉，以学校发展为重的可贵精神，而且事后证明学校主政者的努力是值得的。

黄国璋赴任伊始，即施展雄才，雷厉风行，决心把地理系办成全国有影响的教学研究单位。针对当时北师大培养目标和教学任务，努力开拓，进行了一系列改革，通过革新课程、延聘名师等手段，使北师大地理系由传统地理学向现代地理学发生很大转变，对地理系的发展发挥了重要引导作用。

黄国璋认为"中学地理教师的素养，直接影响中学生的地理程度，间接影响小学生对于地理的认识和兴趣。中国地理学术的基础能否广立，将来能否有长足的进展，中学地理教师是负最大责任的"。因此，他首先明确地理系的任务和培养目标有三：（1）改进各中等学校的地理教学；（2）培养中等学校的未来良好地理教师；（3）研究高深地理学术。其次，他决定进一步完善地理系教学计划，添置图书、仪器、必要设备，为教学和研究创造良好条件。

为此，黄国璋推陈出新，开设新课。原来北师大地理系的教学内容更多的是记叙的、描述的、死记硬背的、传统的、沿革的和方志式的内容，而研究说明地理成因的、发生学的和学以致用的内容很少。他有选择地将西方的特别是美国的地理研究范畴、研究方法引入师大地理系，介绍西方较为先进的地理科学的发展现状及趋势。他先后讲授过人生地理、北美地理、地理学原理、外国经济地理、中国经济地理等课程，他业务精深，语言风趣，理论联系实际，广证博引、深入浅出，非常受学生欢迎。

黄国璋认为，要办好地理系，要完成地理学的这些课程，首先要保证一支德才兼备的教师队伍。他到任不久，就多方聘请优秀的教师来系里任教。由于他治系公而忘私，没有门户之见，当时许多著名的地理学家都应邀先后来到北师大兼职授课。

他不仅把著名专家学者诚请到校园里来传授知识，还把系里优秀的年轻教师选派到中学去实践，耕耘播种，以期总结经验和发现人才。他认为要弘扬、发展地理教育，就应该从改革中小学地理教育做起。结果效果显著，许多听过课的学生都异口同声称赞内容新颖，引人入胜，原来地理不仅"讲地"，而且"说理"啊，逐渐改变了过去那种地理只是讲讲山川城市、死记硬背的传统认识。不少中学生受其影响，后来就报考地理专业，立志从事地理研究和地理教育工作。

黄国璋尊重知识，爱惜人才，关心年轻教师和学生的成长，因材施教，对于有培养前途的青年教师和学生，他亲自联系送到国外大学深造，我国许多著名的地理学家，诸如任美锷（后为九三学社成员）、李旭旦、王德基、徐近之、刘培桐、薛贻源（后为九三学社成员）、郑象铣（后为九三学社成员）、褚亚平、王树声等都曾受教于黄国璋。

1937年，他到北师大任职不久便组织学生到泰山地区和察哈尔（今河北省和内蒙古部分地区）地区进行考察，在他悉心指导下，有的学生写出了很有质量的实地考察论文。

黄国璋认为，学习和研究地理必须要有精确的地图，也必须重视地图的使用。但在20世纪30—40年代出版的地图和中小学教科书中的地图不仅匮乏，而且不使用投影技术，比例尺也不准确，凡是山脉都被绘制成一条条毛毛虫的形状，严重影响使用。黄国璋到北师大地理系不久，就决心绘制、出版一套新型科学投影、分层设色的世界各大洲地图和中国各省地图，以方便在全国大学和中小学推广、使用，并填补国内地图短缺及空白。1933年出版的由丁文江、翁文灏、曾世英编著的《中国分省新图》曾引起很大震动，被认为是"中国地图学之新纪元"。应该说，黄国璋的这一设想和实现，是继丁文江等人编著《中国分省新图》之后，又一次在更大范围里普及科学性较强的地图教育工作。在半年多的时间里，北师大地理系便正式绘制、出版了亚洲地形图和河北省地形图。然而非常遗憾的是：欧洲地形图、北美地形图、江苏省地形图等也已编绘完成，即将付梓印刷之时，不幸终止于日本帝国主义侵华炮火，这一功德无量的系列计划未能全部完成。

黄国璋本来还计划出版成套的各种教学用图，制造各种地理模型，设立地理丛刊委员会和中小学地理教学研究会，建立地理系测候室，创设地理教研咨询处、中小学地理挂图绘制室，等等。遗憾的是，皆因1937年7月，日寇发动全面侵华战争，中国半壁江山顿时陷入腥风血雨中，学校被迫西迁，地理系发展的宏伟规划已设置的和还在筹办的统统无奈搁浅。

同是遭遇卢沟烽火，国难当头而停刊的还有黄国璋莅任伊始即着手筹划、组织北师大地理系教师创办的《地理教学》月刊杂志。在不到半年的时间里，一个在全国首创的专门研究、探讨地理教育、向中小学教师传播地理新知和宣传爱国主义教育的刊物便在1937年1月问世出版了。内容除介绍地理新知外，还涉及供给地理教材、讨论教学方法、解答教学疑问等。由于他的邀约，全国地理学界的知名学者纷纷撰稿，任美锷、李旭旦、周廷儒、周立三、徐近之、王德基、洪思齐、张印堂等都发表文章。

《地理教学》月刊内容新颖，栏目多样，所研讨问题切中地理教育的关键，富有特色。到1937年6月间，杂志共出版了1卷6期。

抗战爆发，学校西迁，北京师范大学与北平大学、北洋工学院共同组成西安临时大学、西北联合大学，黄国璋任地理系主任。当时办学条件极其艰苦，校舍、宿舍分散在大庙、贡院、民房，一日三餐都得不到保障，师资紧缺，设备匮乏，经费紧张，而且校址又流动迁徙不定，更增加了额外的困难。1938年11月，为适应抗战形势，黄国璋向联大校务委员会提出"整理抗战地理资料计划书"，得到批准。

1939年8月，西北联合大学改组，北师大改称国立西北师范学院独立办校，黄国璋担任历史、地理两系合并称之史地系的系主任。

抗战中，国立北平师范大学经历三次改组：西安临时大学、西北联合大学教育学院（师范学院）、国立西北师范学院；经历三次大搬迁：北平到西安、西安到城固、城固到兰州。全体师生精诚团结，共赴国难。在颠沛流离中，在西北荒凉的黄河乱石滩上建起一座声名远播的著名大学。

黄国璋领导教师自编教材讲义，自制简单的教学器具，整理《抗战地理资料》，还带领师生考察陕南地区地形地貌土壤改良，调查、研究紫阳县茶叶状况。不仅为国家培养了急需的地理人才，还对西北地区许多中小学教师进行了系统培训。其间，黄国璋还兼任学生生活指导委员会主任、训导主任、地方教育辅导委员会委员。

1939年7月，在地理系主任黄国璋的主持下，《地理教学》得以复刊，并接续原刊出版。复刊后的《地理教学》发表了一系列颇有价值的学术论文，不少论文特别注意把学术与时局结合起来，将地理学作为增进国民爱国心的工具，如黄国璋的《为什么地理是革命建国教育的中心科目》《从地理方面检讨中欧政局的演变》，谌亚达的《对日抗战与中国地理》等。《地理教学》的撰稿者依然大多为地理学界知名学者，并且该刊在全国发行，因此起到了鼓舞民众士气、振奋民族精神的作用。

1940年4月，教育部命西北师范学院再西迁，院长李蒸去甘肃天水、兰州等地考察校址，黄国璋任代理院长。同年8月，他辞去西北师院史地系系主任职务，应中英庚子赔款董事会的邀请，到重庆北碚筹建中国第一个地理研究所并出任所长直至1945年，他延聘众多著名地理学家以及测量制图学家、地质学家到地理研究所工作。

研究所下设自然地理、人文地理、大地测量、海洋地理4个组，以后又设置土壤地理组，人员最多时有60余人。当时抗日战争正处于最艰苦时期，虽然经费由庚款所出，但物资匮乏，时局动荡危险，何况地理研究所在中国为首创，重重困难可想而知。但是这些没有难倒黄国璋，他运筹帷幄，擘画决策，仅几个月，中国第一个地理研究机构就在北碚建成并开始工作，他们以研究四川地理与汉中盆地为主要课题。

1941年，黄国璋亲自组织、带队并指派王德基等对汉中盆地进行实地考察，开启了我国综合性区域地理调查的先河。他还组织并指派李承三、周廷儒、郭令智（周、郭两人后为九三社员）等对嘉陵江流域以及青海、甘肃等地区进行考察，取得了珍贵的区域性地理考察成果。在艰难困苦的条件下，除上述外，黄国璋组织了广泛的实地考察，如汉中盆地区域地理考察、川东地区考察、大巴山区考察等，取得了一批高质量的研究成果。

黄国璋主持地理研究所工作5年之久，任内，他直接领导创办了专业学术期刊《地理》，其创刊号于1941年4月1日正式发行，在极端艰难困苦的条件下，提供了发表学术论文的宝贵园地。这个所不仅取得大量地理考察成果，还培养出不少优秀人才，其中好多研究人员日后成了我国地理学界的中坚骨干，如周廷儒等。

1943年下半年，黄国璋兼任国民政府中央设计局委员，并任区域设计组组长。

1945年8月15日，抗战胜利，举国上下一片欢腾。兰州西北师院的部分师生留在西北，还有部分教师留在西北大学，为建设西北教育事业继续做出贡献；有一部分师生回到北平复校，并和北平临时大学合并，成为国立北平师范学院。1946年8月国立北平师范学院成立，黄国璋再度任北师大地理系主任，兼任理学院院长，1948年1月恢复了"国立北平师范大学"的名称。

黄国璋专长经济地理和北美地理，他的教学一向受到学生好评和欢迎。他特别强调，青年一代不仅要认识自己的乡土，热爱自己的国家，而且视野要开阔，要具有全球的意识。因此他认为，"地理学家的主要任务，千真万确地是使世界上每一个人都明了他是世界的一分子"。抗战胜利后，黄国璋敏锐地注意到航空技术的进步和迅猛发展，这种变化必然会"改变大陆地块之间的隔离作用"，促进国际贸易更大范围、更加迅速地发展和开放。以北极地区为例，它将成为"欧亚大陆和北美之间的地中海，把握世界最大人口中心交通路线的枢纽"。早在60多年前，他就提出了北极和南极具有重要的地理上的意义，他预见到南极大陆的重要性，却感慨"只是美国、英国、苏联、挪威、日本、新西兰、智利、阿根廷八个国家追逐的新天地"。黄国璋一贯认为"地理学家的思想，随着人类对地球的认识而演变，而人类对地球的认识又随着人类活动的范围而与时俱进"。他的这些预见和观点，时至今日依然有着现实意义。

20世纪40年代后期，学校复员后，黄国璋任系主任伊始便精心擘画，一方面筹划恢复《地理教学》出版事宜，委派薛贻源、宋春青负责组稿、编辑、校对、出版、订阅、发行等全部工作，尽管缺少经费和专职人员，但终于复刊。当时许多著名专家学者，如张印堂、洪思齐、刘玉峰、邹豹君、王益崖、冯景兰、谌亚达、周立三、鲍觉民、王德基、严德一、卢鋆、沙学俊、任美锷等都为此刊撰稿，影响深远。另一方面，黄国璋还委托、组织了以王钧衡（后为九三学社成员）和北师大附中地理教师为主的中学地理教材编写组，有计划地编写出版了大量中学地理教材、教案和参考材料，绘制出版了多种地理教学用图和实习用图，很受全国中学师生欢迎，对当时全国地理基础教育的改进起到了至关重要的积极的指导作用。

黄国璋在繁忙的工作之余，还为学生讲授地学通论、人生地理、经济地理、世界地理、中国地理等课。特别是大学一年级地学通论，是一门综合自然地理学。他采用英文原版为教材，直接用英文授课，使学生一进入大学立即就感到是站在世界科学研究的最前沿。他还时时敦促学生尽快掌握通向世界的语言工具，对学生有严格的要求，既要学好专业，又要学好外语。当年他的学生每人手里都有一本厚厚的英语地理专著，要求学会念好。他也往往根据学生个人条件和特点，精心指点、辅导和帮助选择研究方向。如王钧衡，当年就是在黄国璋建议和指导下，努力研究中学地理教育，最终成为在全国很有影响的地理教育专家。

1949年1月31日，北平和平解放。5月6日，北师大成立校务委员会，黄国璋为成员之一，并担任理学院院长。9月北平改称北京，国立北平师范大学相应改为北京师范大学。

黄国璋早在1946年就担任中国地学会总干事，当时地学会的秘书处设在北师大地理系。中华人民共和国成立后，中国地学会与地理学会合并，称中国地理学会，首任理事长是黄国璋，学会一度挂靠在北师大地理系，当时《地理学报》办公室也一度设在北师大地理系。黄国璋用自己的资源优势为北师大充实师资力量，黄国璋知人善任，注重办学的开放性，积极引进人才，吸纳众多地学界知名学者，他们多是各地理学分支的领军人物，组建起一支称得上强强联手、阵容庞大的师资队伍，这是一支由教授、讲师、助教、绘图员等组成的学术水平高，敬业、乐业的老中青结合的队伍。1949年，黄国璋诚聘卢鋈、盛叙功、谌亚达、王嘉荫、王鸿祯、侯学煜、杨昌业、周卡等来系任教。1950年，当他获悉曾在中国地理研究所工作过、1946年到美国师从名门学有所长、学业愈加精进的周廷儒即将从美国返国，便想方设法把他聘请到北师大。周廷儒果然不负所望，后来他出任北师大地理系主任，从1952年秋至1983年初长达30年，他带领地理系承前启后，奋发图强，更上一层楼（周廷儒1950年加入九三学社，1980年当选为中国科学院院士），从美国归来的万方祥也被他聘请到北师大（万方祥1956年加入九三学社）。对不能来系长期任教的，黄国璋就组织他们给学生开设短期课程。当时被黄国璋聘请来系开设课程的专家学者很多，比如聘请气象学家卢鋈开设气象学课程；植物生态学、地植物学家侯学煜开设植物地理学课程；地质学院的周卡，曾在美国研习地质测量，黄国璋就把他请来为北师大地理系学生讲测量学；从美国归来的薛贻源受邀开设航空像片判读课程；历史地理学家侯仁之受邀开设北京地理课程；

社会学家吴泽林受邀讲述民族地理学；地质学家、岩石学家王嘉荫受邀讲授岩石学；自然地理学家罗开富受邀讲授水文学；等等。受黄国璋邀请，来系参加学术会议的地理学家大多在地理系做过学术报告，学术氛围空前活跃。

1949年、1950年连续发生日食、月食现象，社会上谣言四起。为此，中宣部常务副部长徐特立多次到北师大，与地理系主任黄国璋商议、筹划，在1950年1月举办了大型科普展览，利用北师大的仪器模型，由地理系师生讲解日食、月食形成的科学原理。参观展览的人络绎不绝，展览内容由中央新闻电影制片厂拍摄成记录片，在全国放映，北师大地理系又一次走在为国家排忧解难的前列。这一切虽是集体荣誉，但作为组织者，黄国璋的将帅作用显而易见，功不可没。

1951年6—10月，黄国璋指派周廷儒、宋春青（九三社员）参与当时由铁道部组织的以郑象铣为首的集（宁）白（城）铁路选线调查工作，历时4个月。这次调查取得了从多伦、克什克腾旗、锡林浩特、林西、巴林右旗、巴林左旗、阿鲁科尔沁旗、扎鲁特旗、突泉、科尔沁右翼中旗到白城等沿线的大量自然和经济地理资料，为建国初期国家经济建设铁路选线工作立下汗马功劳。

黄国璋平生热心地理学发展和普及工作，建立地理学会组织是他多年奋力促成的事业之一，同样贯穿在他的整个学术生涯中。

历史上，我国曾存在两个地理学会，黄国璋一直是两个地理学会的积极分子、中坚力量。

1934年3月，中国地理学会在南京成立时，他是发起人之一，并被推选为理事。1937年、1943年、1947年第四、五、六届年会上，黄国璋一直当选为理事，在第六届年会上并当选为《地理学报》的编委。

另一称中国地学会，成立于1909年，由著名的现代地学先驱张相文发起在天津创立。1936年11月，中国地学会在北平召开第二十五届年会，会上选举张继（溥泉）为理事长，黄国璋为副理事长兼总干事。地学会领导机构改选后，所出版的《地学杂志》在内容和印刷等方面都有了很大改进，黄国璋为其倾注了大量心血，发挥了很大作用。第二年因"七七"事变，地学会停止了活动，《地学杂志》也因此停刊。抗日战争胜利后，黄国璋回到北平，即与当时辅仁大学历史系主任张星烺（张相文之子）等联系，经多次酝酿协商，恢复了地学会活动。张星烺被推选为理事长，黄国璋为副理事长兼总干事。他们重新登记和发展会员，一面完善组织，一面开展学术活动。

黄国璋不仅热心地理学会的公众活动，而且也非常关注并投身于整个科学界的民主与科学活动。

黄国璋参与创建了九三学社，1946年5月4日九三学社正式成立，黄国璋是16个理事之一。同年5月12日九三学社第一次理监事联席会上，他被推举为常务理事。抗战胜利后，他们陆续回到北平。曾毕业于北京师范大学，1946—1952年在黄国璋教诲下学习、工作的宋春青回忆："他（黄国璋）常和许德珩、劳君展、黎锦熙、潘菽、袁翰青、严济慈、薛愚等定期相互来往聚会，地点不定，他们交换对时局看法和意见，讨论国家形势，共商天下大事。"

20世纪40年代中后期，全国"争民主、反饥饿、反内战"运动的浪潮汹涌澎湃。在北平，黄国璋、黎锦熙、鲁宝重、叶鼎彝（即叶丁易，这几人都是九三学社成员）等进步教授纷纷参加并勇敢地走在游行队伍的最前面，还多次参与签署宣言，如1947年5月29日《平津各大学教职员五百余人呼吁和平宣言》。

1948年4月9日凌晨，北平发生军警、特务越墙闯入北师大，殴打进步学生，砸毁教学设备，逮捕8名学生，这一事件即为震惊北平的"四九"惨案。当天清晨，师生们直奔西长安街北平行辕门前示威，强烈抗议军警特务的暴行，要求立即释放被捕学生。当时学校全体教授在黎锦熙的带领下参加了学生的请愿活动，黄国璋代表教授会宣布无限期罢教的决定。黄国璋自始至终与学生站在一起，游行时走在队伍的最前面，振臂高呼口号，并与静坐的学生一起等到被捕学生全部释放。

1948年末，黄国璋态度鲜明，拒绝国民党当局胁迫离开北平去台湾。

他以北师大理学院院长和地理系主任的身份，坚守岗位，和广大师生一起保护校系财产，直到迎来了北平的和平解放。

黄国璋是有威望有影响的人物，社会地位非同一般。1949年1月16日，傅作义在勤政殿宴请各院校教授10余人，商谈北平和平解放问题，"发言者极为踊跃，对主和原则上获一致见解……宾主谈话颇洽……"被邀参加的社会贤达这10余人中有九三学社成员4人，黄国璋是其中之一。

1949年6月17日，毛泽东在和平门内北师大教职工宿舍和师友们聚会时，是一直负责九三学社组织工作的黄国璋向毛泽东汇报的九三学社从发起、成立经过、迁到北平以后至目前开展活动情况。毛泽东认真听取，神情关注，频频点头。毛泽东希望并要求九三学社的朋友们积极参加新政协的筹备工作，为新中国的文化教育事业和建设而继续努力。1952年，毛泽东还曾特邀湖南籍在京著名学者黄国璋、黎锦熙、张奚若、曾昭抡四人在家做客，畅谈天下事。黄国璋没有辜负毛泽东主席的重托和期望，积极地参加了新政协的筹建工作和九三学社的发展建设工作并做出傲人的成绩、贡献。1949年，黄国璋应邀参加了中国人民政治协商会议及有关活动。

早在1945年8月1日经40多位科学工作者发起，在重庆沙坪坝正式成立了中国科学工作者协会，继而成立了重庆、成都、兰州、上海等分会。后经黄国璋、袁翰青等发起，于1948年3月28日在欧美同学会正式成立了中国科学工作者协会北平分会，会上推选严济慈为理事长，袁翰青、黄国璋、马大猷为常务理事，黄国璋兼任总干事。当年10月出版了《北平科协》月刊，还参加了华北十二科学团体年会。为庆祝中国科协北平分会的成立，黄国璋在《大公报》上发表了《科学工作者要联合起来》，文中强调科学家的良知，"举世从事科学工作的人们，深深觉到本身对于社会责任的日益加重，同时也感到科学目前所面临的种种危机实有不容忽视的必要，大家应当团结起来，要以集体的力量一面防卫科学的成果不致为武力主义者与金钱主义者所误用，一面保证自己庄严地位不致为社会中不合理的势力所压倒"。文章指出："北平是中国文化的重心，也是许多科学工作者荟萃的所在，大家应当团结起来，为科学在促进人类的福利与和平上能达到最充分的利用而努力。……五四运动发源地在北平……'五四'当时的一句口号是科学与民主，到现在仍然可以作为我们努力的指南针。"可以看出，黄国璋始终在追求美好理想，始终在为科教兴国、奋发图强的远大抱负而努力。

中华人民共和国成立后，1950年8月，中共中央统战部在北京召开全国自然科学界部分科学家筹组全国科联和科普组织会议，与会地理界代表李春芬、李旭旦、黄国璋、周立三、王成组等会商以北京为中心的中国地学会和以南京为中心的中国地理学会合并事宜，决定合并后统称"中国地理学会"，黄国璋作为两个学会的重要成员，被大家一致推选为理事长。这是一次在新形势下由分而合、团结向前、共谋发展的集会，在我国科学发展史上留下具有历史意义的一页。

然而，正值他意气风发，以满腔热情全部身心投入新中国社会主义建设事业时，万没想到天有不测风云，一场灾难降临了。在1951—1952年"三反""五反"运动和知识分子思想改造运动中，有人揭发他是美国地理学会会员，就他20世纪40年代筹建中国地理研究所并任所长后又任国民政府设计局委员、区域设计组组长等问题无限上纲，更有个别人抓住他的细枝末节大做文章。黄国璋因此遭受过激批判和极不公正的处理，他在九三学社中央、中国地理学会中所有职务统统被撤销了。1952年，高等院校院系调整运动中，他被调离了与他生命相随相伴20多年并为其倾注了全部心血的北京师范大学地理系。

他被调到了今称作陕西师范大学的原西北大学师范学院地理系。著名教育家、老一代革命家、陕西师大主要创建者之一李绵，受当时西北大学校领导的委托，于1952年暑假到北京来接黄国璋。谈及工作，黄国璋唯一的愿望就是能够在西北大学师范学院地理系工作。

1952年10月，黄国璋来到西北，先后在西安师院、陕西师范大学地理系任教。那时的西北地区院校条件很差，人文环境、物质生活与北京差异悬殊。特别是黄国璋远离了辛辛苦苦一手培养起来的科研学术队伍，也远离了地理学科的研究中心,开展教学和科研的难度可想而知,这对他无疑是一个考验。但他泰然处之,没有人听到他有任何抱怨。他毫不计较个人的荣辱得失,一如既往孜孜不倦、兢兢业业从事着教学和科研工作,黄国璋把在北京师范大学等校办学、办系的理念和经验带到了这里。

1954年,西北大学师范学院正式独立更名为西安师范学院,1956年始黄国璋任地理系代主任、主任。在任期间,他非常重视各项工作的计划性,曾多次讲要"事必言,言必行,行必果"。他很重视教学计划的制订,往往亲自制订地理系本科教学计划,并根据形势发展不断修订教学方案。

1959年7—8月,黄国璋亲自率队带着本科生、专科生、相关教师共200多人前往陕南城固县进行为期一个半月的"湑水河流域综合考察与规划"的生产实习,完成了28万字的全流域规划并附有地质、地貌、水文、土壤、植被、水土保持及水库坝址、焦岩水库等8个专项查勘、调查报告,是该校地理系有史以来组织安排的规模最大的一次结合生产需求的实习,黄国璋指导并直接参加了《汉中地理志》和《湑水河流域调查报告》两本书的编写工作。

20世纪60年代,他领导地理系对学制、课程设置、教学方法等进行研讨与改革,经过调查研究后,明确培养合格的中学(含农业中学)地理教师仍是主要目标,除开设地理专业基础课、专业课外,继续开设为农业生产服务的如水土保持、农业气象、土壤调查分析等相关课程,实行"少而精""启发式"的教学,并把"测量与地图"课作为试点,总结经验后再推广。

黄国璋在西北地区师范院校教书育人十几载,为开发、建设西北地区,做出了卓越成绩。

令人扼腕的是,1966年"文革"爆发,造反派无休止的批斗,让黄国璋实在忍无可忍,他的心彻底破碎了。这颗正直、刚强的灵魂要以死来证明自己的清白,证明他一生对国家、民族、地理事业的忠贞!9月6日,他的夫人范雪茵随他一起,双双自杀而亡,而在这之前他刚刚写了入党申请书……

九三学社的先贤中有不少人同中共领导人有着很好的友谊，比如张西曼、许德珩、潘菽、黎锦熙、黄国璋……他们之中不管是后来加入了共产党，还是始终在争取加入共产党漫长过程中的，都把中国富强、民族进步的希望放在了共产党的身上，他们追随共产党，不管发生怎样的风云变幻都对中国共产党充满信任，毫不动摇。黄国璋就是这样的一名学者，这样的一名科学家，这样的一名始终在路上的追随者。

黄国璋在地理学界卓有建树，享有盛誉，特别是地理教育方面被人称道、敬重，而且作为九三学社创始人之一，对九三学社的建立和发展做出的重要贡献同样不应被人们忽略乃至忘记。

社会在不断前进，时代在不断进步。历史的评判虽然有时会迟到，但它是公正的。黄国璋在各方面的赫赫功绩不会被厚重的尘埃所掩埋，蒙在他头上的污垢也已渐渐拭去。

1978年6月17日，陕西师大为黄国璋夫妇举行了隆重的追悼会。

1979年12月，在广州召开中国地理学会第四届代表大会，为黄国璋正式恢复名誉。

1996年5月30日，在陕西师大召开"黄国璋先生诞辰100周年纪念暨学术思想研讨会"，充分肯定了他在地理科学、地理教育、地理事业以及爱国民主运动方面所做出的卓越贡献。

1996年第8期《九三中央社讯》报道了该年5月30至31日"陕西师大召开黄国璋诞辰100周年暨学术思想研讨会"，会上，中科院院士、九三学社中央副主席陈学俊说："黄先生为九三学社的创立和发展，为坚持和发展爱国统一战线，为我国地理科学的科研和教育事业做出了不可磨灭的贡献。"1996年第6期九三学社中央的《民主与科学》杂志刊登了以中共陕西师大委员会统战部署名文章《我国现代地理科学的先驱——黄国璋》。在消失了44年的漫长岁月后，黄国璋的名字、事迹重新出现在九三学社对内、对外发行的刊物上，回到了九三人及范围更广的人们视线中。作为九三学社的一位杰出的先贤，黄国璋永远值得我们纪念。

参考文献

1. 《袁翰青文集》，科学技术文献出版社1995年版。
2. 上海市地方志办公室《上海滩》，1995年第12期。
3. 《九三学社历史资料选辑》，学苑出版社1991年版。
4. 九三学社中央研究室编《九三学社简史》，学苑出版社2005年版。
5. 《师范之光》，北京师范大学出版社2002年版。
6. 《北京师范大学地理学与遥感科学学院院史》，北京师范大学出版社2014年版。
7. 《北京师范大学校史》（上卷，征求意见稿），2015年1月。

张雪岩传略

■ 陈建明　王京强

从农民儿子到爱国基督徒

1901年1月12日（光绪二十六年十一月二十二日），张雪岩出生在山东潍县（今潍坊市寒亭区）固堤镇大常疃村的一个普通农民家庭，起初取名张松峰，后更名为张雪岩。

张雪岩兄弟三人，排行第二，5岁时，母亲逝世，务农的父亲张汝鑫带着三个尚未懂事的孩子，生活拮据，童年所经历的艰苦环境使他养成了刚毅、不屈不挠的性格。他8岁时到了上小学的年龄，由于家境不富裕，父亲只好为他选择在可以减免学费的本村教会小学读书。他天资聪明，又勤奋好学，1914年小学毕业后，即13岁时，考入潍县乐道院文华书院①读中学，入学之初得到美国长老会长老张贯道的资助。虽然文华书院是教会学校，学习费用也偏低，但是由于家境过于贫困，他读了半年之后，不得

---

① 文华书院，前身是1883年美国基督教长老会牧师狄乐博创设于乐道院内的文化馆，1915年改名为文华中学，1931年与文美女子中学合并称为广文中学，1952年更名为潍坊二中。

不中途辍学。1915年,他返回家里在大常疃村南庙寻得一份教书的工作。1916年前后,他放弃教书,到潍县惠东药房当伙计,做些扫地、抹桌子等粗活,工钱相当低,仅够个人糊口。

1916年冬,英国在潍县火车站设置招工局,招募劳工赴欧。张雪岩认为这是一次难得的好机会,不仅是暂时谋生的途径,而且在文华书院所学的英语能到欧洲派上用场,还可寻求机会继续深造,改变自己的境遇。于是,他未同家人商议,便毅然跑到招工局报名,凭自身所学的英语优势顺利被录用。

英国在山东所招募的华工先从青岛乘坐轮船集中到威海卫,然后由英国派船赴欧。张雪岩和同去的华工们干的是最苦、最累、最脏的搬运工作——装卸战争物资。张雪岩刚开始做扛大米的搬运工,由于工头是英国人,不懂汉语,而华工中除了张雪岩外也都不懂英语,由此,那位英国工头便让张雪岩为其担任翻译。后来,那位工头发现张雪岩喜欢读报,又叫他兼任送报纸的工作。另外,他还被特意派送到某个英语培训机构学习了一段时间英语。

1918年11月11日,德国投降,协约国战胜了同盟国,第一次世界大战宣告结束。在欧洲战场服役期间,张雪岩立志救国,通过刻苦自学,掌握了外国政治、军事和文化等方面的知识。1919年底,张雪岩与其他遣返的华工们一起回到了祖国。

张雪岩到文华中学拜访了老校长维里华森,谈论他在国外的经历。维里华森留他在学校当英文教员,并协助校长处理学校的一些杂务。在文华中学教书几年,张雪岩觉得这并不是他所要追求的生活,于是,他奔赴烟台,寻求实业救国之路,通过在烟台当水上警察的大哥张松亭的关系,进入了烟台正记轮船公司。因能力出众,他被上调到天津正记轮船公司。然而,张雪岩并不安于现状,又产生了从军报国的思想。1928年5月,他离开天津,经朋友介绍前往沈阳张作霖部参军,可是不巧,在6月4日,发生了皇姑屯事件,张作霖被炸死,张雪岩无奈被迫返回老家,参加了地方武装李学成的队伍,曾到潍北、昌邑一带拉过队伍,只因他是个书生,与那些旧军人搞不到一块，于是设法离开那支队伍，前往上海。

1928年8月至9月间，张雪岩到达上海，在英美传教士在中国创办的最大的基督教出版机构——广学会（The Christian Literature Society for China）寻找到一个编辑的职位。张雪岩在广学会工作了大约一年半时间，有一次，在街上遇到了维里华森，在聊天的过程中，张雪岩表达了期望有机会继续学习深造的意愿，维里华森随后帮助他联系到南京金陵神学院学习神学。

1930年8月，张雪岩进入金陵神学院。在学习期间，他凭借英语专长兼任英文教员，依靠每日教两节英文课的50元月薪，读完三年的课程。完成学业之余，他根据自己的兴趣和心得，翻译、撰写了许多诗文，其写作才能此时已崭露头角。1932年，他所写的《耶稣生平》在中华全国基督教协进会举办的李提摩太悬奖征文中荣获第二名，获得奖金300元。

1933年4月4日，山东潍县广文中学举行50周年校庆，张雪岩应校长崔德润之邀，于2月4日在金陵神学院撰写了一篇名为《给母校庆寿》的长文。这篇文章列举出可以为母校庆寿的五个方面，盼望学校造就对国家人民有用的人才。

1933年6月，张雪岩从南京金陵神学院毕业之后，回到上海，进入中华基督教会全国总会工作，担任宗教教育干事。工作期间，张雪岩曾专门写过《受托主义与教会自养》，大力倡导中国基督教会的自养。

耶稣对门徒说："你们是世上的盐。盐若失了味，怎能叫它再咸呢？以后无用，不过丢在外面，被人践踏了。你们是世上的光。城造在山上，是不能隐藏的。人点灯，不放在斗底下，是放在灯台上，就照亮一家的人。你们的光也当这样照在人前，叫他们看见你们的好行为，便将荣耀归给你们在天上的父。"耶稣要求他的教会和信他的人成为这个世界的盐和光。张雪岩认为当时中国是一个黑暗、罪恶、痛苦的世界，千千万万的人需要盐与光。其实，张雪岩就是一个怀抱着"做盐做光"抱负的基督徒。同时，他又是一个受到五四运动爱国主义精神感染，主张爱国、民主和科学的进步知识分子。

《田家半月报》的当家人

20世纪30年代初,面对严重的农村经济危机,社会各界有识之士积极呼吁并参与到"救济乡村""复兴乡村"和"建设乡村"的乡村建设运动中。

1934年1月里的一天,张雪岩与中华全国基督教协进会干事孙恩三在上海博物院路的登托摩西餐馆会面。在餐叙中,孙恩三提出以文字下乡推动乡村建设的计划,力邀张雪岩参加。张雪岩对此颇有兴趣,决定与孙恩三共同担此重任。1934年4月,张雪岩离开上海中华基督教会全国总会,与孙恩三一起到山东济南齐鲁大学筹备办刊事宜。

张雪岩和孙恩三到达济南后,多次与相关人士开会商量讨论,集思广益,将刊物的中文名称确定为"田家"①。孙恩三在《田家》试刊号中明确指出了定名"田家"的原因:"田家就是种田的人家,《田家半月报》就是种田人家看的报。"《田家》的社址设于齐鲁大学。华北基督教农村事业促进会(又称"华北基督教农村联合服务团")是华北各教会和几个学校组织的联合团体,负责《田家》的出版。

经过不足3个月的紧张筹备,张雪岩和孙恩三等人于1934年7月出版《田家》的试刊号,8月1日正式出版创刊号。《田家》是16开本的半月期刊,一年出版24期,每期一般为20页,出版时间定在每月的1日和15日,后来因战乱、物价上涨、经济困难和教会的资助受到限制,以及迁移等因素的影响,出版的页数和时间会发生变化。其栏目设置大致可分为基本栏目和附设栏目,基本栏目一般包括:言论、新闻、常识、文艺、宗教、读者园地、答问、综合等,附设栏目主要有卫生副刊、儿童副刊、家事副刊、生计副刊等。

---

① 《田家》曾采用过三个刊名:《田家半月报》《田家》和《田家半月刊》,其英文名皆为"The Christian Farmer"。为了叙述简便,以下行文中统一简称为《田家》。

《田家》创刊之初,编辑工作只有孙恩三和张雪岩两人分工开展,孙恩三任总编辑,张雪岩做副编辑。后因《田家》备受乡村读者喜爱和欢迎,销数日增,工作量随之加大,编辑部又增添了二人,一人执掌杂务和发行,一人负责账目并登记。1935年8月6日,田家社委员会在北平开会,会议通过准许孙恩三请假两年到美国留学,同时决定在孙恩三出国期间,田家社的事务交托给张雪岩负责。随后,刘龄九加入,为张雪岩分担了编辑方面的繁琐业务。

《田家》在山东济南出版的三年,订户遍及全国各省:北至黑龙江,南至海南岛,东至沿海各省,西至四川,乃至甘肃新疆,都有读者,其中大多数读者分布在山东、河北、河南、山西四省,并行销海外。据《田家》上所披露的统计信息,其创刊五个月后,即1935年1月1日,其正式定户①接近5000个,读者有1~2万人,分布在全国20个省;1937年9月1日,定户增至3.5万个,读者有40多万个,遍布至全国各省乃至国外。

张雪岩等创办《田家》的宗旨包含两方面的内容:"第一,是努力服务乡村同胞——尤其是农民大众全部生活的需要。第二,是努力发扬基督教牺牲博爱的精神,使凡与本报接触的朋友,在个人与集团生活两方面,都能感到耶稣所赐'丰富生命'的滋味。"张雪岩坚持"为真理说话,替正义作声;农民是国本,知识是力量"的办刊原则,本着为全国农民的需要而服务的宗旨,通过编辑《田家》对农民进行识字教育、向农民传播科学文化知识等。

张雪岩具有强烈的爱国主义情怀,时时将宣传和实践爱国主义贯穿在他一生的活动中,这在抗战时期表现得尤为明显。1935年9月,在纪念"九一八"事变的时候,张雪岩撰写《九一八又到了》,告诉读者:"若想把'九一八'这种耻辱洗去,把国家转弱为强,我们做国家主人的老百姓,当赶快读书识字,学做明白人。负起监督政府的责任,尽尽拯救国家的本分,好叫国家的事天天变好,日日长进。"他还借纪念国庆日的时机,

---

① 定户,即"订户"的意思,但《田家》一直采用定户的称呼。

号召民众相互合作和团结,"我们如要对得起那些为国死了的人,应当在这纪念的日子立志,本着他们为国牺牲的精神,无论做官的为民的,都能学好做好,为国尽忠,彼此真诚合作,把这又大又美的中华民国保住,只有这样,才算真的纪念"。

张雪岩坚持认为全民团结共赴国难在抗战过程中具有重大的意义:"敌人所最怕的,不是我们的政府和军队,乃是我们全国民心的齐一。农友们,醒起来吧!我们的齐心,不但能给抗敌将士做真正的后盾,也是中国转弱为强的唯一道路。"在这种思想的指导下,他通过《田家》的宣传激发民众的抗战热情,鼓励民众积极支持和慰劳前线将士,为前线将士捐款捐衣,为抗战救国出钱出力。

20世纪30年代中期,全国各地不同程度地遭受着水灾或旱灾。张雪岩向来关心民生问题,面对各地灾情更是觉得责无旁贷。自《田家》创刊,他就通过新闻、言论和文艺等栏目,介绍相关灾情信息,希望以此引起读者的关注,发动广大读者参与到救灾救济的行动中。

张雪岩以劝募者的身份为灾区募捐。在其主导下,《田家》从1935年8月开始发起救灾礼拜捐,之后多期连载呼吁捐款的声明。田家社与全国基督教协进会保持着密切的联系,当捐款达到一定数额,通过全国基督教协进会转交到灾区。

除了赈灾,张雪岩还领导田家社开展其他社会服务活动,如他竭力主张移风易俗,反对女子缠足、养婢女、吸毒贩毒和奢侈浪费的婚丧活动等社会陋俗,希望通过《田家》的宣传,促进社会的健康发展。

1937年5月,孙恩三留学回国继续担任《田家》总编辑,对《田家》取得的成就颇为赞叹。1937年8月1日,在《田家》出版三周年的纪念刊上,孙恩三由衷地感激张雪岩两年来所付出的辛劳:"我第一句要说的话,是谢谢我的同工张雪岩先生。张先生从本报开办的那一天,就在社里工作,最近两年,完全担负社里的一切责任,本报能有今天这个样子,张先生实在是第一个功臣,他这几年的劳苦,不但我个人十分感激,我想就是读者诸君,也一定愿意对他说声谢谢的。"

1937年7月7日，日军在卢沟桥燃起战火，发动"七七"事变，开始全面侵华，并扬言三个月灭亡中国。此时，正做准备出国留学的张雪岩与孙恩三商定在不得已时可将田家社迁到华中或华南，以便保持《田家》言论自由为真理作证的生命。为了以防万一，他在出国之前将4万多读者的通讯录检出两份，分别邮寄到南京金陵神学院和成都华英书局保存。

8月17日，张雪岩出国留学，他在临行时发表与读者告别的文章，谈及出国的原因是"因为同情本报爱护本报（指《田家》）的人一天一天的加多，所以鄙人才更加感觉到责任的重大，和自己知识与能力的不够，必须到外国去开开眼界，学点新学问，求点新知识，以便将来回国，更能在工作上使大家满意，这就是这次鄙人决计出国读书的原因"。9月底，张雪岩抵达加拿大多伦多大学，修读一年半后，转学到美国康奈尔大学，进入社会学系继续学习和研究。1940年6月，张雪岩完成学业，获得社会学博士学位，于7月底动身回国，9月1日，返程至香港，9月12日抵达成都。

受战争冲击，1937年10月2日田家社从山东济南迁往湖南长沙。1938年9月，由于战事的发展，赣北鄂东已沦为战区，粤汉两地处于紧急状态。为了躲避战火并获得出版印刷刊物的有利条件，田家社于10月4日晚搬离长沙，迁往四川成都。11月20日，《田家》在成都正式出版。《田家》得到当时在华西地区规模最大的基督教出版印刷机构——华英书局的大力支持。

张雪岩到成都后，经新组成的《田家》华西理事会执行会议决定，由孙恩三担任田家社的社长，张雪岩担任主编。孙恩三兼有其他事务，张雪岩主持田家社的日常工作，成为当家人。

张雪岩接手时，《田家》的销量仅6000份，通过增加篇幅（恢复到战前的20页）、力求刷新，发起5万订户运动后，销量突飞猛进。至1941年6月底，《田家》订户已有3万多，9个月增加了6倍。在交通运输极度困难的情况下，《田家》还能保持销到19个省。

1941年12月7日，太平洋战争爆发，英美两国对日宣战，来自海外教会（主要是英美两国教会）的捐款来源受到影响；国内各教会也因国外捐款的减少，便缩减或停止对《田家》的资助，《田家》陷入经济困境。进入1944年，成都的物价飞涨更加凶猛，《田家》的编辑出版经费实在是不堪重负。为了更有利于出版工作，《田家》华西理事会开会决定于1944年8月底将田家社迁到重庆。

投身抗日救国活动

张雪岩在四川主持《田家》期间，"以基督教牺牲服务的精神，实行救国爱民的工作"，以极大的精力和热情投入到抗战爱国活动中。

《田家》作为受到教内外读者欢迎的媒体，为宣传抗战发出了强有力的声音。抗战中期最困难的时候，1941年8月，张雪岩代表《田家》宣誓："在这抗战建国的大时代中，本报誓为国家争独立，为民族求解放，为真理做辩护，为自由做斗士，这个严正的立场，我们要守得住，这个神圣的使命，我们要肩得起，苦我们当甜吃，难我们要笑迎着。"他还强调《田家》在战时的重要性："战时报纸的宣传，同前线的炮火同等重要，本报系深入民间的大众读物，因而所负使命重大，亦因此特别博得了广大读者的拥护；希望它：内容充实，出版迅速，销行广多，基础稳固……全国读者，人同此心。"1943年7月，他撰写《"七七"纪念与本报》，总结了《田家》在抗战中所发挥的作用："本报以文字启发大众，发扬'国家至上，民族至上'之国族意识上，坚定'抗战必胜，建国必成'之信念上，鼓励'有钱出钱，有力出力'之宣传上，都曾尽了应尽的绵薄之力。"他进一步指出《田家》"要随抗战的胜利，走上建国的大道，准备肩负起文化建国更重大的任务，使中国农友们的知识程度一天天的提高，达到一等强国国民应及的水准，俾中国国民不但有生活力，更有创造力，发扬我们的文化，光照到世界的每个角隅去"。

张雪岩宣传抗战不是停留在口号上，而是将自己置身于抗战大业之中，关注抗战的动态，深切感受民众抗战的重要性，拿起笔墨做刀枪，认真分析抗战的有利因素，以鼓舞全国民众的抗战信心。

自抗战爆发至抗战胜利，张雪岩对国内战局的分析、国际重大时事的评论和向政府建言献策从未中断过。分析国内战局方面的文章，有如《湖北二次大捷对今后战局的影响》《长沙三次大捷与中国之国际地位》《入缅我军大捷的国际意义》《国内战局与国人信念》《收复东北》《国运一新》等；评论国际重大时事方面的文章，有如《美国总统的怒吼》《巴尔干大战的瞭望》《日本的狂妄与无耻》《迅速制日是美国的上策》《苏德大战的国际意义》《中苏美应即成立同盟》《罗丘宣言的评价》《对日美谈话正告美国当局》《敌国换阁与侵华》《山雨欲来风满楼的太平洋》《正义之声》《太平洋大战的展望》《盟军南太平洋失利与中国抗战》《保卫印澳与反守为攻》《美机大举轰炸日本》《法阁改组欧局突转严重》《对罗丘进一言》《论四国宣言》《中美英三国会议的伟大成功》等；向政府建言献策方面的文章，有如《以爱民保障我们最后的胜利》《为平抑物价再向当局进一言》《物价上涨与最后胜利》《希望政府严办大贪污案》《为国民精神食粮呼吁》《严防偷运》等。

张雪岩在编辑《田家》的同时，还创办了《田家时事特刊》和《田家画报》，承担了基督教教会的《公报》和《基督教丛刊》等刊物的编辑任务。

1942年9月，张雪岩积极参与了冯玉祥发起的抗日节约献金救国运动。9月19日，"中国基督徒节约献金救国运动成都分会"正式成立，推选由左月清任主席、张凌高任副主席，除正副主席外，共设三组，每组有组长一人，分别有总务组任子立、文书组王俊贤和吴耀宗、宣传组张雪岩，会址设置于成都青年会内。

冯玉祥与张雪岩有过深入交流，专门写诗描述对张雪岩的印象：

张雪岩先生
一位苦斗士，生活似战线，
美国去留学，艰苦把书念，
不但品学高，更是爱国汉，

> 创办好杂志，田家半月刊，
> 为民做喉舌，为国做宣传，
> 这天来看我，促膝详细谈，
> 节约献金事，救国大宣传。

1943年2月，中国基督徒献金运动会成都分会主席左月清因另有要务在身，召集会议商议继任人选，经过协商讨论，与会代表一致推举张雪岩担任主席，希望在此运动取得卓著成效的基础上得到更进一步的发展。此后，张雪岩继续通过《田家》多次呼吁读者响应节约献金救国运动。

1942年12月，"中国基督徒节约献金运动总会"在重庆成立。1943年10月14日，为了扩大献金运动的影响和增加捐款数量，冯玉祥将"中国基督徒节约献金总会"更名为"中国国民节约献金运动会"。从11月起，冯玉祥先后4次到四川省20多个市县，广泛宣传抗战救国，以动员民众参加节约献金运动，所到之处都取得一定成效。1943年12月24日，冯玉祥抵达成都。在冯玉祥到达成都之前，张雪岩作为成都市基督徒节约献金运动分会的主席，"竭力筹备，以期动员蓉市各界一齐响应这个争取胜利的救国运动。同时亦拟为冯先生设计，以便游行全国各地，藉此发动全国国民力量，促抗战胜利，争外交地位，使全世界各国都对我们国民起羡慕之念，和钦服之情"。

张雪岩还参加了由天主教和基督教两团体联合成立的慰劳救济动员委员会的征募活动，除了将两批慰劳车辆携带不少慰劳品运到前线外，在1945年1月，该委员会开始推动征募工作，希望能通过多方征募、早收良效，征募队共有80多个大队，冯玉祥和于斌主教为总队长，张雪岩担任田家大队队长。

张雪岩高度赞扬了民众在节约献金运动中的义举，充分肯定了民众的爱国精神："中国老百姓的知识水准低，国家观念极轻微，民族意识很淡薄，在好些中国人的脑经中，似乎这是定论，毫无可疑。但最近国民节约献金救国运动的开展，给了上面的定论一个肯定而确切的否定。中国民众的爱国热诚和民族意识,由这个运动中得到了很好的测验,其自动踊跃献金之热烈情况,诚为从来未有。这种表现,不仅可以去疑去惑,更可洗刷耻辱增强自尊自信的心念,其意义的确重大。"

随着抗战结束后各行各业复员工作的进行,张雪岩也开始考虑《田家》的复员问题,恰逢华北基督教农村事业促进会发来邀请函,力邀《田家》能到北平出版。针对此事,张雪岩组织《田家》华西理事会成员召开会议商议,最后决定不再将《田家》迁回济南,而是迁至北平。1946年7月1日,张雪岩编辑出版了《田家》第12卷第23—24期合刊之后,结束在重庆的出版,便忙于办理田家社的搬迁事项,《田家》于1946年9月在北平编辑出版。

参与创建九三学社

1944年4月,日本侵略军发动了一次大规模的战略进攻,即豫湘桂战役,以打通华北到华南以及印度支那的大陆交通线。至1944年底,国民党军队在豫湘桂战役中基本上处于大溃败状态,日本侵略军开始谋划进攻我国大西南,川黔吃紧。国民政府的腐败日益严重,蒋介石集团中投降的气息浓厚,法西斯反动势力极为猖獗。在国民政府统治区,由于战争影响导致经济凋敝,人民生活困苦不堪,工人学生以游行的方式、农民以抗税抗捐的方式反抗国民政府的腐败无能及黑暗统治。

鉴于这种形势,张雪岩与重庆科技界、文化界、教育界等领域的其他一部分知识分子,如许德珩、潘菽、梁希、黎锦熙、劳君展、涂长望、黄国璋、张西曼、何鲁、叶鼎彝和税西恒等人,对时局极为关心、倍感焦虑,经常以聚餐形式在一起座谈,主要围绕共同关心的民主和抗战问题互相讨论、交换意见。参加座谈会的人员一致认为要抗战获得胜利必须争取政治的民主,主张"团结民主、抗战到底"。

"民主"与"科学"是"五四"以来中国进步知识分子所高举的两面旗帜,参会人员大多受过五四精神的影响,有的还直接参加了五四运动,由此将座谈会命名为"民主科学座谈会",意在发扬"五四"反帝反封建的精神,为实现人民民主与发展人民科学而奋斗。随着大家对座谈会所谈问题的兴趣更加浓厚,座谈次数逐渐增多,参加的人也慢慢增加。

1945年9月2日,日本天皇和政府的代表无条件在投降书上签字。按照国际惯例,签字的次日即9月3日,日本签字投降正式生效,这标志着中国人民的抗日战争胜利结束,也标志着世界反法西斯战争的胜利结束。为了纪念胜利,9月3日,"民主科学座谈会"在重庆青年会大厦召开了庆祝大会,张雪岩也参加了此次大会。经过参会者商讨研究,一致赞成将"民主科学座谈会"改名为"九三座谈会"。

1946年1月6日,许德珩、褚辅成、税西恒和张西曼等人邀请重庆学术界、文化界人士举行九三座谈会,出席的还有梁希、何鲁、刘及辰、潘菽、吴藻溪和张雪岩等20余人。与会者首先讨论的议题是有关新疆问题,其次交换了各自对政治协商会议的意见,大家一致认为:"政治协商会议必须完全公开,只许成功,不许失败。"

1946年1月10日至31日,政治协商会议在重庆召开,参会的有国民党、共产党、民主同盟、青年党和无党派人士等,会议通过政府组织问题、和平建国纲领问题、关于国民大会问题、关于宪法草案问题、关于军事问题等五项决议。从实质意义上看,政治协商会议否定了国民党一党专政的独裁制度和内战政策。1946年2月10日,重庆各界20多个团体聚集在较场口广场举行庆祝政治协商会议成功的大会,到会群众有1万多人。这次庆祝大会"期在对于内战停止,和平实现,协商成功,宪政有望,表示人民的热烈祝贺;对于适应世界潮流与人民要求之五项决议,表示人民诚心的拥护;对于蒋主席之贤明领导,以及各党代表之忍让为国精神,表示人民爱戴的敬意"。然而,大会尚未开始,重庆农会刘野樵冒充会议主席登上主席台宣布开会,大会主席团成员上前阻止,预先埋伏在台下的国民党特务蜂拥而上,殴伤大会主席团成员李公朴、施复亮、郭沫若、马寅初、章乃器等人,击伤中国劳动协会会员陈培志、冉瑞武、梁永思、顾作衡诸人,打伤记者邓蜀先、姚江屏、高学连等共有60多个人,会场秩序受到严重干扰，陷入一片混乱，这就是震惊全国的"较场口事件"。该事件发生后，中国共产党、各民主党派和各界爱国民主人士纷纷发表声明和评论，严厉抨击国民党当局的暴行。

2月11日上午9时，人民权利保障会在青年大厦举行筹备委员会议，讨论组织章程。讨论完毕后，章乃器和史良等参会者报告了较场口庆祝大会被有组织的暴徒逞凶捣乱、加以破坏及陪同李公朴等人验伤的情况，提出人民权利保障会应对这种侵害人权的大事向社会人士控告，相继发言的还有阎宝航、张雪岩、陶行知、陆定一（代因事未出席的董必武）、储汇宗、史良等，他们分别表达了对这次事件的态度。最后，会议商讨决议：一、慰问这次受伤诸先生；二、推阎宝航、史良、李德全、张雪岩四位见蒋介石，报告这次事件的经过；三、推马文车等五人彻底调查这次血案的经过，并定在下星期一上午九时，开第三次筹备会的结束会议，将调查等情形提到会上报告。

《国民公报》也同时对这次人权保障委员会会议作了详细报道："人权保障委员会昨在青年大厦召开第一次筹备会，到梁漱溟、陶行知、阎宝航、李德全、史良、黄次咸、张雪岩等十九人，由梁漱溟任主席。决议三项：一、通过章程草案。二、两周内开成立大会。三、对较场口血案：甲，推张雪岩、史良、李德金、阎宝航四人晋谒蒋主席。乙，推黄次咸、马文车、李德全、史良、张雪岩等五人详细调查事实经过。丙，去函庆祝筹备委员会中之市商会、律师公会、会计师公会，查询市农会等八团体刊登启事诬蔑庆祝政协成功大会各该会是否与闻。当有律师公会代表，起立声明：谓该会前并不知道，亦从未通知该会。丁，推黄次咸等三人慰问受伤者。"

2月27日，张雪岩与文化界其他爱国民主人士共有152人自发组织起来，联名在《新华日报》上发表了《为"二·一〇"血案告国人书》，并在文末签名。

九三学社筹备会原计划定于1946年4月底成立九三学社，后因发起人之一黄国璋在兰州有事未能赶回，所以不得不延迟。到5月4日，正好是为了纪念"五四",九三学社于下午3时至7时在重庆召开成立大会,褚辅成、卢于道、黄国璋、许德珩、税西恒、吴藻溪、张雪岩、詹熊来、潘菽、黎锦熙、彭饬三、李士豪、刘及辰、王卓然等50余人到会,公推褚辅成、许德珩、税西恒三人组成主席团。会议程序首先由褚辅成致开会词、许德珩报告筹备经过、税西恒报告社费收支账目。其次宣读了农林科学出版社和南泉实用学校校友会发来的贺电。再次由卢于道、王卓然、黄国璋、张雪岩、张迦陵、吴藻溪等六人自由演说,他们一致指出:"武力不能求得统一,东北及中原的内战必须立即无条件停止,在政府根据政协决议改组以前,美国不应有援助中国的任何党派之行为,希望马歇尔元帅继续以公正态度,调处国共纠纷,实现全中国的和平民主。"接着通过社章、缘起、成立宣言、基本主张、对时局主张及致美国会电文。张雪岩被选举为理事。5月12日,在九三学社第一次理监事联席会议上,张雪岩被推举为常务理事。

1946年9月,张雪岩随同田家社迁往北平。在北平,张雪岩和其他复员北平的社员们以不同的方式参加了各种民主活动,与其他民主人士一起反对蒋介石集团的反动统治,在"反对独裁、反对内战"的口号下,配合并大力支持各地抗暴运动、"反内战、反饥饿、反迫害"运动等,对民主革命的发展起了积极的推动作用。据薛愚回忆:张雪岩"参加当时学生爱国运动,反饥饿、反压迫、反蒋、反美,也介绍我参加九三学社,一同参加民主运动。在运动中,张雪岩一直是积极、热烈的。在北平期间,余心清同志被押解南京,雪岩同志曾各处奔走,从事营救工作"。1948年初,张雪岩由于要出国讲学,就暂时中断了直接参加九三学社的民主活动。尽管如此,他还是通过邮件的方式在《田家》上发表民主言论,与九三学社保持着联系。1949年夏,张雪岩回国后,继续同九三学社其他社员一道推动着民主事业的发展。

迎接新生的中国

1947年11月，华北基督教农村事业促进会召开董事会议，讨论同意张雪岩赴英美学校和教会讲学讲道一年。1948年初，张雪岩因支持"反饥饿、反内战、反迫害"的爱国运动，引起国民党当局的注意，于是，他正好利用出国讲道讲学的机会避开这一危机。1月20日，张雪岩乘轮船从上海始发。

从1948年冬到1949年春，张雪岩"完成横贯北美大陆的旅行演讲，宣传中国解放区的福音，博得国际上极大的同情和友谊"。在北美访问讲学期间，张雪岩对共产党领导的人民解放事业有了清醒的认识，做好了迎接新中国诞生的思想准备。1949年1月31日，北平和平解放。1949年夏天，张雪岩谢绝了朋友的挽留，从北美回到祖国的北平。他作为九三学社的创始人之一、爱国的基督徒知识分子，受到中国共产党的欢迎，随即投入到筹建新中国的活动中。

1949年9月21日至30日，中国人民政治协商会议第一届全体会议在北平中南海怀仁堂召开，设置有政协组织法草案整理委员会、共同纲领草案整理委员会、政府组织法草案整理委员会、宣言起草委员会、国旗国徽国都纪年方案审查委员会、代表提案审查委员会等六个分组委员会。

张雪岩与吴耀宗、邓裕志、赵紫宸、刘良模等五人作为基督教团体的代表参加了中国人民政治协商会议，其中张雪岩分属于共同纲领草案整理委员会。五位代表在联名发表的《我们参加政治协商会议的经过》中说："中国人民政治协商会议，从九月二十一日晚上开幕，到三十日下午闭幕，当中休息两天，一共开了八天的会。这个会在中国历史上，是一件空前的盛事，我们基督教的五个代表，能够参加这个盛会，是一件荣幸的事，也是一件愉快的事。"

张雪岩参加了中国人民政治协商会议和开国大典之后，在《田家》上发表《惊天动地的政协》一文，表达其参加此次中国人民政协会议的印象和感受。

张雪岩对政治协商会议的召开、对新中国的成立打心眼里感到高兴，他领导编辑的《田家》在言论、新闻、常识、文艺和宗教等栏，对中国人民政治协商会议召开的经过和取得的成果进行了大力宣传和报道，以期使其读者能够深入了解中国人民政治协商会议和新中国的情况。

中国人民政治协商会议结束后，张雪岩参加了一系列宣传报告人民政治协商会议情况的活动。中华基督教会全国总会崔宪祥总干事为了向各地基督教教会团体宣传人民政治协商会议的盛况和各种成就，邀请张雪岩于1949年11月1日赴青岛召开的山东大会演讲，与会听众听了张雪岩的报告和演讲之后，深受感动。此后，张雪岩除了到济南参加预定的演讲会外，潍县、泰安和周村等地的教会团体都纷纷请求前往，但是由于张雪岩和崔宪祥二人所计划的时间有限，后来只到周村停留了一天，其他几处均未能去成。

1949年11月下旬，全国基督教协进会男女青年协会等机构为了向各地教会团体宣达人民政治协商会议的盛况和成就，联合组织了以参加人民政治协商会议的基督教代表为中心的访问团。吴耀宗、刘良模二人担任杭州、南昌、长沙、武汉等华中地区的访问，赵紫宸、张雪岩二人担任华北各地的访问，除京津之外，张雪岩还访问了西安、太原、开封等地的教会团体。

华北基督教联合会根据上海全国基督教协进会男女青年协会等团体的建议，组织基督教访问团，请基督教参加政协的两位驻京代表赵紫宸、张雪岩偕同联合会干事王梓仲牧师于11月22日前往天津，举行演讲讨论。此次演讲的"目的在由共同纲领所定的义务权利中学习了解基督教应走的方向和应努力的工作。讨论时大家都很虚心坦白，情形非常好，证明教会是有改造创新的光明前途的，再一种重要工作，是建立当地政府与教会的桥梁关系。相信今后政府与教会的关系，在携手建国和一切服务人民的工作上，必能一天一天密切配合起来"。

1949年12月，北京市各教会举行学习政协文件，华北基督教联合会为帮助北京市各教会展开学习之风，特别邀请参加政协的代表张雪岩于每星期三午后在青年会讲解政协的三大文件，先从共同纲领开始，听讲的都是各教会团体的领袖，每次讲完，都安排有讨论。听讲讨论完之后，各领袖回到其团体领导会众做同样的学习。

1950年1月16日至19日，张雪岩应华北基督教联合会邀请，作为访问团成员赴保定教会访问，并报告人民政协会议的情况，"借以鼓励教会在人民政府领导下，努力发扬基督教服务人民的工作精神。就此与河北省政府当局取得联系，以便教会与政府更能彼此了解合作，共同推动建国大业"。

在中国人民政治协商会议第一届全体会议结束、中华人民共和国成立之后，张雪岩通过《田家》的"言论"发表了《基督教与新中国》，解答全国信徒所关心的问题，即基督教在新中国究竟占什么地位、有什么贡献。他指出，新中国具有统一战线的基础、新民主主义的方针和人民民主专政的政策三个特点，这三个特点与基督教思想主张一致，基督教团体应当拥护、推动和提倡。张雪岩接着指出，可以通过新中国的三个特征了解基督教应当站在什么地方，应有什么贡献了。他进一步做了说明，因为基督教是宣传真理的宗教，真理的内容是公义、仁爱。实行这个教义的方法，是牺牲服务，从教主耶稣本身的言行看，他是主张理论与实践一致的，他最反对口是行非。这是极为实事求是的科学态度，他也最主张并彻底实行为穷苦大众服务的生活，"所以从耶稣的信仰与生活上看，新中国的三个特征，不但与基督教不违背，而且是基督教应当提倡的。自己既然不能提倡，就应当尽拥护和推动的责任了。这是真理，基督教应当站在真理上，并为这真理做实践的宣传，这就是基督教应有的供献"。《基督教与新中国》是张雪岩的一篇重要代表作，反映了一个爱国的基督徒知识分子对新中国的认识，对共产党方针政策的理解，对自己政治观点的表白。

张雪岩除了大力宣扬爱国进步言论，积极拥护共产党的领导外，还在社会活动中实践着他所倡导的基督教爱国主义。在张雪岩看来，中华人民共和国诞生意味着劳苦大众翻身的新时代来临，基督教正面临着是否适应这个时代的考验，基督徒不仅在思想上要拥护中华人民共和国，而且还应该在行动上表现出来。中国人民政治协商会议召开期间，适逢全国水灾区域广大，灾情严重，张雪岩撰写《基督教当前的两大任务》，建议基督教团体应本着"爱人如己"的教义，响应政府号召，担负起两大任务，即参与紧急救济水灾和积极推动劳动生产。

1950年1月4日，华北基督教联合会以教会应配合政府救济号召，积极开展推动救济工作，在北京公理会召集了救济会议，邀请张雪岩报告了政府救济计划，讲述教会应如何配合政府号召发动救济及推销胜利公债等应做的事工。1月中旬，华北基督教联合会又为响应政府发行胜利公债的号召，与北京市宗教界联合组织推动公债的认购工作，宗教界公推张雪岩和侯孚允二人负责推动与联络的总责，原则是各宗教根据"人人认购"的方针分头自行推动劝购，基督教由华北基督教联合会负责推行。《田家》在刊登消息时指出："基督教的中心信仰是牺牲服务，对这件爱国爱民的大事，必能争个成绩。"

张雪岩参加了中国人民政治协商会议之后，奔波于华北各地教会宣传报告人民政协的情况和所取得的成就，帮助教会解决实际困难，参与政府号召的救济和推行胜利公债的工作，还要担负《田家》繁琐的编辑与撰稿之责。1950年1月28日上午8时30分，张雪岩因任务繁重、操劳过度，不幸患脑溢血在北京寓所病逝。1月30日，《人民日报》第三版刊登了《张雪岩先生治丧委员会公告》，定于2月2日上午9时至12时，在南池子箭厂胡同2号公祭。胡同扎了牌楼，胡同和院子摆满了花圈，田家社的客厅作为灵堂，灵堂里挂满了挽联，前往吊唁的人包括有国家领导人、政府各部门领导、宗教界人士、大学教师、学生等，持续时间约一周。最后，张雪岩的遗体安葬于北京香山东麓的万安公墓。

2007年4月19日上午，九三学社中央在北京万安公墓举行了张雪岩先生墓地修复工程竣工暨追思仪式，九三学社中央副主席邵鸿出席仪式并讲话。邵鸿指出：张雪岩先生是一位与时俱进的基督徒，也是一位忠诚的爱国者，在挫折中不断追寻、求索着救国救民的道路；张雪岩先生是我国现代著名的教育家和传播工作者，为提高农民素质，普及大众文化呕心沥血，鞠躬尽瘁，做了大量卓有成效的工作；张雪岩先生是九三学社的创始人之一，为九三学社的创建做出了重要贡献。张雪岩先生为民族所做出的贡献在他去世50多年后再次得到了充分肯定，如果他在天堂有知，一定会感到非常的欣慰。

参考文献

1. 崔德润《回忆老友张雪岩》，《张雪岩史料选编》，政协潍坊市寒亭区委员会文史资料委员会印行，1991年。

2. 张松武《张雪岩的青少年时代》，《张雪岩史料选编》，政协潍坊市寒亭区委员会文史资料委员会印行，1991年。

3. 张雪岩《耶稣生平》，中华全国基督教协进会月刊《中华归主》第136期，1933年5月1日。

4. 张雪岩《给母校庆寿》，《山东潍县广文中学五十周年纪念特刊》，广文中学事务部发行，1933年。

5. 张雪岩《田家瞻望》，田家社刊行，1942年12月。

6. 《本报五周年纪念》，《田家半月报》第6卷第15-16期合刊，1939年8月16日。

7. 张雪岩《九一八又到了》，《田家半月报》第2卷第18期，1935年9月15日。

8. 张雪岩《怎样纪念国庆日》，《田家半月报》第2卷第19期，1935年10月1日。

9. 张雪岩《农友们！我们该怎样呢？》，《田家半月报》第3卷23期，1936年12月1日。

10. 孙恩三《从出版三周纪念说到本报十万运动》，《田家半月报》第4卷第15期，1937年8月1日。

11. 张雪岩《与读者告别》，《田家半月报》第4卷第17期，1937年9月1日。

12. 张雪岩《本报七周年之回顾与前瞻》,《田家半月报》第 8 卷 15 –16 期合刊,1941 年 8 月 1 日。

13. 张雪岩《且看今年》,《田家半月报》第 10 卷第 1 期,1943 年 1 月 1 日。

14. 张雪岩《"七七"纪念与本报》,《田家半月报》第 10 卷第 13 期, 1943 年 7 月 1 日。

15. 冯玉祥《蓉灌纪行》,三户图书社 1944 年版。

16. 《献金救国》,《田家半月报》第 11 卷 1 – 2 期合刊,1944 年 1 月 1 日。

17. 《宗教慰救动委会展开事工》,《田家半月报》第 11 卷第 13 – 14 期合刊,1945 年 2 月 1 日。

18. 张雪岩《国民节约献金救国运动之意义》,《田家半月报》第 11 卷第 7 – 8 期合刊,1944 年 4 月 1 日。

19. 许德珩《许德珩回忆录——为了民主与科学》,中国青年出版社 2001 年版。

20. 1946 年 2 月 27 日,重庆《新华日报》。

21. 1946 年 2 月 12 日,重庆《新华日报》。

22. 1946 年 2 月 12 日,重庆《国民公报》。

23. 九三学社中央研究室编《九三学社简史》,学苑出版社 2005 年版。

24. 薛愚《谈雪岩》,《张雪岩史料选编》,政协潍坊市寒亭区委员会文史资料委员会印行,1991 年。

25. 董谟芳《祝贺田家复刊纪念张雪岩同志》,《田家半月刊》第 17 卷第 1 – 2 期合刊,1951 年 11 月 15 日。

26. 赵紫宸、邓裕志、吴耀宗、张雪岩、刘良模《我们参加政治协商会议的经过》,《田家》第 16 卷第 8 期,1949 年 11 月 15 日。

27. 《山东大会听聆政协盛况》,《田家》第 16 卷第 9 期,1949 年 12 月 1 日。

28.《基督教访问团成立》,《田家》第 16 卷第 9 期,1949 年 12 月 1 日。

29.《赵紫宸、张雪岩、王梓仲访问天津》,《田家》第 16 卷第 10 期,1949 年 12 月 15 日。

30.《北京市各教会学习政协文件》,《田家》第 16 卷第 11 期,1950 年 1 月 1 日。

31.《访问保定教会》,《田家》第 16 卷第 12 期,1950 年 1 月 15 日。

32. 张雪岩《基督教与新中国》,《田家》第 16 卷第 6 期,1949 年 10 月 15 日。

33. 张雪岩《基督教当前的两大任务》,《田家》第 16 卷第 5 期,1949 年 10 月 1 日。

34.《华北基督教联合会计划救济等事工》,《田家》第 16 卷第 12 期,1950 年 1 月 15 日。

35.《华北基督教联合会已展开胜利公债推销运动》,《田家》第 16 卷第 13 期,1950 年 2 月 1 日。

王卓然传略
■ 王世铎

王卓然的名字与九三学社发生关系,最早见于1946年5月6日重庆《新华日报》所载《九三学社召开成立大会》的一篇报道,内中称王卓然在九三学社成立大会上发表自由演说,并被选举为九三学社理事。

1948年中联出版社出版的《中国党派》,在介绍九三学社的篇章中,对于九三学社首要人物的评点,仅褚辅成、许德珩、王卓然、张西曼四人,关于王卓然亦不过30字:

> 王卓然系辽宁人,曾任东北大学校长,与张学良关系密切,亦系不满政府者。

按说,王卓然当属九三学社创始人之一,然而,遍查九三学社成立之后的史料,却如羚羊挂角,再无踪迹可寻。

近年,九三学社中央着力社史的搜集抢救工作,笔者忝任其劳。2007年赴辽宁采访时,竟意外地获得了王卓然的信息。原来,王卓然系辽宁抚顺莲岛湾村人,1975年去世后,骨灰安葬于原籍。1993年茔圹重修,墓碑系张学良将军亲笔所题。九三学社辽宁省委同志陪同前去凭吊,始知莲岛湾村小学还有王卓然家属捐建的"卓然图书馆"和"王卓然纪念室"。于是，关于王卓然的史料和珍贵实物令人惊喜地大量涌现。更为值得庆幸的是，通过莲岛湾村提供的一个信封，俟后竟在北京朝阳门东大桥斜街的一处公寓，寻访到了王卓然的长子王福时先生。

王福时先生2004年从美国归国定居，当时虽已96岁，却是精神矍铄。说起父亲王卓然，桩桩件件，如泉水涌出。于是，凭借王福时老先生的讲述和所提供的资料，本文主人公便从漫漶淡远的历史背景中，逐渐清晰地凸显出来。

随孟禄调查著《中国教育一瞥录》

王卓然，字回波，1893年（清光绪十九年）出生于奉天省抚顺县莲岛湾村一个贫寒的农民家庭，祖上系康熙年间从山东登州逃荒过来的难民。父名王镇，母亲费氏。费氏把家里的贫穷归咎于丈夫的好赌，而王镇则认为，贫穷是因为自己没有文化。因此，他决心即使忍穷借贷，也要供儿子读书。王卓然不负父母的苦心，从小学到初级师范，再到高级师范英语专修科，学习十分用功，成绩一直名列前茅。

王卓然称，他的社会思想大致来自两个源头：一是幼时受俄日帝国主义侵略的刺激，一是梁启超学说的影响。在他八九岁时，东北地区成了帝俄与日本争夺的战场，亲见帝俄与日本军队的凶残。他的父亲曾被日兵系在马后狂跑，拖得血肉模糊，几乎折磨致死。而梁启超的《新民论》《新民丛报》等，则被王卓然奉为激发爱国思想、变革图强的宝典。

1920年2月，王卓然考入北京高等师范教育研究科，成为美国著名教育家杜威博士的及门弟子。

1921年，王卓然在北师大学习期间，恰值中国教育家严范孙、范静生、张伯苓、陈筱庄诸先生邀请美国哥伦比亚大学师范学院主任、著名教育家孟禄博士来华调查教育，以谋中国教育的改良。王卓然非常幸运地被推荐担任翻译助手兼书记，与中华教育改进社总干事陶行知、南开大学凌冰博士等人，伴随孟禄博士到全国各地调查。

孟禄博士一行自1921年10月2日由北京出发，至同年12月9日归来，凡69日，遍历北京、保定、石家庄、太原、郑州、南京、苏州、香港、广州、佛山、汕头、厦门、福州、上海、杭州、无锡、济南、天津、沈阳、唐山诸市，主要对各地教育行政机关（教育部、教育厅劝学所）、各种学校（初等、中等、高等）、教师训练（师范讲习所、初级师范、高等师范）、学校经济、学校设备进行详细的了解调察。归后，王卓然写成《中国教育一瞥录》，1923年由商务印书馆出版。

王卓然的《中国教育一瞥录》不仅对民国初年中国各地的教育状况有细致准确的调查记录，对孟禄与各地军民长官及学界名士的谈话、演讲和所发表的关于教育的意见，做了完备的记载，同时"又因社会上的一切现象莫不与教育有直接或间接的关系"，故对旅行实况、各地风俗以及社会众生相，一一采撷，不吝笔墨地加以描摹写真。诚如该书序言所评："洵为研究中国教育极难得之资料，且富有历史的价值者也。"时至今日，对于了解一个世纪前的中国教育状况，乃至当时社会的政治经济文化、风物人情，其历史价值都是弥足珍贵的。

例如，孟禄一行在天津调查了直隶第一师范学校、直隶公立法政学校、扶轮中学校、直隶省立第一女子师范、天津第一模范小学、天津严氏私立女校、第八贫民半日校、水产学校、直隶第一师范附小第一部等10余所学校，其中对南开学校的调查记述如下：

> 是校素著盛名于中国……其所以有今日之成绩，完全由校长张伯苓惨淡经营心血结成之结晶。校款之来源，出自学费、宿费、直隶省库补助费，及私人捐助之田产进租。现有学生27班，计1313人。全年经费为100320元，合计每个学生年用培植费76.4元。教师54人，职员35人。学生每年学费36元，宿费24元，膳费分为3种，有每月5.15元者，有3.8元，平均为4.73元三者。薪俸校长每月180元，学监9人，

月俸最高者110元，低者22元……学生年龄最大者23岁，最幼者12岁。平均17岁零3个月，学生家庭职业之百分数如下：教育11.4%、商业41.4%、农工16.1%、军界4.7%、政界26.4%……

对南开大学的记述：

民国7年12月，张伯苓自美研究教育归国，乃筹募经费，创办大学。得黎元洪，徐世昌，李纯等之赞助，于8年4月起建大学校舍于中学南之隙地。9月大学部正式成立，设文理商3科，学生约百人。9年李纯自杀，遗嘱捐50万元为大学基金，大学之基础，于以确定。10年李组绅允许每年捐3万元为矿科经费，于是大学又增设矿科。现在4科共分9组，文商各三组，理科2组，矿科1组……

王卓然在开篇中阐明孟禄来华调查教育的意义，其中特别谈道：

……军阀在中国是横行无忌的，他们只认得枪炮是无上的利器，哪管什么教育不教育。所以人民对教育的呼号，他们是充耳不闻。他们于擢发难数的罪恶当中尚有一点好处，就是他们能敦笃外交，重视洋人……孟禄既是天下知名的大教育家，我们的军阀巡阅，当然也竭诚招待，孟禄便可把我们小民呼号不生效的话随便谈谈，使这一般武人的脑筋里，稍稍念一念教育，这是最可能的一项好处。

确实如此，孟禄每到一地，皆有行政长官以及社会贤达、教育界名流热情接待，如山西督军阎锡山、河南督军赵倜、江苏督军齐燮元、广东省长兼粤军总司令陈炯明、福建督军兼省长李厚基、东三省巡阅使张作霖、直隶省长曹锐等,还有前总统黎元洪,政要名流孙科、汪精卫、伍廷芳、伍朝枢,以及陈独秀、陈嘉庚、黄炎培等。对这些中国近代史上叱咤风云、名声显赫的人物,书中皆有生动的描摹。

如孟禄在太原督军公署与阎锡山谈教育,有这样的记述:

> 该署是完全旧式,不加修饰,很显出一种朴实简约的样子……我们到了客厅后,阎督即出来相见。他的衣服朴素,身材不大,面团团带黑色,态度沉静,精神内敛,于和蔼之中,带出一股勇毅之气。坐下之后,略一寒暄,孟禄便与他做下列极长的谈话。
>
> …………
>
> 阎:山西兴办教育,正在发端,不满人意之点极多,有许多困难亟待解决,甚望孟禄先生不吝指教。
>
> 孟:天下没有完全令人满意之事,困难问题各国皆有……如美国人教育菲律宾,目的即在应时势之需要,促进不进化的民族,令他进步。一言之,就是发展文化,敢问山西的教育目的是什么?
>
> 阎:山西的教育目的,即做好人有饭吃。教育固宜养成人的高尚人格,然若不注重实际生活问题,也是徒托空言。所以我们的目的在双方兼顾,惟达此目的的最好方法尚不知是什么。
>
> …………

与张作霖晤谈的情形,记述尤为传神:

> 午后3时往访东三省巡阅使张作霖。据说张平日少见宾客,对于教育界人士,更少接待,此次由我先用电报报告奉天交涉署、教育厅接待。交涉署长佟德一先禀明张,说孟禄在美

国怎样有名,又说他对于退还庚子赔款是怎样尽力,张于是特别开例招待。我虽久住奉天,但与之接谈,这却是第一次。见张身材不高,面色红润,两目常下垂,发言时偶尔举目一视。虽对外宾表示礼貌,但其骄气凌人之概,时时显露。孟禄与他的谈话如下:

…………

孟：满洲是中国天产最富的地方,强邻眈眈逐逐,得寸进寸,得尺进尺,历来受外患甚烈,美国人都因此知道满洲这个地方,每对此等不合公理的压迫,起无限的同情,我今天得亲身到满洲这个地方考察,觉得是非常欣幸。

张：可惜近来所得华府会议消息,日本人竟要求什么满蒙特权。满洲这个地方,竟有给人送礼的趋势,真是奇怪已极。满洲自有中国人是他的主人,送礼主人会送,何待外人？美国素来对中国交情很好,我想绝不应当如此,也绝不会如此……

孟：满洲天产这样富,前途发展不可限量……用外国人来开辟,直是开门揖盗,引狼入室,因为外国人只知自利,绝不会为中国人谋利……中国就得自己想法造就些人才。所以贵处很应当竭力注重专门教育,多造就些科学的人才,或是每年多派送几名优秀的学生到外国去留学。然后中国以自己人才,开发自己地利,满洲之将来,不可限量。

张：孟先生说得很对。凡国家若想富强,哪有不注重教育与实业会能成功的呢？我们现在这几天还讨论设立东北大学问题,并且也计划派送留洋的学生。现在救急的法子,就是凡本省自费出洋的,都由省政府酌量与以救济,不使他们失学。近来中国在日本的留学生,有数千人,以本省官费断绝流离失所,衣食不给,国家送出这些学生,到外国陷入这种穷苦的样子,成何体统,国家的颜面何存？我着实可怜这些呼救无门的学生,所以前几天,我拿自己的钱,给他们汇去10万元,稍救他们目前之急。他们这些人,都是外省的,南北东西都有,我是不分领域的待遇,因为他们都是国家的人才,何必分什么你我。至于实业,我们现在正建设一个大规模纺纱厂,厂屋正在建筑中,不日即可开工……

孟:将军爱国爱乡,良可钦佩,不知对于中国现在政治有何意见,我也很乐闻教。

张:我张作霖是毫无野心。我的唯一志向,就是把国家治理好好的,使能立于世界国家之林。乃外人不察,动谓我有什么什么野心,又说我要复辟,那全是报纸放屁……中国大病,在官胡子太多,大总统的家人,有一人兼十来个差的。总统是一国的表率,竟任家人这样,真真岂有此理!中国大多数官吏,都是这样,吃干薪不做事,国家焉有不穷?政治焉有不坏?这一些王八旦,应当把他们都宰杀个干干净净……他们挪来那些钱,哪个钱不是小民的?这些人都是官胡子,都该杀,连我也在内。但我的钱,每月东院一千六(指省长薪),西院一千八(指督军薪),这几年共集有五百万,全在官银号存储,分文未动。总而言之,若想把中国治好,非把这些官胡子弄净了不可……外边人常常不问原由,责我们不服从中央命令,不知道像这样糟的中央政府,叫人怎样服从啊?若是有个好好明白的中央政府,我也甘愿服从。这都是我们家里的话,你们(指我与凌冰、陈鹤琴、汤茂如四人说)就不必翻译给他听(他指孟禄,但凌先生仍为译其概要)。

…………

王卓然随侍孟禄博士调查中国教育,虽然行色匆匆,内中还曾遭遇意外的惊险,但是,对于这位东北青年来说,却得以大开眼界,增长识见,并且获得了一次宝贵的社会经历。

入幕帅府　信任依为左右手

1922年，王卓然北师大毕业，归任奉天省教育厅视学。次年8月，获官费留学，赴美国纽约哥伦比亚大学教育学院，攻读教育哲学、教育心理、教育行政。

由于出身寒苦，学习机会得来不易，留学期间，王卓然经常利用假期去做工，或到各大学做有偿讲演。演讲内容多为介绍中国历史文化，揭露日本侵略中国东北的罪行，他的讲演受到普遍欢迎。1926年硕士毕业，王卓然不再攻读博士学位，而以一年的时间再做巡回讲演，从西海岸到东海岸，足迹几乎遍及全美。翌年8月，他离开美国，渡大西洋到欧洲游历。1928年7月，王卓然取道苏联，经西伯利亚返国。

回到阔别五年的沈阳，景象更加触目惊心。日本的侵略愈加深重，东北的情形日趋危险。

张作霖被日军阴谋炸死之后，日本政府"猫哭老鼠"，派专使携银制花圈前来吊丧，继而向张学良索要权利——东北的森林、矿产、铁路皆为对象，并劝张学良东北独立，不要与国民党合作，这些，均遭张学良拒绝。日本人对张学良的威逼利诱夜以继日，张学良不为所动。他把杀父之仇埋藏心底，一面力抵强敌，一面延揽人才，励精图治。

王卓然在奉天读书时，即加入基督教青年会，结识了少年的张学良。五四运动时期，王卓然、梅佛光、吴竹村、阎宝航等积极倡导新文化，成为东北地区思想启蒙运动的先驱。

王卓然在一篇文章中回忆读书时期的张学良：

> 如用近代心理学的智慧测验来测验他，他的智慧系数一定很高，因为了解迅速，记忆坚强，常识异常丰富，是非善恶之心，特别清楚，人生观更非常豁达。但是不拘小节，青年时代很多风流趣事，与浪漫生活，所以未被富贵环境毁坏者，他承

认得利于基督教青年会。当时沈阳青年会总干事名普赖德,是个美国朋友教徒,乃一极端和平主义者,诚笃动人。张时方十五六岁,与之交善,受其感化颇深。我与张之认识,即始于青年会的乒乓球台上。他承认吃了聪明的亏,所以他自撰一联以自嘲曰:"两字听人呼不肖,一生误我是聪明"……

张学良得知王卓然这位"学识优长、操行高洁、办事亦在魄力"的旧友学成归来,马上约见,说出抵抗日人侵逼的决心,要王卓然帮他做事,张学良当即聘请王卓然为东北大学教授、东北三省保安司长官公署咨议。不久,张学良又聘王卓然为自己子女的家庭英文教师。从此,王卓然追随张学良左右,成为张学良的亲信和得力助手。

经王卓然倡议,发起成立了国际联盟协会,作为反日救亡的阵地,并公开发表反日演讲。王卓然还联络14县公民代表,上书省议会,请愿挂旗统一,抵抗侵略,以为张学良的声援。

张学良在挂旗统一前,杀掉了总参议杨宇霆和东北交通委员长常荫槐,通电称他们二人狼狈为奸,竭尽东北同胞的血汗,扩充兵工厂,延长内乱、阻碍统一,罪在不赦。王卓然在《自传》中回忆当时的情景:

记得是12月里一个冬天的早晨,我照排定的功课表,到"大帅府"教书,刚一进院内,见像戒严的样子,情形紧张。入里边,才知道昨晚发生了一幕惊人的事变,即张学良把总参议杨宇霆与东北交通委员长常荫槐请到府来杀掉了……张学良兴奋过度,一夜未眠,听我来了,立刻请我谈话,问对于杀死杨、常二人有何意见。我当时答:这不是法律问题,因为论法律,这未经合法审讯即加以处决是违法的。这实质是个政治问题,论政治,就要看你以后的作风如何,要把通电上持的杨、常的罪状,一反其道而为之。特别是这个兵工厂虚耗民财民力,在日本驻屯军的炮火射程之内,只能供内战,不能供国

> 防。今既以这个兵工厂为杨、常应死的罪证，那么最好把兵工厂不可改造部分移到辽西，缩小规模，做成一国防性的修械厂，把现有的兵工厂改为制造农具与装修汽车的厂子。张立时接受了我的建议……

张学良接受王卓然的建议，成立东北建设委员会，派王卓然再去欧美宣传日本帝国主义侵华野心，并聘来外籍工程师改造东北兵工厂。

1928年12月29日，张学良颁布奉、吉、黑三省由北洋政府五色旗，改悬青天白日满地红旗，改保安委员会为东北政务委员会，完成国内统一。

1929年6月，张学良派王卓然出席日本京都太平洋问题国际讨论会。会上，王卓然发表演讲，无情地揭露日本侵略者在华贩卖人口、贩卖毒品、窝藏盗匪等罪行，使日本代表十分难堪。王卓然的爱国热情和凛然气概，引起其他国家与会代表的关注。会后，英国工党领袖麦克唐纳随王卓然来到东北大学参观，向学生发表了热情的演说。王卓然现场为之翻译，其流畅的英语和潇脱的神态，深深感染了东大的同学。几十年后，已是耄耋之年的这些同学，提起他们尊敬的王老师的这次翻译，依然津津乐道，称赞不已。

1931年5月，王卓然与张学良、卢广绩、阎宝航、杜重远、王化一等13人，以辽宁代表身份出席在南京召开的国民会议，辽宁代表就赎回中东铁路、撤废领事裁判权和对抗日本人在东北的非法行为等问题，向大会提出议案，受到与会各省代表的附议响应。

"九一八"事变，东北大学被迫迁往北平。在张学良的支持下，王卓然与高崇民、阎宝航、车向忱等人在北平成立了"东北民众抗日救国会"，王卓然被选为执行主任委员，专门负责与张学良的联络，并筹划钱款。救国会发行爱国奖券，筹措资金，支援马占山、邓铁梅、杨靖宇等东北义勇军的抗日斗争。救国会还创办了《覆巢》报（后改为《东方快报》），王卓然任社长。该报日销量达一万多份，专载东北敌伪活动情况和义勇军抗战的消息。

"九一八"事变后,天下大骂张学良"不抵抗",而日寇反诬中国有"违约侵权"54案。当时因有国联盟约、九国公约、非战条约三重保障,南京政府以为我直彼曲,公理可以战胜残暴,欲诉诸日内瓦说理,于是致电张学良,问这54案的内容。为了从外交上与日本斗争,王卓然建议成立了东北外交委员会,并任秘书长,专门负责收集整理、编辑出版揭露日本侵华暴行的材料,以供外交斗争的需要。在他的主持下,很快整理出批驳54案的材料,南京政府据此向日内瓦国际联盟对日本提出控诉。不久"国联"派李顿调查团来华调查,东北外交委员会向该团提供了大量资料。王卓然领导该会编辑发行《外交月报》,还编辑出版了《外交大辞典》(中华书局1937年初版)和《东北问题丛书》等40余种书刊。

王卓然说:"此时,张学良将军对我依如左右手,我往往工作至夜间12时以后。有时我睡了,他呼我起来研究事情或吩咐工作……"

忠忧苦谏 促成少帅戒宿毒

1933年3月8日晚间,张学良紧急通知王卓然、端纳,说蒋介石、宋子文将由石家庄到保定与他会面,商讨抗日大计,令他二人一起随乘专车赶赴保定。

这时,由于热河失守,全国舆论纷纷抨击南京。张学良以为老蒋此来目的,似是对他面授机宜,调度军事,增援补械。

到了保定,已是次晨6时。大约11点,宋子文的专车先抵保定,传达蒋介石的意旨,竟是要张学良辞职下野,将军事全部交给何应钦。蒋大意说:现在俩人在一个小船上,风浪太大,需要一个人下船休息,以便渡过难关……

约两小时后,蒋介石的专列到达保定。张学良迎接如仪,登车致敬。数分钟后,蒋到张学良专车回拜,安慰数语,嘱他即回北平交代,两日内飞往上海,休息治病,以便早往欧洲游历。两人会见,先后不过30分钟,蒋介石即车返石家庄，宋子文留下与张研究善后。

晚饭之后，张学良专车驶返北平，一路上，张学良百感交集，不禁失声痛哭，王卓然与端纳在旁多方劝慰。

张学良被迫引咎下野，决定让王卓然以东北大学秘书长身份，代行校长职务，代表他全权负责。3月中旬，王卓然接管东北大学后，即赴上海，帮助张学良料理出洋事宜。

蒋介石嘱张学良所谓的"休息治病"，实指张的毒瘾日深，已经严重影响了他的正常生活。

张学良下野出国前，住在上海巨赖达路北杜月笙原开轮盘赌的大厦。他每日要打400多支药针，才能过瘾。据医生说，这400多针，若是给无病的人打上，每人一次10针，就可以重病40多人，或将人打死。可是张的毒瘾太深，竟非此毒不能生活。这时在他的左右，除了他的老婆孩子与女友赵媞（赵四小姐），只有王卓然和端纳二人。王卓然在《自传》中，详细记述了施行苦肉计，力促张学良以超人毅力戒毒的过程：

> 我到后，端纳邀来宋子文，商议给张戒针出洋问题。宋子文介绍上海疗养院院长米勒博士来诊视，这位米勒博士是美国安息会的教友，原在沈阳向张捐款捐地要建疗养院，故与张本认识。他向侍从打针的医生雍大夫、左大夫、陈大夫详问之后，说针瘾太深，戒是绝对可能，但自然也有相当危险，要我们研究后答复。我于是召他的子女同端纳、宋子文商议，结果是对政治方面由宋子文负责，对医生手术方面由端纳负责，他家庭方面由我负责。决定之后，由我偕端纳去向张报告请米勒戒针的决议。张此时正在自动试戒，即减针戒法，由400针减到200针，再由200针减到100针，依次递减。过去这样试验多次皆失败了，他正晕晕沉沉，我与端纳报告他之后，他半晌无言，久而后说："你们这办法我不同意，还是让我自己戒吧！我怕痛苦，我更怕你们眼见我的痛苦。"端纳与我站了许

久,叹息而退,端纳说:"王先生,你特意由北平来,还是你想办法吧!"我想了想,只有一条"苦肉计"了。我于是召集了他两子一女,同雍医生、谭副官,告诉他们这个苦肉计是下跪,跪着要他应允请米勒博士来戒针,不答应时,永跪着不许起来。我领着他们一齐进入他的卧房,我说:"副司令!你不是有家仇国难在身,决心要复土还乡吗?那么你必痛下决心戒除你的嗜好,东北三千万父老兄弟都在希望你,全国爱护你的人民都在希望你,你的几十万部属也都在希望你,我们现在代表他们向你请命,我们给你跪下了,不答应戒针,我们是不起来的!"我这样沉痛地说了,他的儿女与忠诚的仆人、谭副官都哭了。

张本是个富于感情和热血的人,我们在他的床头跪约5分钟,他睁开眼叹了口气说:"你们起来吧!我答应你们了,从明天起开始。"我领着大家欢天喜地地起来,叮咛地说:"副司令!说了话得算,不许反悔。"他说:"当然!你们放心好了,我张学良不是没骨头的人。"……即时开戒,不挨到明天开始,而是3人同时戒起,即他的太太于凤至与女友赵媞,皆染上瘾毒,一齐请米勒医疗……开始后不到10个小时,张疯狂了,于凤至与赵媞也疯狂了。3个人的疯情以毒的深浅不同而表现各异,张十分的昏迷而信口呓语,破口大骂,一切蠢的野的难于入耳的言语都骂到……我与端纳轮流值班,我管夜里,他管白日。米勒博士在最初一星期也是日夜守候……张就这样疯魔了一个星期才慢慢清醒过来,米勒说危险期已过,只剩休养复原了。

张学良将军的戒毒成功,无异于获得了一次新生。可以说,如果没有此次决绝的行动,也就没有后来的张学良,也就没有震惊世界、改写中国近代史的西安事变……张学良将军的坚忍果决,固然可嘉,而王卓然对少帅的忠忱爱戴，以及苦谏呵护之功，亦是感人至深，足以称道的。

奔走呼号　勉力营救张学良

　　王卓然在北平着手东北大学校务，根据张学良的指示，以训练复土还乡干部为宗旨，以培养学生既能拿笔也能拿枪为目标。他还结合对日斗争的实际，增设边政系俄文班、日文班，为后来与苏联交往培养了骨干。然而，他在东北大学的日子并不好过，他的温和态度和保护学生的良好初衷，常为一些激进学生所不理解，甚至遭到反对。

　　1933年冬，从欧洲回国的张学良，心情越来越苦闷。他虽然表示拥护领袖，但也警觉到，如果一味执行蒋介石的"剿匪"命令，其结果，将使他的大部分军队遭到惨重打击而丧失政治资本。

　　1936年，张学良在洛川奉命"督师剿共"。3月下旬，张学良电约王卓然到西安，然后用飞机接去洛川。他告诉王卓然，东北军与红军作战，很短的时间就损失了两个半师。共产党的口号是抗日救国，帮助东北军"打回老家"。东北军一听到这个口号，不是弃械逃走，就是缴械投降。如果继续剿共，自己就成了孤家寡人的光杆司令，达到了老蒋消灭异己的目的。再者，自己没了军队，又如何打回老家？"不抵抗"的罪名将永世替蒋承担，而无以自白。又说，他已清楚地认识到蒋执行的"安内攘外"政策是错误的，不合民心，将会亡国。应当把这政策倒转过来，改为"攘外以安内"……他问王卓然怎样可以打开这个难局。

　　洛川是个荒僻的小城，张学良的司令部内别无他客，公事也少。张学良与王卓然白日也谈，晚上也谈，吃饭也谈，这样谈了三天，只为寻求办法扭转蒋介石的政策，与共产党取得政治上的谅解，以便联合起来共同抗日。这时，王卓然也苦于没有更好的办法贡献给少帅。

　　到了5月，张学良将军又电约王卓然去西安。王卓然一到，张学良就要他交卸东北大学，说身边缺一个可靠的人，要王卓然接替米春霖做办公厅主任。

那时西安的政治空气，分成左右两派，情形复杂。王卓然推说自己是个怕事的人，不善于斗争，不胜重任。王卓然又觉得自己的思想落伍，便向张学良请假，请他资助自己去欧洲研究民族复兴问题，把政治的两个极端做个比较研究，而后对他做个报告。王卓然的请求，获得了张学良的同意。

王卓然回到北平交卸东北大学，准备出国考察。不料，12月12日，张学良、杨虎城发动了震惊中外的西安事变。13日一早，王卓然闻讯，立即将出国事作罢，命《东方快报》改版，用头条大字标题称西安为："抗日救国，举行兵谏，以息内战。"这是当时唯一用"兵谏"报道西安事变的报纸。

在王卓然收到西安通电后，《东方快报》立即公开报道西安事变真相，翻印张、杨八项主张，广为散发。在救国会的安排下，王卓然还与于毅夫赶往保定，劝说东北军53军万福麟出兵郑州，保住西安外围大门，以策应张、杨，然而劝说未果。

12月25日下午，王卓然得知蒋已接受全部条件，张学良亲送蒋返宁被囚，义愤填膺，连夜写成《张学良到底是个怎样人》，陈述张学良"九一八"前后拥护统一，抗日救国，以及主张改"安内攘外"为"攘外安内"的赤诚与苦心，为张学良的兵谏做有力辩护。书成请熊希龄作序，初印3000册，在北平发行，王卓然自带200册直赴南京散发。

12月30日午间，王卓然到达南京。这天上午对张学良的军法会审已经开庭，张学良被审后，已由宋子文的北极阁寓所，迁到中山门外孔祥熙的住宅，不许见客。为了营救张学良，王卓然接连拜访戴笠、刘健群诸人，以及军法会裁判长李烈钧，为张开脱求情。

张学良那时的心理是自信必死，他让赵四小姐捎出他的遗嘱交给王卓然。王卓然将其遗嘱寄北平，再用电报发往西安。不料东北军见了异常激动，和战之议纷纷，竟闹出2月2日事件，杀死军长王以哲……

张学良被押送奉化雪窦寺幽禁。何柱国电约王卓然一同到奉化见张，商讨东北军善后之计。15年后，王卓然回忆起那次雪窦寺与张学良的晤谈，仍然情景真切，感慨万端。

　　……进了雪窦寺，天色已黑，警戒森严，因为事先说有南京电话关照，也使得入见。看守张的是蒋派的亲信、戴笠的特务名刘乙光，他准许何柱国先见张，谈约一个钟头。张召我，对我备述了他的苦心，前前后后有许多心事，以一吐为快……这样我们又谈约20多分钟，刘又进来干涉，就这样结束了我与张的谈话，也就是最后一面，于今15个年头了，此情此景，历历如昨。

　　关于东北军在西北的善后，张对我及何柱国的指示是万分的诚恳而坦白，句句以抗日救国为念，我至今想起，不觉得热泪盈眶。他说他既然为抗日统一战线而牺牲，而失掉自由，也绝对不惜生命而贯彻到底，要我们嘱告东北军将领及有关方面，要为贯彻他的八大主张而努力……他个人的自由与生死是小事，只要蒋介石能够实践诺言的重要部分，枪口一齐对外，就是他自己死了，也会含笑于九泉。他说10年内战，使东北已亡，华北继之，若再自相残杀，国家民族将万劫不复……

　　王卓然与何柱国离开奉化，飞往西安，历访东北军35名将领，传达张学良的意旨。王卓然的《张学良到底是个怎样人》小册子，也由西安《大公报》分馆代为印刷发行8000册。在处理东北军善后事务中，王卓然幸会周恩来。周恩来对张学良将军自我牺牲和念念不忘抗日救国的精神极为赞佩，但对其冒然去南京，认为是一个大错，不禁相对叹惜。

　　在以后的岁月里，为了张学良重新获得自由，王卓然想方设法，倾尽心力。王卓然在重庆任国民参政员期间，仍一再呼吁恢复张氏自由。当年中央社记者赵浩生和后任香港文汇报副总编辑的曾敏之，都对王卓然这种感人的行动写过报道。

　　"文革"后期，王卓然利用从秦城监狱保外就医之机，两次给老友何柱国写信，探求如何致函周恩来总理，借基辛格博士访华之机，请基辛格帮助疏通台湾，安排张学良去美国就医探亲。

对于张学良将军，王卓然可谓忠心赤胆，情深谊厚。孰料，雪窦寺一晤，竟是他与张学良将军的人生诀别。病榻之上，王卓然对幽居台湾的张学良仍是牵牵念念，至死不能释怀……

协助斯诺　秘密出版　《西北印象记》

1936年6月，美国新闻记者埃德加·斯诺，冲破重重障碍，进入陕北苏区采访，写出了举世闻名的《红星照耀中国》（中译本名为《西行漫记》），让全世界第一次真实地看到了中国共产党和工农红军的英雄形象，在中外读者中引起了极大的反响。然而多不知道，斯诺以一个西方记者能够进入陕北苏区采访，与张学良有着密切关系；更少有人知，在《红星照耀中国》和《西行漫记》出版之前，还另有一部中译本名为《外国记者西北印象记》在国内出版发行。《外国记者西北印象记》的出版发行，比英国戈兰茨出版公司出版的英文版《红星照耀中国》早6个月，比胡愈之先生在上海以复社名义出版的中译本《西行漫记》早9个月。此书在北平一经出版，便迅速传遍大江南北，又先后在上海、陕西等地被秘密翻印，广为传播，这本书的多种版本均被国民党政府列为禁书。

这部先声夺人的《外国记者西北印象记》（以下简称《印象记》）的出版发行，更与王卓然以及他的儿子王福时有着直接的关系。

1991年5月，美国华美协进会为张学良90大寿举行祝寿宴，张学良的亲属、老部下和老朋友纷纷赶到纽约参加这次盛会。已经年迈的斯诺第一任夫人海伦·斯诺闻讯，专门写了一封贺信，派人送给张学良将军：

> 亲爱的张学良少帅：……我常常回首1935—1936年在北平和西安的日子……我的丈夫埃德加·斯诺，1972年因癌症逝世，他始终认为你是一位重要和杰出的东方人物，你在

1936年双十二软禁蒋介石，确实是扭转危局的一大壮举。如果没有您，埃德加·斯诺绝不会试图去保安（引注：今志丹县），完成一本他的经典图书《红星照耀中国》。并且，我也不可能试图在1937年独自去闯延安……你的很多东北同乡常来我们北平的居所，如东北大学校长王卓然先生和他的儿子。我们在北平有许多东北朋友，那时北平的家经常是支持你的人聚会的中心。

王卓然与斯诺夫妇在北平早就熟识，而王卓然又是张学良极为倚重的亲密幕僚。斯诺到西安拜访张学良将军，并得以进入陕北苏区采访，作为斯诺和张学良二人的朋友，王卓然必然是代为联系安排的最佳人选。

1937年"七七"事变，盔甲厂斯诺的家就变成临时的难民庇护所，许多躲避日军拘捕的抗日人士藏到他们的家，其中就有王卓然。邓颖超（时在北平治病）也是在斯诺夫妇的掩护下化装乘火车到天津，进入英法租界，再搭船南下的。

从王卓然《自传》，也可看出他与斯诺的交谊非同一般：

> 七月七日爆发卢沟桥事变，战事突起，到了7月28日，南苑失守，赵登禹阵亡，日本人即将入占北平城。我们这个抗日小集团，为了免遭日寇毒手，采取紧急措施，《东方快报》与《外交月报》全体人员发给双薪及路费，各觅安全办法，约定在天津租界集合。平津火车已断，我的家人早去天津，我避到东交民巷美国记者斯诺家里，许多重要珍贵的抗日文件与资料，也藏到他那里。在他家住了两星期，到8月15日，我与斯诺同去天津。我有一只很宝贵的手枪，是汉卿先生赠我的纪念物。斯诺说他将再去陕北采访，我请他将手枪代赠给毛主席，以后是否捐到就不知道了……

王福时，王卓然先生的长子，1911年出生。1931年在东北农学院学习，"九一八"事变后参加反日示威，流亡北平，在燕京大学借读，参加反帝大同盟。1932年考入清华大学，插班社会学系，1935年毕业。

王福时先生回忆，那时，学生领袖黄华、黄敬、宋黎和姚依林等，经常在盔甲厂斯诺家集会，他们也策划推动更多的外国记者，把事件的真相向中国和全世界进行报道。

1936年10月，斯诺方从陕北回到北平，斯诺很快将整理出来的一部分英文打字稿交给王福时。王福时拿到稿子，意识到这批新闻报道和文章十分重要，应该尽快发表。他组织斯诺的秘书郭达、《外交月报》工作人员李放和李华春，立即一起翻译，大家通力合作，争分夺秒，常常是边翻译边排版边校对，交叉进行。王卓然则安排《东方快报》的印刷工人加班加点积极配合，于短短的两个月内完成了印刷装订工作。他们将这部译著定名《外国记者西北印象记》，避开北平，以"上海丁丑社"名义，于1937年3月至4月间秘密出版发行。

对此，王福时还补充说：

> 当年促成斯诺夫妇去延安，张学良起了不小的作用……而出版《印象记》一直得到王卓然和他手下员工的支持，从经理到车间主任，不少人直接参与了工作，且整个工作是在中南海《东方快报》印刷厂内进行的。至于斯诺夫妇，他们不仅无偿供给我书稿和资料，还给予经济赞助，并提供一部分纸张……

《印象记》全书共300页，包括34幅照片，10首红军歌曲，附有《西行漫记》所没有的几篇重要文章，其中有毛泽东与斯诺四次长谈的访问全文，斯诺在北平的一次讲演，译载了美国经济学家韩蔚尔发表在《亚细亚》杂志上的三篇有关四川红区情况的文章，毛泽东与美国记者史沫特莱关于《中日问题与西安事变》的谈话。此外，还附载了署名廉臣的《随军西行见闻录》。可以说这本书与《西行漫记》各有所长，珠璧互见。

《印象记》首次发表的署名廉臣的《随军西行见闻录》，实为陈云之作。他假托一名被俘的国民党军医，记录下长征的足迹，描述了沿途所见所闻，多次战役和突围，举凡官兵作风、军事形势、山川地形、风土人情、军民关系以及行军中的毛泽东和其他一些红军领袖，都绘声绘色，是记录红军长征的第一手宝贵资料。

《印象记》所载34幅有代表性的照片，既有毛泽东、朱德、周恩来、彭德怀等中共领导人的身影，也有红军战士、文工团员、护士等一般人日常生活的写真。加上斯诺夫妇精心编写的说明文字，生动幽默，富有情趣，呈现给当时世界一幅中国共产党人的"新形象"。半个多世纪逝去，今日看来仍然充满神奇的魅力。

1937年4月，王福时义务担任海伦的翻译，陪同海伦做第二次西北之行。这次没有了张学良将军的帮助，海伦冒着极大风险，在西安摆脱军警监视，终得进入陕北。王福时回忆：

> 我陪同海伦到达西安不久，一柳条箱《外国记者西北印象记》也随后到达。毛泽东在延安会见我们时，我把这本书送给了他……回西安的路上同萧克将军搭同一辆车，我也把此书送给他一本，他对红军长征路线图看得特别仔细。后来毛泽东发表《论持久战》，当中引用毛泽东和斯诺关于中日问题的谈话，毛选注释说明是引自《印象记》一书……

王卓然与王福时父子主持翻译出版的《外国记者西北印象记》，在当时的影响是不可低估的。这本书给千千万万青年提供了思想的滋养，许多青年和学生看了《印象记》或《西行漫记》之后，受到鼓舞，纷纷跟着"红星"从四面八方奔向延安，奔赴抗日前线。后来，斯诺在《大河彼岸》一书中说："当年的年轻读者今天与我重逢时，很多已成为中国第二级或第三级领导人了。"

坚决抗日　呼唤和平与民主

王卓然在主持东北大学期间，一贯支持和保护学生的爱国民主活动。但是，他的思想并不十分激进。由于教会和美国教育的影响，加之出生并生活在东北，他对苏俄与日本都有着一定的成见。张学良发动西安事变，他的思想随之发生转变。抗战军兴，王卓然在东北救亡总会和担任国民参政会参政员期间，才与中国共产党人发生较为密切的接触。

东北救亡总会，简称"东总"，是中国共产党领导的抗日民族统一战线组织。1937年6月20日，"东总"在北平白塔寺召开成立大会，王卓然出席会议，被选为执行委员。

卢沟桥事变，日寇占领北平，"东总"南迁。初到南京，"东总"开展抗日救亡工作，缺乏经费，王卓然设法将东北民众抗日救国会发行爱国奖券时存在南京的余额取了出来，以支撑工作运转。

10月6日，"东总"在南京召开常委会，决定出版机关刊物《反攻》（半月刊），于毅夫任总编，王卓然任杂志社社长。

国民参政会在武汉成立，王卓然以东北无党无派的社会贤达身份遴选为参政员。王卓然极力主张团结抗战，一致对外，释放包括张学良在内的所有政治犯。王卓然的主张得到参政会内中共代表和民主进步人士的支持，代表共产党先后出席国民参政会的参政员，如董必武、陈绍禹、秦邦宪、林祖涵、吴玉章诸人，王卓然都有接触。王卓然每有议案，多去寻求中共代表会签。

汪精卫叛逃后，某国民党要人问蒋介石："委员长主张抗日到底，请问抗到什么程度算到底呢？"蒋回答："恢复到'七七'卢沟桥事变以前，就算到底。"

王卓然闻之，不禁大怒："你抗到卢沟桥就完事了？'九一八'失去的东北你不要了？非同你讲理不可！"王卓然跑去问黄炎培，说："任老，你听说蒋先生的抗战到底的定义了吗？你有什么意见？"黄答："对不起，这定义，恐怕得问说话的人。"王卓然又跑去问沈钧儒，沈说："我也听说了，老蒋的话太错了，我们要联合起来反对他，一定得把他的政策改过来，你可以联络向参政会提案。"

王卓然马上起草了一个《请政府重申抗战到底决心案》，提议自从汪精卫出走，通电主和，人心不定，参政会应通过决议，请政府重申抗战到底的决心……抗战到底，必须是恢复"九一八"以前的领土主权，进而恢复到甲午战争以前的状态，有敢主张中途妥协者，应以汉奸国贼论罪。

王卓然的议案，得到共产党参政员的赞成。为增加声势，王卓然又请褚辅成、张以麟两位前辈领衔，得到国民党的重视，被列在特别第一案。最后，蒋介石不得不亲自出席，对此提案做了两个小时的说明。

由于王卓然的许多议案多是反对分裂，主张释放政治犯，恢复张学良自由，抗战到底，恢复到"九一八"以前的状态等，被国民党视为共产党的外围。

在1941年的一次参政会上，蒋介石请王卓然在内的12个参政员共进午餐。蒋介石为了表示虚心纳谏，让大家再谈谈改进国计民生的意见。问到王卓然，王卓然直人快语，提出两点：一、传说滇缅路开通后，有好多政府官吏走私营商；二、重庆每逢警报时，官吏及政府大小汽车向郊外狂奔乱驰，既耗宝贵的汽油，又易生危险，请他注意取缔。蒋闻言，当即声色俱厉斥责王卓然受了"反动派"的影响，在替共产党做宣传。梁漱溟出来为之圆场，才不欢而散。待到第三届参政会召开时，王卓然便被除了名。

1945年抗战胜利。王卓然与阎宝航、周鲸文、徐寿轩等人成立"东北政治建设协会"，呼吁停止内战，主张和平建国，王卓然还加入了中国民主同盟。

1946年4月9日，陈诚邀请王卓然、周鲸文、阎宝航等共进晚餐，为了实现国内和平，王卓然提出"现地停战、恢复交通、维持现状、进行整编"的建议。陈诚表示赞成，要他去征询共产党的意见。王卓然认为和平出现转机，兴奋得终夜未眠。

转天一早，王卓然等人来到特园民盟总部，报告这个喜讯。然后又偕罗隆基、章伯钧诸位同到曾家岩50号，征询中共代表的意见，他们的建议也得到了周恩来的赞成。王卓然与民盟同志非常欢喜，静待佳音。

然而，蒋介石此时正在飞巡各地，享受着抗日胜利所带给他的无尚荣耀，那种美妙的感觉，让他误信了"民众的拥护""美式装备和美援""中共不堪一击"。于是，王卓然等民主人士的建议，终被一意孤行的蒋介石所抛弃。

1946年4月28日，王卓然应周恩来邀请，出席重庆文化界知名人士话别茶会。会上王卓然以东北人的立场，再次呼吁停止东北的内战，释放张学良。王卓然的讲话，动情动色，使周恩来和在场的听众潸然泪下。

王卓然与褚辅成、许德珩、张西曼、税西恒等科技、文化界知名人士发起成立九三学社。5月4日，在九三学社成立大会上，王卓然慷慨演讲，他决心要为中国和平民主的实现，做进一步的努力。

国内局势日趋恶化，重庆和平团体委托王卓然为代表前往南京，与上海和平团体联合起来，对当局再行呼吁。1946年6月23日，王卓然由重庆飞抵南京，正值马关事件发生。上海和平团体马叙伦、阎宝航等11位和平请愿代表，在南京下关车站遭到国民党指派的特务殴打，九三学社于6月26日亦发电慰问。

黄炎培劝王卓然看看形势再说，免遭国民党的毒手。于是，王卓然仅出席了记者执行会，即赴上海。

国民党当局不顾"国民大会必须由改组后的各党派联合政府负责召开"的政协决议，决意一党包办召开国民大会。王卓然在《大公报》等报刊发表声明，辞去国民大会代表资格，以示抗议。

10月24日，许德珩与褚辅成、张西曼、王卓然等以九三学社的名义，通过《民主报》《新华日报》，发表对时局的看法。认为"任何一隅的内战行为皆为违反民意，夸称胜利均属可耻。吾人要求蒋主席立即回京，下令停止内战，负责主持和平谈判，以求真正的和平民主之实现"。

1946年11月15日，由国民党当局包办的国民大会在南京召开。从此，对和平建国抱有满腔热情的王卓然，希望破灭，遂由北平回到东北，转而经营起他的中国国际兴业公司。

扶危济困　高义可以托生死

刘尊棋（1911—1993），湖北鄂城人，1930年任中国左翼作家联盟北平分会理事，转年7月遭国民党当局逮捕。1933年5月出狱。中华人民共和国成立后，历任新闻总署国际新闻局副局长、英文《中国日报》总编辑、中华全国新闻工作者协会副主席等职。1933年，刘尊棋得以从北平陆军监狱获释，就是靠了王卓然的担保营救。

1933年春，中国人权保障同盟秘书长杨杏佛，受宋庆龄暨同盟理事会的嘱托，视察北平政治犯监狱。杨杏佛到北平后，偕该同盟北平分盟的负责人胡适之等人会见军政当局张学良，要求参观关押政治犯的监狱，张学良派王卓然陪同参观。

杨杏佛等一行人来到监狱，看到狱中关押的人个个戴着脚镣，四五个人挤在一小间牢房里，生活条件极为恶劣。杨杏佛走到关押刘尊棋的牢房门前，因为刘曾以英文写信给人权保障同盟，揭露狱中黑暗情况，便和刘用英语交谈。然后，杨杏佛转身对王卓然说："像这样年轻有为的爱国青年，实在不应关在监牢里，希望你向少帅讲讲人情，放他们出去。"王卓然便用英语询问刘尊棋的情况，并好言抚慰，答应设法营救。

不久，张学良被蒋介石迫令交出北平兵权，出国考察。临行前，张学良问王卓然还有什么事要办，王卓然即以释放刘尊棋等人之事向他恳请。张学良立即应允，让王卓然写一报告，亲批释放。

王卓然在《自传》里，对营救刘尊棋之事，有以下记载：

……在狱里掌火的窗口中，我认识了刘尊棋，他抗议说："水不够喝，咸菜不够吃！"我被他不屈的精神所感动，当时记下他的姓名，用英语安慰他少安，我必相机营救他出狱。到

> 此时（张学良出国考察前）张令我替他想应办的事，我就说有两个人（另外有位姓李的同志是办印刷厂被捕的），以共产党嫌疑被押在陆军监狱，都是青年有为，我们何苦替老蒋为虎作伥，应当放他们出去。张稍加思索，即说："好吧！那么你替他们找个保，我批放好了。"我就用我的《外交月报》印刷所担保，保释他们出狱。刘出狱后来谢我，说他的夫人郑绪红在山东泰安教书，被韩复榘捕押判了徒刑，要我设法保释。我后来求得韩的代表刘熙众帮忙，我与他联名担保，郑亦得获释出狱……

蒙王卓然先生施以援手，营救出狱，刘尊棋自是感念一生。然而，40多年后发生的事，让他对王卓然的为人更加感佩不已。

1966年，"文革"爆发，刘尊棋被捕入狱，原因出自当年国民党北平党部捏造的一个"脱党启事"，诬他与10余共产党员联名"退党"，刘尊棋被关押了7年多，为了还其清白，刘尊棋的子女找到王卓然，询问刘尊棋在1933年到底是怎样出狱的。

王卓然当时亦受迫害，由秦城监狱保外就医。听到刘尊棋被诬为叛徒，长期系狱，王卓然立即奋笔直书，于1975年1月10日写出"刘尊棋是怎样出狱的"证明材料，长达12页，20天后，王卓然则溘然病逝。

正是王卓然的这一证明，使刘尊棋脱离缧绁，终得平反。刘尊棋仰赖王卓然先生之力，两次得脱牢狱之灾，亦可称得人生奇缘。

另外，王卓然因保护于毅夫，在狱中被戴上了手铐。周而复在《忍辱保护于毅夫》一文中写道：

> ……10年动乱中，他没有幸免，在监狱中被关了4年，还为于毅夫戴了18天的手铐。这是什么意思呢？"四人帮"爪牙们要王卓然写材料证明于毅夫有问题。他说于毅夫是好人，没有问题，写不出有什么问题的材料。爪牙们当然不甘

心，给王卓然戴上手铐，只要答应写就给他摘掉手铐。王卓然坚决不写。1天过去了，5天过去了，王卓然还是不写，到了第18天，爪牙们看看实在逼不出材料来，才无可奈何地打开手铐……

还有抗日烈士苗可秀临刑绝笔托师的动人故事——

东北大学高材生苗可秀，曾经主办文学刊物《夏声》，发表过不少诗文作品。"九一八"事变后，流亡北平，投笔从戎，他先后担任中国少年铁血军总司令，东北民众自卫军总参议、司令等职，征战辽东三角地一带，屡建战功，威震敌胆。1935年6月13日，苗可秀在岫岩与日寇作战，臂部中弹负伤，被捕入狱。23日，苗可秀鞠躬绝笔，将自家后事尽托付于恩师王卓然，然后英勇就义。

剧作家吴祖光20岁时的处女作《凤凰城》，就是以苗可秀烈士事迹为题材创作的。第一幕就是苗可秀奔赴东北抗日战场前，向王卓然告别的情景。据吴祖光回忆，此剧在当时影响很大。继重庆之后，许多地方，包括南洋华侨地区纷纷上演，对抗日救亡起了很大的宣传作用。1992年，吴祖光为《王卓然史料集》出版题词"万世师表，一代完人"，落款称：

> 1937年全民抗日军兴，次年我的话剧《凤凰城》在抗战陪都重庆首演，曾邀请卓然先生登台演讲，慷慨陈词，举座动容。至今半世纪过去，当年光景，如在眼前……

王卓然一生躬持正义，光明磊落，他那扶危济困、义托生死的忠肝义胆，面对强权凛然难犯、刚正不阿、老而弥坚的大丈夫气概，着实令人敬佩。凡接触过他、了解他的人，无不被他的正直热情所感动。

尽献绵薄　丹心只图为报国

1947年，王卓然回到东北，又遭国民党反动派排挤，便决意远离政界，赴日经商。王卓然被沈阳商会正副会长金恩祺、卢广绩推举为赴日商业代表，于1948年1月由上海乘船抵达日本。年底，王卓然返回上海，借南京和谈代表北上之机，托章行严先生致信周恩来，说明赴日经过，表示愿为进口建设物资等项尽献绵薄。信中还为杜重远遗属的生活问题，请求设法帮助。

王卓然在日本任亚东国际公司董事长，对祖国大陆做进口贸易，并对日本共产党的活动多所支持。筹运国内需要的物资，也常替国内垫款。王卓然还多次为留学生归国，联络船只，提供帮助……

王卓然的这些行为，引起了驻日台湾代表的注意。1951年5月1日，王卓然的护照突然被取消，台湾方面通过日本外务省，拟将王驱逐出境，押往台湾。幸赖多方联络，以及日本朋友高崎达之助的援救，王卓然才得脱险，由大阪登船，于5月29日抵达天津。

见到在码头迎接的老妻李卓琳与长子王福时，王卓然不禁泪洒衣襟，慨然长叹：脱离险境，回到祖国怀抱，亦侥幸矣！

1951年夏秋间，在一个招待外宾的酒会上，刘尊棋见到周总理与外宾谈话之后正在休息，便过去报告，说王卓然最近从日本回到了天津。说起王卓然30年代在北平主持东北大学时曾经有过同情进步学生的事情，周总理便问刘尊棋："好像你也和他有过什么关系？"刘尊棋向周总理叙述了1933年王卓然把他从北平监狱保释出来的经过，并说于毅夫同志在更早以前也曾蒙王卓然营救。

不久，统战部派人与王卓然谈话，说准备请他担任国务院参事。由于王卓然要求做些实际工作，统战部还同意让他参加科技普及的组织。

王卓然回国后，深恐朋友怪他回来太迟，思想包袱较重。在家人和各方面的帮助下，王卓然决定改造思想。王卓然积极参加九三学社天津直属小组、九三学社北京分社的组织活动，他引用老友王芸生的诗句："抛弃旧习惯，丢掉旧成见，一切从新学，一切从头干。"

王卓然热心新中国的建设事业，将大部分资产都用在了开办社会福利方面，王卓然在天津和北京共办了两个少年儿童科学教育馆和三所托儿所、幼儿园。1952年9月，王卓然投资5万元建成和平幼儿园，招生5个班，约150人左右，转年又开办了儿童文化服务馆。

1955年底，王卓然任国务院参事，迁居北京，停止经商，将和平幼儿园交天津市第一轻工业局接办。同时，王卓然把国际公司剩余资金约5万元，全部转投儿童文化服务馆，扩大服务范围。馆址搬到天津市河北区博爱道28号，面积约160平米，购买了电视机、幻灯机数架，开设航空、航海模型，半导体制造等活动小组。拥有适合中小学生阅读的各种图书约万册，供全市中小学无偿借阅。

1961年因资金告罄，儿童文化服务馆上交天津市文化局，文化局转托河北区政府接管。在北京开办的幼儿园，后交北京医学院接管。

王卓然认为担任国务院参事，是份神圣的职责，他非常珍惜这个为人民服务的机会。他兢兢业业、认认真真，学习党的方针政策，参加调查研究，推动科技普及工作，对于自己提出的各项意见建议，都力求切实可行，合乎国家和人民的利益。

王卓然担任国务院参事后，他的时间全被各种会议和活动所占据，还有每年2~3个月的参观考察，写提案、写调查报告等，整日忙得不亦乐乎。为了适应日益繁忙的各项社会活动，他坚持每天早晨去登景山，做八段锦，以保证有健康的体魄投入工作。

1957年，全国首次职工科学技术普及工作积极分子大会后，经过认真调查，王卓然撰写了《组织职工积极分子向科学大进军，为加速祖国社会主义建设而奋斗》的长篇建议，对科普工作的意义、作用，以及如何加强对科普工作的组织领导、开展科普工作的具体形式等问题，进行了深入的研究探讨。

为了推动向科学进军，王卓然还专门撰写文章，投寄报纸发表，1956

年 10 月 17 日的《光明日报》发表了他的《视察科普工作的感想和意见》。

王卓然始终牵系着故乡莲岛湾,他常与故乡通信,想方设法为故乡文化教育事业的发展出力。莲岛湾村没有中学,他便给好友、时任辽宁省主管教育的副省长车向忱写信,请帮助在莲岛湾建一所中学,以解决周围村庄小学毕业生的中学就读问题。在他的协调下,1955 年,一所初级中学在莲岛湾村建成,解决了周围 20 几个村高小毕业生的升学问题。

此外,他还为故乡购买了大量科普、历史故事方面的图书,还给村小学购买了许多教具,如幻灯机、幻灯片、显微镜等,并且另外每年供给奖学金 200 元。

王卓然是最早重视并开始推动征集张学良将军史料的人。1954 年 6 月 14 日,《光明日报》刊登了一则征集近代史料的广告,他马上与《光明日报》编辑部取得联系,并草拟了《张学良将军与西安事变史料收集与整理的意见》。从此,他不遗余力,广泛联系张学良的旧部和与张学良有过各种关系的人,请他们提供照片、手稿等一切资料。王卓然还亲自撰写了《热河失守和张学良下野》的回忆文章……王卓然对于征集张学良将军史料,可谓倾尽心力。

"文革"中,已经须发皓然的王卓然,被诬为"特务"和"东北叛党投敌反革命集团"成员,投入秦城监狱。他不知道,老友阎宝航、高崇民也被关押在这里,而且相继惨死……

1975 年 1 月 31 日,保外就医的王卓然,将家人叫到床前,口述了呈递国务院参事室信函的内容:

> 在经济上,如组织上补发我的工资,请以其中伍仟圆直接交给我的故乡辽宁省抚顺县河北公社莲岛湾大队,专供建立少年儿童图书馆购买书之用。这是我多年的一个愿望……

嘱托完最后心事,王卓然当日即抱憾而逝,终年 82 岁。

1979 年 8 月 25 日,国务院在北京八宝山公墓举行追悼会,为一生奉献教育、赤诚爱国的王卓然先生,平反昭雪。

遵循父亲的夙愿,1996 年,王卓然的子女共同捐资,为故乡莲岛湾建起了一个图书馆,购买了大量图书,吕正操将军题写了馆名。馆内还设有王卓然事迹纪念室,陈列着王卓然的遗稿、遗物,以及参与重要历史事件和社会活动的照片……

1997 年 5 月 24 日,为了纪念王卓然 104 周年诞辰,抚顺市顺城区人民政府主持举行了开馆典礼,辽宁省政协,东北大学,抚顺市政府、市政协、市九三学社的代表参加了典礼。

莲岛湾村外,一处幽静的山冈上,数株青松簇拥着王卓然的陵墓。松风飒飒,似在诉说着栖灵者的生平和那段血雨腥风、极不平凡的岁月。镌刻有张学良将军亲笔书丹的墓碑,则向后人昭示着他们二人的旷世情谊……

参考文献

1. 辽宁省政协文史资料委员会、抚顺市顺城区委员会文史资料委员会编《王卓然史料集》,辽宁人民出版社 1992 年版。

2. 王太学主编《王卓然史料集》(续集),中国文史出版社 1998 年版。

3. 埃德加·斯诺著,王福时等译《前西行漫记》(即《外国记者西北印象记》),解放军文艺出版社 2006 年版。

涂长望传略

家庭和求学

1906年10月28日，涂长望出生在湖北省汉口大通巷一个虔诚的宗教家庭。涂长望的父亲涂含章勤劳耿直，9岁时就到一个英国牧师家里做工、当西厨助手，后来成为职业传教士。母亲汪美珍是一个建筑工匠的女儿，受过新学教育，入了教并曾在一家教会学校当教员，后主要操持家务，照顾家庭。

涂长望有兄弟姊妹11人，他排行第三，全家人仅靠涂含章一个人的薪水来维持，生活比较艰苦。涂长望在回忆家庭情况时说："家庭对我的影响很大，也很深远。父亲勤劳却严厉，打骂过多，每每产生抗拒情绪。母亲是慈爱的，在冬天的晚上常给我们讲《世界伟人传》。我听了华盛顿、林肯、克伦威尔、牛顿等的事迹，心向往之，希望长大了也做一个英雄、伟人。"渴望成为伟人的涂长望从小就很懂事，知道勤俭的重要，明白劳动的辛酸，经常帮助母亲做各种家务杂事。

上小学之前，父母每周都要带涂长望去教堂做礼拜。1913年，涂长望进入大通巷福音堂小学读书。福音堂小学是一所教会学校，作为传教士子弟，涂长望可以免费就读。在学校里，涂长望各门功课都很好，但他也慢慢体会到了洋人们的傲慢无理和对中国人的蔑视，加上教会学校的规矩特别多，聪明、活泼而有些顽皮的涂长望很不适应，"偶尔因犯些小规矩，也遭到英国牧师的毒打，因此在幼年的心灵中开始种下仇恨洋人牧师的种子，甚至有时采取了报复手段"。1918年，涂含章到钟祥县传教，举家随之迁往钟祥县，涂长望进入钟祥县三育小学（教会学校）就读，学习成绩全校最佳。1920年，涂长望升入武昌博文书院。博文书院成立于1885年，由英国传教士修建，一直聘请受过高等教育的洋人任教。不久，涂长望大哥涂登榜考进香港大学医学院，临走前，大哥对他说："文化低的家庭，在社会上没有地位；文化低的国家，在世界上没有地位。"这句话深深印在了涂长望的心里。他以大哥为榜样，读书更加认真，立志发奋图强，为中华民族争光。涂长望除了努力学习，还开始阅读有关革命的课外书籍。他读了克鲁泡特金的《一个革命家的回忆录》后，感到十分喜欢和激动，觉得专制政治不是好东西，从情感上对于无政府主义所主张的自由、互助、合作等理念比较欣赏。

涂长望的中学时代，正是军阀混战、民族运动高涨的时代。京汉铁路大罢工、"五卅"惨案、港九大罢工等，都在涂长望心中引起不小的震撼。他先后参加了悼念孙中山、扩大反帝反封建的革命宣传运动，声援"五卅"的示威游行等，受到很大的锻炼。

1925年秋，涂长望高中毕业后进入了华中大学理学院，这是一所教会办的大学。1926年秋，因时局动荡，华中大学无法开学，他转学到上海沪江大学科学系。涂长望除了主修数学、物理、化学等基础学科外，还选修了美国著名地理学家葛德石讲授的地理学。葛德石是一位学识渊博的学者，涂长望受其影响，对地理科学产生了浓厚的兴趣，为以后从事气象科学研究打下了良好的基础。

1929年，涂长望从沪江大学毕业，并应朋友邀请，回到母校博文中学任教。涂长望教学生物理、数学和地理，因为备课认真，口才也好，深受学生们的欢迎。

留学英伦

1930年春天，涂长望和好友陈立一同参加了湖北省官费留英选拔考试，结果二人以头两名的成绩都被录取。这年10月，涂长望、陈立和另一位被录取的学生霍秉权结伴从陆路经苏联、德国、比利时到达伦敦。涂长望进入伦敦大学政治经济学院，攻读经济地理。涂长望每天从住的公寓到伦敦大学，都要经过伦敦气象台。气象台玻璃橱窗里的天气图，引起了涂长望极大的兴趣，于是去旁听气象课。在一次旁听时，涂长望结识了著名气象学家沃克教授。沃克曾任印度气象局局长多年，在对印度季风年际变化的研究中，发现了印度季风的变化和全球天气有某种关联。后来为纪念沃克教授的开创性工作，专门把一种大气环流命名为沃克环流。听了沃克教授的课程后，涂长望产生了跟随沃克教授学习气象学的念头，为此，涂长望专程到沃克教授家中拜访，恳切表达了自己攻读气象学的决心和渴望。沃克教授看了涂长望的成绩单后比较满意，于是破例收下了涂长望这个中国学生。1931年春，涂长望转入帝国理工学院，师承沃克教授攻读气象学。沃克教授很喜欢这个学习能力和研究能力极强的学生，毫无保留地把自己的研究方法和经验传授给涂长望。涂长望潜心学习，并以研究长期气象预报为主攻目标，完成了硕士论文《中国雨量与世界气候》，发表在英国《皇家气象学会论文集》第38卷第4期上，并获得气象学硕士学位，成为英国皇家气象学会第一个中国籍会员，世界著名的《自然》杂志要求尽快发表他的论文要点。1933年，涂长望又进入利物浦大学地理学院，在著名地理学家罗士培教授指导下攻读地理学博士学位。

在认真钻研学问的同时，涂长望也积极参加各种社会活动，乐于交友助人。1933年，著名记者、政论家、出版家邹韬奋赴欧访问恰好经过利物浦，涂长望给予了热情接待，并安排邹韬奋与导师罗士培相见，陪同邹韬奋参观利物浦大学。后来，邹韬奋在他的游记作品《萍踪寄语》中，是这样描述与涂长望的交往的："此次记者出国最感愉快的是借着《生活》的媒介，遇着许多有志的青年朋友，涂君也是其一。我们虽未谋面过，但确是一见如故，快慰平生，因为我们在精神上都早成了朋友。"为真正了解西方社会和英国社会，涂长望还专门深入到一些贫民区，去体验英国老百姓的工作和生活。

震惊中外的"九一八"事变激起了全国人民的抗日怒潮，在英国的中国留学生也纷纷寻觅抗日救亡之路。涂长望同留学生中的一些共产党员如杨秀峰、于炳然等比较接近，经常和他们一起讨论时事。在这些共产党员的影响下，涂长望读到不少有关中国革命、苏联革命的书刊，对革命和抗日救亡问题有了新的认识。这一时期，赴英国勤工俭学的部分中共党员在伦敦组成"英国共产党中国语言组"，直接受英共总书记波立特领导，并建立起语言组的外围组织"旅英华侨反帝大同盟"。涂长望加入了杨秀峰、于炳然等人领导的"旅英华侨反帝大同盟"，担任这个组织的文书。在一次留英同学的辩论会上，涂长望做了主题发言，痛斥"攘外必先安内"的谬论。他在大同盟中做了许多具体工作：编辑出版大同盟的刊物《反帝》，积极传播反帝救国的思想；组织留学生深入贫困华侨居住区，为侨胞开办义务夜校；等等。

1934年4月，"旅英华侨反帝大同盟"决定选派一批人赴苏联莫斯科参加"五一"国际劳动节观礼。涂长望由于工作积极，受到大家的推举，和涂长望一同去观礼的还有于炳然、张为先、杨亦周、乔辛瑛、钟殊漪等人。他们乘坐火车，每到一国首都，便有一些操不同语言的代表上车来。进入苏联国境，更是受到苏联政府和人民的热烈欢迎，盛情接待。涂长望后来回忆到："中国留学生在资本主义国家受到歧视，唯有在苏联得到平等待遇，能抬起头来走路，并把我们当作高贵的客人看待，到了苏联就像到了自己的祖国。"涂长望等人在莫斯科聆听了季米特洛夫和加里宁的报告，参观了克里姆林宫、各种文化组织和一些大工厂。五一节这一天，红场上人山人海，热闹非凡。观礼时的壮观场面，使涂长望平生第一次体验到人民的力量，给涂长望心灵以极大的震撼。观礼结束后，涂长望等人又先后赴基辅、哈尔科夫、奥德萨、列宁格勒等地参观,深入工厂、学校、集体农庄、博物馆,切身感受到社会主义欣欣向荣的景象。

回到伦敦后,"英国共产党中国语言组"负责人于炳然同涂长望进行了长谈。于炳然问涂长望,愿不愿意加入共产党,投入革命斗争,涂长望表示愿意无条件地为党奋斗。在于炳然介绍下,"英国共产党中国语言组"经研究同意了涂长望的入党申请。

这年秋,涂长望收到了中央研究院副院长、气象研究所所长竺可桢发来的一封信,信上说国内急需气象科研、教育方面的高级人才,有意聘请涂长望为气象研究所研究员。接到他所尊敬的前辈的热情邀请,涂长望感到回国报效祖国、参加国内实际斗争的时机来了。虽然他此时已经学完了博士课程,只待完成博士论文,便可以拿到博士学位,但他还是毅然中断英国留学生涯,踏上了返回祖国的航程。

气象科学的开拓者

回国后,涂长望对位于南京钦天山的北极阁气象研究所非常满意。早在南北朝时期,钦天山就曾经设有司天台,元代至明代都曾先后建立观象台。1928年,竺可桢在此重建了观象台。涂长望的到来,让亟需气象人才的竺可桢感到无比欣慰,立刻对他委以重任,让他主要负责大气环流、长期预报和气候等方面的研究。涂长望很快就全身心地投入到研究工作中,为收集数据资料,涂长望经常把一台从国外带回来的照相机放在身边,看到云就拍摄下来,用以分析研究,到了晚上他就利用北极阁良好的观测角度观测星宿。他选择的第一个研究题目是"雨量和水旱灾害",希望从雨量入手弄清旱涝的分布,从而对我国农业生产有所帮助。他先后写了《中国雨量区域的分类》《我国的水灾可以避免吗?》等论文,分别发表在《中央研究院气象研究所集刊》和《气象杂志》上。1935年4月,在中国气象学会召开的年会上,涂长望被选为中国气象学会理事兼学会刊物总编辑,此后便一直参加该会领导工作。同年8月,涂长望借调到清华大学地理系一年，主讲气象课，深受学生们的爱戴。清华大学地理系学气象专业的学生很少，但来听涂长望讲课的学生却很多，地理系的郭晓岚、张乃召、蒋金涛，物理系的葛庭燧都很喜欢他的课程。在清华园，涂长望笔耕不辍，整理完成《峨眉山、泰山国际极年观测报告》，完成《东亚活动中心与我国水旱灾的关系》，为水旱灾害的长期预报开辟了新的科学思路。

1935年12月，"一二·九"运动爆发，涂长望对学生们的爱国行动给予积极支持，并且参加了北平文化界救国会，任常务理事。在参加北平文化界救国会的活动中，涂长望遇到了好几位"英国共产党中国语言组"的同志，如杨秀峰、杨亦周等。杨秀峰此时正在中共北方局负责平、津等地上层人物的统战工作，杨秀峰得知涂长望因为回国失去了组织关系，就让他参加了党小组的一些活动，并负责与清华大学学生救国会负责人的联络工作。但是没过多久，涂长望接到竺可桢的来信，催他赶紧回南京，就这样，涂长望又一次与党组织失去了联系。

回到南京气象研究所后，涂长望与王回珠女士结婚。王回珠是江苏吴县人，自幼父母双亡，由姑姥姥抚养长大。高中毕业后就读于苏州东吴大学，后到中央卫生署工作。婚后，无论是工作还是生活，涂长望都得到了夫人极大的支持和关心。

抗战爆发后，涂长望临危受命，主持气象研究所先迁汉口、复迁重庆。在重庆期间，涂长望得知，在空军当飞行员的弟弟涂长安，在一次执行任务的过程中不幸牺牲。1939年4月，时任浙江大学校长的竺可桢再次向涂长望发出邀请，希望他到西迁贵州遵义梅潭的浙大任教。涂长望又一次接受邀请，赴浙江大学任史地系教授，后兼史地研究所副所长。在浙大期间，涂长望积极探索新的教学方法，注重因材施教，不拘一格培养人才。由于他有极高的学术水平和出色的教学方法，许多富有才华的学生从其他高校慕名而来，攻读他的研究生。他在浙大培养出许多优秀人才，如施雅风、叶笃正、谢义炳、毛汉礼、陈述彭等以后都成为中国科学院院士，郭晓岚、姚宜民、谢觉民等成为海外著名专家。

在浙大期间，涂长望想方设法对师生进行抗日爱国、民主进步的宣传，积极支持学生的爱国民主活动，引导学生走向民主、自由的光明大道。浙大学生响应西南联大的号召，开展"驱孔"（孔祥熙）运动，涂长望支持竺可桢校长为保护学生、营救被捕学生所采取的行动。战乱时期，不少学生都同家人失去了联络，学校和老师就成为他们唯一的依托。涂长望和王回珠不时把学生请到家中，使他们感受到难得的家庭温馨。当年王回珠所做的粉蒸肉，让那些在浙大艰难求学的学子回味无穷。

涂长望和浙大的一批年轻学者，如王淦昌、陈立、黄秉维、任美锷等人经常在一起，轮流做东，交流学术、纵论时局，有力推动了浙大的学术研究。为进一步推动学术研究，拓展民主氛围，涂长望同一批教授组织了中华自然科学社遵义分社，并担任干事。1942年4月，涂长望获教育部学术成就乙等奖。7月，因与国民党浙大区党部负责人政见有异、发生摩擦，涂长望愤然辞职，离开浙大去四川綦江一家电化冶炼厂暂居，同时任气象研究所兼职研究员。在这里，涂长望接触到了真正的中国产业工人。

在1930—1940年代期间，涂长望在极为艰苦、极为简陋的条件下，专心收集资料，潜心开展研究，为发展中国现代气象科学做出了重要贡献，主要体现在：

开创了中国长期天气预报的研究。涂长望认为，中国天气是东亚天气的一部分，而东亚天气又是世界天气的一部分，要研究中国反常天气就必须从大气环流的整体观点出发，研究大气活动中心、大气波动以及海洋环流与中国降水和温度变化的关系。他发表了一系列论文，如《大气运行与世界气温之关系》（1936年）、《1931年的大水与1934年的大旱和远东活动中心的关系》（1937年）、《中国天气与世界大气的波动及在中国夏季旱涝长期预告中的应用》（1937年）等，根据沃克教授的理论和方法，研究了中国冷暖和旱涝同世界各国天气特别是三大浪动的关系，提出了一些预报方程式，为我国开展长期天气预报研究工作和长期天气预报业务奠定了基础。

推动了中国气团和锋面研究的发展。气团和锋面的分析研究是当时气象学中的一项重要课题，涂长望根据当时为数不多的一些飞机探测记录和风筝记录对中国的气团变性做了比较深入的研究,先后发表《中国平均气流与锋面的初步研究》(1937年)、《中国之气团》(1938年)、《中国气团分析与天气范式》(1940年)等代表作,其中《中国之气团》一文深受学术界的推崇。他在"中国之气团"一文中指出,当记录次数少时,以各气团之标准实例为其特性之代表,应比平均数为好;如佳例为数颇多,则可以平均数表之。他还对中国气团的分类提出了新的看法,并对各种气团之属性进行了详细而精辟的分析,得知各种气团及其交绥下的天气,其效果甚佳,这些工作对于我国天气预报实践具有重大影响。

打开了中国气候和高空气候研究的新局面。在涂长望的论著中,中国气候的研究占了很大一部分。他在中国气候分区的研究中,考虑了干湿情况,首先引入年降水量分布形式,并以此为依据,提出了中国气候分区方案,进一步发展了竺可桢的气候分类研究。1931年,竺可桢在《中国气候区域论》一文中指出,"划分中国气候,务必留意分区界限须与一国之天然区域符合""在中国之气旋与反气旋范围内,各处所受影响大异,气候区域之决定,应视此范围为准"。即以此两点作为划分中国气候区的界限,并将中国气候区分为8类。涂长望在竺可桢气候区划基础上,提出改进意见,发表了《中国气候区域》(1938年)的论文。此外,涂长望还充分应用了当时能够得到的中国气候资料,绘制了我国每月平均气流图,研究了不同气流之间的锋系活动和天气气候特点,并使用少量的探空记录资料,分析东亚自由大气特点,这些工作为我国天气气候学的发展,打下了良好的基础。

发现了季风跳跃现象。1944年,涂长望与他的学生黄仕松一起发表了《中国夏季风之进退》的重要论文。他们通过研究发现,中国真正的夏季风仅由热带海洋气团及赤道海洋气团或其变性气团所致;中国夏季风出现在4月初,结束在10月25日前后;中国夏季风首先出现地点在西南及华南一带海滨渐向北推进,中国夏季风撤退远比推进为速。这一发现在当时很有创见,对于研究我国季风与旱涝有重要意义。

呼唤民主与科学

1943年初,涂长望任中央大学地理系教授。5月,涂长望获中华文化基金会天文气象地理特等奖。

这一时期的科学工作者,普遍苦于物价高涨、生活困窘,科学研究工作几乎难以为继。在这种苦闷的环境下,不少科学工作者逐渐有了追求进步、共同组织起来的愿望。在中央大学的教师宿舍里,涂长望与著名林学家梁希教授相邻而居,涂长望发现梁希思想非常进步,虽然两人年龄相差23岁,但很快就结成了忘年之交。梁希告诉涂长望,他之所以能够了解抗战的全面情况,及时获得延安方面的有关消息,是因为潘菽教授和《新华日报》的牵线搭桥。于是,涂长望又认识了比自己大9岁的中央大学心理学教授潘菽。当时的《新华日报》社社长潘梓年是潘菽的长兄,负责中共统战工作的潘汉年是潘菽的堂弟。潘菽因为这种关系,同《新华日报》社联系十分自然而方便。他常去潘梓年那里,结识了章汉夫、吴克坚、石西民、熊瑾玎、乔冠华、于刚等共产党人。中央大学的一些进步教授,如梁希、农学家金善宝等人非常关心抗战前途,在知道潘菽同《新华日报》有联系后,就都想找他谈谈以更多了解延安方面的消息。潘菽就和他们约定时间并另外邀请校内同事一两个人在一起谈谈,第一次是在李士豪教授家里。因为李士豪单身住一个房间,来往的人很少,地点也较僻静。在第二次或第三次会谈时,涂长望和林学家干铎教授参加了进来。稍后,在附近重庆大学的谢立惠教授和沙坪坝一家工厂的总工程师钱保功也参加进来。参加座谈会的成员,常被邀请到《新华日报》社,由潘梓年、章汉夫等同志讲解时事,有时还有中共中央的领导同志为大家讲述国内外形势。

从沙坪坝到《新华日报》社要走很长一段路程,在这段路上布满了特务,他们在暗中检查过往的行人。因为工作的关系,涂长望到《新华日报》社是非常危险的,但每次开会,他总是想尽办法参加。这个座谈会原本没有名称,后来对外有了一些联系,大家在谈到它时就称之为"自然科学座谈会"。

1943年12月的一天,潘菽告诉涂长望、金善宝等人说:"周恩来邀请我们到《新华日报》社吃午饭,我们早点走吧。"走进《新华日报》食堂,涂长望等人发现摆了两桌宴席。原来周恩来、董必武等人是为了给梁希祝贺六十大寿。在和涂长望交谈时,周恩来特别问起他气象方面的问题。

1944年底,涂长望又和重庆的一部分文教、科技界的进步知识分子许德珩、梁希、潘菽、黎锦熙、劳君展、张雪岩、黄国璋、税西恒等人一起,组织了另一个座谈会即"民主科学座谈会",这个座谈会就是九三学社的前身。他们经常在一起议论时局,切磋时政,针砭时弊,主张内争民主以外御强寇,呼吁团结抗战,反对分裂投降。1945年8月28日,毛泽东、周恩来、王若飞等人代表中共中央飞赴重庆与国民党谈判。9月的一天,涂长望和梁希、潘菽、金善宝等教授接到毛泽东接见他们的通知。座谈时,毛泽东仔细倾听教授们的想法,并就抗日战争胜利后的时局、国共和谈、中国的前途和命运、中国共产党路线、方针和政策等问题做了说明和解释。毛泽东在重庆谈判期间对涂长望等人的接见,给了他们巨大的鼓舞和支持,对九三学社的建立和未来的健康发展,起了决定性的作用。1946年5月4日,九三学社成立大会在重庆召开,涂长望作为发起人之一被选为理事。九三学社的成立,对于扩大民主运动的影响起了积极作用。

随着形势的发展,自然科学座谈会的教授们认为,有必要组织范围更广泛的、公开的科学团体。周恩来同志也曾经指示《新华日报》社的负责同志,要团结更多的科学技术工作者,帮助他们组织起来。经过讨论后,自然科学座谈会的教授们一致同意发起组建"中国科学工作者协会"。1944年夏秋之际,涂长望和梁希、潘菽、金善宝等人起草了《中国科学工作者协会总章(草案)》《组织中国科学工作者协会缘起》《宣言》等文件,分头向国民党统治区各大城市征求科学技术工作者参与发起。在很短的时间内,就得到竺可桢、李四光、任鸿隽、丁燮林、严济慈等100多人的热烈赞成。1945年7月,中国科学工作者协会在重庆中央大学正式成立，竺可桢任理事长，李四光任监事长，涂长望任常务理事兼总干事，干铎任事务干事，谢立惠任组织干事。中国科学工作者协会的成立，标志着中国科学技术工作者的新觉醒，它团结了一大批科学工作者，成为抗日民族统一战线的一支重要力量。

除了积极投身国内的民主运动，涂长望还以极大热情从事国际活动，为团结海外科学家而努力。

1946年春，英国科学工作者协会在伦敦召开了有世界各国科协代表参加的"科学与人类福利会议"，涂长望代表中国科协出席了这次会议，并在会上发言谴责了原子战争，号召全世界科学工作者要与人民大众团结起来，反对原子武器，保卫世界和平，为人民谋福利。涂长望在大会上的发言，受到舆论界的普遍重视。《泰晤士报》等英国各大报都做了报道，英国广播电台也做了广播。参加此次会议的各国代表一致赞同共同为世界科协的发起人，并进行筹备工作。1946年7月，世界科学工作者协会正式成立于英国伦敦，其基本宗旨是："为科学在促进人类的福利与和平上，能达到最充分的利用而努力。"涂长望代表中国科协参加了世界科协执行理事会，并当选为该会远东区代表、理事。

在出席"科学与人类福利会议"的同时，涂长望还同赵九章一起代表中国中央研究院出席了在伦敦召开的国际气象会议。会议决定成立国际气象委员会，并成立由7国组成的常务委员会，中国被选为常务委员。国际气象委员会下设几个专门委员会，竺可桢为气候委员会委员，涂长望为农业气象委员会委员，吕炯为海洋气象委员会委员，赵九章为出版及文献委员会委员，朱国华为天气预告委员会委员。这样，中国在世界气象事务的各方面都有了一定的发言权。

在英期间，涂长望将留英的中国学生组织起来，成立了中国科协英国分会，他对中国科协英国分会提出的要求是：推进国内民主、团结、和平的实现。同年4月，涂长望赴美进行为期半年的考察和讲学，并积极奔走联络，推动建立中国科协北美分会。涂长望回国后不久，中国科协北美分会就在葛庭燧、丁儆、侯祥麟等学者的发起下建立起来，这些分会在中华人民共和国成立初期组织留学生、学者回国中发挥了良好的作用。

抗日战争胜利后,涂长望随中央大学复原返回南京。在南京,涂长望既参加九三学社、"小民革"的秘密斗争,又积极从事中国科协、中国科学社、中国科学促进会等团体的公开活动。

涂长望和梁希、潘菽、金善宝、干铎等九三学社社员经常在中大以"自然科学座谈会"的方式进行隐蔽活动,交流情况、互通消息,传阅进步书刊,做了不少工作。

1948年3月29日,北平学生在北京大学民主广场纪念黄花岗先烈,许德珩、袁翰青、樊宏等教授在集会上发表演讲,抗议取缔华北学联,反对召开"行宪国大",北平当局出动军警包围会场进行威胁。涂长望等以中国科学工作者协会的名义,致信《观察》周刊,公开支持学生运动,抗议北平当局的威胁。

同年5月,南京大、中学校学生开展各种活动纪念五四运动29周年。4日下午,借中央大学礼堂召开"自然科学座谈会",涂长望、梁希、潘菽、金善宝等9名教授讲话。涂长望在发言时指出,科学工作者对于研究的成果应负责任,对于成果的分配也有权过问。在中国科学人才这样稀少的情况下,科学中国者不应抛弃科学岗位,全力去管现实问题,而应该是在不影响科学工作的情况下,尽力去管现实问题。晚上,中央大学学生又在操场举行"五四"营火晚会,涂长望等人前往看望。涂长望对学生会负责人讲,"五四"时年轻人高举科学民主大旗,内惩国贼,外争国权;"一二·九"时年轻人高举科学民主大旗,挽救民族危机;今天我们继续高举科学民主大旗,要为和平民主的新中国而奋斗。

"小民革"全称中国民主革命同盟,成立于1941年,组成人员包括一部分中共党员、爱国进步人士、国民党民主派以及一些在国民政府中担任较高幕僚职务的进步人士。回到南京后,涂长望经常参加"小民革"的组织活动,他们小组的主要成员还有梁希、潘菽、李士豪、干铎、金善宝、许宝驹和谭惕吾、汪季琪夫妇。

涂长望团结了许多进步科学工作者为科学和民主而斗争,为中国科协的发展付出了巨大精力。1947年五六月间，涂长望邀约吕东明、施雅风二人来商谈研究如何加强、活跃中国科学工作者协会的工作和吸收新会员，梁希、潘菽、陈致德、张长高等人也参加了会议。大家一致认为，为了更广泛地团结科技工作者，需要促成青年科技社团"科学时代社"加入中国科协。经过动员，科学时代社的社员都踊跃加入到中国科协里，极大地增强了中国科协基层的力量。7月，中国科协南京分会在中央大学成立。涂长望和梁希、潘菽等人作为中国科协的主要领导，不避风险，多次在南京分会组织演讲会、座谈会等各种公开的活动，阐述科学与政治的关系以及科学家的社会责任。8月，涂长望到上海，与中国科协在上海的知名成员吴觉农、卢于道、张孟闻等人，商量筹备上海分会；同上海科学时代社的负责人交谈，商定上海科学时代社社员全体加入中国科协。涂长望还给在浙江大学的老友陈立写信，请陈立把杭州的中国科协会员组织起来，早日建立中国科协杭州分会。在涂长望的大力推动下，上海、杭州的分会都在1948年1月正式建立起来。

为开拓宣传阵地，除出版会刊《中国科协》外，涂长望还通过新闻界的朋友，跟《新民报》的负责人进行联络，建议《新民报》增加科学副刊，由中国科协组稿供稿，得到了《新民报》的赞同。科学副刊第一期，需要发一篇理论性的文章来阐明办刊宗旨，同时要发一篇实践性的文章提出具体要求。涂长望请来潘菽写前一篇文章，自己写后一篇文章。

1947年，具有"官办"性质的中国科学促进会在南京成立。教育部次长杭立武为会长，中国科学社社长任鸿隽、中国科协总干事涂长望、自然科学社秘书长朱章庚三人为总干事。涂长望利用中国科学会的各种便利条件，积极推动中国科协的工作，召开各种座谈会，举行学术交流，开展科技人才调查。

1947年底，在中共地下党的安排下，涂长望到美国大使馆，兼职担任编译室主任。编译室的主要任务是收听国民党中央电台、共产党电台的电讯稿并记录翻译成英文，涂长望自己不做翻译工作，只是对译好的文稿做些必要的校改。他在这里可以及时了解解放区的情况，包括党的方针政策、军事形势等,这些都是国民党进行严密封锁的。涂长望不仅把这些被国民党严密封锁的消息传递给爱国民主人士,同时还把美国同国民党之间的一些绝密情报转送到延安。涂长望的活动很快引起了国民党的注意,他也随即迅速离开了美国大使馆。

由于积极参加爱国民主运动,涂长望被国民党列入了黑名单。为免遭国民党特务的毒手,1948年秋由共产党地下组织安排,涂长望和梁希、潘菽等人离开南京经上海到达香港。在香港,他们得到了潘汉年悉心照顾。几天后,中共地下党护送他们安全离港北上,1949年5月抵达北平。到达北平后,他们受到了中共中央组织部、统战部的热烈欢迎。

1949年6月,涂长望当选为新政治协商会议筹委会委员。9月,涂长望出席了第一届中国人民政治协商会议。涂长望和来自各界的委员们,在观礼台上一起目睹了中华人民共和国的成立,见证了中华民族摆脱殖民主义和反动势力的统治,走向新社会的伟大历史时刻。

新中国气象事业的奠基人

1949年10月13日,陆定一代表政务院领导找涂长望谈话,委托涂长望筹建气象局。接到任务后,涂长望立即以满腔热情和非凡的组织才能投入到开创新中国气象事业的实践中去。他先同竺可桢、卢鋆进行了沟通,商议筹建工作具体事宜,接着又多方物色气象人才。11月20日,周恩来总理在百忙之中召见涂长望,了解新中国气象事业的筹备情况。涂长望就气象局的建制、组织、工作、人员等方面的筹划情况以及意见和建议,向周恩来做了汇报。周恩来基本同意涂长望的意见,并提出一些问题做了研究。三天之后,涂长望以个人名义,向周恩来递交了筹建气象局的书面报告,这个报告很快得到了中央的批准。12月8日,中央人民政府人民革命军事委员会气象局成立。17日,涂长望被任命为中央军委气象局局长,张乃召、卢鋆为副局长。涂长望和十几名工作人员,在北京南河沿25号的四合院里,利用欧美同学会的几间房子,开始了气象局的具体组织、规划工作。在军委气象局初建的头几个月里，涂长望召集了13次临时局务会议，来处理各种紧迫事务，各项工作很快便走上了正轨。

涂长望既有高瞻远瞩的战略思想，又有实事求是的工作态度和民主作风。气象局建立之初，最急迫的问题就是气象人才缺乏。当时全国气象人才不足400人，高级的气象人才更为紧缺。为此，涂长望等气象局领导采取的办法是：举办各种类型的培训班，具体包括中央气象局自办、各大军区自办、与大学合办等，然后在此基础上，逐步地、有计划地把训练班扩建成正规的干部学校，进而创办中等专业学校和大专院校。通过几年的努力，就培养了大量的气象科技人员，缓解了气象局的燃眉之急。

长期从事气象教育的涂长望，非常关心新中国气象教育事业的发展。涂长望多次去找他的老朋友杨秀峰研究解决在高等学校培养气象人才的办法。他与杨秀峰商定后，于1953年把气象干部学校改为北京气象专科学校，他亲自兼任校长，这是中国有史以来第一所气象高等学校。对北京大学物理系气象专业的招生人数和研究重点课题，涂长望都主动地提出了具体建议。得知南京气象学院师资力量不足，他就派出得力干部去充实教学力量。

为聚集和延揽气象科技人才，涂长望还写信给港澳及海外留学、工作的学生和朋友，动员他们尽快归来为祖国服务。他在给留美的学生叶笃正、谢义炳的信中说："祖国已经统一，气象事业将大发展，盼尽快回国。楚材晋用，终非了局……"同时，动员在国内非气象岗位上的学生尽快回到气象岗位工作。在他的感召下，顾钧禧、叶笃正、谢义炳等一批有才华的气象人才毅然返回祖国或回到气象岗位，在创建和发展我国气象事业中，发挥了他们的聪明才智和专长，为共和国建立了功勋。

中央军委气象局成立后，负责统筹全国气象业务。涂长望按照中央"分区建设，集中领导"的原则，陆续在各大军区成立了气象处，在各省军区成立了气象科，在迫切需要气象工作配合的特种兵内，成立中央和军区的气象科或气象室，在民航局内成立了气象室。1950年3月，在涂长望的倡议下，中央军委气象局与中国科学院地球物理研究所汇集一批科学家和技术力量，成立联合天气分析预报中心和联合气象资料室。涂长望特别善于同这些科学家搞好团结，注重发挥他们的特长，两家合作十分融洽。这一合作机构的天气分析和预报，为解放海南岛等军事活动，为国家经济建设做出了积极贡献。

1951年，涂长望在北京组织召开的首次全国气象会议上，明确了各级气象台站的领导体制和职责范围。1953年气象局转为国务院建制后，又相继在各省、市、自治区成立了气象局和气象台。1958年，涂长望又在桂林全国气象工作会议上提出并确立了"专（区）专建气象台、县县建气象站"的建设原则。他深入基层调查研究，提出了改进专区台预报方法的重要思路，并发展成为我国地区分析预报方法，1959年推广全国，后一直被沿用。涂长望在健全国各级气象组织机构的同时，也加强了中央气象局的机构建设，设立了中央气象台、气候资料室、气象研究所、业务管理处、气象教育处、图书馆等机构。这些组织机构的建立，健全保证和推动了全国气象业务的全面开展。

1949年以前，我国气象观测按英、美、法、日等国规范进行，从而造成各时期、各地区的气象记录难以比较。为保证我国气象记录质量，涂长望及时组织人员编写了《气象观测简要》，后又经多次实验研究，编写了适合我国国情的《地面气象观测规范》，以统一全国的观测技术和制度；统一掌握气象仪器和消耗器材的采购和调配，建立了标准仪器和检定设备，全国形成了气象仪器检定网。

涂长望对气象工作的目的有极为深刻的认识，他认为"我们一切建设和工作的进行都是为了服务，服务就是气象工作的唯一目的，服务于军事和经济建设是气象工作的基本方针"。因此，早在1953年他就及时提出要重点为经济部门服务，加强对民航、海运、渔业、盐业、农业、林业、水利、厂矿和铁道等方面的危险天气的预报，多年来，为国家减少了许多经济损失。

1955年，涂长望当选为中国科学院学部委员。第二年，中共中央提出了向科学进军的号召，涂长望在参加毛泽东主持召开的最高国务会议时汇报说："新近我们研究《十二年科学技术发展远景规划》，大家都同意把人工降雨实验列入重点项目。"毛泽东听后高兴地说："人工造雨是非常重要的，希望气象工作者多努力。"3月，涂长望主持召开全国气象工作会议，并在会上提出气象事业12年发展远景规划。涂长望提出了在12年内气象业务赶上或超过国际水平，气象科学接近国际水平，必须完成的9项具体任务。这时候，涂长望开始在领导班子中酝酿气象解密的问题。因为在和平时期，保密不仅限制了敌人，而且也限制了本国的广大人民群众对气象科学的利用。3月，中央气象局向中共中央、国务院报送了关于《取消气象保密的报告》，得到中央批准。5月，涂长望向中央气象局在京直属单位全体干部做《关于向科学进军的问题》的报告，动员全体气象人员向科学进军。涂长望指出，要使中国工业化，没有科学与技术是不行的，党中央提出这个号召的目的是要通过向科学进军，普遍提高我们的科学技术水平，把我们的国家建设成一个强大而繁荣的社会主义国家。他认为，向科学进军必须包括自然科学、社会科学两方面，不能片面理解。就在这一年，涂长望光荣加入中国共产党，他兴奋地写道："我步入了党的战斗行列，找到了光荣的归宿。"

  涂长望富于外交才能，在国际气象合作中发挥了重要作用，他曾以中国科联常委的身份多次出访欧美等国。由于涂长望能说流利的英语和德语，在出访英国、波兰、德国等国时，中国代表团都以有如此出色的活动家而备受关注。1955年，越南、中国、朝鲜、蒙古、苏联五国气象会议在北京召开，涂长望任会议主席。这是中华人民共和国成立后召开的第一个气象国际会议，在会议上，涂长望既坚持了原则，又保证了会议的团结，使会议取得圆满成功。1957年，涂长望出席了在日本东京召开的国际地球物理年西太平洋区域会议，除了参加会议，涂长望还特别注意了解日本的先进科学技术，结交了新朋友，并邀请日本专家来华访问。在涂长望的努力下，当时世界最先进的数值预报引入到了中国。

忍辱负重　风范长存

涂长望不仅关心气象工作，而且对九三学社的工作也极为重视。他积极参加九三学社的领导工作，为九三学社的成长、壮大、建设和发展呕心沥血，为团结广大社员和联系科技工作者与中国共产党精诚合作，做出了自己不懈的努力和不可磨灭的贡献。

1957年4月，中共中央发出《关于整风运动的指示》，整风运动由此开始。作为九三学社中央秘书长，涂长望对于党中央的政策、指示、精神等，常常比中央气象局党组的领导同志知道的更早。他白天开会研究九三学社社内整风，帮助一些同志"过关"，晚上还要约人谈心、疏导，因而去气象局的时间就少了。气象局党组有人"提醒"他："气象局一些人说你很喜欢到外面开会。"开始听了，他不以为然，苦笑了之。后来他又当面听了某副局长的冷嘲热讽，实在忍无可忍，直率地说："两个党，我退掉一个好啦！"这下可招来了大祸，被人汇报上去，并加以歪曲："为什么在右派进攻时，要退出共产党？"追问随之而来。涂长望听到这话时大吃一惊，才知道自己发的一句牢骚话，已被视作严肃的政治问题。涂长望当即表示，自己没有想过要退党，也没有想过要退出九三学社。出于无奈，涂长望不得不写出书面检查，违心地承认自己犯了立场不稳的错误。

涂长望忍辱负重，以工作来抵御身心的痛苦，以行动来奉献于一生追求的事业，所有对他的打击和曲解，都被他融化在对国家和人民的赤诚之中。无论是在人迹罕至的大漠边陲，还是在沟渠纵横的河套平原，无论是在牧民的蒙古包，还是在黄河河套两岸，涂长望的身影总是出现在基层台站，出现在人民群众中间。每到一地，得知这个地方有九三学社的组织，他就会以九三学社领导人的身份去看望他们，支持他们的工作。在九三学社第二届全国社员代表大会上，涂长望当选为九三学社中央副主席。他的学问、人品和道德风范，赢得了包括九三学社广大社员在内的知识分子的爱戴和崇敬。

1958年10月底，涂长望结束了内蒙古、山西的考察工作，回到北京就病倒了，经过医院检查，发现脑部出现了肿瘤，必须住院治疗和休息。

疗养期间，涂长望仍然在思考今后的工作应该怎么做，并对自己的一些科学研究进行了总结。他在写给气象局党组的《关于我局60年开展业务工作的几点建议》中提出："必须进一步提高服务质量为中心，全面提高业务工作质量，特别是预报和观测质量。只有如此，才能为气象工作现代化打下坚实的基础。"涂长望就观测、预报、气象通讯、海洋气象、云雾物理、资料工作、干部培训等，都提出了具体意见和建议，为气象局制订工作计划提供了重要参考。随着病情加重，涂长望已经不能动手写作，只能由自己口述，请人记录。在这种情况下，他写了最后一篇论文《关于二十世纪气候变暖的问题》，发表在1961年1月的《人民日报》上。论文指出："上世纪末至本世纪40年代，气候是变暖的，但以后变冷了，最近的三四年又有变暖现象。20世纪前半期，世界上许多国家的气候也有变暖的趋势。"涂长望总结了气温长期变化的特点：第一，地球上所有地方并不是同时变暖或变冷的。第二，气候的变化是波浪式地进行的，有些甚至是周期性地变化。第三，在过去几千年人类历史时期内，气温可以在一定时期内变暖或变冷，但没有持久不变地朝着一个方向的变化，涂长望还具体分析了气候变化的原因。涂长望对于20世纪全球气候变暖的认识，是基于他几十年的科学积累和全面深入的思考，远远地走在世界气象科学的前面，他的许多观点迄今仍然具有指导意义。《关于二十世纪气候变暖的问题》是涂长望在病魔缠身时，以惊人的毅力完成的一篇杰作，也是他为中国人民留下的最后一份宝贵遗产。

1962年6月9日凌晨5时，涂长望在京逝世，终年仅56岁。涂长望虽然过早地离开了人世，但他为中华民族创建的丰功伟绩却永驻青史。

参考文献

1. 秦大河主编《百年长望——纪念涂长望同志百年诞辰》，气象出版社2006年版。

2. 《纪念涂长望》文集编委会编《纪念涂长望》，气象出版社1991年版。

3. 彦奇主编《中国各民主党派史人物传第5卷》，华夏出版社1995年版。

4. 《涂长望文集》编辑组《涂长望文集》，气象出版社2000年版。

5. 温克刚主编《涂长望传》，当代中国出版社1997年版。

笪移今传略

■ 季 萍 詹 耘

笪移今（又名笪移钧），1909年12月出生于江苏省句容县，曾于1931年加入中国共产党。国民党统治时期曾在江苏、江西等地从事中共地下工作。抗战后期参与九三学社的创立，并分别加入中国民主同盟、中国民主建国会、中国民主促进会等。他曾先后在上川实业公司中国工业经济研究所、上海商业银行研究室、民治新闻专科学校、上海法政学院、复旦大学等单位任专员、院长、研究员、教授等职。中华人民共和国成立后，历任九三学社上海分社召集人、理事、副主任理事、副主任委员，九三学社中央委员、常委，社上海市委副主委等职，还曾担任全国政协委员、上海市政协常委和上海市人民代表。1991年从复旦大学退休，1998年10月在上海逝世。

青少年时代

笪移今出生在一个普通农民兼手工业者家庭，1916年进入句容县茅庄小学读书。1924 年 2 月,他考入赛兆祥①创办的镇江崇德中学。

1926 年秋,年仅 16 岁的笪移今离开家乡来到南京,就读于"五卅"公学。在校期间,他接触了当时的进步思想,结识了梁永②等一批爱国青年,大家经常聚在一起畅谈对国家和民族的热爱以及对革命的向往。在梁永的推荐下,笪移今加入中国共产主义青年团,他一面在校学习,一面参加革命宣传工作。

1928 年 3 月,在青年学生们的支持下,笪移今参与竞选学生会负责人,不久被国民党特务告密被捕。国民党江苏特殊刑事法庭(下简称"特刑庭")以"组织反革命团体,执行重要职务罪"判了笪移今三年徒刑,将其关押在南京"江苏模范监狱"。由于国民党不能证明笪移今在"四一二清党"(即"四一二反革命政变")之后仍与共青团有组织关系,笪遂向国民党中央特刑庭上诉,改判为两年徒刑。1930 年 7 月,笪移今刑满出狱,回到句容县老家。

投身革命洪流

1931 年 2 月,返乡后的笪移今在句容县立小学担任教员。"九一八"事变爆发,全国各地的民众和各界人士以多种形式积极投身抗日救亡运动。笪移今虽在乡野小学任教,但对日本帝国主义在我国东北的暴行和国民党当局镇压爱国抗日运动的行径极为痛恨。他积极撰文,在一些刊物上连续发表多篇文章,揭露日军侵华的险恶用心,痛斥国民党当局以"受共党利用"为名镇压学生运动,鼓励爱国青年志士坚持理想和信仰,积极投身于抗日救国运动。

由于笪移今在报刊杂志上发表不少进步文章,宣传爱国抗日,受到了中共党组织的注意。当时恰逢中共上级组织派曾中生、恽雨棠、李耘生、

---

① 赛兆祥(Absalom Sydenstricker,1852—1931),美南长老会来华的著名传教士。

② 梁永(1904—1927),早期中共党员,革命烈士。

王善棠等来南京恢复被国民党反动派破坏殆尽的中共党组织，于是王善棠与他取得了联系。1931年秋，在王善棠的介绍下，笪移今加入中国共产党。同年11月，中共南京市委委派笪移今在句容县开展党组织活动，发展壮大党员队伍。在他的努力下，1932年2月中共南京市委句容特别支部成立，已有党员6名。

1931年底，来自全国各地的学生代表和南京学生3万余人向国民党中央党部示威，谴责当局在"九一八"事变后推行的"不抵抗政策"。南京卫戍司令部出动军警镇压，造成多名学生伤亡，是为轰动全国的"珍珠桥惨案"，中央大学中共地下党支部的活动也受到监视。

1932年2月，已任中共南京地下党组织书记的王善棠被捕叛变，供出了全市中共地下党员名单，300余人先后被捕，其中也包括笪移今，句容县党组织随之解散。经国民政府南京警备司令部审讯，以"勾结赤匪""危害民国罪"以及"与吴迈[①]关系密切"等罪名判处笪移今10年徒刑，将其关押在民国时期南京"四大监狱"之一的中央军人监狱。其间，笪移今受尽了国民党反动派的折磨，但仍以顽强的毅力刻苦自学经济学和社会科学，晚年时他曾回忆说："监狱也是一座学校！"

1936年8月，经多次向国民政府军政部上诉，笪移今被转送至隶属于国民党中央党部的反省院，接受思想教育和强化学习。在反省院羁押的近一年时间中，他坚持与国民党当局作斗争，曾以绝食相抗。"七七"事变后，蒋介石迫于国内共同抗日的政治压力，不得不释放政治犯，笪移今于1937年6月被保释出狱，但与党组织失去了联系。

1937年8月，笪移今通过其老师王冠英[②]的介绍，赴江西省星子县政府第一科做办事员。同年10月，他担任江西省保安司令部政训处编纂股股长，还兼任过政训处宣传科创办的《政治情报》月刊主编。

[①] 吴迈（1885—1936），时任全国律师公会负责人，著名爱国律师，跟随宋庆龄从事人权运动。

[②] 王冠英（1904—1974），时任国民党中央特派员。

由于对国内抗战局势和国际政治发展颇有看法,且发表多篇宣传抗日的文章和诗歌,笪移今受到时任新四军江西办事处主任、中共中央东南分局宣传部长和统战部长黄道①的青睐,并于1938年4月恢复了中共党籍。

上海沦陷后,蒋经国到江西工作,不久就担任了保安司令部政训处处长,笪移今在其手下工作。按照上级党组织的指示,要争取蒋经国在抗日统一战线上发挥积极作用,为此笪移今承担了特殊使命,并与黄道单线联系。通过夏征农②、笪移今等人的努力,一定程度上影响和推动了蒋经国的抗日工作。蒋曾发起过几次座谈会,发表了一些文章,做了一些有益于抗日救亡的工作。在蒋经国身边工作的那段时间,笪移今深得器重和信任。

1939年4月,笪移今转任中国工业合作协会(瑞金)干训处主任。该协会系抗战爆发以后,为了保证战时所需工业品供给,由路易·艾黎、埃德加·斯诺、胡愈之等人于1938年8月5日共同在武汉发起成立,同年底迁至重庆。宋庆龄为该协会的名誉理事长,一些中国国民党、中国共产党及民主人士均参与了该协会的领导工作。

随着抗日战争进入相持阶段,日本帝国主义加紧对国民政府实施政治诱降,国民党顽固派"消极抗日、积极反共"的政策也日益显现。1940年春,江西反共形势越发严峻,黄道在江西铅山县河口镇被国民党特务暗杀,致使笪移今失去了与中共组织的唯一联系。同年7月,笪移今赴重庆参加工业合作协会会议。其间,他接到家中妻子的来信,说赣州已出现攻击他是共产党员的传单,出于安全的原因,笪移今只能留在重庆。他找到已任国民党参政员的王冠英商量此事,王建议他填表参加国民党,以对外(尤其是江西来的人)表明自己国民党党员的身份。随后,笪移今又与时

---

① 黄道(1900—1939),中共早期优秀党员和领导干部,马列主义的活动家,抗日新四军的创造者之一。

② 夏征农(1904—2008),中共优秀党员,"文革"后曾任中共上海市委书记。

任《新华日报》社社长的潘梓年①讨论加入国民党一事，潘拿出毛泽东于1940年5月4日发表的一篇文章《放手发展抗日力量，抵抗反共顽固派的进攻》，文中写道："在国民党统治区域的方针，则和战争区域、敌后区域不同……在党员被国民党强迫入党时，即加入之……"为了保存实力，经再三考虑，笪移今于1940年5月填表加入国民党。

1940年夏秋之际，日军对重庆发起了大规模密集轰炸。7月28日至8月31日仅一个月内，日军先后轰炸20余批次，一时间重庆一片血腥狼藉。笪移今被迫离开重庆，应友人陈兼善②的邀请到贵州中国庚款董事会黔江中学任教。1941年11月黔江中学成立国民党区党部时，笪移今被选为候补执行委员和第一区分部书记。任教期间，他与著名爱国人士、救国会"七君子"之一的章乃器③相识。由于二人以往有文字之交，笪移今于1942年3月从贵州回到重庆，在章乃器创办的重庆上川实业公司任总务处专员。

1944年1月，在章乃器的邀请下，笪移今加入其创办的中国工业经济研究所，从事经济政策研究。半年后，由于运转经费出现问题，研究所被迫关闭，笪移今随后通过友人关系进入上海商业储蓄银行（重庆）工作，担任经济研究室研究员。由于他经常向《新华日报》《民主星期刊》《唯民周刊》等刊物投稿，发表对国内外经济政策和时政的见解，遂与共产党人潘梓年、石西民④、爱国民主人士邓初民⑤等保持了良好关系。在银行供职期间，笪移今与邓初民来往较多，他曾回忆道："我工作的银行地处重庆市郊，与邓初民先生居住的半山新村相邻。邓先生当时是《民主星期刊》和《唯民周刊》的主编，而我经常向这些刊物投稿，因此经常会去他家求教。"

---

① 潘梓年（1893—1972），中国近代哲学家、逻辑学家，《新华日报》的创办者。
② 陈兼善（1898—1988），时任贵州中国庚款董事会黔江中学校长。
③ 章乃器（1897—1977），中国近代政治活动家、经济学家，中国民主建国会创始人之一。
④ 石西民（1912—1987），《新华日报》创办者之一。中华人民共和国成立后任《新华日报》社社长、文化部副部长、国家出版局局长等职。
⑤ 邓初民（1889—1981），中国近代著名社会科学家，中国民主同盟创始人之一。

此后，笪移今活跃在重庆的民主人士和爱国知识分子中间，为建立抗战统一战线发挥作用。他积极参与各民主党派、各界人士举行的恳谈会、演讲会等活动，广交朋友，虚心求教，得到了后来成为九三学社创始人许德珩、褚辅成、潘菽、梁希等前辈的赞赏。

参与九三学社的创立

1944年下半年，日本帝国主义对我国西南地区发起新的进攻，桂林沦陷、川黔吃紧，国统区军事、政治、经济的全面危机日益加剧。9月24日，重庆各界爱国人士和各党派代表董必武、张澜、沈钧儒、冯玉祥等500余人举行座谈会，要求"坚持国内团结，反对妥协投降；实行民主，结束国民党一党专政，成立民主联合政府"。中共代表董必武发言后，笪移今当即站起来响应，坚决支持各党派联合政权，实行民主政治。

为响应中共号召，广泛开展救国救民的抗日运动，身在重庆的科技、文化和教育界人士在许德珩、褚辅成、潘菽、税西恒等人发起下成立了"民主科学座谈会"（即九三学社的前身）。座谈会主张继承五四运动反帝反封建的精神，讨论民主和抗战问题，为实现人民民主，发展人民科学而努力。笪移今积极参与其中，主动接受许德珩、褚辅成等前辈的领导，承担座谈会的联络和秘书事务，奔波于各党派和民主人士中间，沟通感情、传递信息，得到了大家的认可。

1945年9月3日，为庆祝抗日战争和世界反法西斯战争胜利，"民主科学座谈会"召开扩大会议，决定招纳更多成员，建立永久性组织，更名为"九三座谈会"。在筹备组建"九三学社"时，大家公推褚辅成、许德珩、张西曼等为筹备委员会委员，笪移今则负责联络秘书的事务工作。1946年5月4日，九三学社在重庆青年大厦召开成立大会，公推褚辅成、许德珩、税西恒为主席团成员，笪移今等16人被选为理事。从此，笪移今和九三学社的前辈们为传承民主和科学、为新中国的早日到来而奔走呼吁。

九三学社成立后不久,笪移今随商业储蓄银行迁回上海,仍在经济研究室担任研究员,并与时任上海《新华日报》总社负责人的潘梓年取得联系,两人经常在潘位于南京西路587号的住所会面,探讨政治形势。经潘梓年介绍,笪移今与时任《华商报》编委、《大公报》副刊主编许涤新结识。许涤新建议他充分利用各民主党派作为爱国统一战线的重要组成部分和国统区的政治"游击点",凡是能加入的尽可能加入,多听不同意见,多了解各方情况。

抗战胜利后,上海成了当时全国的政治、经济、文化的中心,以及各民主党派和人民团体的集聚地。1946年6月,许德珩南下联络各方民主力量共同反对内战。在他的指导下,九三学社上海分社于同年6月12日正式成立,推举褚辅成、孟宪章、吴藻溪、笪移今、陈乃昌、孙荪荃、徐甫7人为理事,笪移今兼任秘书,负责推进社务工作。此外,他还经常与在北平的许德珩保持联系。

据笪移今回忆:"上海分社成立之初,大家经常聚在位于泰兴路的谭平山①家中开座谈会,畅谈对政局的意见,学习中共的方针、政策,经常参加的有潘震亚、张定夫、卢于道、孟宪章、孙荪荃等。在聚会中,我还与郭沫若、华岗、朱克勤等人有过交往。"

1949年6月15日,新政治协商会议筹备会在北平胜利召开。不久,九三学社向大会提交了建社以来的工作汇报,笪移今参与了起草和提交工作。经新政协筹备会议一致通过,九三学社被列为新中国的民主党派之一。

活跃在各民主党派中间

为了更好地参与爱国统一战线工作,笪移今先后加入了多个民主党派。1944年前后经邓初民介绍,笪移今加入中国民主同盟。1945年12月,

---

① 谭平山(1886—1956),中国近代著名民主革命家、政治活动家,中国国民党革命委员会创始人之一。

经民建创始人章乃器和会员毕相辉介绍，笪移今在重庆加入民主建国会。1946年4月，刚回到上海不久的笪移今除继续参与民建的活动，又加入了中国民主促进会，隶属于交通大学民进组织。同年11月，民建上海分会召开成立大会，选举包括笪移今在内的19人为民建上海分会理事。

笪移今以身兼多个民主党派成员的身份，联合各兄弟党派和各界爱国人士，积极参与争取民主、和平、反独裁、反内战的正义斗争，对于加强各民主党派之间的联系和相互支援，起了积极的作用。他利用合法身份和各种场合，或撰写文章，或发表谈话，或参加各种公开活动，阐释中共的统战政策，抨击国民党反动派的种种罪行，尤以在《民主星期刊》上发表的《政治协商会议成败的关键》最具代表性。针对1946年初国民政府召开的重庆政治协商会议，他提出三点意见："一是扩大政治协商会议的职权，使其成为目前过渡的民意代表机构，使其成为临时的政权机构；二是彻底消除封建势力和官僚政治，解决土地问题，保证人民获得自由的权利；三是要提高政治协商会议的威信，发动人民力量，发动舆论力量，做政治协商会议的后盾。"

1948年秋以后，国民党顽固势力蓄意制造事端，白色恐怖笼罩整个上海，一时间，上海大街小巷"黑名单"到处流传，爱国人士被捕屡有发生。在此险恶环境下，民建于11月15日举行留沪常务理监事联席会议，授权黄炎培、胡厥文、盛丕华三人承担民建总会和上海分会所赋予的职权，全权处理一切会务，领导和组织会员开展地下活动；同时，指定包括笪移今在内的15人为临时干事，组成临时干事会，联络各民主团体，互相配合，开展工作。临时干事会与中共地下党组织保持联络，以各种方式坚持了地下斗争。

为民主人士奔走

1946年5月，国民党政府对解放区发起进攻，全面内战即将爆发。为了维护抗战胜利后来之不易的和平局面，6月7日，上海各民主党派和各界爱国人士由中国民主促进会发起人、上海人民团体联合会常务理事马叙伦领衔，联合上书蒋介石和国民政府，呼吁立即停止内战、实现和平，反对独裁、实行民主。在马叙伦的授意下，笪移今起草了《为和平请愿告上海市民书》。各民主党派、团体及知名爱国人士163人在呼吁书上签名，形成了一支相当规模的爱国民主力量。

6月23日，各界爱国人士5万余人齐集上海北站广场，欢送马叙伦等民主人士和爱国学生代表赴南京请愿，笪移今参加活动并登车送行。当列车抵达南京下关车站后，代表团遭到数百名伪装成苏北难民的国民党特务暴徒的围殴，马叙伦等多人受伤住院，这就是震惊中外的"下关惨案"。

消息传来，九三学社立即对受伤的诸位先生发出慰问电，许德珩也委托笪移今代表他慰问诸位先生。6月24日，马叙伦等返回上海，笪移今代表九三学社和民进徐伯昕①、民建勇龙桂等赶赴龙华机场迎接。1946年7月，国民党反动派接连制造针对共产党人和爱国民主人士的暗杀活动，白色恐怖在各地蔓延。与此同时，全国各地人民群众的抗议也此起彼伏，掀起了反内战、反迫害、争民主的斗争高潮。时任民盟云南省委主委的楚图南和民盟成员、西南联大教授吴晗受中共指派转移至上海，笪移今向时任九三学社中央常务理事、上海法学院院长褚辅成推荐楚图南赴上海法学院任教。1947年10月，中国民主同盟被国民党当局宣布为"非法团体"后，褚辅成、笪移今等想方设法保护楚图南等民盟成员安全，直到楚图南离开上海去往香港。褚辅成去世后，上海法学院代院长褚凤仪依然每月派人将楚图南的工资如数送到他家中，直到上海解放。

1949年4月，一些国际组织和著名人士在巴黎和布拉格发起世界保卫和平大会，反对侵略和战争政策，国内的仁人志士也积极响应。由民盟成员孙大雨②草拟的《我们对世界和平的意见》，征求了上海、南京、苏州等地229名文教工商界著名人士签名，准备送《大公报》发表，然而报社方

---

① 徐伯昕（1905—1984），中国近代著名出版家，中国民主促进会创始人之一。
② 孙大雨（1905—1997），我国著名文学翻译家，莎士比亚研究专家。

面却称有人负责才可发表,孙大雨找到笪移今商量。笪移今毫不犹豫地说:"既然他们要求有人负责,你就签名好了,一个人不行,把我的名字签上去,如果你因此被捕,我愿意投案陪你坐牢。"最后,在时任《大公报》社社长王芸生支持下,该宣言于1949年4月22日发表,引起了广泛的社会反响,不仅吸引了更多爱好和平、抵制战争的爱国人士参与其中,为捍卫世界和平做出努力,而且为国际上反对侵略和战争,无条件禁止核武器和大规模杀伤性武器政策的实现,起到了积极的推动作用。

参与创办《观察》周刊

1945年11月,《客观》杂志在重庆创刊(《观察》杂志的前身)。笪移今是该杂志《一周经济》栏目的主要撰稿人,他结合当时国内外政治形势,发表了《内战声中的工业界》《伟大的经济机会》《经济政策在哪里》《恐慌的根源》《国营民营之争》等20余篇经济评论。

1946年9月1日,《观察》周刊在上海创刊,曾创下最高发行量10.5万份的纪录,是当时影响较大的政治时事性周刊。该刊倡导民主、自由、进步、理性的理念,对政局、战局和经济、文化、社会生活等方面进行了广泛的评论,在国统区的知识分子中有较大影响。笪移今是该刊物创办的发起人和主要撰稿人之一,当时中国一流的学者,如梁实秋、钱钟书、张东荪、吴晗、潘光旦、王芸生、马寅初、冯友兰、傅斯年、任鸿隽,还有一些国民政府的驻外使节(如驻法使馆秘书钱能欣、驻美使馆参赞陈之迈等)都是该刊的撰稿人。笪移今在《观察》上接连发表《中国经济危机的出路》《评方显廷先生的经济观点:论当前经济危机的根源》《争议中的币制问题》《物价往哪里去?》等多篇经济时评文章。据笪移今回忆:"1948年1月25日下午,九三学社同志在社员王造时家里开会,研究当时政治形势和社的主要工作。散会后,我去《观察》杂志社审阅文稿,不料一进门就被特务盯上,我急中生智,假装腹痛,去厕所将随身带着的会议记录撕碎丢进马桶冲掉。当被特务盘问时,我说自己在上海商业储蓄银行工作,来这里做黄金、美钞买卖的。当晚，我被押送到位于威海卫路成都路的伪上海警备大队，同囚一室的还有农工民主党的许士林和民革的王葆真。太太见我一夜未归，次日便赶到《观察》杂志社打听消息，也被扣押，经褚凤仪多方奔走才获释放。我太太被放出来后，就去找了黄炎培先生请求帮助。恰逢1949年1月李宗仁代理总统后，派邵力子来沪请黄炎培等人出面和谈，借此机会，黄炎培要求释放包括我在内的一批民主人士。后经九三学社社员王造时创办的自由出版社担保，同年2月我获释出狱。"

出狱后，笪移今并没有被国民党反动派吓退。从1949年2月至4月，他在《经济评论》《中国建设》《舆论》及《海涛》等进步刊物上继续发表方向性短评，鼓动仁人志士奋起抗争，迎接上海解放。

参与发起"反美扶日"运动

第二次世界大战后，国际形势跌宕起伏，美苏矛盾恶化，冷战在1947年后全面展开。美国对日政策也从"以非军事化和民主化为中心的改革"转变为"积极扶植日本复兴"，妄图使日本成为远东反苏、反共的堡垒。针对此问题，1947年7月，时任九三学社中央理事、上海法学院院长褚辅成邀请孟宪章、王造时、笪移今、孙荪荃、吴藻溪等在沪社员发起成立"对日问题座谈会"，以"反美扶日"为大旗，欢迎各党派、各阶层爱国民主人士参与，共谋中国应对之策，并及时公布座谈会结果，"反美扶日"成为当时九三学社上海分社的中心任务。

随着美日关系的变化和反美扶日运动逐步扩大，"对日问题座谈会"于1947年8月至1948年6月先后在《大公报》发表了《我们关于对日问题的意见》《我们关于对日和约的主张》《我们对召开对日和约预备会议的意见》《针对美国积极助日、中国应有的对日政策》《对美国积极助日复兴的抗议》等文告，揭露美国扶日的本质。6月4日，时任美国驻华大使的司徒雷登在南京召开记者会，否认美国扶植日本恢复经济和军事侵略势力等，此举招致了中国人民更强烈的愤怒和反击。随后，反美扶日运动迅速从上海扩展至全国各地,广大学生以及文化界、工商界、妇女界等人士纷纷加入到这一运动中来。笪移今作为"对日问题座谈会"的发起人之一,始终积极参与,并屡次在声明和意见上署名。上海解放后,孟宪章编著了《中国反美扶日运动斗争史》,详细介绍了斗争的背景、主要经过及广泛影响。许德珩为该书作序,笪移今也为纪念这次意义深远的爱国主义运动撰写了《追忆反美扶日运动的发起——代序》一文。文中他写道:"反美扶日工作之所以发生这么大的影响,主要是群众力量的表现,是广大人民的劳绩,是地下党指导艺术的胜利。个人的作用,只有在接受群众意见、接受组织领导的条件下,才能发挥应有的效能,才有推动进步的意义。"

主持上海法政学院

1949 年上海刚刚解放不久,华东高教部委派笪移今到上海法政学院担任政治教员和兼职教授。由于笪移今多年来从事经济金融研究,对政治理论教学缺乏经验,一时犹豫不决。时任华东高教部副部长的唐守愚闻悉后约他谈话,表达了中共组织对他的信任,希望他打消顾虑、放手工作,笪移今才欣然受命。他到校后,负责"中国革命史"课程的教学工作,这门课是当时全校学生的必修课。他不辞辛劳,以精湛的教学和良好的师德赢得了学校师生们的认可和尊敬。

1950 年春,由于前任院长年迈多病,经华东高教部和校董会商议后,决定由笪移今担任学院代理院长,同年 8 月,他出任院长。深感重任在肩的笪移今专程拜会了在京的校董会董事长李济深等前辈,得到了他们的慰勉。当时,国家尚未正式接管私立学校,学院也没有党委领导和经费支持,笪移今就处处以身作则,团结全院师生员工共同努力。

在学院管理上,笪移今充分发扬民主,学校发展的大政方针即由师生员工代表组成的校务管理委员会讨论决定;他还认真倾听、解决教职员工和学生们的诉求,对大家的生活和健康也关怀备至。然而,他对自己却非常苛刻,不支取半文工资,公开出售了院内仅有的一辆轿车,补贴公用。

此外，他还十分关心学生们的思想文化生活，大力支持新民主主义青年团和中苏友好协会在学校建立组织；邀请专家学者或党政领导来校开展政治辅导，并介绍学生外出参加政治或学术性的集会；亲自指导学生开展足球、排球、平剧等活动，丰富学生课余生活。这些举措让笪移今深得师生们的拥护和爱戴，使上海法政学院成为中华人民共和国成立初期培养法学人才的摇篮之一。

1951年8月，上海法政学院与其他四所私立院校合并，改名为上海学院，笪移今继续担任院长。1952年9月，全国高等院校调整后，上海学院被拆分并入复旦大学、上海财经学院和华东政法学院，笪移今被安排到复旦大学经济系任教授，主讲"美国经济"课程。

1987年元旦，在时隔30年后，上海法政学院校友会在笪移今、金学成、孙晓村等老校友的支持下宣告成立，时任上海市副市长谢丽娟、市委统战部副部长张耀忠等到会祝贺，笪移今被推选为校友会会长。中国新闻社、解放日报、上海人民广播电台等媒体均发布了校友会成立的喜讯，不少海内外的校友获悉后返沪与老师、同学们畅谈叙旧。已是耄耋之年的笪移今对校友会的动向仍然非常关注，多次叮嘱校友会工作人员要紧跟中共中央部署，并嘱咐相关人员把校友会办好。

中华人民共和国成立初的上海九三工作

为响应九三学社中央"配合政府的政策，加强本社的工作，取消本社原有之纲领，以政协共同纲领为本社共同遵守之政治纲领，并为其实现而奋斗"的指示，1950年3月19日，九三学社上海分社召开了第四次社务会议，决定成立临时工作委员会（同年6月改为第三届理事会），会议公推笪移今、顾执中、吴藻溪、洪铭声、卢于道、洪涛等6人为委员，笪移今为召集人。至此，九三学社上海分社作为民主党派上海地方组织之一，由政府拨款开展社务工作，在此之前，上海分社的活动经费都是由个别社员承担的。当得到国家经费资助后，笪移今说："这是党对我们的支持和鼓励，同时也是一种压力，加重了我们对革命事业的责任。如果我们不勤恳奋发搞好工作，那将有负于党对我们的希望和信任。"

中华人民共和国成立后，随着爱国统一战线的不断壮大，民主党派参与政治协商的任务也越来越重，九三学社上海分社临时工作委员会已不能适应当时工作的需要。1950年6月，临时工作委员会恢复为理事会。1951年2月18日，九三学社上海分社理事会举行会议，推选卢于道为主任理事，笪移今、顾执中为副主任（理事），笪移今兼任秘书处处长。

1952年9月，上海分社理事会按照九三学社第二次全国工作会议要求，改组为九三学社上海分社委员会。次年8月，上海分社召开全体社员大会，选举产生上海分社第四届委员会，卢于道担任主任委员，笪移今和王家揖任副主任委员。

20纪50年代初的上海分社只有百余位社员，分布在科研、高校等单位，组织不够健全。对于上海分社的组织发展工作，笪移今在任时是非常重视的。50年代中期，他曾指出："为了贯彻中共中央和各民主党派'长期共存、互相监督'的方针，必须发展组织，以便更全面地反映所联系阶层的意见和要求，发挥监督作用。发展组织是推动进步的工作，因此不应有所谓'怕难为情'的思想顾虑……"他积极履行副主委职责，为了发展社员、扩大组织规模，向中共上海市委统战部请示，并与卢于道主委等领导同志一道深入到上海各大高校，争取学校党委和支部的支持和帮助。

发展归国海员入社是一个非常典型的事例。1953年，笪移今和任丕恒、孙景福等一批归国船长、大副结识，笪移今很敬佩这些舍弃资本主义国家优厚待遇，毅然回国参加社会主义建设的优秀海员。当时他在复旦大学任教，经常到位于虹口游泳馆附近的任丕恒家里做客，并邀请海员们到九三学社机关学习，为解决海员们归国后的工作和生活问题四处奔走。在任丕恒等人的眼中，笪移今是个非常和蔼的人，没有架子，而且经常会宽慰那些为工作生活而担忧的海员们。笪移今经常对徐焯、戴力人等船长说："你们这些远洋大船长是资本主义国家老板出高薪也难请到的，你们为了祖国舍弃高薪和舒适的生活，国家不会不给你们工作的！只是我们正处于建国初期，百废待兴，发展海运事业迟早会提到议事日程上来的。"笪移今对归国海员们的关心和安慰给了他们很大的鼓舞，对大家能够安心适应新的环境很有帮助。1956 年，在笪移今的努力下，时任全国妇联副主席、民进中央副主席的许广平来到上海，出席了九三学社上海分社组织召开的归国海员座谈会，并将大家的意见集中后反映上去。同年年底，交通部通过上海工运局在上海乍浦路开办了归国海员学习班，大多数海员走上了工作岗位。在笪移今的介绍下，一些归国海员加入了九三学社，并成立了九三学社上海海运局支社，如今已发展成为九三学社上海海运（集团）公司委员会，社员也由初创时的十几人增加到近百人。任丕恒和孙景福每每回忆起 20 世纪 50 年代的那段往事，都会十分怀念笪移今对他们的指引和帮助。

参与上海九三 "肃反" 运动

随着我国计划经济建设和社会主义改造的全面展开，中共中央结合当时形势发展，于 1955 年 7 月 1 日发出《关于展开斗争肃清暗藏的反革命分子的指示》，要求全国党政机关和群众团体机关、高等学校和干部学校、中小学（不包括学生）、军队、国营、合作社营和公私合营的企业，均需进行肃清暗藏反革命分子的运动（即"内部肃反运动"）。

按照中共中央要求，九三学社各级组织迅速开展了内部肃反运动。1955 年 11 月 28 日，九三学社上海分社召开社员大会，笪移今在会上做了"关于我社社员参加肃反斗争的思想收获"的报告。在报告中他指出："肃反运动是一次深刻的思想改造运动，社员思想上有了很大提高，这些提高是和党的领导分不开的。首先我们体会到党及时提出肃反运动是极其英明和正确的，同时，我们认识到党实事求是的工作作风，特别是界限分明的'不冤枉一个好人，不放过一个反革命分子'的政策，因此通过这次运动，加强了党的信任，进一步靠拢党，接受党政的统一领导……"此外，笪移今还结合自身对"关于胡风反革命集团的材料"学习和"肃反"工作实践，专门撰文谈了体会。他认为："这是一次生动的马克思列宁主义政治课，也是一次最现实最有益的阶级教育，又是一次最深刻最有效的思想改造。这是党培养我们，锻炼我们，提高我们，纯洁人民内部，巩固工人阶级领导权的最好方式。"

贯彻"八字"方针

1956年4月，中共中央在讨论"十大关系"的过程中，确定把"长期共存，互相监督"作为共产党和民主党派长期合作的"八字"方针。4月25日，毛泽东在中共中央政治局会议上发表了《论十大关系》的重要讲话，他说："究竟是一个党好，还是几个党好？现在看来，恐怕是几个党好。不但过去如此，而且将来也可以如此，就是长期共存，互相监督。"此后，毛泽东还在5月2日的第七次最高国务会议上创造性地提出了"两个万岁"的思想，即共产党万岁和民主党派万岁。

结合当时中国人民民主统一战线的快速发展和中共高层提出的统一战线根本方针，笪移今撰文《怎样进行互相监督》，提出要对自身进行监督，要以先进思想克服落后意识，以集体主义克服个人主义，以共产党员标准要求自己；要在民主党派内部、民主党派之间，开展互相监督，互相锻炼，互相鞭策，共同提高认识，培养实事求是的工作作风和严肃认真的生活习惯；要争取党对民主党派的监督和审查，认真改造等论断。

根据当时形势和国家任务的要求，九三学社上海分社于1956年7月15日在延安西路200号召开全体社员大会。笪移今代表上海分社第四届委员会做了工作报告，指出分社要在中共领导下，更好地发挥民主监督作用，更多地反映科技、文教界的意见和要求。应按照巩固和发展的方针，积极发展组织，壮大社的队伍。贯彻"百家争鸣"的方针，推动社员向科学进军，继续加强思想教育和理论学习，提高政治觉悟等。大会选举产生了九三学社上海分社第五届委员会，卢于道为主任委员，笪移今、周行健、毛启爽任副主任委员。对于知识分子如何加紧自我改造，响应中共中央提出的"向科学进军"的号召，笪移今认为，知识分子应当在主观方面努力，树立攻克科学堡垒的信心，展开健康的科学批评。要认真学习马克思列宁主义，把它的立场、观点和方法贯彻到自己的科学研究中。此外，在开展科学研究时，要大胆提出自己的意见，勇敢地站起来和不健康的批评进行斗争，发扬科学的批评精神，培养学术争论的风气。

整风运动中的思想改造

1957年5月，中共中央决定在全党范围内开展整风运动并公布《关于整风运动的指示》，要求发动群众向党提出批评建议，并且号召党外人士"大鸣大放"，帮助共产党整风。

6月6日，笪移今在《解放日报》《文汇报》分别发表文章《改善党群关系双方有责》和《知识分子应该怎样对待整风》。在《知识分子应该怎样对待整风》一文中，笪移今提出，知识分子在运动中应当做到七个方面："一是要认识党有伟大的气魄，党是工人阶级的先锋队，不仅要解放工人阶级，而且以解放全人类为己任……我们要以信任自己眼珠一样的坚定性，去信任党是正确的，是人民利益的捍卫者；二是要认真学习整风文件……学懂、学好、学透文件精神，能使我们更清楚地了解自己是置身在一个新的剧烈的伟大的变革时代中，使我们善于掌握自己的命运；三是要掌握和风细雨的精神，做到既不拒绝别人的批评，又要提倡实事求是的批评，更要不强迫被批评者接受他所不同意的批评；四是要明辨是非，使被批评者心悦诚服，达到新的团结；五是要提出解决矛盾的办法，协助党共同解决矛盾，缩小矛盾，知识分子尤应用笔向群众做宣传和解释工作；六是要从通过帮助党整风来改造自己，清除自身中的官僚主义、宗派主义和主观主义的习气；七是要领会整风运动实质：巩固党的领导，巩固人民民主专政是建设社会主义成败的关键问题。"毛泽东看过此文后，做了批示："乔木同志：此文很好，可以转载在显著地位。"

6月7日，复旦大学举办教师座谈会，笪移今最后一个发言，他赞同时任生物系教授兼主任谈家桢的"关于搞好党群关系以缩短双方距离"的说法，并认为中国共产党是人民的核心力量，离开这个核心，我国人民就将一事无成。他说："现在党在整风，邀请党外同志提意见帮助党来整风，这正说明了党的大公无私，说明了党很重视群众的意见。我们发现党委、党员有缺点，就应该不扩大、不缩小地实事求是地提出来帮助党进行整风，应该采用和风细雨的办法。"当笪移今正在发表意见的时候，新闻系教授舒宗侨中途大声插话："我们不要听你的教训！""不要给我们上课！""不要浪费时间！"这时，有几个人拍手叫喊，要阻止笪移今继续发言，会场秩序陷于混乱。笪移今继续坚持讲完了自己的意见，发言完毕后，他主动与舒宗侨握手，但舒宗侨连声说："无耻！""无耻！"会后，复旦校内各民主党派领导人继续开会，笪移今的表现得到大家的认可，普遍认为舒宗侨等人阻挠别人发言的做法是错误的。

教师座谈会风波的影响迅速扩大。6月9日，《人民日报》头版发表评论文章《要有积极的批评，也要有正确的反批评》。文中提到，上海复旦大学舒宗侨阻挠笪移今发言是目前整风运动中不好的甚至是极端恶劣的现象，并鼓励笪移今等知识分子坚决地开展积极的建设性的批评，帮助党的整风运动健康发展。

7月7日，毛泽东来上海视察，在中苏友好大厦（现上海展览中心）接见了上海科学、教育、文学、艺术和工商界的代表人士，并和大家围桌亲切交谈约两小时，应邀参加这次谈话的有：漆琪生、谈家桢、笪移今、孙怀仁、周煦良、李锐夫、殷宏章、汪猷、应云卫、沈浮、郑君里、赵丹、金焰、黄宗英、陈鲤庭、章靳以、罗稷南、丁善德、陈大燮、武和轩、钱宝钧、傅于琛、丁忱、徐子威、蒋学模、刘念义、吴中一、李国豪、王元美、黄晨、苏德隆、陈铭珊、叶宝珊、聂傅贤、车世洭、史慕康等共36人。后来，笪移今就此次会议接受采访时，激动地说："我和毛主席谈话这已经是第二次了。主席的话永远活在我的心里，是推动我前进的动力。主席的谈话一贯是那样轻松而富有生命力，但他的谈话中处处抓住革命和工作两个主要问题。主席态度谦虚、亲切、诚恳，真使人感动得无以言喻,对人的启发和帮助很大。的确,人民是选对了自己所敬爱的领袖。"

1957年下半年,反右派运动不断扩大,而笪移今由于反右不力,迁就落后知识分子,经过批判后,不再担任九三学社上海分社副主委和上海市人民代表。

1958年4月6日,九三学社上海分社委员和整风工作委员举行座谈会,漫谈个人检查的初步体会。笪移今颇有感慨地谈道:"整风对每个人都是一次深刻的教育。经过检查,对自己原来的政治立场有了进一步的认识。群众性的帮助,对我来说还是第一次,起初的确不习惯。大字报上的意见,对想不到的问题,也有些抵触。我经过四十天的思想斗争,才体会到,思想斗争越痛苦,认识越深刻……我和大家一样,检查以后很愉快。"

为了端正思想,更好地进行自我改造,笪移今多次向组织提出学习的要求,后经组织批准,他于1958年5月赴北京中央社会主义学院脱产学习一年零两个月。整个学习完成后,笪移今感悟良多,手书了近万字的体会,其中写道:"要全心全意接受党的领导,巩固无产阶级政权;要认真学习毛泽东思想,因为它是我生命的活力,是我今后工作不断取得成就的源泉;要在劳动中改造自己;要积极投入党号召的各种群众运动,在运动中锻炼自己;要把国家、集体、人民利益放在第一位……"

心系社会发展

"文化大革命"期间,笪移今于1968年1月至1969年3月被隔离批斗,直至左眼被殴流血。1974年"批林批孔"时,他又被批斗,称其污蔑国家高等教育质量低,为右派分子沈志远[1]翻案。

改革开放后,笪移今仍在复旦大学世界经济系担任教授。尽管已是古

---

[1] 沈志远(1902—1965),中国经济学家,曾任民盟上海市委主任委员,上海市政协副主席等职。

稀之年，他仍关心遭受"文革"重创后的国家该何去何从。他曾颇有感慨地写道："我是一个从旧社会过来的老人，落后挨打的痛苦是经历得太多了。毛主席、共产党领导中国人民赢得了抗日战争的胜利，赢得了解放战争的胜利，建立了中华人民共和国，才结束了一百多年来挨打的耻辱历史……林彪、'四人帮'的干扰破坏，使我们丧失了十年宝贵的实践。现在国际国内的有利条件很多，我们一定要充分利用这些有利条件，加快经济建设的速度，把被林彪、'四人帮'搞丢了的十年捞回来，以更快的速度、更短的时间实现四个现代化，使我国国民经济走在世界的前列，实现毛主席、周总理、朱委员长和其他老一辈无产阶级革命家的遗愿。"

在复旦大学经济系任教期间，笪移今开设了"政治经济学——帝国主义专论""美国经济"等多门课程，编写教材《战后美国经济教材提纲》《战后非洲经济》，主要著作有《论资本主义总危机新阶段的生产和发展》《美国对外政策和经济基础》《战后资本主义经济危机》《经济危机与战争和革命的关系》《美国经济发展的历史特点》等，并发表多篇学术论文。

1978年3月至1993年3月，笪移今担任了第五、六、七届全国政协委员和第五届上海市政协委员。其间，他依然十分关心国家的发展和社会的进步，积极履行政协委员参政议政和民主监督的职责。

1984年5月，笪移今赴北京参加全国政协六届二次会议。在分组会议上，他对时任全国政协主席邓颖超和副主席胡子昂"关于发扬统一战线工作的优良传统和作风问题"的讲话非常赞同，认为"邓大姐的讲话，内容丰富，政治指导性强，是统战工作的纲领性文件，听后深受鼓舞"。在讨论国家改革开放政策时，他一针见血地指出："内因是根本，外因是条件，体制改革是内因，对外开放是条件，两者必须结合起来。有些领导很保守，我们要敢于说话，敢于揭露有人把不正确的东西当正确的东西去做。现在继续放宽开放政策，这是国内经济发展的需要，好得很！"

1985年4月，在全国政协六届三次会议上，笪移今参与了"如何做好政协工作，为四化和改革贡献力量"的专题讨论，他提出发展社会主义商品经济应当管好大企业、搞活小企业。他列举了日本、美国、德国的中小企业，并指出我国的中小企业有很大的优势，应当提升它们的竞争力，支持中小企业发展创新。

1990年，中共中央、国务院做出关于开发开放上海浦东的重大决策。在此之前，九三学社上海市委受上海市人民政府经济研究中心委托，于1986年7月就《上海新区建设预案可行性研究——浦东新区建设方略》课题进行研讨，笪移今作为专家顾问参与其中，与诸多社员一道为浦东开发献计出力。

担任全国和上海政协委员的十余年中，笪移今始终秉持九三学社民主与科学的精神，认真履职，为国家现代化建设出良策、建诤言，展现了老一辈"九三人"胸怀大局、科学严谨的情怀。

"文革"结束后的10余年中，他还担任了九三学社第六届中央委员会委员、第七届中央委员会常委，上海市第十、第十一届委员会副主任委员等职。1988年12月至1993年，耄耋之年的笪移今出任九三学社中央参议委员会副主任。1991年9月，笪移今从复旦大学退休。

1998年10月19日，笪移今因病医治无效在上海逝世，享年90岁。根据他生前的遗愿，丧事从简，没有举行追悼会和遗体告别仪式。九三学社上海市委对笪移今的一生做了这样的评价："笪移今同志拥护中国共产党、拥护十一届三中全会以来的各项方针政策，与中国共产党密切合作，同心同德，肝胆相照；热心党的统战工作，为爱国统一战线、多党合作、参政议政做出了贡献；热爱党的教育事业，治学严谨，潜心学术研究；生活俭朴，严于律己，关心同志，深得大家的好评。"

参考文献

1. 《笪移今档案》，复旦大学档案馆。
2. 笪移今《日本暴行的意义和我们应采取的方策》，《血钟》1931（11）。
3. 笪移今《前进》，《血钟》1931（16）。
4. 《南京地下党遭受八次大破坏》，《南京日报》2011年5月23日。

5. 中共江西省委党史研究室编《中国共产党江西简史》,江西人民出版社 2011 年版。

6. 苏怀一《记笪移今同志与党合作共事的若干事迹》,《上海九三》1998（4）。

7. 九三学社中央研究室编《九三学社简史》,学苑出版社 1998 年版。

8. 笪移今《九三学社的缘起和在上海的斗争》,九三学社上海市委网站。

9. 笪移今《政治协商会议成败的关键》,《民主星期刊》1946（17）。

10. 李起民《中国民主党派史稿》,四川人民出版社 1988 年版。

11. 笪移今《九三学社的缘起和在上海的斗争》,九三学社上海市委员会网站。

12. 孟宪章《中国反美扶日运动斗争史》,中华书局 1951 年版。

13. 苏怀一《笪移今同志和上海法政学院》,《上海九三》1999（6）。

14. 苏怀一《记笪移今同志与党合作共事的若干事迹》,《上海九三》1998（5）。

15. 任丕恒《缅怀笪移今同志》,《上海九三》1999（2）。

16. 中央党史研究室编《中国共产党史》第 2 卷,中共党史出版社 2011 年版。

17. 笪移今《这是一次最深刻的阶级教育》,《九三社讯》1955（10）。

18. 笪移今《怎样进行互相监督》,《九三社讯》1956（8）。

19. 本志编纂委员会《中国民主党派上海市地方组织志》,上海社会科学院 1998 年版。

20. 笪移今《向科学进军必须加紧自我改造》,《九三社讯》1956（5）。

21. 笪移今《知识分子应该怎样对待整风》,《文汇报》1957 年 6 月 6 日。

22. 中共中央文献研究室编《毛泽东年谱 1949—1976》第 3 卷,中央文献出版社 2013 年版。

23.《征求意见帮助党组织整风 复旦大学党委邀请教师座谈》,《解放日报》1957年6月8日。

24.《复旦大学教师座谈会上发生这样的怪事 笪移今的公正发言受到无理阻挠》,《人民日报》1957年6月9日。

25.《要有积极的批评,也要有正确的反批评》,《人民日报》1957年6月9日。

26. 笪移今《加快建设速度是个迫切问题》,《复旦学报社科版》1978(2)。

27. 王增藩《复旦大学教授录》,复旦大学出版社1992年版。

28.《全国政协委员讨论邓颖超讲话和胡子昂报告畅谈体会》,《人民日报》1984年5月16日。

29.《全国政协六届二次会议部分委员发言摘要》,《人民日报》1984年5月23日。

30.《全国政协六届三次会议部分委员发言摘要》,《人民日报》1985年4月2日。

31. 上海市委员会文史资料工作委员会编《上海文史资料选辑》,上海人民出版社2008年版。

卢于道传略

■ 张晓鹏

卢于道是我国著名的神经生理学家、教育家、科普先驱，著名的社会活动家。他的一生，是为科学和民主奋斗的一生，是为新民主主义革命、社会主义革命和建设奋斗的一生。他自觉紧跟中国共产党的步伐，为振兴中华、巩固和扩大爱国统一战线做出了重要贡献。

早年的科学生涯

卢于道，曾用名析薪、日新，1906年1月生于浙江宁波鄞县（今宁波市鄞州区）的一个殷实的商人家庭。卢于道的祖父、叔父都是经营牛皮生意的商人，父亲是邮局的高级职员。卢于道在家中排行老大，是独子，下面还有两个妹妹。

卢于道的父亲受过良好的教育，古文底子厚，还会讲英语。那时中国的邮政是英国人办的，邮局里有很多担任要职的英国人。卢于道父亲任职的那家邮局，设置了两个男厕所，一个归英国人和中国人里的高级职员用，另一个归其他中国职员和工人用。一天，有位中国工人不知为何进入了那间"高级"厕所，碰到一位十分歧视中国人的英国人，那英国人用英语辱骂中国工人。卢于道父亲正好也在厕所里，偏偏又懂英语，一怒之下掴了那英国人一记耳光，这件事给少年时期的卢于道留下很深的印象。

卢于道的父亲深受"五四"时期新文化运动的影响，对子女的教育很重视，经常督促子女的学习。1921年，聪颖、好学的卢于道毕业于上海澄衷中学。该校是上海第一所由国人开办的班级授课制学校，由著名民族资本家叶澄衷先生创办，蔡元培曾任校长，胡适、竺可桢等曾在此就读。

青年时期的卢于道对科学、哲学、政治、经济和音乐有着广泛的兴趣。中学毕业后不久，年仅15岁的他考入南京东南大学心理学系，1925年毕业留校任助教，同时就读于该校生物学系，1926年毕业。在学生时期，卢于道曾在《时事新报》副刊《学灯》上连续发表了18篇大版的文章，介绍国外的哲学和科学成果。他还曾与胡适通信，探讨有关哲学问题。

1926年秋，卢于道以第一名的成绩考取浙江省官费留学生，赴美国芝加哥大学攻读神经生理学和解剖学，1930年获博士学位，因成绩优异，得金钥匙奖，并入选美国人类学会终身会员。其毕业论文《美洲袋鼠前脑外部与内部结构》发表在《美国比较神经学》杂志上，经世界著名神经解剖学家贾德森·赫里克（Judson Herrick）教授推荐，获洛克菲勒基金2万美元。同时，他的人脑"切片"技术尤为高明，发表了多篇有关神经解剖学和神经生理学的论文，引起国际学术界的关注。1930年7—10月，他携夫人邵潇容赴欧蜜月旅行，访问了法国、英国、荷兰、比利时、意大利、瑞士、德国和苏联等多个国家的学术机构。

卢于道和他的父亲一样，是容不得外国人歧视中国人的。他曾告诉外甥女陈延琳："我一出国就想着要回来的，在外国没意思，人家把你当二等公民。叫我们'Chen！Chen'！就如同叫'黑鬼'一样，蔑视你。"所以，他在获得博士学位后不久，满怀着科学救国的激情，很快就回国工作了。

1930年从美国学成归国后，卢于道任国立中央大学医学院（今复旦大学上海医学院前身）副教授，主讲解剖学课程。翌年，他任国立中央研究院心理研究所专任研究员（正式头衔为"技师"），从事人脑的显微研究。卢于道对人脑、哺乳动物脑组织结构进行了一系列研究，尤其是对大脑皮层的生成发育及各层的机能做了深入探讨，对袋鼠、大熊猫、狸猫等动物脑描述尤为详尽。他很早就开展有关神经化学，如大脑皮层、小脑等神经细胞内胸腺核酸、核蛋白等的研究，并于1931年出版了我国第一部有关人体神经系统解剖学的专著《神经解剖学》。1933年，他专门撰写了题为《中国人之大脑皮层》的论文（英文稿），刊登在《中央研究院心理研究所论文丛刊》上，依据对中国人脑显微结构研究的科学论据，以及中国灿烂文化的史实，严正地驳斥了当时国外有人提出的"黄种人是次等人种，中国人尤为低劣，其脑及智力亚于白人，更接近猿猴"的谬论。

1934年，卢于道与秉志等人联名发起成立了中国动物学会。1935年，当时的教育部聘请他担任人体解剖学名词审查委员会委员。1937年，卢于道翻译的达尔文著《优种学浅说》由商务印书馆出版。同年，卢于道、竺可桢等三年前编撰的中国科学社二十周年纪念文集《科学的民族复兴》出版。

1937年全面抗战爆发后不久，卢于道携全家随中央研究院内迁，先赴广西，后在贵阳，一度担任湘雅医学院神经解剖学教授。1940年，他到重庆，任中国科学社生物研究所秘书兼动物部代主任以及中国科学社北碚社友会的书记兼会计，1942年起又任复旦大学（时已迁至重庆北碚沙坪坝）生物系主任、教授。在这一时期，卢于道先后出版了《活的身体》《科学概论》《脑的进化》等著作，还讲过《脑的进化》，得过二等奖，但讲稿未出版。

1942年，卢于道任中美教育文化基金委员会代理秘书长、中国科学社代理总干事兼《科学》杂志主编。中国科学社是我国最早成立、影响较大的现代科学学术团体，1915年在美国成立，1928年定址于上海，当时已内迁到重庆，办公地点设在曾家岩。在抗战期间，蒋介石等政要曾出席中国科学社的年会并致辞。卢于道担任该社负责人之前，就经常在该社出版的《科学》杂志和《科学画报》上撰文介绍西方科学动态及中国古代科技史，之后更是积极奔波，为恢复因抗日战争而中断的中国科学刊物和学会活动日夜操劳。

投身于爱国民主运动的洪流中

卢于道本是一个"科学救国"论者。早在1934年5月，他就在《科学画报》上发表《科学与社会》一文呐喊："吾人在国难期中，更需要全国人士总动员为国效躯，正如班超之投笔从戎。纯粹科学家亦正是努力救国之好机会，一旦有所发明能如巴斯德之发现微生物，而能拯救此困难。"后来，他又在《科学概论》重版序中写道："'无科学，即无国防'。我们的民族要生存，要国防，就需要科学。""科学先民众化，民众自科学矣，这是吾人所应该努力的方向。"

在卢于道一家抵达重庆之前，他的大妹卢琼英、大妹夫陈翰伯、小妹卢兰英，以及他夫人的妹妹邵漪容、妹夫周科征等人都已在重庆。他们都是共产党员，分别在周恩来或邓颖超的领导下从事抗战宣传、统一战线和对敌情报工作。卢于道的夫人邵瀞容曾回忆说，因为这几位亲戚的关系，她和卢于道在重庆的时候有机会读过毛泽东的《论持久战》和《论联合政府》等著作，也能经常读到《新华日报》。

1942年秋的一天，周恩来邀请卢于道到中共驻重庆曾家岩办事处见面，与他促膝谈心。周恩来像看到老朋友一样，紧紧地握住卢于道的手，用力地摇了几摇，炯炯有神的眼睛闪烁着机智、坚毅、热情的光芒，霎时使他感到一种温暖和力量。周恩来像拉家常似的跟他谈开了。周恩来首先告诉卢于道，他的两个妹妹现在在延安（卢琼英在政校学习，卢芝英在鲁艺学习），她们在革命的大家庭里生活得很好。周恩来还叫得出她们的名字，卢于道顿时惊喜交加。前不久，他的两个妹妹不知去向，他多么想知道她们的下落啊！现在，周恩来在重庆工作异常繁忙，面临的斗争异常复杂，竟亲自告诉了他两个妹妹的去处，居然还记得她们的名字，关怀着她们的成长，还关心到了她们的哥哥，这使卢于道感动得眼睛湿润了。接着，周恩来和他谈了当时的政治形势，并介绍了延安的情况。周恩来知道卢于道在复旦大学生物系任教，就着重与他谈了延安的农作物和延安的大生产运动。周恩来绘声绘色地给他讲着边区军民如何响应中共中央"自己动手，丰衣足食"的伟大号召，自己开垦荒地、种麦、纺纱，扭转了困难局面，使边区呈现一派欣欣向荣的景象。周恩来不时地从座位上站起来，用手势比画着，向卢于道形容麦子长得有多高、多好，解放区的日子有多红火，延安的革命者是多么的乐观、坚定。周恩来还对卢于道说，延安很重视科技界人士，搞生产就离不开科学技术。一个多小时的谈话结束后，周恩来亲自送卢于道出了公馆的大门，还一再嘱咐他要保重身体，后会有期。在抗战期间，延安是伟大的革命圣地，吸引着千百万爱国知识分子，当时卢于道也想去，在与周恩来谈话后就与家人商量怎么去，后虽因种种原因未能成行，但他对延安无限崇敬，虽不能至，心向往之。周恩来和卢于道的这次会面，促成了卢于道人生轨迹中的一次伟大转折，使他加深了对中国共产党的认识，在彷徨迷茫的道路上，看到了前进的方向，从此他更加积极地参与党领导下的爱国民主运动。

1940年国共合作成立了国民政府军事委员会政治部文化工作委员会，由郭沫若担任主任，卢于道等人为委员。文化工作委员会实际上为周恩来领导的中共中央南方局所掌控，是大后方坚强的革命文化基地，被群众誉称之为"第二红岩""第二（八路军）办事处"。1943年，卢于道又先后参加了"自然科学座谈会"和中国科学工作者协会这两个深受中共中央南方局影响的进步组织。

1944年10月，卢于道应邀赴成都演讲，指出："中国要争取抗战的胜利，建国的成功，就必须要民主与科学这两个东西。""一个科学家研究科学，必须要造福于人群，因为科学是社会的一分子，他的研究必然影响于社会。""民主与科学是不能分开的，因为不民主，它就不是'格物致知，利用厚生'，而是利用害生。因此科学家要反对强权的政治，科学要为公，不要为私。"

1944年底，许德珩、潘菽、税西恒、黄国璋、涂长望、褚辅成等在重庆的一部分文教、科技界人士，对时局极感焦虑，对国民党消极抗战、压制民主的反动政策极为不满，发起组织"民主科学座谈会"，讨论民主与抗战问题，主张民主团结，抗战到底，发扬"五四"反帝反封建精神，为实现人民民主与发展人民科学而奋斗，卢于道和复旦大学的同事张志让、潘震亚、吴泽等经常参加"民主科学座谈会"。座谈会大体上每月举行一次，约有20多人出席。1945年9月3日，为庆祝抗日战争胜利，"民主科学座谈会"的参与者再次聚会，并将座谈会命名为"九三座谈会"，卢于道等人参加了这次会议。1946年1月6日，褚辅成、许德珩、税西恒、张西曼等再次邀请卢于道等20多位重庆学术界人士举行九三座谈会，决定筹组学术界的政治团体——九三学社。

1946年5月4日，九三学社在重庆召开成立大会，"到会褚辅成、卢于道、黄国璋、许德珩、税西恒、吴藻溪、张雪岩、詹熊来、潘菽、黎锦熙、彭饬三、李士豪、刘及辰、王卓然等五十余人，公推褚辅成、许德珩、税西恒为主席团。首由褚辅成致开会词，许德珩报告筹备经过，税西恒报告社费收支账目。继宣读农村科学出版社及南泉实用学校校友会贺电，次由卢于道、王卓然、黄国璋、张雪岩、张迦陵、吴藻溪自由演说，一致指出：武力不能求得统一，东北及中原的内战必须立即无条件停止，在政府根据政协决议改组以前，美国不应有援助中国的任何党派之行为，希望马歇尔元帅继续以公正态度，调处国共纠纷，实现全中国的和平民主。次通过社章缘起，成立宣言，基本主张，对时局主张及致美国会电文。最后选举潘菽、张雪岩、褚辅成、许德珩、税西恒、吴藻溪、黄国璋、彭饬三、王卓然、孟宪章、张西曼、涂长望、李士豪、笪移今、张迦陵、严希纯等人为理事，卢于道、詹熊来、刘及辰、何鲁、侯外庐、黎锦熙、梁希、陈剑鞘等为监事，选举后散会聚餐。"同年5月12日，九三学社召开第一次理监事联席会议，"推褚辅成、许德珩、税西恒、张雪岩、潘菽、黄国璋、吴藻溪为常务理事，卢于道、詹熊来、梁希为常务监事""要求立即停止东北及其他各地内战，取消党化教育，停止党团部及党团学校经费开支，切实采取彻底改善全国一切公私立小中大学教员物质生活及精神生活之有效办法"。

1946年夏，卢于道一家随复旦大学搬迁回沪。当时的上海，实际上已成为各党派政治活动的中心，中国共产党在上海、南京均设有办事处，周恩来往来于南京、上海之间，领导国统区的斗争。各民主党派领导人也纷纷来到上海，有的将总部迁到上海，有的在上海建立地方组织。九三学社在上海密切联系了一批进步的和中间的高级知识分子，在中国共产党领导下，同各民主党派与无党派民主人士一起，拥护并宣传中国共产党的方针、政策，反对蒋介石独裁统治，积极参加"反饥饿、反内战、反迫害"运动，并发起反美扶日运动。

卢于道与九三学社的同仁积极投身中国共产党领导的爱国民主运动，成为反对国民党反动统治的"第二条战线"上的勇敢战士。1946年9月，李公朴、闻一多在昆明被国民党特务暗杀，激起全国人民的愤怒，卢于道与褚辅成、孟宪章、笪移今、王造时等九三学社同仁随周恩来、郭沫若、黄炎培、李维汉、茅盾等人发起组成李公朴、闻一多两先生追悼大会筹备委员会。不久，人民教育家陶行知在白色恐怖的气氛中积劳病逝，卢于道与褚辅成、顾执中、施复亮、王造时、许士骐等，随李济深、孙科、邵力子、周恩来、马叙伦、陈望道等人发起组成陶行知先生的追悼大会筹备处。1946年12月29日，九三学社会同世界和平促进会上海分会、国际人权保障会、民主建国会等11个团体在上海举行座谈会，一致认为，蒋介石在全国人民的反对声中强行召开的伪"国大"炮制的"宪法"，违反政协决议精神，应不予承认；同时对12月发生的北平美军强奸北京大学女生沈崇的暴行表示愤慨，并草拟宣言抗议暴行。卢于道与上海文教界的马寅初、周谷城、陈子展、吴泽、方令孺等31位教授联名发表意见，声援各地学生游行抗议美军严重暴行。

抗战胜利后，美国为了使日本成为其在远东称霸的基地，单方面撕毁波茨坦公告，独断专行，扶植日本法西斯势力。1947年7月，九三学社在上海发起成立"对日问题座谈会"，邀约进步友人，经常研究日本问题，并将座谈结果，随时公之社会。"对日问题座谈会"发表过多次联合宣言，给美国反动的对日政策以严厉的抨击。这一斗争得到中国共产党和各民主党派的大力支持，逐步形成为国统区在中国共产党领导下的反美扶日运动。1948年，复旦大学学生社团《观察家》社举办"五卅"晚会，邀请卢于道、张志让、周谷城等教授出席演讲。上海交通大学学生自治会也召开了大型的日本问题座谈会，邀请各界知名人士发言。卢于道在会上明确表示"我们反对美国扶植日本法西斯"，并当场驳斥了市长吴国桢的谬论，大大鼓舞了群众反美扶日的斗志。

正当反美扶日运动汹涌澎湃之时，美国驻华大使司徒雷登于1948年6月4日，在南京招待中外新闻记者，并发表书面声明，否认美国扶植日本恢复经济和军国主义势力，妄指反美扶日是"阴谋"，是"被利用""可能招致不幸之结果"。九三学社在沪社员深感愤慨，推王造时执笔，致函司徒雷登，列举事实，予以严词驳斥，力陈"中国反美扶日，绝非任何党派或个人所能策划操纵，而且英、苏、澳、菲等国对美扶日都有严厉批评。贵国前副总统华莱士先生，亦曾表示激烈的反对，难道他们也是被人利用"？卢于道也在这封信上签了名。

除参加九三学社的活动外，卢于道还参加了中共地下组织领导的"大学教授联谊会"（简称"大教联"）的活动。卢于道回沪后，巧遇其久别的妹妹卢琼英，经她介绍认识了李正文（李正文是地下党员，解放初任复旦大学党委书记），由李正文介绍参加了1946年9月成立的"大教联"，张志让、潘震亚、陈望道、周谷城、张定夫、胡厚宣、陈子展、陈守实等复旦大学的同事都是"大教联"成员。1948年，卢于道还当选为大教联领导机构——干事会的干事。"大教联"的爱国民主活动，采取公开合法的斗争形式，每两周聚餐一次作为全体会议，当时的主要活动是参加"反饥饿、反内战、反迫害"斗争。

1947年5月，"大教联"为声援上海各大学学生"反饥饿、反内战、反迫害"的斗争，组织和领导了复旦大学全体教师的罢教斗争，这是上海教育界及全国民主运动中的一件大事，扩大了爱国民主运动的政治影响。1948年，为了营救被捕的进步学生，卢于道和上海法学院院长沈钧儒等多次去国民党上海市政府，与市长吴国桢进行面对面的斗争，说明无理逮捕学生是文明国家所不齿的行为，要求立即释放被捕学生。在群众和舆论的压力下，吴国桢不得不接受了卢于道等提出的要求。

1947年，卢于道任中国科学社总干事，他在《科学》杂志上发表了题为《科学工作者亟需社会意识》的文章。1948年，卢于道出版了《科学与社会主义》一书，当时国内科技界的活动，已由单纯的学术活动发展为反对法西斯和反对国民党反动统治的政治性斗争。4月，在许德珩、袁翰青、樊弘3位教授声援北平各高校学生"反饥饿、反内战、反迫害"的斗争之后，北平4校90名教授在《观察》周刊发表联名抗议书，抗议国民党北平市党部主任吴铸人预谋杀人。5月29日，中国科学工作者协会在《观察》第4卷第14期发表《中国科学工作者协会抗议书》，声援北平4校90名教授，抗议反动当局迫害进步教授和学生、践踏人权的暴行。由于当时中国科学工作者协会实际上处于半地下状态，许多活动是同卢于道所主持的中国科学社和宋名适所主持的上海技术协会联合进行的。

在这期间，复旦大学中共地下党员余开祥、杨师曾、张蕙华等在政治上对卢于道的帮助很大，卢于道对他们的活动也给予积极支持。在白色恐怖紧急的时候，杨师曾经常躲在卢于道家过宿避难。卢于道还安排中共地下党员胡宣明到中国科学社当职员，胡宣明经常利用中国科学社做掩护，组织白区进步青年去浙东四明山打游击，使科学社成为地下党活动的一个据点。

1948年5月1日，中共中央发布"纪念五一劳动节口号"，号召"各民主党派、各人民团体及社会贤达，迅速召开政治协商会议，讨论并实现召集人民代表大会成立民主联合政府"。随着人民解放战争胜利的扩大，新政协运动由讨论进入实际行动。从9月起，全国各民主党派民主阶层的代表人物，陆续进入解放区，在中国共产党的领导下，共同进行新政治协商会议的筹备工作，卢于道也受到了邀请。大约在当年的10月间，李正文突然来到卢于道家，问他是否愿意经香港去解放区参加新政治协商会议的筹备工作，卢于道毫不犹豫地答复说："非常想去。"两个月后，李正文送来了去香港的船票。临行前,卢于道还参加了九三学社上海分社在王造时家召开的会议,并当选为监事。会议研究了当时的政治形势,认为今后九三学社的工作应在审慎中求深求实,讨论如何揭穿反动派的谎言,消除某些工商业者对共产党的疑虑,加强与中共地下组织、各民主党派的联系,宣传、组织护厂、护校,免遭特务破坏,迎接上海解放。

1948年底,卢于道等一行民主人士经香港辗转到达解放区。在香港,夏衍和卢于道夫人的妹夫周科征代表中共接待了卢于道一行。卢于道在香港的报纸上还读到毛泽东的文章《将革命进行到底》,看到祖国的光明前途,无限振奋。在解放了的石家庄,卢于道遇到了他的妹妹卢琼英和妹夫陈翰伯,随后周恩来很快也去亲切地看望了他们,并向他们讲解了国内外政治形势,大家听了很受鼓舞。几天以后,毛泽东在自己的住地接见了卢于道一行,和他们进行了交谈。毛泽东还和他们共进晚餐,餐后亲自送他们上车,和他们一一握手道别。

1949年1月,北平和平解放。2月4日,华东各界千余人在某地举行庆祝北平解放大会,卢于道到会并发表演说,指出,在国民党统治区无法进行学术研究工作,今天在解放区才有了新的出路。3月,卢于道抵达北平。由于人民解放的事业迅将全面完成,经济建设即行展开,各方面都切望召集一个全国性的科学界会议,来研讨科学与生产建设配合的各项问题。4月26日,卢于道召集在北平的中国科学社理事和北平分社委员谈话会,决定由中国科学社与中华自然科学社、中国科学工作者协会共同组织发起全国科学会议。5月13日,卢于道和梁希、涂长望、严济慈、袁翰青、丁瓒、潘菽等7人当选为中国科学工作者协会常务理事。6月19日,中华全国第一次科学会议筹备会在北平召开成立大会,中国人民解放军总司令朱德、中共中央委员陈云、林伯渠等出席并讲话,会议选出卢于道、袁翰青、丁瓒、钱三强、涂长望、夏康农等11人为临时干事。

1949年3—4月,卢于道等4人以中国科学工作者协会成员身份随郭沫若任团长的中国代表团,出席第一次世界和平大会。大会原定在巴黎召开,后因法国政府拒绝中、苏等国代表团入境,改在捷克的布拉格和法国的巴黎分别举行，中、苏等国代表团只能参加在捷克布拉格召开的会议。

1949年9月，中国人民政治协商会议第一次全体会议在北平隆重召开。卢于道以特别邀请人士的身份参加了会议，参与制定了具有临时宪法性质的《共同纲领》，卢于道还是中央人民政府组织法草案整理委员会委员。9月30日，人民政协选举中央人民政府委员会，卢于道是会议主席团指定的监票人之一。1949年10月1日，卢于道跟随毛泽东等中共中央领导人一起登上天安门城楼，参加开国大典，亲耳听到毛泽东在天安门上庄严地宣布："中华人民共和国成立了！"

为建设新中国而奋斗

中华人民共和国成立后，卢于道被任命为政务院参事。不久，他由北京回到上海，继续在复旦大学任教，并担任复旦大学校务委员会委员、理学院院长、生物系主任、人体及动物生理教研室主任等职，1953年起又担任复旦大学负责研究生教育的研究部主任。1954年，复旦大学举行了第一次校庆科学讨论会，卢于道在《复旦》校报上撰文说："这一次科学讨论会的目的，是检查科学研究成果，推动科学研究活动，交流科学研究经验，开展学术上的批评和自我批评，亦可以说是我校教学改革进程中的一部分。""我校是综合性大学。综合性大学着重在一般性的专门性的理论教学；它是一个教学机构，同时也是一个研究机构，而教学工作是建立在科学研究工作基础之上的。没有研究工作，教学质量就无法提高。"

卢于道认识到，马克思主义解放了科学和提高了科学水平。他努力学习运用唯物主义的原理和辩证的方法来指导脑神经生理学的教学和科研，特别是对巴甫洛夫的学说做了较深的探索，认为巴甫洛夫的"高级神经活动学说科学地统一了意识活动与低级神经活动。从这样的认识，我们开始体会到过去资本主义国家的生理学，虽然堆积一些物理化学研究的结果，但是支离破碎、局部隔离，只看到机体的局部而看不到整体，只看到孤立的机体而看不到与环境交互作用的机体。或者我们简单说起来，巴甫洛夫以前的生理学，是分析的、机械唯物的生理学；巴甫洛夫的生理学，是综合的、辩证唯物的生理学。在这里我们可以体现'机体完整性'和'机体与环境统一性'的观点，将这个观点贯彻到生理学的全部，这真是生理学的革命"。卢于道打算努力发展巴甫洛夫学说，发展大脑皮层与皮层下中枢动力关系的研究，在国际上创立神经动力学派。不过，卢于道当时还是有点反感苏联的东西压倒一切，有一次他曾自嘲地说："现在人们都去研究巴甫洛夫高级神经活动，我研究的是低级神经活动！"此外，卢于道还对针刺麻醉进行了理论上的探讨，这一时期他的主要著作有《自然辩证法》《西洋哲学史》等。

1950年8月，中华全国自然科学工作者代表会议在北京召开，中央人民政府副主席朱德、李济深，政务院总理周恩来、副总理黄炎培等都出席指导。卢于道是此次会议的副秘书长，并做了关于提案及有关分组讨论结果的报告。会议产生了中华全国自然科学专门学会联合会和中华全国科学技术普及协会，卢于道当选为科学技术普及协会常务委员，随后，卢于道又当选为上海市科普协会主席。他坚持科普面向广大群众，面向工农业生产，创建宣传科普的具体窗口。1957年，上海市科普协会在上海市中心西藏路人行道旁，建立起国内首个长170米的"科学画廊"。1959年，科联、科普合并为科协，卢于道任上海市科协副主席。在党的领导下，卢于道在开展科学普及和团结科学工作者向科学进军方面做了大量工作。1979年，卢于道当选为上海市科普创作协会理事长。1984年1月，中国科普创作协会对卢于道等17位为我国科普事业做出卓越贡献的老一辈科普作家进行了表彰。

1949年12月，卢于道在《观察》上撰文指出："新中国一切建设事业，包括生产建设和文化建设，都非常需要自然科学工作者的科学工作。""解放以前，科学工作者不高兴谈政治，不高兴参加政治活动，以至于讨厌政治，躲避政治，这是可以的；并且如果我们没有直接参加革命，这么消极地做亦是好的，是对的。为什么呢？那时的政治，是一片乌烟瘴气，在本质上他是统治人民、压迫人民的。""现在的政治之事，经过革命之后，经过人民翻身之后，完全和从前相反，是人民统治。……因此科学工作者对于政治的态度，亦应当反过来从不参加而积极参加了。""科学工作想要超脱政治，而事实上却逃不过政治的掌心。""因为科学工作本身就是政治的一部分工作。"他说，《共同纲领》里"所规定的农林、渔牧，工业、交通、医药卫生，以及科学教育和科学研究等，是人民所需要的，是必然要做成功的。这许多工作，都是政治工作，都是政治事业，我们对于这些工作，对于这些事业，有没有热忱呢"？因此，新中国的科学工作者既要有科学热忱，也要有政治热忱，二者并不是矛盾的。

新政协成立后，九三学社作为参加人民政协的民主党派之一，在新形势下继续开展工作。1950年9月3日，九三学社召集在京社员大会，纪念中国人民对日抗战的伟大胜利，卢于道参加了会议并作发言。12月，九三学社全国工作会议在北京召开，会议集中讨论了如何开展抗美援朝工作及发展与巩固组织两个议题，卢于道在会上分别做了《抗美援朝问题讨论总结报告》和《上海分社工作报告》。该次会议还选举产生了九三学社第二届中央理事会，卢于道当选为理事。1951年1月，卢于道在《九三社讯》创刊号上发表了《自然科学要在抗美援朝斗争中壮大起来》的文章。2月18日，九三学社上海分社调整理事会人选，公推卢于道为主任理事。5月，卢于道在《九三社讯》第三期上发表《自然科学的解放——为纪念五四而作》的文章；8月，在《九三社讯》第五期上发表《为彻底实现共同纲领而奋斗——在上海各界人民庆祝中国共产党三十周年纪念会上的献词》；10月，在《九三社讯》第六期上发表《庆祝建国两周年》的文章；11月，当选为九三学社上海分社第三届理事会主任委员；12月，在《九三社讯》第八期上发表《展开思想改造运动》的文章。12月8日，九三学社复旦大学支社成立，他作为上海分社主任理事到会致贺。在此之前，卢于道的夫人、知名科普作家、复旦大学注册组主任邵瀞容经王恒守、陈子展两位先生介绍，也加入了九三学社。同年，卢于道还担任了复旦大学肃清反革命委员会常务委员、上海市反革命案件审查委员会委员，参与了人民法院的陪审工作。

中华人民共和国成立初期，九三学社的主要任务是推动成员学习马列主义、毛泽东思想，学习、宣传中国共产党的方针、政策，鼓励社员在工作岗位上起骨干带头作用，积极参加各项政治运动。卢于道担任九三学社上海地方组织主要负责人之后，在中共上海市委和九三学社中央的领导下，加强了领导班子的团结，协调了各方关系，在分社领导和机关干部的共同努力下，使分社工作和组织有很大发展。

1953年，卢于道当选为第一届上海市人大代表。1953年10—12月，卢于道代表九三学社参加了第三届中国人民赴朝慰问团，慰问朝鲜人民军和中国人民志愿军。同年，以茅以升为团长的中国科学家代表团访问苏联、东欧，卢于道的妹夫陈翰伯是副团长，卢于道是代表团成员，他特别访问了苏联科学知识普及协会等单位，学习他们的科普工作经验。

1954年6月，中央人民政府公布《中华人民共和国宪法草案》，交付全民讨论，九三学社上海分社及时组织讨论并提出修改意见。卢于道做了书面发言，说："宪法草案的公布，是我国历史征程上重要的里程碑，是中国人民在中国共产党领导下经过长期斗争而取得的胜利果实，充分体现了真正人民民主和民族平等的精神。我们科技工作者对《草案》中关于'保障公民进行科学研究'的规定，特别感到兴奋。"9月，第二届全国政治协商会议在北京召开，卢于道当选为全国政协委员。1956年2月，九三学社召开第一届全国社员代表大会，卢于道当选为九三学社中央常委。同年，他还担任了上海市人民委员会委员。

除抓好九三学社上海分社的工作外，卢于道还积极推动了浙江、广东、云南等地九三学社组织的建立和发展。1952年全国高校进行院系调整，华东局在上海开会做动员报告，卢于道得悉他的老友、浙江师范学院心理学教授陈立参加这次会议，特地早早地等候在会议代表下榻处，请陈立等人吃饭。席上，卢于道提出请他们参加九三学社的事。陈立后来填写了入社登记表，并成为了以后九三学社杭州分社（浙江省委）的主要负责人。1955年和1956年，九三学社复旦大学支社社员徐贤恭和曲仲湘分别调往中山大学和云南大学工作，卢于道在他们离开上海前都专门找他们谈话，希望他们到所在地方筹建九三学社地方组织，后来他们分别成为了九三学社广州分社（广东省委）和昆明分社（云南省委）的主要负责人。

1956年7月，九三学社上海分社举行社员大会。卢于道在会上说，这次大会是在中国共产党提出和各民主党派长期共存、互相监督并在学术上贯彻"百家争鸣"的方针后举行的，他号召社员们为继续巩固与扩大人民民主统一战线和使中国科学迅速赶上世界先进水平而奋斗。九三学社上海分社该年上半年发展了169名新社员，这个数字超过过去3年发展的总和。此后，上海分社的组织有了更大的发展，到1957年2月底，九三学社上海分社已有社员1195人，为一年前的6.5倍，颜福庆等一大批高教、科技、医卫界的精英纷纷入社，社员的政治思想也有了很大的进步。1957年反右派斗争严重扩大化，但在运动之前的半个月，九三学社上海分社没有正式召开"鸣放座谈会"，而是在举办"社员科研工作成果展览会"，因而后来绝大多数社的干部得以幸免被错划为"右派"。

1958年开始的"大跃进"年代，在"左"的思潮影响下，一些高等院校开展了"拔白旗"、破权威运动，一批老知识分子受到了错误批判和处理，卢于道本人也受到波及。卢于道曾经为了动物神经解剖工作的需要，买了几条狗，在校内砌了狗房，不断地进行试验。有人打着"拔白旗、插红旗"的旗号，说卢于道给狗砌房是"资产阶级生活方式"，强行将狗迁至远离实验室的国权路一间矮房中，使卢于道无法用狗做实验。对这一"狗宫"事件，当时的复旦大学党委虽然事后做了处理，但已影响到卢于道在解剖方面的工作进展，损害了国家在脑神经方面的科学研究。

1958年5月，中国共产党八届二次会议通过"鼓足干劲，力争上游，多快好省地建设社会主义"的总路线。在这期间，九三学社上海分社重点学习了总路线和《关于人民公社若干问题的决议》，卢于道亲自主持分社委员会的学习。在学习人民公社文件时，委员们对办城市人民公社问题提出了"八大顾虑"，实质是不希望办城市人民公社。中共上海市委对这些意见非常重视，并转报党中央做决策参考。

1962年春，周恩来在广州召开的全国科学工作会议和全国话剧、歌剧、儿童剧创作座谈会（简称"广州会议"）上做了《关于知识分子问题》的报告，重新肯定了我国绝大多数知识分子是属于劳动人民的知识分子，并强调在社会主义建设中要发挥科学和科学家的作用，破除迷信不是破除科学，而是要同尊重科学相结合。陈毅同志在会上风趣地说，要给知识分子"脱帽加冕"（即脱掉资产阶级知识分子之帽，加上劳动人民知识分子之冕）。在广州会议的鼓舞下，九三学社上海分社在主委卢于道的主持下，组织高教、医务、科技界80多位专家学者，讨论中央制订的高教、科研、医务等工作条例。经过两个多月的研究讨论，写出《提高高等学校的教育质量》和《提高医疗工作的质量》两个书面建议，在市政协大会上做了介绍。《解放日报》曾摘要刊登，受到高教、医卫界的好评及有关部门的重视。1964年9月，卢于道当选为上海市政协副主席。

1966年5月，"文化大革命"开始了。在这场持续10年的动乱中，卢于道受到严重冲击，遭到隔离审查和批斗。但是，在林彪、"四人帮"残酷迫害的岁月里，他对党和党的统一战线政策，以及对社会主义的信念，始终没有动摇过。在一次批斗会上，"红卫兵"要他交出九三学社上海分社的大印，他坚决表示："大印不能交，这是共产党给我的。"他女儿曾劝他不要再搞九三工作了，卢于道却对她说，九三学社是在中国共产党领导下的民主党派组织，是党的统战工作的一部分，很重要，他不相信那些搞批判的人是符合党的统一战线政策的。尤为难能可贵的是，在被迫害期间，卢于道仍然与上海华山医院脑外科协作，研究用电针刺激脑的尾核，以抑制晚期癌症病人的疼痛，使这一研究取得了一定效果。

"文化大革命"结束后，各民主党派组织恢复活动。九三学社上海分社于1978年1月恢复活动，卢于道重回九三学社上海分社主持社务。是年12月，中共中央召开了十一届三中全会，从根本上冲破了长期"左"倾错误的严重束缚，端正了党的指导思想，重新在全党确立了马克思主义的政治路线、思想路线和组织路线，做出了把全党工作重点转移到社会主义现代化建设上来的战略决策。1979年10月，卢于道当选为九三学社中央副主席。当时卢于道虽已年愈古稀，但他的工作积极性依然很大，他说：

"粉碎'四人帮'是我第二次解放,我要把'文革'时的损失补回来。"他还劝女儿卢欧琳(电影《天山的红花》编剧):"今后我们国家进入了一个新的历史时期,九三学社的工作显得更为重要,你也参加九三学社吧!"在父亲的劝说下,卢欧琳也加入了九三学社。

在全面开创社会主义现代化建设的新时期,为宣传、学习、贯彻中共十一届三中全会以来的方针政策,加强参政议政和自身建设,卢于道领导九三学社上海分社做了大量工作,取得了很大成绩。在协助中共落实各项政策方面,九三学社上海分社也做了大量工作。至1982年4月,分社对需要落实政策的841位社员的情况做了调查,其中"文革"中有冤假错案的196人,已全部复查平反,被错划为"右派"的119人全部得到改正。

卢于道是忠于人民和国家的社会活动家。从1951年起,他长期担任九三学社上海分社的主委(第三届至第十届),是九三学社第六、七届中央副主席,是第一、二、三、五届全国政协委员,连续当选为上海市政协第四、五、六届副主席,是第三、五、六届全国人大代表,第一至第七届上海市人大代表。凡是相关重要会议,他被邀请出席,都积极参加,很少缺席。卢于道开会从不迟到,而且到会必发言。他的发言朴实无华,简明扼要。在市政协召开的主席会议上,他对党的有关方针政策和采取的重大措施,常常从九三学社和科技人员的角度,提出一些建设性的意见和建议,话虽不多,但很中肯。在政协学习中心组讨论宪法草案和政协章程时,他总是反复强调要把统一战线和民主党派工作反映到宪法和政协章程中去,使政协和党派工作有法可依,有章可循。1979年6月,在五届全国人大二次会议上,卢于道和他的老友、著名神经生理学家张香桐联名提出在中国科学院筹建脑研究机构的提案,经国务院批准,中国科学院脑研究所于1980年在上海成立,使我国脑研究进入了一个新阶段。

在九三学社内,卢于道是团结和学习的典范。每当社内有不同意见或矛盾时,他总能虚怀若谷,在中共党组织的领导和帮助下,进行疏导,团结不同意见的同志,做好工作。他总是循循善诱,鼓励身边的同志做好九三学社的工作。他经常说:"民主党派工作也是一门科学,其中有大学问啊!"他要求九三学社机关干部多学一点马克思主义哲学、统战理论以及科普知识。对文科毕业的干部,他要求他们也学点自然科学的基本知识,并对他们说:"你们在九三学社工作,要同各行各业的知识分子打交道,如果不懂得他们的一些专业知识,他讲的内容你一窍不通,怎么能有共同语言呢?做统战工作的同志知识面要广一些。"卢于道自己就是按照周恩来多次见面时跟他说的"活到老,学到老"。1980年代初,他在一个座谈会上做了"自然科学与哲学"的发言,联系科学史阐述了康德、黑格尔、费尔巴哈和马克思等人的哲学与科学的关系,又联系量子力学、电子计算机、机器人等最新科技进展提出了一些哲学问题。

卢于道又是优秀的科学工作者和人民教育家,他对青年人如何搞好科研强调了三点。首先,要有独立思考。所谓"独立思考"即是人们对错综复杂的客观事物,进行研究和分析,得出自己的创见,但它不等于空想,要以现实为基础,因此必须与"刻苦钻研"结合起来。其次,要重视政治与业务的联系。他说,两者的关系正像在满天浓雾中航行的飞机和罗盘针一样,如果没有罗盘针,飞机便会迷失方向。学习政治理论,不但是很重要的,而且是必要的,它不但能提高我们的思想觉悟,明确处理问题的立场、观点,而且能帮助我们培养研究问题和分析问题的能力。只注意业务,不注意政治,往往会走入歧途。再次,他认为,基础课和专业课是同样重要的,它们两者之间的关系,正像初等数学与高等数学之间的关系一样,前者是后者的基础,后者是前者的高级阶段。譬如学物理的,如果他一点也不懂数学,那他的物理一定学不好;又如学新闻的,假若他一点也不懂历史知识,那他在采访有些题材时,很可能写不好,因为有些题材在报道时,需要用历史的资料来加以说明,使文章生动,以便吸引人看。卢于道说,学习基础课的时间稍微长一点,不是浪费青春,而是为了给今后自己在学术上的深造,打下一个稳固结实的基础。这正像建造高楼大厦需要花费一定的时间打地基一样,使它以后屹立不倒。卢于道认为,教师必须做思想工作,而且可以结合统一分配、专业教育、业务学习来进行。关于师生关系,卢于道认为,"后来居上"对青年来说,是必然的。因此,要努力促进青年们的"后来居上",这是我们做教师的责任。

卢于道对子女的教育也很重视。还是在抗日战争时期,教育部曾请他去当科长,他宁肯受穷也不去,女儿卢欧琳问他为什么,他说:"日本鬼子在蚕食我们中国,大敌当前,国民党不枪口对外,只知道打内仗,花天酒地,醉生梦死,这样的官我能去当?"卢于道说着教女儿唱起了《义勇军进行曲》等抗日进步歌曲。最后,他意味深长地对女儿说:"欧琳,你记住,穷要穷得有骨气,我们要出污泥而不染,威武不能屈,富贵不能淫,贫贱不能移!"在新中国,卢于道担任了九三学社和上海市政协的领导,但他公私分明,外出开会,即使是顺路,也从不让子女搭乘他坐的小汽车。受卢于道的影响,卢欧琳在解放前也加入到了进步学生的行列,解放初期大学毕业后,又响应党的号召,放弃了优裕的生活和工作条件,自愿到新疆参加边疆建设。

在卢于道的晚年,他回顾了自己的一生,深情地说:"深深感谢共产党指引我从黑暗走向光明,同时体会到,中国共产党历来是重视科学技术和科学工作者的。事实证明,只有社会主义才能救中国,社会主义建设需要科学技术和科学工作者,科学工作者也只有在社会主义社会才有用武之地,才能把自己的科学技术知识真正为人类造福。"

1985年8月4日,卢于道因患脑血栓病逝于上海,享年80岁。8月14日,卢于道追悼会在上海举行,参加追悼会的有中共上海市委、市人大、市政府、市政协领导以及九三学社等有关方面负责人和上海各界人士三百多人。中共上海市委副书记吴邦国主持了追悼会,悼念这位著名的科学家、教育家和社会活动家。"潜心研究探索精神奥秘,从教辅政刻求国家富强",卢于道墓碑上的这副楹联高度概括了他的一生。

参考文献

1. 《先驱——纪念首届理事长卢于道教授》，《科学画报》1995年第8期。

2. 卢于道《深情的关怀》，《复旦》1979年1月15日。

3. 《科学与民主不可分——人文科学家卢于道在蓉演讲》，《新华日报》1944年11月6日。

4. 卢于道《共产党指引我走向光明》，《上海文史资料选辑·统战工作史料选辑》（二），上海人民出版社1983年版。

5. 《九三学社开成立大会》，《新华日报》1946年5月6日。

6. 《九三学社通过决议 要求停止各地内战》，《新华日报》1946年5月14日。

7. 徐常太《忆卢于道同志》，《上海文史资料选辑·统战工作史料选辑》（八），上海人民出版社1989年版。

8. 新华社《华东、西北军民盛大集会 庆祝北平天津解放》，《人民日报》1949年2月13日。

9. 《全国首次科学会议筹备会在平开成立大会》，《人民日报》1949年6月20日。

10. 新华社《中央人民政府委员会选举手续极郑重 五百七十六人无一弃权》，《人民日报》1949年10月1日。

11. 卢于道《迎接科学讨论会》，《复旦》1954年4月22日。

12. 卢于道《马克思主义解放了科学和提高了科学水平》，《九三社讯》1953年第6号。

13. 卢于道《对巴甫洛夫生理学的初步体会》，《复旦》1953年6月15日。

14. 卢于道《政治热忱与科学热忱》，《观察》第6卷第4期，1949年。

15. 《九三学社召集社员大会 纪念对日抗战胜利日》，《人民日报》

1950年9月5日第1版。

16.《九三社讯》第1期,1951年1月31日。

17.《上海市反革命案件审查委员会怎样协助政府处理反革命问题》,《人民日报》1951年6月11日。

18. 高景仰《卢于道与九三学社》,九三学社上海市委网站。

19. 申明清《卢于道教授谈学习上的三个问题》,《复旦》1957年2月21日。

20.《校委会举行第二十次会议》,《复旦》1957年4月23日。

21. 卢于道《谈师生关系》,《复旦》1959年4月3日。

22. 卢欧琳《回忆我的父亲卢于道》,九三学社上海市委网站。

23. 卢于道《共产党指引我走向光明》,《上海文史资料选辑·统战工作史料选辑》(二),上海人民出版社1983年版。

何鲁传略

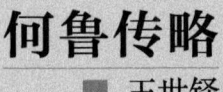

　　何鲁（1894—1973），四川省广安县人，字奎垣，笔名云查，著名数学家。1912年官费留学法国里昂大学，以优异成绩成为第一个获得科学硕士学位的中国人。1919年回国，先后执教于国立东南大学、上海中法通惠工商学校、大同大学、第四中山大学、云南大学、安徽大学、重庆大学，历任教授、教务长、重庆大学校长等职，创办载英中学。中华人民共和国成立后，历任西南行政公署文委主任、西南文化教育委员会副主任、西南军政委员会委员、四川省人民代表、全国政协委员等职。1956年调北京师范大学数学系任教，后调中国科学院出版社工作。

　　何鲁学贯中西，文理兼长，不仅是一位享有盛誉的数学家、教育家，而且还是一位造诣精深的书法家和诗人，有何鲁手书《千字文》《孙过庭书谱》《史游急就篇》以及《般若波罗密多心经两种》《何鲁诗词选》《何鲁书风》等行世。

　　探寻九三学社的历史，见诸报刊的第一条资料，就是1946年1月9日，重庆《新华日报》以《学术界举行九三座谈会，决定筹组九三学社，声援政治协商会议各代表，完成历史任务》为题的报道：

本社消息：褚辅成、许德珩、税西恒、张西曼诸氏，邀请重庆学术界人士举行九三座谈会，出席何鲁、刘及辰、潘菽、吴藻溪等二十余人。首先检讨新疆问题，其次交换对政治协商会议意见，发言踊跃，一致认为，政治协商会议必须完全公开，只许成功，不许失败。褚辅成声明是以前任上海法学院院长的身份出席，警告大家要小心提防某种分子假借民意，破坏民主宪政运动。何鲁的发言更为沉痛，他慷慨指出，今日的中国，赵高太多，若不予以铲除，将蹈亡秦的覆辙，郑重忠告马歇尔元帅和国共两党及民主同盟各党派领袖，如果要想真正把中国搞好，就必须亲自采访中国在野真正专家学者的公正意见。听众一致报以热烈的鼓掌，历久不息。最后决定推褚辅成、许德珩、张西曼等筹组九三学社，声援出席政治协商会议各代表，完成他们所负的历史任务。

这是"九三学社"名称首次揭诸于社会。而在会上剀切陈词，获得热烈掌声的何鲁先生的大名，也是在这行文字中，第一次与九三学社结缘……

2008年春，笔者为了搜辑社史资料，千里寻访，在重庆大学校园一隅，邂逅何鲁手书诗碣。欣喜之余，又在一片开阔的广场中间，寻到了何鲁先生塑像，下午的阳光铺洒在绿草茵茵的广场上，雕像映出柔和的光晕。先生容颜端谨，眉宇微蹙，凝神静思，好似仍在演算他的数学，又似在揣摩他的书法，推敲他的诗词，参悟天地间的禅机……看不出这就是那位风骨峻峭，人格独立，不肯趋炎附势，不肯同流合污，要为天地存正气的倔强夫子。

破壁求新泛沧海

何鲁1894年生于四川广安县乡下一个贫寒的农家。父亲粗通文墨，母亲勤劳而贤惠。何鲁天资聪颖，幼年十分好学。每天私塾放学回来，仍舍不得把书本放下。晚上，为了节省灯油，何鲁常在家人睡下以后，悄悄爬上供奉祖先牌位的供桌，借着神龛前一盏幽暗如豆的灯光，兴味盎然地读到深夜。

1901年9月，清廷实行"新政"后，各地封疆大吏纷纷上奏，重提改革科举，恢复经济特科。此时，延续了1300多年的科举考试虽未废除，但是，将育人、取才合于新式学校一途的趋势，已经在各地蔓延。1903年春，成都成立机器学堂，众多生员纷纷前去报考。年方10岁的何鲁也穿起长衫，赶去应试。考场外，参加考试的多为20多岁的青年，个头儿矮小的何鲁夹杂其中，很有些碍眼。不料考场点名时偏又漏掉了他的名字，这使得何鲁的自尊心受到了不小的伤害。何鲁顾不得许多，挤出人群质问，主持考试的官员自知疏漏理亏，只得对何鲁出题另考。

面对命题作文，何鲁落笔成章，一气呵成。主考读罢，感觉文笔流畅，立意高远，先已有了喜爱之意，便问何鲁平时读些什么书？何鲁答：诗、书、左传……考官即选左传《郑伯克段于鄢》一段，让他背诵。何鲁应声高诵，滔滔汩汩，如泉水喷涌，未有半句滞绊。主考心中暗赞，却意犹未尽，又用"梁鸿传"的典故拟了一副对联，上句是"童子鸿不因人热"，要何鲁来对。何鲁听了，似乎未加思索对曰："学生鲁当以扬名"——可谓敏而工巧。主考不禁惊叹："此神童也！"年纪小小的何鲁谦谢："聪明才智不足恃，可恃者惟勤奋耳！"

由是，何鲁便以第一名的成绩，考入成都机器学堂。四川总督岑春煊闻讯，将何鲁延至府中，飨以奶茶，阖府上下争睹这位巴蜀罕见的垂髫奇才。

何鲁在成都机器学堂的学习，各科成绩皆优。三年后毕业，被保送到南洋公学，后又转入清华学堂就读。

1910年暑假，何鲁由同盟会员朱伯为介绍到天津《民意报》工作，并加入同盟会。1912年春，南北和谈告成，何鲁回到清华继续读书。

在清华留美预备学校，何鲁见到外籍教师侮辱中国学生，难抑怒火，率领同学严辞批评洋教师，并写了《声讨清华校长唐国安檄文》，发表于上海《民意报》头版，被外交部认定为"闹学潮"而被开除。宣布开除他的全校大会上，何鲁面对校长侃侃而谈："经此学潮，清华若能改革进步，何鲁一人纵然牺牲学籍也无关系。若不改弦更正，而使最高学府萎靡腐败如前，就是请我来读，我也不会来的！"说罢在全场学生的掌声中，扬长而去。

何鲁离开清华学堂，考入天津工业学校。

恰在这年的年初，李石曾、吴玉章、吴稚晖等人在北京发起"留法俭学会"，在北京安定门内方家胡同创办了留法俭学会预备学堂，鼓励青年人赴法勤工俭学，以便"输世界文明于国内"。希望青年人通过俭学，努力掌握欧洲的先进科学技术和文化，归国后改良中国社会，使中国富强起来。并且认为，当今世界，"法国是民气民智先进一国"，因此"欲造成新社会新国民"，以留学法国为最宜，教育部长蔡元培对此亦极力赞成。

决心负笈海外精进学识的何鲁，得此机会，自然不会错过。就是从这里，何鲁的人生开始驶上了为之奉献终身的命运之轨。

里昂位于索恩河与罗纳河的交汇之处，是欧洲著名古城之一，法国的第二大城市。里昂大学则是由法律、医药、理工和文科学校，于1896年合并而成的一所综合大学。

中法教育存在的差距，加之语言上的障碍，使初到法国的中国留学生困难重重，很不适应。课堂上，常有留学生回答不出教师的提问而被罚站。何鲁这位昔日的"神童"和"天府奇才"，在洋教授面前，也遭遇了同样的尴尬。对此，何鲁先生的公子何培炎介绍说：

> 父亲刚到法国时，法文并不好。大学的物理课老师是爱因斯坦的一个学生，喜欢抽学生起来提问，中国留学生被点名后，常常答不上来。假期来临，这位老师专门叮嘱中国留学生假期别休息，利用假期好好补课。何鲁觉得很丢脸，假期第一天，他就去查字典，把课上那些艰涩难懂的专业名词全部查完。新学期开学，老师一如既往爱提问，问到何鲁的时候，他

对答如流。那个老师怀疑地问我父亲:"是不是以前故意装傻?"此外,除了法文,他还学会了英、德、俄等语言……

何鲁的学习能力倾倒了他的老师,以至于老师经常在课堂上赞扬这个来自中国四川的学子:"你们猜,谁的作业做得最好,连法文也写得最好?还是那个中国青年!"

法国教授开始对何鲁刮目相看,也改变了对中国留学生的印象。从此,当众受到教授表扬,成了何鲁留学期间的"保留节目"。

正如何鲁所说,聪明才智不足恃,可恃者唯勤奋耳。在里昂大学,何鲁学习刻苦是出了名的。他把法文的物理、化学教科书,熟读到了甚至可以倒背如流的程度。今天我们还能看到,在何鲁的遗物中,仍保存着一本1915年的"微积分学理解"笔记。红色的封皮,四角已经磨损,但是翻开内页,百年之前漂亮流利的法文笔迹,跃然纸上,从头至尾,100多页,整洁规整,不见一处修改,如同印制的一般……

1919年,何鲁以优异成绩在法国里昂大学毕业,成为第一个获得科学硕士学位的中国人,并且凭借攻克世界数学3大难题之一"由一种变数发展到多种变数",而蜚声国际数学界。

后来,相继来到里昂大学求学的中国留学生,几乎都听到过这样的介绍:曾经有一个中国天才在这里学习。1949年中华人民共和国成立后,曾经赴法勤工俭学、功勋卓著的一些国家领导人,见到何鲁,还会双手抱拳,尊称一声"老前辈"。

育才启智凭绛帐

1919年,五四运动爆发,远在法国的何鲁听到消息,深受震撼。何鲁按捺不住思国报国的激情,迅即束囊返国。然而,踏进国门,面对政治黑暗、官吏颟顸、民不聊生的种种现状,何鲁感到只有培养出众多新时代的科学人才,才能挽大厦之将倾,拯黎民于水火,于是他坚定地走上了"教育救国"之路，决心将现代数学引进中国，从此开始了启智育才的执教生涯。

五四运动以后，中国教育从学制入手，进行了一系列的改革。在这一时期，高等学校渐具规模，不少大学相继创办了数学系，开始了我国近代高等数学的专业教育。

正是在这样时代背景下，年轻的何鲁站上了南京高等师范学校的讲台。南京高师是1915年在三江师范原址上成立的高等师范学校，学校初创，学生的年龄和文化程度参差不齐，教学难度很大。何鲁初执教鞭，急盼学生早成大器，便照搬法国的教学方式，严厉要求，致使一些年龄较大的学生自尊心受挫，教学效果大受影响。一年之后，甚感无奈的何鲁只好拂袖而去。

何鲁离宁赴沪，先后在上海中法通惠工商学院、大同大学、中国公学等校任教。在日积月累、勤奋钻研的教学实践中，何鲁逐渐锻炼成长为一名出色的数学教育家。

北伐战争后，南京国民政府委派杨杏佛、何鲁等人接收国立东南大学。国立东南大学创建于1921年，1923年南京高师并入该校，1928年改为国立中央大学，第一任数学系主任为熊庆来。何鲁到校后，接任数学系主任。经过熊庆来、何鲁的努力，终使中央大学数学系的规模跃居全国第一。在中央大学，何鲁亲自主讲微积分、高等代数以及预科数学基础课等。教学中，何鲁对学生要求十分严格，同时亦很重视学生外语、物理等学科的学习。何鲁对中央大学数学系的建设，倾注了大量的心血。

1929年，四川军阀刘湘根据四川省善后会议议案，组建了重庆大学，刘湘自任校长，而理学院院长一席尚无合适人选。经人推荐，刘湘签发"委任状"和"训令"，决定委任何鲁为理学院院长。

何鲁时任安徽大学校长，接到刘湘的聘书，立即将原件退回。何鲁认为刘湘对教书先生太过傲慢，在复函中有"吝先生而不语，炫高官其何为"的直言诘问。

刘湘自知失礼，多方赔礼道歉。何鲁考虑到家乡教育落后，服务桑梓，自是不可推卸的责任。于是，何鲁在1932年离开安庆，来到山城重庆，就任重庆大学理学院院长。

当时，由于翻译各异，我国数学名词术语非常混乱，急需统一。1934年，教育部决定审订数学名词，由陈建功、何鲁等15人组成委员会。经过近四年的努力，1938年出版了我国第一部《算学名词汇编》，为我国数学的研究发展提供了必要的条件。

何鲁不仅在高等学校着力于现代数学的教授，对于我国中学数学的教学改革和课程建设，也付出了许多心血。

我国现代中小学教育兴起于19世纪后半叶。辛亥革命后，南京临时政府颁行《普通教育暂行办法》，规定小学实行七年制，中学四年制。此后，商务印书馆开始出版成套的中学教科书。但是，翻译的外国教科书仍很流行，全国也没有规范一致的教学大纲。

何鲁积极参与了新学制教育改革。新学制课程标准起草委员会请托各专家分科拟订各科教学纲要，再征求各方意见，最后由委员会加以复订刊布，其中高中几何课程纲要由何鲁起草。这部教学纲要，是我国现代学校教育早期较为成熟的几何教学大纲，对中学数学教育质量的提高起到了重要作用。

何鲁还直接参加了中学数学教科书的编撰工作。1923年，《新学制高级中学教科书代数学》由商务印书馆出版，主要内容为代数之基本运算、代数推广之方法、分析之基本概念和代数之本身问题四个篇章。1924年，中国科学社又出版了《高中代数学》，这些教科书是我国数学教育由仿效西方，转而改由中国学者自己编撰的宝贵教材。

除了编纂教科书以外，何鲁还非常注重学术研究，大力介绍西方数学知识，主要著作有收入"算学丛书"的《行列式详论》《虚数详论》《二次方程式详论》《初等代数倚数变迹》以及《变分法》《微分学》《爱因斯坦学说概述》等。何鲁的著作内容翔实，论理严谨，深入浅出，为西方近代数学在中国的传播起到了重要作用。何鲁晚年，还曾致力撰写一部《数学自学丛书》，可惜未能终篇。

除了课堂讲授，书斋著述，何鲁还是我国学术社团的重要组织者和活动家。早在留学法国期间，何鲁就创办了"学群"团体，后来并入中国科学社，成为我国早期重要的科学学术团体。1920年，中国科学社呈准财政部拨南京成贤街文德里官产为社所。在这里，何鲁与胡刚复、竺可桢等教授还筹办了一个图书馆，藏书虽然不多，却多为珍稀精品，系由教授们的私人藏书所集，科技界读者曾经大获裨益。

1935年7月，中国数学会在上海交通大学图书馆成立，何鲁被选为董事会9位董事之一。

在教学和科研的园圃中，何鲁孜孜矻矻，进行了长达50余年的勤奋耕耘。他传授知识，培育人才，深研精进，著述不辍，卓然成为一代令人敬仰的数学大家。

桃李万树孕芳英

何鲁教书育人，爱惜和奖掖人才，是出了名的。许多海内外知名的专家学者，如著名的物理学家吴有训、钱三强、赵忠尧，化学家柳大纲，数学家吴文俊、吴新谋，哲学家何兆清，川大中文系主任林如稷，美国纽约大学地理学教授伍承祖等都曾受业于他，是他精心培育的高足。故而，何鲁有"大师的大师"之誉，至于在经济上得到过何鲁援助的学生，更是不胜枚举。

何鲁初在南京高师任教时，由于照搬法国的教学模式，能听懂的学生为数寥寥，学生逃课亦成常态。可是他却发现有一个学生，不但每堂课都来听讲，而且听得专心致志，还经常提出问题和心得，与老师讨论。这个学生不是别人，就是后来成为著名科学家的严济慈。

得天下英才而教之，自然是为师者最大的乐事。何鲁慧眼识才，认定求知若渴的严济慈日后必有远大前程，便把平生所学，悉心相授。严济慈家境贫寒，何鲁经常将严济慈留在家中，供其食宿，并且把珍藏的法文原版书籍供其阅读。何鲁离开南京高师后，每逢暑假都邀请严济慈到其上海家中度假。在何鲁的悉心指教和关怀下，严济慈很快通晓了法文，演算了大量习题，学业猛进。1923 年，严济慈在何鲁的指导和资助下，赴法留学。1927 年，严济慈完成博士论文，成为世界上第一个精确测定石英压电定律"反现象"的科学家，也成为第一位获得法国国家科学博士学位的中国人。中华人民共和国成立后，严济慈成为九三学社的领导人之一，与恩师何鲁在九三学社初创之时的挺身呐喊，可谓前后呼应，渊源自在。

1938 年，在西南联大任教的华罗庚，完成经典巨著《堆垒素数论》。原稿送到中央研究院，却无人能审。后送教育部，交由何鲁主审。时值盛夏，何鲁躲在一幢小楼上，冒着重庆素有火炉之称的高温，挥汗审阅。审阅中，何鲁大加赞赏，常常击案叫绝。审阅完毕，不仅撰文赐序，长篇介绍，还以部聘教授（全国只 6 名部聘教授）的声望，坚请政府给华罗庚颁奖。1941 年，在何鲁的鼎力推荐和一再建议下，华罗庚终于获得了国民政府仅此一次颁发的数学奖。

除了在大学任教，何鲁还在重庆、广安办过三所中学，尤其是 1939 年在重庆唐家沱创办的"载英中学"（后改为重庆第四十六中学），以收留贫穷学生和因参加进步活动被开除的学生而闻名。何鲁从左思《蜀都赋》"江汉炳灵，世载其英"句，取"载英"做校名，以寄托致力于为四川乡梓培育人才的渴望。

曾在载英中学读过书的李广益，在他的《日志》中回忆：

……1936 年，眼见重大第一届毕业生有许多人面临失业，他便决心在广安重庆各办一所中学让有志教育事业者就业。后来，这两所学校不仅收容了不少贫困学生，还先后掩护过许多进步师生和中共地下党员。于是，社会上有人攻击载英中学是赤色分子的避难所。何鲁怒斥道："学术至公也，教育至大也。我只聘有真才实学、能教书育人者为师，哪能分哪帮哪派？如果他信仰共产主义，就连舌耕糊口的权利都没有了吗？口称信奉三民主义，如果孙中山先生在，能允许这样乱来吗？"

李广益还记述了何鲁先生帮助自己入学的经过：

> 1942年夏，重庆42℃高温。我和好友罗永通（永晔），躲脱成都、自贡、富顺特务机关的盯梢，跑到重庆唐家沱何鲁的家，请求他收留我们入学。当时高中考期已过，热得汗流如注的何教授，和颜悦色地听完我们的陈述后，他说："我在高等院校和教育部的工作量不小，但为了解决时下大学生'毕业即失业'的问题，我在广安、重庆等地办了三所载英中学，让各高等学府的优秀毕业生都有机会为国效力。国民党那位姓陈的实在恶劣，仗势欺人，已经吃掉我两所。为了保住唐家沱这所，我放弃大学和城里的住宅，把家搬到这里来亲自镇守。""永通的令尊世嶷先生是我留法时的同窗和至交，令叔罗世文是共产党名人，润之先生（毛泽东）称他罗教授。罗教授的侄辈，何教授岂有不欢迎之理？"说完他捧腹大笑。于是，我们顺利进入载英中学。我们在成都光华大学附中读过一年高中，因被捕，什么证件都没有了，何校长还是承认我们的学籍，让我们插入高二年级。
>
> 皖南事变后的陪都政治气候，使各级学校的师生读进步书刊很困难。白天躲到防空洞去读，晚上钻进被窝打着电筒读是常事，有时我和罗永通就到何校长家里去读。一次，永通向何校长说："我们两人像难民一样来到重庆，又过了考期，别的学校不敢收留，只有何校长敢收，我们很感激！"何鲁一笑说："这有什么好感激的？本世纪初，我就是北京清华学堂（清华大学）开除的……

由于何鲁的名望和影响，载英学校汇集了许多优秀老师和进步人士，成为闻名重庆的一所新型学校。何鲁支持进步，不顾当局的种种阻挠，大力疏通《新华日报》在学校的销量渠道，传授进步思想，使学校的民主气氛十分活跃。

何培炎说:"重庆的好几所学校,都和我父亲有关。"1931年,时任安徽大学校长的何鲁,受聘到重庆大学理学院担任院长,参与重大创办,直到1957年离开。除了中间离开重庆筹建国立云南大学的一年多时间外,20多年里,何鲁一直生活在重庆,担任过巴蜀中学校董、中华路小学校长,还与好友税西恒等人创办了蜀都中学……

2014年3月23日,为了纪念何鲁诞辰120周年,重庆市第四十六中学,恢复了载英中学的校名。由重庆大学、载英中学培育出来的优秀人才,回忆起他们可钦可敬的何鲁校长,千言万语,感怀不尽。

抚时伤事斥有声

何鲁为人刚正不阿,疾恶如仇,敢怒敢言,实乃谔谔之士。

何鲁早年加入同盟会,参加辛亥革命,算得是国民党元老。早在留学法国时,何鲁任留学生组织"学群"社长。梁启超访欧,何鲁在聚会上讲话,首先赞扬梁先生提倡新学,介绍西方学术给国人,然后话锋一转,当面批评梁启超贪图富贵,加入保皇党,在袁世凯反动政府为官……一席话讲得四座皆惊,使得梁启超无地自容,抱惭而去。

1927年,"四一二"事变后,正值何鲁接替胡适出任上海中国公学校长。面对蒋介石制造宁汉分裂,大肆捕杀共产党人,何鲁公开发表演讲:"蒋介石这一手做得很孬!蒋介石要闯祸!"事后,特务气势汹汹追查何鲁是否讲过这样的话。何鲁毫不隐讳,一口承认,义正辞严地说:"我说过蒋介石要闯祸的话,如果他不改正,他还要闯大祸!"

1934年,面对蒋介石发起的"新生活运动",何鲁讽刺说:"管仲教齐桓公,礼义廉耻,国之四维,四维不张,国乃灭亡。实谓齐君不知礼仪,寡廉鲜耻,并非用以教老百姓者。老百姓谁不知耻?今当道自身寡廉鲜耻,而反以此约束老百姓,只笑话耳!"

1936年夏,中国科学社的专家学者在庐山召开年会,恰值蒋介石也在庐山消暑。蒋介石为了笼络这些科学家，发出请柬，准备宴请科学社全体成员。何鲁接过请柬一看，上有"奉蒋委员长手谕"之类话语，便将请柬撕碎扔在地上，笑称："我这个人生来就笨，吃不来奉谕饭！"

蒋介石为了表示礼贤下士，笼络不愿与政府合作的知识分子，曾经派人将一套黄呢子将官军服和一笔薪金送到何鲁家中，然而何鲁却坚辞不受。来人心有不甘，仍然反复劝说，何鲁一气之下，竟把军服和薪金一股脑儿扔到了屋外。

教育部长陈立夫，也曾约见何鲁，表示愿向蒋介石推荐。何鲁笑着说："我见到他非骂他不可，你当介绍人，怕不怕？"弄得陈立夫很尴尬，只好作罢。事后谈起此事，何鲁诙谐地说："陈立夫要介绍我去给蒋介石'排朝'，我辞以不够资格。给蒋介石'排朝'，要花鼻梁才合格。我的鼻梁不花，所以不够资格。"

何鲁经常指名道姓斥骂蒋介石的事，传到了军统局特务的耳朵里，军统头子康泽有些坐不住了。为了给何鲁施压，让不识好歹的何鲁收敛些，康泽专门选择了重庆著名的沙利文西餐厅，宴请何鲁。康泽先发制人，问："何先生是否有过对委员长不敬的言论？"何鲁一笑，反问："是啊，经常骂，不知你说的是哪一次？"康泽听了，哭笑不得。康泽又问："何先生认为中央军入川以来，哪些地方比刘湘时期为好？"何鲁答："如水益深，如火益热，何好之有？"康泽反诘："何以见得？"何鲁理直气壮地说："兵工筑路，劳命伤财，一也；岁征粮超过刘湘，二也；往时我当面斥责刘湘把天府之国的四川搞得民穷财尽，就是因为他养兵太多，剥削过甚所致，谁知今天尤有过之。"康泽语塞。面对软硬不吃的何鲁，只落得不欢而散。

在重庆载英中学，进步学生和《新华日报》社的报童取得联系，每天将送进学校的《新华日报》以及莫斯科版的华文书籍、印刷品，悄悄塞入学生宿舍的枕头、席子下，书箱中。后来事情泄露，被政府派来学校的军事教官发现，紧急向校长报告，而且把情况说得很严重："如此赤化下去，我担心学校的声誉会受到影响！"不料何鲁听后，立即叫来事务员说："从明天起,给我的办公室订一份《新华日报》,我不相信,政府批准公开发行的报纸,会有什么坏影响。做学问的也要兼听则明,各党各派的报纸都看看,才叫做学问嘛!"那位军事教官尴尬地站在办公桌前,不知如何回答。

中共领袖毛泽东从延安亲临重庆,与国民党首脑蒋介石进行谈判,经过43天的努力,终于达成《双十协定》。尽管没有解决军队和政权等根本问题,却取得了一项重要成果,那就是确定召开各党派及无党派代表人士参加的政治协商会议,共商大计。这项成果对于切盼和平民主建国的中国人民来说,实在来之不易。

就在距政治协商会议召开还有四天的1946年1月6日,九三座谈会召开会议,决定筹组九三学社,声援政治协商会议各代表。会上,何鲁慷慨陈词,指出:今日的中国,赵高太多,若不予以铲除,将蹈亡秦的覆辙,郑重忠告马歇尔元帅和国共两党及民主同盟各党派领袖,如果要想真正把中国搞好,就必须亲自采访中国在野真正专家学者的公正意见……何鲁的演讲,获得了热烈的掌声。

1月18日,九三学社筹备会再次发声,对政治协商会议提出关于开放政权、民主与自由权利、停止军事冲突等九条意见,发表于报端,并且再次强调,政协会议只能成功,不能失败,"败则混乱分离""置国家于万劫不复之境",后果不堪设想。

1946年5月4日,九三学社成立大会在重庆青年会大厦召开。会议通过了《九三学社缘起》《成立宣言》《基本主张》《对时局的主张》,以及致美国会电文。何鲁出席了大会,并与侯外庐、黎锦熙、梁希、陈剑鞘等被选举为监事。

1947年的东北,国共双方重兵云集,大战一触即发。4月,何鲁等人发起"重庆大专学校教授时事座谈会",到会者两百余人。何鲁首先发言:"二十多年前我就说过,蒋介石做得很孬,要闯大祸。二十年后的今天,我说蒋介石做得更孬,要闯更大的祸!而且祸在眼前!"接着列举国民党政府贪污腐败的种种劣迹,指控其为制造内战的祸首,何鲁的演讲激起阵阵掌声。次日，重庆各大报刊都进行了报道。

当时，延安的《解放日报》也刊登了此条消息。中华人民共和国成立后，有一次毛泽东主席接见全国政协委员，与何鲁握手时还饶有兴致地谈及此事，对何鲁说："你的胆子不小啊！"足见其影响之大。

1946年10月27日，九三学社重庆分社成立会在上清寺外交协会召开，许德珩、谢立惠、左昂、税西恒、何鲁、税述之、吴华梓、吴藻溪等20余人到会。会议通过《电贺旧金山中国及远东和平大会》《电请联合国大会讨论非敌国驻兵问题，纠正美国对远东政策》等决议案，推选税西恒、何鲁、谢立惠、左昂、詹熊来、税述之、吴藻溪等15人分别为理、监事。

九三学社重庆分社成立后，何鲁与税西恒等九三学社在渝同人，积极投入了反独裁争民主，反内战吁和平的斗争。

何鲁的言行终于惹恼了当局。1949年重庆解放前夕，他的名字列入了特务暗杀的黑名单，名单上报给重庆卫戍司令杨森。杨森因与何鲁有同乡之谊，说道：何鲁不过是个嗜好饮酒的读书人，是不会造反的。遂把何鲁的名字勾去，使何鲁幸免于难。而黑名单上其余的人，几乎皆遭杀害。

一身明月化诗书

超人的天资和勤奋，宏博的学识和深厚的人文素养，不仅使何鲁在数学王国抉微探密，自由驰骋，而且还在经史、文学、诗词、书法、佛经等诸多方面，兼有精深的造诣，尤其在书法艺术和诗坛上，别绽奇葩，独秀一枝。有人评论，因为何鲁在数学界享有卓越的成就和地位，以致掩抑了他在书法与诗词方面的声名。

何鲁自幼工习书法，一生临池不辍。他的一方砚台上镌有"终日相携，行影不离，子不弃我，如式佩带"的铭文。何鲁晚年，在与友人同游北海的一首诗中仍称："囊中藏有鼠须笔，闲写陈思美女篇。"可见何鲁对书法艺术的痴嗜。

何鲁精于行、草、篆、籀，于书法理论也颇多创见。何鲁认为："书法当从钟鼎金石铭刻篆隶入手，方能于书体之平正端严中涵泳出庄凝气象。若夫鼓努为力，旁姿侧媚，书家所不取也。"他说："然古人之所以工书，盖由其勤于读书。书不易得则借，借不能久故抄，抄书既多故书道日进。今则不然，书之不读，遑论于抄，更何爱于书法？夫书法乃华夏文明之所系，自伏羲画卦而有书契，延衍至今，书道灿然大奋，举世界万国而莫之与京者，其为书法乎？"

何鲁书法俊逸高古，神清意闲。1940年代在重庆时，何鲁常与谢无量研讨书法，慕名而来者甚多。许多人回忆，何鲁平易近人，对求字者几乎有求必应。在重庆大学，他甚至常在讲课之前，为学生书写条幅或对联，确实是"寸笺尺素，得之者珍同拱璧；真草篆隶，求之者为穿户限"。谢无量评论何鲁的草书："奎垣先生作草如作楷，故特为端劲。平日好之，每珍其尺牍。"

有人问何鲁，今世书家谁当第一？何鲁莞尔笑答："于髯翁（于右任），吾之师也，吾戴吾师为第一，谢无量长于我，我兄事之，此外则吾不知矣……"此话，足证何鲁对于右任书法的推崇，亦可见其"名士"派头的自信与自负。

1956年后，何鲁移居北京师范大学，更是挥毫不辍，有求必应。荣宝斋极为珍视他的书法作品，请何鲁标出书法润格。何鲁说："我的字千金不卖，凡朋友爱好，分文不取。"

日本前首相田中角荣对何鲁的书法赞赏有加，极为推崇。1970年代，中日建交，曾策划邀请何鲁率书法代表团访日，惜乎未能成行。

1999年重庆出版社出版了《何鲁书法》作品集，虽然收录的作品不多，但是，仍可略窥何鲁书法熔铸颜、柳、二王以为风骨，兼蓄汉碑意趣，自成一家的意态神韵。

何鲁不但精通法、英、德、俄、意等多国语言，还深谙古汉语音韵。在这方面，何鲁几乎可与国际知名的语言大师赵元任相媲美。何鲁在南京中央大学担任数学教授时，兴之所至，竟也开起古典诗词讲座。何鲁讲课时旁征博引,妙趣横生,加上一口抑扬顿挫的四川话,引得满堂座无虚席,连窗台上都挤满了学生。

此时,何鲁与精通音韵训诂、性情狷傲的国学教授黄侃结为忘年之交,常在一起诗酒唱和,游踪遍及南京的清凉山、玄武湖、鸡鸣寺……留下了许多生动诗篇。

何鲁爱酒能饮,素有"酒仙"雅谑。他在安徽大学校长任上,课余时常与郁达夫、饶孟侃、曹潄逸、刘大杰等一起倾杯笑聚,纵情湖山。此刻,何鲁几乎与严谨抽象的数学无涉,反倒纯粹是个不逊于那些文人骚客的"风流名士"。

何鲁的思绪,经常徜徉于诗的境界。或纪游抒怀,或感时咏物,或酬酢唱和,身后留下的诗词达数千首之多。论者称其诗:"气象沉雄则如老杜,文笔磅礴则似退之。若夫口占绝句之作,则以耳目之所睹记,信手拈来,亦成妙谛……宁不叹其意境之空灵乎?"谢无量则称何鲁"词方秦七,诗学苏髯"。乔大壮赞其词"拟花间,则并花间之婉约而过之,作长调,则高山流水,余韵悠长"。

然而,观其为人,察其始终,深涵何鲁诗词意蕴中的,仍是排遣不尽的家国情怀。且看何鲁写于1922年的七言绝句《西湖杂咏》其一:

> 平生书剑感飘零,十载瀛寰谈笑经。
> 故国归来春仍在,扁舟两度入西泠。

《1930年重九游清凉山翠微亭》:

> 不见高亭古翠微,河山举目已全非。
> 风波日日何须避,但觉情怀与世违。

作于1937年的七言古风《黑龙潭》中有:

> 恨生不逢唐虞世，抚时伤事心如焚。
> 又恨手无缚鸡力，不许书剑学从军……

何鲁与同是九三学社创始人的税西恒交谊深厚，《何鲁诗词选》收有与税老唱和的诗篇多达10余首，兹录其一《戏答西恒并柬无量》：

> 自诩风流在，畴人转必闻。亚欧游踪遍，儒释议论纷。
> 处乱浑无我，当筵酒暂醺。冠年推祭酒，惭愧谢征君。

何鲁晚年在《秋兴·其二》吟道：

> 叶叶题诗句，句句着香痕。
> 分明无怨旷，一心报国恩。

诗人沉郁的爱国情愫，在字句间萦绕回荡，挥散不尽，至今读来，仍不免令人心动。才情横溢的何鲁，一生创作了大量优美动人的诗词，给后人留下了品味不尽的审美享受。

"文革"中，何鲁与众多知识分子一样，难逃厄运，惨遭迫害。1973年9月13日，何鲁心疾突发，支笔在握，倒在了书桌旁，终年80岁。

学问家的常态，自是枯坐书斋，白首穷经。然而对于家事国事天下事，事事关心的何鲁先生，则是愤世疾恶，指摘时弊，刚直不阿，每每由低眉菩萨，转瞬化作怒目金刚……何鲁先生身上散发出的凛然正气，他那可钦可爱的人格魅力，强烈的爱国热忱，正是中国知识分子可贵的独立精神在天地间的氤氲传递。

本文结束，祈允再借左思《蜀都赋》，以怀何鲁先生：江汉炳灵，世载其英……

参考文献

1. 重庆大学有关校刊资料。
2. 《何鲁诗词选》，巴蜀书社1993年版。
3. 何培生《何鲁诗词选集跋》，巴蜀书社1993年版。

黎锦熙传略

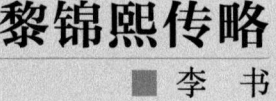

■ 李 书

黎锦熙（1890—1978），湖南省湘潭县人，字君绰、伯昕，号绍希，后改劭西，笔名无名、瑟涧斋主人。1890 年生在一个名宦之家，其族祖黎樾乔为清廷御史，祖父黎世缓宦游两粤、湖北、山西、热河、安徽等省，父亲黎培銮是贡生，其祖父和父亲都有着相当高的文化素养。

黎锦熙幼承家学，4 岁开始从塾师读书，以《诗经》为启蒙教材。9 岁参加"罗山诗社"，10 岁时已经读完《十三经》并及诸子百家。他兴趣广泛，少年时就喜好作诗、绘画、篆刻和吹洞箫。当时在家治印绘画的导师是齐白石，他们一家人都和齐白石友谊甚笃。黎锦熙 11 岁时开始记日记，直至 88 岁去世，未曾间断。1905 年，15 岁的他应县试、府试、院试皆名列前茅，这一年他考取了中国最后一届秀才。不久，以秀才的资格考入湖南优级师范学堂史地部，21 岁毕业，从此开始他近 70 年从未间断的研究和教育事业。

黎锦熙童年和少年时代适逢甲午中日之战、庚子八国联军的侵略，国家的内忧外患给他幼小的心灵带来震动，也给他灌输了一种忧患意识。受当时"西学东渐"影响和塾师的引导，他不再埋头于"子曰""诗云"，而是开始关注国家命运，渴望为国为民做一番事业。

1906年，黎锦熙从偏僻的家乡湘潭县晓霞镇来到湖南省府长沙求学，在学习之余，以一个弱龄青年的勇气，组织起"德育会"，以王阳明的"致良知"为宗旨，主张"牺牲个人，努力救国"，鼓励、号召有志青年团结起来以"救国"为己任。不久被官厅侦悉，出告示拿办，黎锦熙又逃回了家乡。

辛亥革命前，黎锦熙参加了孙中山领导的同盟会。1910年，黎锦熙湖南优级师范学堂肄业，被选任为附属高等小学和附属中学地理教员，这一年他20岁，为他从事教育生涯之始。1911年，黎锦熙复以全校第一名的成绩，从优级师范学堂史地部毕业，此时正值武昌起义，长沙响应建立起军政府，黎锦熙被湖南都督谭延闿聘为秘书，到任数日，发现军队派系复杂，旧习根深蒂固，根本无法办事，更无法实现理想，旋即辞职，创办《长沙日报》，任主笔，鼓吹各省反清独立及民主政治。1912年，他创办《湖南公报》，任总编辑。由于批评时政，主张全国统一，开启民智，实行民治，该报遭到查封。是年，黎锦熙担任湖南省立编译局编译员，翻译美国民主政治等书籍，并编辑小学教科书。

在当时的社会思潮影响下，黎锦熙认为救国必须振兴教育，而教育之振兴，尤在于教育普及，开发民智。他在湖南省立编译局编写小学教科书时，把《西游记》的某些章回选入课本，这在当时完全是个创新之举，引起教育界一片惊骇。

1913年，黎锦熙任湖南省立第四师范历史教员，毛泽东正在这所学校预科一班读书。后"四师"与"一师"合并，改称为湖南省立第一师范学校，黎锦熙仍然任历史教员。他在湖南一师邀集杨昌济（又名怀中，杨开慧之父）、徐特立等友人创办"宏文图书编译社"，把介绍欧美新书和编纂中、小学教科书及民众课本作为首要任务。他说："我国已由'君主制'改为'共和制'，学校课本焉能仍被《四书》《五经》和'唐宋八大家'统治着？"黎锦熙和他的同人们用语体文编写课文，在教材中引进致知实用的知识，这项革故鼎新的工作所带来的震撼及其影响超出了一城一省。他们出版了《初等小学国文读本》第一册、《初等小学国文读本》二卷、

《中等学校国文读本》四册、《初等小学国文教授法》二卷，还创办了《公言》月刊，发表言论，抨击教育界的歪风，颇具斗争性，但只发行了三期就被迫停刊了。

黎锦熙和宏文图书编译社的同人们还共同发起组织哲学研究小组，从英国留学归来教伦理课的教员杨昌济为指导，学生中的毛泽东、陈昌、蔡和森等常来参加活动，师生们在一起讨论国家大事和一些哲学问题。

1915年，教育部擢拔人材的时候，25岁的黎锦熙应聘赴京任教育部教科书特约编纂员和文科主任。他走马上任后，充分利用京城博大精深的文化环境，广求师友，并潜心研究语言文字，认为中国文字必须改革。在他及同人的倡议和组织下，1916年成立了"中华国语研究会"，蔡元培为会长，黎锦熙等任委员。黎锦熙为该会拟定的宗旨是：一、国语统一，即规定标准语。我国地域广大，人口众多，方言复杂，进行国语的统一工作，意义极为重大。二、言文一致，即普及白话文。1917年，黎锦熙为国语研究会拟订"国语研究调查之进行计划书"，提出编订《国音字典》，调查全国方言，审查白话教科书以及开办国语讲习所等任务。

作为国语统一的第一步是黎锦熙促成教育部成立国语统一筹备会，并在1918年公布注音字母以及常用汉字的标准读音。他担任国语统一筹备会常驻干事，驰骛不倦，频赴全国各地巡视、讲学，宣传注音字母，调查国语讲习情况。是年他担任了北京市完全科师范学校"国语"及"新文学"课的教员，直到1927年停止。讲学中，他宣传注音字母，推行国语，极力倡导"国语运动"，当年的学生中有白涤洲、老舍等。他创制了注音字母草体，还印出《国语学讲义》石印线装本，次年正式出版。

五四运动前后，以陈独秀、胡适、李大钊、蔡元培、鲁迅等为首的新文学作家，创作了一大批反封建的白话文学作品，显示了新文学的生命力。一些旧派文人攻击说：白话文学虽有"文学"，却无"文法"，有"文"无"法"，终是无以为"文"。为了反击这种谬论，探寻白话文的规律，1920年，任北京高师（现北京师范大学的前身）国文系教授的黎锦熙与同人在北京开办了第一届国语讲习所，并把他写的《国文文法系统表》

同沈朵山合作改编为《国语文法系统表草案》，之后他又将其改为《国语文学》，在北京高等师范（北京师大的前身）国文系及女高师等校首创讲授这门课程。随后他又在新著中用大量例证阐明白话文不仅有"法"，而且这个"法"十分缜密，足以指导为文，这就是非常有名的《新著国语文法》一书。它第一次科学地、系统地揭示了我国白话文内在的语言规律，是我国第一部完整的、具有自己独特体系的、将传统语法体系应用于现代汉语的专门著作。这部我国"五四"以来具有重要影响的语法专著，至1959年已连续再版了24次之多。黎锦熙生前在每次再版前都要对书中观点、体例、例句等进行修改，以求与新时代共进。

1920年，他促成教育部改定小学的"国文科"为"国语科"，以白话文取代文言文，并废除小学"读经"。在他不懈努力下，以后的几年，初中、高中的"国文"也改为了"国语"。他还发起领导苏、浙、皖三省焚烧小学文言教科书运动，这场反对封建文化的斗争，震动了全国，影响波及的范围很广。

黎锦熙与钱玄同等人以他们此前发起成立的教育部国语统一筹备会为组织机构，进行了一系列国语统一和国语教育的工作。1922年，黎锦熙、钱玄同等编辑出版了《国语月刊》特刊——《汉字改革号》，黎锦熙发表《汉字革命军前进的一条大路》《京音入声字谱》，提出汉语罗马字必须"词类连书""语言的单位乃是语词"，强调"词类连书"是拼音化的"一条大路"及对汉语拼音文字的重要性。1923年，国语统一筹备会组织成立"国语罗马字拼音研究委员会"，黎锦熙、钱玄同等11人为委员。同年，黎锦熙首创并领导国语统一筹备会设立"国语辞典编纂处"（1928年改为"中国大辞典编纂处"）并任总主任直至1955年。于此同时，他还兼任北京大学、北京女子师范大学、燕京大学等校国文系教授，讲授国语文法、修辞学、目录学等课程，并创立近代语研究课。

1925年，章士钊创办《甲寅》杂志，大肆反对白话文和注音字母。黎锦熙、钱玄同等则创办白话文的《国语周刊》（作为《京报》副刊之一），同《甲寅》进行针锋相对的斗争。钱玄同宣称，要与"僵尸""魔鬼"决斗,"拼个你死我活",黎锦熙说这个刊物的出版是"大炮响了""欢迎投稿,不取文言"的《国语周刊》与时任教育总长兼司法总长章士钊主办的"布告征文,不收白话"的杂志《甲寅》势不两立,对垒作战,阵线分明。

中国近代的白话文运动在五四新文化运动时期达到高潮,国语运动和白话文运动一样,是新文化运动的重要组成部分。国语运动制定了拼音字母系统,为白话文的蓬勃发展扫清了障碍,黎锦熙、钱玄同等可以说是造成当时学术界、社会上影响最大的科学研究理论与实践活动的旗帜人物。

尽管20世纪80年代中期以来,我们能听到人们对新文化运动和文学革命有了更理性的反思之声,但新文化运动摧枯拉朽,势不可当,是在中国历史上一次不能抹煞功绩的变革,绵亘几千年的旧文学传统、一些传统旧观念则正是由于新文化运动而发生了根本性的变化。总之,新文化运动中所形成的规模和声势产生广泛的社会效益,取得重大的实绩首先是白话文的全面推广,黎锦熙等人发起的国语运动成了当时新文化运动中最具战斗力的一翼。

1925年,刘半农组织语音学团体"数人会",黎锦熙、钱玄同等均为会员,主要研究"国语罗马字拼音方案"。1926年,黎锦熙与同人促成全国国语运动大会在北京召开,并做了题为《全国国语运动大会宣言》的长篇演讲。这次大会通过了"数人会"拟定的《国语罗马字拼音法式》,后来由国语统一筹备会两次公布,黎锦熙、钱玄同、赵元任等人决定以北京音为国语标准音,这项成果成为中华人民共和国成立后广为推行的《汉语拼音方案》的基础之一。1926年,黎锦熙创编的中英文对照的《国语四千年来变化潮流图》,把我国语言、文学的发展源流用图解表现出来,来龙去脉清晰而形象。此图作为当年在美国费城举办的世界博览会中国教育陈列品之一,荣获此次博览会颁发的奖章和奖状,引起国际人士的注目和对源远流长的中国文化的赞叹。

属于国语运动范围的另一件重要事情,是在黎锦熙、钱玄同的策划下组织起来的"中国大辞典编纂处"。早在1917年他向教育部提出的《国语研究调查之进行计划书》内就有"《国语辞典》之编订"一项。他建议编纂《国语辞典》以填补群众阅读白话文学作品遇到难解之词无书可查的空白，几经努力，终在1923年促使"国语统一筹备会"设立了"国语辞典编纂处"。1928年他领导的"国语辞典编纂处"改名为"中国大词典编纂处"，下设搜集、调查、整理、编著、统计五个部，计划到1948年成书三大册，共三十卷。那时流行的工具书只有《辞源》《中华大字典》等几种，至于编纂专以语言文字为内容的能给中国几千年文化中出现的词做一系统总结的《中国大辞典》还没有人提起，当然就更不会有编纂这样辞书的专业单位了。

关于《中国大辞典》，黎锦熙和同人们的工作，是要把五代、北宋的词和金元的戏曲、明清小说、从古到今的字书、词典所没有收录的词语，统统加以搜集、整理、注释，规模宏大，头绪纷繁。尽管他们做了充分准备和大量工作，并已先后印出了《中国大辞典样本稿》《中国大辞典长编》，却由于经费不足、战乱频仍而未能成书，着实令人扼腕叹息！但值得告慰的是，他们的辛勤劳动没有白费，黎锦熙把所剪录的数百种书报、依音序装屉储存排定整理的300多万张卡片完好地保存下来，在中华人民共和国成立后全部捐献给了中国科学院语言研究所。这些历尽千辛万苦的珍贵档案，发挥了巨大作用，为我国编纂大型辞书词典提供了异常丰富的资料和极其宝贵的经验。

中国大辞典编纂处在黎锦熙的领导下，以有限的人力，先后编辑出版了《国语词典》《增注国音常用字汇》《新部首国音字典》《增注中华新韵》《北平音系十三辙》等，以及中华人民共和国成立后应社会之需编写出版的《学文化字典》《正音字典》《汉语词典》等多部工具书，培养了一批精熟编纂字典、词典的专门人才，还为出版事业开辟了一条编辑与出版分工的新路，这也是我国出版史上非常值得记载的一件事。黎锦熙一直想编一部百科全书式的《中国大辞典》，直到晚年，他还向中共中央写了"请中央组织《中国百科大辞典》的编写工作的建议"。

为了推进中国的文字改革，黎锦熙早在1922年便与钱玄同、杨树达等人提出了"减省现行汉字的笔画案"，把中国的新文字定名为国语罗马字。

1923年，黎锦熙、钱玄同、赵元任等11人组成了国语罗马字拼音研究会，研制国语罗马字。1926年公布的《国语罗马字拼音方式》就是黎锦熙、钱玄同、刘半农、林语堂等6人组成的"数人会"共同拟定的，这是现行《汉语拼音方案》的奠基工作之一。黎锦熙提出建议由国家铸造"汉字注音铜模"，这个建议于1935年获得实行。他主选"注音汉字"6788个，并多方奔走呼号，委托商人承铸。这样，小学课本、儿童课外读物、民众读物就可以用"注音汉字"字模排印，这对扫盲运动和儿童识字帮助很大。但由于1937年"七七"事变发生，国难当头，华北危急，辛辛苦苦制成的注音字模，落入日本占领区，推行注音字母的希望化为了泡影。

20世纪30年代前期，黎锦熙与同人合力出版了由国语统一筹备会议定的《国音常用字汇》，首次采用以北平地方的现代音系为标准音，使"字有定音，音有定调"。又收了几百个简化字，"以示提倡"。全书编纂工程浩大，共收录9920字，加上异体异音，凡12220字。黎锦熙曾说："这部《国音常用字汇》，从民十二到民二十一，整整的经过十年才成功。"该书卷首有钱玄同所作题为"本书的说明"。黎锦熙不仅认为这是钱先生"近年最精细、简明、切实之作"，还在课堂上和许多文章中称赞这篇深入浅出的好文章。

黎锦熙语法学的代表著作之一《比较文法》是1933年出版的。该书对白话文和文言文词位、句式进行了比较，虽然涉及英文或方言的例句，也是为了说明古今汉语语法的不同。1934年，黎锦熙著述的《国语运动史纲》出版，他采用分年纪事的手法，详细记载了各时期与国语运动有关的各机构的议案和成就，详尽地记述了自清末以来改革文字、推行注音字母和国语罗马字、提倡大众语的始末，说明了有关理论、方法与纲领，这是一部在中国国语运动史上具有很高学术价值的重要著作。

1937年，日本侵略者占领北平，全民族抗战爆发。为保存平津地区的高等教育，1937年9月，南京国民政府教育部决定以平津地区几所大学为基干，分设国立长沙临时大学和国立西安临时大学。黎锦熙执教的北平师范大学随之转移到西北大后方，因战事，学校一再迁徙，校名屡易，1946

年7月才复员回迁北平，称为国立北平师范学院。

其间，1937年9月，北平师范大学与国立北平大学、国立北洋工学院在陕西西安合组为西安临时大学。1938年春，日寇飞机频频轰炸关中，临时大学全体师生组织起来，越秦岭，出褒谷，步行数百里，到达汉中。4月，西安临时大学改称国立西北联合大学。1939年，西北联合大学改为西北大学，设文、理、法商三个学院。师范学院独立为国立西北师范学院，校址在城固，黎锦熙曾任教务主任。尽管学校不时处于动荡之中，生存环境十分严峻，黎锦熙同学校很多教师一起，不计个人得失，默默坚持授业解惑，并完成很多重要研究成果。

"七七"事变后，北平师范大学的一些教师由于各种原因滞留在北平，如国文系主任钱玄同"因积劳患血管硬化症，复感国难，神经极度衰弱"，未能随学校西迁。他蛰居北平，目睹敌伪猖狂情景，忧愤日甚。此时恢复旧名"钱夏"，表示是"夏"而非"夷"，绝不做日本侵略者的顺民。他多次寄语西迁的友人，表达绝不"污伪命"。"污伪命"是钱玄同的常谈，他认为凡是从敌伪组织谋到职业，或应聘教课的，都叫"污伪命"。1939年1月，钱氏含恨而逝，年仅52岁。噩耗传到西北，西北联合大学举行了隆重的追悼会，国民政府为他颁发了褒奖令。黎锦熙特意撰写了《钱玄同先生传》，刊登在1939年6月1日的《西北联大校刊》上，以示纪念。这篇传记，不仅是研究钱玄同生平事迹的重要资料，而且记载了钱氏和黎锦熙等学者在现代中国五四新文化运动，以及国语统一、文字改革、教育普及等工作方面的许多史实和掌故，被学界认为是很有学术价值的著作。

汉中地处巴山汉水之间，秦汉三国时代古迹名胜不少，但大多年久失修，破坏严重。对城固的张骞墓，有许多人怀疑是"衣冠冢"或是"纪念墓"。为了保护文物，同时也为历史系学生提供考古实践的机会，1939年3月，西北联合大学师范学院历史系师生对张骞墓进行了考古挖掘，并提出保护维修方案。他们在掘开墓道东耳室时，张氏后裔约集千余人，阻止发掘。为防事态扩大，学校停止了挖掘。挖掘的经过及墓下情形立有碑记，碑的阳面镌刻了吴世昌撰稿、黎锦熙书丹的碑文《增修汉博望侯张公墓碑记》。碑文中写道:"二十七年春,吾校历史系同人以侯墓近在咫尺,足式仰止,而东侧土层扰动,墓道凌乱,陵前石兽长埋榛莽,若不加以修理,妥为保护,行见先贤名迹日就凌夷,因即商准各级政府,会同张公后裔,将墓侧原有缺口稍加清除,所见墓道汉砖、破残马骨、五珠汉钱之属,即可断为汉墓,而散乱陶片中,间有博望汉隶,尤足证为张公原墓无异。"碑阴刻有《汉书·张骞传》,字由许寿裳所写。黎锦熙撰写这个碑文时使用了新式标点符号,这在当时是很少见的。

黎锦熙不仅是学者,也是诗人,一生中写过许多诗。他的诗依据现代的语音押韵,有时还参用方音,不受旧诗韵的约束。如《从"九一八"到"一·二八"沪战》,诗曰:"'安内'残民众,和戎弃版图。乃云无抵抗,直是递降书!北虏吞龙锦,南锋指沪苏。国联犹束手,烽燧迫中枢。"又如《归湘潭,纪念第六个"九一八"国难日作》,诗曰:"国难历五载,寇焰日益张。民众竞请缨,执政犹阋墙。一朝士气伸,抗战首朔方。身家不足恤,事业讵可望?曲突贵徙薪,怀宝戒迷邦。迁校拟南岳,移馆定中湘。中湘本故居,新厦依城厢。劳酬积万金,建设倾私囊。一楼列宿舍,二楼公事房;三楼仅数间,资料堪储藏。中海倘扬波,湘岭足回翔。恢复定有时,中华当富强;语文创新校,斯厦充课堂。"皆质而不俚,繁而不芜。虽采用旧诗体裁,却明白如话,直抒胸臆。再如他1938年12月作《铁军抗战歌》,长达一百六十九句八十四韵,叙抗战将领高建白以游击队喋血殪寇,堪称诗史,被评述"为抗战史中之最佳之史料"。他的诗作中没有半点彷徨、颓废的情绪,气韵浑厚,诗作内容既有报国仇、雪国耻,让人血液沸腾的诗,也有能让人咀嚼出日常生活深永滋味的诗,他用诗对时代、社会做了真实记录。黎锦熙传统诗歌的诗风远追南宋的陆游,近逼清末的王闿运,意境高远,而语词朴实,朗朗上口。"七七"事变后,华北告急,黎锦熙随北平师范大学迁移,辗转各地,直至学校复员重回北平,在舟车旅舍间,他时用韵语代替日记,以纪事诗的形式记述身边发生的事情及自己的感受,表达对时政的看法和向往光明、追求理想的情怀。后来这些纪事诗被他的女儿黎泽渝整理、编辑,以《黎锦熙纪事诗存》由中国文史出版社出版。

1940年,西北师范学院迁往甘肃兰州,黎锦熙50岁了,国语会推选他、卢前、魏建功三委员,在黎锦熙的《佩文新韵》基础上修订撰写《中华新韵》,次年完成,由教育部核定颁行,成为代表民国时期"审音正韵"的一部官书。这一年,他在参加城固县编修县志工作的同时,还撰写了《方志今议》,论述新修地方史志的要旨、方法。此书也于次年出版,至今依然有着现实意义,台湾商务印书馆1978年予以重版。

在西北师范学院执教时,黎锦熙完成了洛川、同官、黄陵、宜川县志,出版了《国语运动史纲》《钱玄同传》《方志今议》《洛川方言谣谚志》《同官方言谣谚志》《中华新韵》《词类大系》《论文研究法示例》《中国文学之太极图辨证式进展》《汉字形义通典》《汉藏对照四行课本》《全国注音字母总表》等12种专著。

黎锦熙对祖国神圣领土台湾省的国语运动的关怀和贡献,更是功不可没。1895年,清政府在甲午战争失败后,宝岛台湾被日本帝国主义强行割占,沦为殖民地。随后,日本在台湾实施破坏中国民族文化的殖民政策,确定日语为"国语",在台湾强制推行,实行同化教育或"皇民化教育",试图让台湾人民完全忘记自己是中国人,变成臣服于日本殖民统治的顺民。另外,台湾当时居民一般讲的是漳、泉、厦等闽南方言和客家话,不会讲中国"国语"(即以北京话为主的普通话)。黎锦熙认为:台湾沦陷于日本50多年,第二次世界大战结束后,台湾一定能够光复;台湾的方言极为复杂,再加上日本文化的影响,因此台湾最需要开展国语统一运动。1944年5月,在他的倡议和推动下,西北师院(兰州)、女子师院(白沙)、社会教育学院(璧山)创办了国语专修科,为在台湾推行国语预先培训人才。

1945年8月,日本帝国主义宣布投降,抗战胜利,台湾光复。国民政府教育部在台湾面临的一项紧迫任务是推行中国国语运动,以消除日本殖民主义文化教育的危害。为此,国民政府教育部在台湾设立了"台湾国语推行委员会",作为台湾国语运动的领导机构。1946年夏,台湾国语运动起步之始，需要选拔工作人员。此时正是西北师院、女子师院、社会教育学院三校国语专修科首届学生毕业之时，选拔赴台推行国语运动人员正是根据黎锦熙制定的语言上的三个标准进行的，即能说标准国语，精熟注音符号，能解决国语上各种问题。黎锦熙还特别要求，赴台推行国语运动的人必须通过国语教育来完成文化的建设和民族统一的任务。而他1935年创设的注音字母铜模也于1948年被运往台湾，几十年来用它排印了《国语日报》等报刊和古今中外的书籍，在较长的时间里对台湾地区的国语运动发挥着不小的作用。为推行国语前往台湾的师生、学者达100多人，对于推进国语的普及起了巨大作用，台湾成为我国第一个普及国语的省份。

台湾的国语普及具有十分深远的现实价值与历史意义，其不仅有助于消除日本帝国主义对台湾的殖民统治所带来的恶劣、消极影响，也加强了台湾人民对于中华民族优秀文化与历史传统的了解、认同，并增进两岸血浓于水割舍不断的骨肉同胞的感情联系。黎锦熙对祖国统一的热忱和远见卓识以及对台湾国语运动的重要贡献，怎样评价也不为过。

抗战胜利前夕，在黄国璋的介绍下，他参加了"民主科学座谈会"的活动，参与创建九三学社。1946年5月4日，九三学社在重庆正式成立，其时黎锦熙在兰州，仍被公推为九三学社的监事会监事。

抗战胜利后，学校复员回到北平。1947年，黎锦熙任北平师范学院国文系教授、系主任。同年，被选为联合国教育科学文化组织中国委员会第一届委员，他还与中共军调部徐冰（邢西萍）保持着秘密联系。5月18日，清华、北大等校学生上街开展"反饥饿、反内战"宣传，在西单遭到国民党青年军的包围和毒打，清华、北大等校立即召开紧急学生代表大会讨论决定罢课游行。在此基础上，平、津、唐地区的大专院校共同组织成立了华北学生"反饥饿、反内战"联合会，决定5月20日联合起来举行"反饥饿、反内战、反迫害"游行示威抗议活动。5月29日，黎锦熙、黄国璋等参与签署《平津各大学教职员五百余人呼吁和平宣言》。该宣言明确指出，在当前形势下，"唯有立即停止内战，以诚意谈判并实现和平，迅速依照政协路线，成立联合政府，办理善后，别无他途"。

1948年2月，在华北学联号召下，平津北大、清华、师院、南开、中法、燕京六大学开展了抢救教育危机运动，并于3月29日在北大召开纪念黄花岗烈士、抢救教育危机大会；平津各大学先后举行罢课、罢教、罢工等，形成了"四月风暴"。4月9日，北平当局指派50多名持枪拿棍的特务和军警越墙翻入北平师院，殴打、逮捕进步学生，制造暴行，此次事件史称"四九血案"。数百名学生组成抗议"四九血案"请愿团，北平师院全体教授在代理院长黎锦熙的带领下，参加了学生在新华门前的请愿行动，地理系主任黄国璋代表教授会宣布无限期罢课的决定。

1948年12月上旬，人民解放军兵临城下，包围了北平城。同月，学校正式恢复"国立北平师范大学"的名称。

1949年1月22日，北平师范大学迎接解放委员会宣告成立，黎锦熙等参加了委员会。1月底，北平和平解放。2月，中国人民解放军北平市军事管制委员会主任叶剑英，命文化接管委员会接管北师大，文管会宣布学校工作仍由原代校长汤璪真负责。5月文管会决定成立北平师范大学校务委员会作为学校最高权力机关，黎锦熙出任校务委员会主席。

黎锦熙渊博的知识、正直的人品、宏远的抱负、明晰的思想，多少年来一直深受学生爱戴。

毛泽东在湖南第一师范就读时（1912—1915），黎锦熙在该校任历史教员，毛泽东与黎锦熙的深厚师友情谊多少年来始终被人们传为佳话。当时，杨开慧的父亲杨昌济（怀中）留英归来，研究的是伦理学，也在湖南第一师范教书，他和黎锦熙两家合住一所房子。学生中的毛泽东、陈昌、蔡和森等经常到黎锦熙和宏文图书编译社的同人们共同发起组织的哲学研究小组聚会，师生一起探讨哲学问题和国家前途。毛泽东非常敬重黎锦熙，引为楷模，并视为知己。他们在校中剀切倾谈，激扬文字。即使离开了湖南第一师范后，仍书信往还。

1915年，黎锦熙应聘迁来北京任教育部教科书特约编纂员（后为编审员）。1915年至1920年，毛泽东多次给黎锦熙写信，认为黎锦熙"弘通广大"，是"可与商量学问，言天下国家之大计"的良师益友。黎锦熙"得润之书"，断言其"非庸碌者"。毛泽东1917年8月23日致黎锦熙信中写道："邵西先生阁下：……近日以来，颇多杂思，四无亲人，莫可与语。弟自得阁下，如婴儿之得慈母。盖举世昏昏，皆是斫我心灵，丧我志气，无一可与商量学问，言天下国家之大计，成全道德，适当于立身处世之道。……昨十六日回省，二十日入校，二十二日开学，明日开讲。乘暇作此信，将胸中所见，陈求指答，幸垂察焉。"信中毛泽东还写道："弟对于学校甚多不满之处，他日当为书与阁下详论之。"信最后"又阁下于自己进修之筹画，愿示规模，作我楷法。思深言长，聊欲尽意，不觉其琐"，落款是"乡弟　泽东谨上"。毛泽东对黎锦熙的思念、信赖、敬仰之情跃然纸上，表露在字里行间，也见出黎锦熙道德学问在学生心中的地位和影响。

在保存下来的书信中，有一封毛泽东1920年4月间从北京到上海后给黎锦熙的信，那时正是毛泽东为驱逐湖南军阀张敬尧来上海进行宣传活动。毛泽东在这封信中提及离开北京来到上海后，"寓哈同路民厚南里二十九号，同住连我（毛泽东自称）四人"。上海市文物保管委员会就从毛泽东这一亲笔信中得到重要线索，经过调查证实，民厚南里二十九号就是今天的安义路六十三号，当时毛泽东与其他人住在这所房子的一楼和底层，现在上海市文物保管委员会已将毛泽东1920年在上海的这所旧居的内部恢复原状，供人参观。

毛泽东对黎锦熙也十分惦念，1938年，黎锦熙在西北师院办学期间，一次马叙伦回米脂奔丧，毛泽东托他返回兰州时代他向黎锦熙转致问候。同年，毛泽东从延安给自己敬重的老师黎锦熙寄来了《论持久战》，黎锦熙当即组织城固西北师院同人学习、研究。

毛泽东致黎锦熙的书信，保存下来的共有六通。数十年来，历经北洋军阀、日伪政权和国民政府的统治，无论怎样的连年战争、颠沛流离，黎锦熙始终一直将其仔细地完好地珍藏着。1959年庆祝中华人民共和国成立十周年的时候，黎锦熙把这极珍贵的文献捐献给了中央档案馆。同时，经北京荣宝斋按原尺寸套色木印复制了一份，送给黎锦熙作为永久纪念。

黎锦熙珍藏的革命文献中还有毛泽东主编的《湘江评论》一至五期。《湘江评论》一至四期本已属罕见，而第五期则堪称孤本。当时的情况是，《湘江评论》出版后，受到了广大革命青年和爱国人士的欢迎，对于湖南军阀张敬尧来说则是一个致命的沉重打击。1919 年 8 月上旬，《湘江评论》第五期刚刚出版，就被张敬尧派出军警查封了，因此，这期没有来得及发行。但是，毛泽东在刊物刚刚印出，就及时地寄给了黎锦熙，因而得以保存下来，这本第五期《湘江评论》恐怕是海内唯一的一本了。

此外，1918—1921 年毛泽东主编的《新民学会会员通信集》（长沙文化书社排印本）、1919—1920 年毛泽东主持的《平民通讯社通讯稿》（油印本）共十五期，也是黎锦熙始终珍藏着的重要文献，这也是毛泽东在长沙、北京编印并寄给黎锦熙的。

当今天的人们学习、研究毛泽东早期革命史或中国近现代史时翻阅到这些被一介书生的黎锦熙冒着身家性命的危险、历经困顿和颠沛，数十年保护、珍藏着的革命文献时，怎能不感慨万端！

1948 年底，黎锦熙撕掉根据蒋介石"抢救学人计划"要他南下赴台的通知，说："我要在这里，等一位唐宗宋祖稍逊风骚的伟人哩！"

1949 年 6 月 17 日，毛泽东到和平门内北师大教职工宿舍，看望并宴请他的师友同乡汤璪真、黎锦熙、黄国璋等。席间，黎锦熙向毛泽东介绍了九三学社的成立、宗旨、成立后的活动，并谈到大家认为九三学社已经完成了它的历史使命，正酝酿解散的事呢。毛泽东听后马上说，九三学社不能解散，今后的任务还多着呢。毛泽东与这些师友们晤谈甚欢，不知不觉天黑了下来，田家英进来提醒毛泽东该回去了。毛泽东说："再和大家多讲一会儿话，就在这儿吃饭吧，我请客。"毛泽东让工作人员从西单菜馆叫了两桌酒席，分别摆在客厅和旁边的一个房间里。入席时，毛泽东扶着黎锦熙，对他说："这里您年龄最大，又是我的老师，哪儿有让学生坐上位的道理？"席间，毛泽东向大家一一敬酒，直到晚上 9 点左右，毛泽东才起身告别。黎锦熙在日记中写道："1920 年 3 月 17 日润之到我家后，至今不见快 30 年，身体比从前强壮。"这是一次颇有特殊意义的聚会。在此次的看望中，毛泽东知道黎锦熙、汤璪真、黄国璋、董渭川、鲁宝重等都是九三学社成员，鼓励他们参加新中国建设，这对九三学社作为民主党派参加新政协、未来的发展走向，起了重要作用。

1949年，北京刚解放，黎锦熙就被毛泽东指定和吴玉章、马叙伦、范文澜、成仿吾、郭沫若、沈雁冰7人组成"中国文字改革协会"（中国文字改革委员会的前身）。10月10日的成立大会上，吴玉章在开幕词中指出："1926年赵元任、钱玄同、黎锦熙等人在国语罗马字拼音研究委员会拟定国语罗马字拼音法，这就使中国文字改革工作大大地进了一步。"

1950—1954年间毛泽东又两次亲笔复函，指示中国大辞典编纂处和文字改革字母拼音等工作，1953年派人给黎锦熙送来人参果、驴胶、红参、参水糖、麝香、贝母、虫草等珍贵药饵。多年来，毛泽东、周恩来都常派人到黎锦熙家中问候，并多次邀请黎锦熙去中南海与他们共宴。

1954年，毛泽东在给黎锦熙的复函中说，"同意推广注音字母"。是年，黎锦熙发表《注音汉字的拼音化》《文字改革后汉字是否完全废弃，文学遗产是否无法继承》。他当选为第一届全国人民代表大会代表，开始他人生中第一次参加国家政权工作。1955年，被聘为中国科学院哲学社会科学部委员，兼国务院科学计划委员会语言组委员、国务院中国文字改革委员会委员，继续专注于他所钟爱的事业。

1958年，周恩来在《当前文字改革的任务》的报告里说："钱玄同、黎锦熙、赵元任等人制定'国语罗马字'的功劳是不能不承认的。"对文字改革工作，党和政府给予了充分肯定与支持。

"文革"期间，黎锦熙虽受到党中央保护，但仍不能完全避免在工作和生活诸方面受到干扰、迫害，但即使是在艰苦的条件下，他也并没有停止研究，还写下了近30种学术论著。1972年他将自创的"汉语双拼草案""文字改革概说"亲自交给了周恩来。

粉碎"四人帮"后，黎锦熙欢欣鼓舞，渴望在科学的春天做更多的工作。1977年，他撰写了《峥嵘岁月中的伟大革命实践——回忆建党前夕毛主席在北京的部分活动》；1978年，他上书党中央，提出在发展自然科学的同时尽快发展社会科学的建议,又向社会科学院语言研究所汇报了汉字与机器相结合的具体方案。没过多久,他因病住进医院,病中他仍时刻关心着我国语言文字工作的进展,多次要求出院工作。3月27日上午,他艰难地举着插有输液针管的右手,逐字逐句地审订着他在北京地区语言学科规划会上的书面发言稿,他在发言稿末尾深情地写道:"我今年已满八十九岁,风烛残年,但我要活到老,学习到老,工作到老,只要我一息尚存,我就要把全部精力贡献给祖国的语文教育事业!"他计划着出院后的科研工作,憧憬着科学春天的美丽蓝图。然而,仅过了10多个小时,他就溘然与世长辞了,他对我国的语言文字工作真是做到了"鞠躬尽瘁,死而后已"。

黎锦熙的名字,以至他的生命,都紧紧和现代汉语的研究、文字改革连在一起。从最初的倡导、组织到规定标准音与标准语,制定符号、音标,从注音字母、注音符号到国语罗马字、拼音文字,从南北协议定音,京音、京语到普通话,从拼音方法上的"三拼"到"双拼",等等,他无事不予,或主持,或参与,实际调查,采择众议,审古酌今,不断加以修订、改进,日臻完善,务期既合于音理,又便于实际应用。近70年来我国有关国语运动、文字改革的工作前进的每一步,都熔铸着黎锦熙的心血与汗水。

黎锦熙从事语文教学和研究工作近70年,研究和探讨的领域很广,对于语言学、文字学、词典学、语法学、修辞学、教育学、目录学、地理学、史学、佛学等,都有很深的造诣和丰富的著述,仅有关语言文字学方面的著作,计论文就有300多篇,专著30余部。他在文字改革、现代汉语语法研究和词典编纂方面,尤其做出了极其卓越的贡献。数十年来,他还为祖国培养了许多语言文字工作者和专家,影响所及,遍于海内外。

从他从事语文教学和研究工作之始,近70年的时间里,黎锦熙搜集了各种珍贵的文献资料及大量书刊。他的目的不是装潢书房,鉴赏浏览,而是为了学术上研究使用。中华人民共和国成立后,他把珍藏几十年的大量文献、资料,分五次捐赠给有关部门。例如,他把"五四"时期的大量完整的期刊和专著,捐赠给中央编译局;把几十年来中国文字改革运动的大量稿件、书刊,捐赠给中国文字改革委员会;把在中国大辞与编纂处的部分书刊、资料及搜集整理的 300 多万张卡片,捐赠给中国科学院语言研究所词语室;把《四部丛刊》初、续、三编 3000 余册捐赠给北京师范大学。黎锦熙对于报刊上的重大事件,以及政治、经济、学术方面的事情,也十分留意,凡认为有保存价值的,就一一剪裁或记载下来,作为史料,其重视和保存当代资料非一般人所能及。

黎锦熙从 11 岁(1901 年)开始日记,一直到 1978 年 2 月病重住进医院之前夕,75 年来从未间断。开始写日记时,用的是文言体,书以行楷汉字。1922 年开始改用语体,注音符号记日记。1926 年后改写国语罗马字,1957 年后改用公布的汉语拼音书写,1970 年后一直以他自创的"汉语双拼"新字。他利用写日记的机会不断实践,如科学实验,检验着各种拼音方案的优劣,以跟上时代前进的步伐。

他的日记对于当时的国内外大事,政治变动、政权兴废、自然灾异、学术情况、人物评介、朋友往还、社会生活、工作情况等,都有或繁或简的记载。毛泽东在 1918 年和 1920 年两次到北京,同黎锦熙会晤,日记上有详细的叙述,这都是很有参考价值的史料。也正是由于有了他的日记,我们知道了毛泽东同九三学社的关系以及中共中央对其建设发展指导意见,也正是由于有了他的日记,对现当代历史研究提供了可贵的参考和佐证。

黎锦熙先后当选为第一、二、五届全国政协委员,第一、二、三届全国人大代表,参与创建九三学社,曾任九三学社监事,第一、二届中央理事会理事,第三、四、五届中央常委。

黎锦熙不仅是一个语言学家,一个学者,同时又是一个社会改革家,一个为了中国的富强、进步,贡献了其毕生精力并做出巨大贡献的人。

参考文献

1. 黎锦熙《国语运动史纲》，商务印书馆 1934 年版。
2. 九三学社中央《红专》1981 年第 1 期。
3. 北京师范大学《黎锦熙先生诞生百年纪念文集》编辑组编《黎锦熙先生诞生百年纪念文集》，北京师范大学出版社 1990 年版。
4. 黎泽渝、马啸风、李乐毅编《黎锦熙语文教育论著选》，人民教育出版社 1996 年版。
5. 黎锦熙撰、黎泽渝编《黎锦熙纪事诗存》，中国文史出版社 1998 年版。
6. 王淑芳编《师范之光》，北京师范大学出版社 2002 年版。
7. 九三学社中央研究室编《九三学社简史》，学苑出版社 2005 年版。
8. 九三学社中央研究室《社史研究》2010 年第 1 期。
9. 《北京师范大学校史》（上卷，征求意见稿），2015 年 1 月。

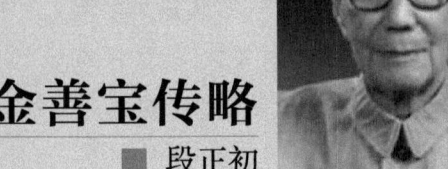

金善宝传略
■ 段正初

金善宝是九三学社的创始人和领导人之一，著名农学家、教育家。1955年当选为中国科学院学部委员（院士）。金善宝是"自然科学座谈会"的重要成员，历任九三学社第二届中央理事会理事，第三、四届中央委员会委员，第五届中央委员会常委，第六、七届中央委员会副主席，第八、九届中央委员会名誉主席。

立志献身小麦

1895年7月2日，金善宝出生于浙江省诸暨县石峡口村。父亲金安浦是一名秀才，在石峡口一家私塾里教书，是村里当时唯一的"知识分子"。母亲何金莲是养蚕能手，通过养蚕贴补家用。金善宝出生时，父亲四十多岁，母亲也已三十五六了。

金善宝七岁时随父亲在私塾里读书，前后读了7年。开始只是读百家姓、千字文，后来读《诗经》《左传》《四书》。他对《孟子》的印象最深，晚年仍喜欢背诵《孟子》的名句："鱼，我所欲也；熊掌，亦我所欲也；二者不可得兼，舍鱼而取熊掌者也。生，亦我所欲也；义，亦我所欲也；二者不可得兼，舍生而取义者也。"

1907年，绍兴一带农业歉收，绍兴、诸暨县城发生了饥民抢米风潮。农村的饥荒惨象给幼小的金善宝留下了无法磨灭的印象，从此在心里埋下了研究农业、增产增收的种子。

1908年，金善宝刚满13岁时，父亲因病逝世，临终前叮嘱金善宝："我没有给你留下什么家私，只给你留下两句话，做人最重要的：一是要有气节，二是要有本事。"这两句话深深刻印在金善宝的心灵里，伴随着他一起成长，是他毕生恪守的座右铭。

1913年夏，金善宝考入了浙江省立第五中学（现绍兴市一中），在那里读了四年。蔡元培、徐锡麟和鲁迅都曾在这所学校里任教，因而学校比较民主，学习气氛也非常浓厚。1916年，时任教育总长的蔡元培先生来校做了题为《中学生之责任》的演讲，解剖时事鞭挞黑暗，对在校学生寄予厚望。蔡先生语重心长的教诲，使金善宝萌发了科学救国、教育救国的爱国主义思想。

1917年，金善宝考入南京高等师范，主修农科。南京高等师范校址在四牌楼（现东南大学内），原为明朝国子监所在地，刚从美国留学归来的邹秉文担任农科主任。邹秉文当时虽然很年轻，但已经是一位有名的教授了，他不仅学识渊博，而且办事很有魄力、有见地。在筹备南京高等师范农科时，原来准备办一个培养中等学校师资的专修科，而邹秉文认为，应该把它办成农业大学的规模，除教学外，还要进行科学研究与推广，为东南各省农业服务，再推及全国。为此，南高农科在邹秉文主持下，拟定了一套教学、研究、推广三结合的教学方针，规定农科教授每天早晨至迟8点就要到校，下午5点才能离校，每位教授只讲授专业课程，每周讲课时数，视需要加以安排，不做硬性规定，为的是教授在讲课之外，有时间对其专业做深入的研究与试验，取得成果要负责向有关单位联系，向农民推广。除此之外，学生在校要有两个暑假做田间实习，第一个暑假做一般农作物实习，第二个暑假做专业实习，使学生从书本上学习的理论知识进一步得到实践的验证。邹秉文这种理论与实际、科研与教学相结合的方针，成为金善宝一生从事农业教育、科学研究的指导准则。

1919年五四运动时，南京学生通电响应。当时，南京学生运动的领导人是金善宝的同班同学黄曝寰，他们一起参加了罢课游行，参加了南京下关区学生宣传队的活动，时达半月之久。

1920年，金善宝从南京高等师范毕业，经邹秉文推荐，金善宝到南京市皇城小麦试验场当技术员。从此，金善宝就把自己的整个生命和小麦联系在一起，暗暗立下了毕生从事小麦研究、改变农村饥荒频发的志愿。

留美深造三年

1928年3月，金善宝到浙江大学劳农学院任教，主讲"实用麦作学"。当年5月发表了《中国小麦分类之初步》，这是我国第一部关于小麦分类研究的科学论文。但金善宝对现有的成绩并不满意，他在寻找继续学习、深造的机会。

1930年，浙江省教育厅公开招考留美学生，35岁的金善宝顺利通过了考试。这一年夏天，金善宝告别妻儿，远赴美国康奈尔大学研究院学习。

金善宝在康奈尔大学主修的课程主要有作物学、育种学、遗传学、土壤学、植物生理及细胞学、生物统计学等。金善宝除了上课，还参加各种课的讨论会。康奈尔大学除重视课堂教学外，也十分注重田间操作，金善宝经常随教授、助教们一起参加田间操作，做小麦、玉米、大豆等实地育种工作，并随教授旅行，实地检查品种改良的情况。

金善宝在康奈尔大学学习了两年，1932年获得硕士学位后，又到明尼苏达大学农学院从事一年小麦育种研究。

在美国三年，时间虽短，但为金善宝进一步从事小麦研究打下了坚实的基础，留学生涯也给他留下了深刻印象。金善宝后来在浙江大学农学院的演讲中说道："美国经济充裕、设备完美、人才众多。美国人研究科学之精神非常勤恳，研究者每天早晨8点进办公室，至下午5点才回家，甚至还有晚上去实验室研究的。他们平时都是衣冠整齐，但一到田间，穿上工作服就像农夫一样不息地工作；他们不但能耐劳而且有恒心，凡研究一个问题，短则几年，长则十几年。虽然遇到种种困难，必至解决而后已，如埃默森博士研究玉黍蜀植科色性遗传达12年之久，终于发现了A、B、PI的遗传因子定律，做出遗传学方面的重大贡献。"另外，他也很叹服美国人的合作精神，美国的农业成果推广及时，研究与应用密切结合等。

然而，祖国的贫穷落后，使留学的海外游子备受歧视。中国有句古话，"金窝银窝，不如家里草窝"。作为一个学农的中国留学生，来美国的目的只有一个，那就是学成归国，报效祖国，振兴祖国农业，改变祖国贫穷落后的面貌。

1933年1月，金善宝毅然踏上了归途。

任教中央大学

回国后，金善宝仍回到浙江大学农学院任教，讲授"麦作学"。在这里，金善宝结识了森林系主任梁希教授，两人很快成为至交。

由于陈果夫的无理干涉，金善宝等人离开浙江大学。当时，陈果夫利用手中权势，无理干涉浙江大学的教学，说浙江金华火腿闻名世界，浙江大学农学院应该设立一个火腿系。农学院院长许璇及梁希、金善宝等人都认为这是无稽之谈，没有理睬。陈果夫后来通过浙江大学校长郭任远向许璇院长施加压力，给许院长加上许多莫须有的罪名，许璇愤而辞职。1933年8月，金善宝和梁希等人也先后离开浙江大学，到南京中央大学农学院任教。

在中央大学农学院，金善宝担任教授，讲授"麦作学""作物学"等课程。全家住在三牌楼农学院一套比较宽敞的平房里，教授月工资300大洋。优裕、安定的生活，使金善宝在完成日常的教学任务之外，能够集中精力，一如既往地进行小麦育种研究。

金善宝在小麦育种研究中，不仅重视整理、挖掘农家地方品种，也十分注重国外品种资源的引进利用。1929年，他从意大利引得"Ardito"小麦，先在杭州笕桥浙大农场种植数年，1934年又将该品种加入南京劝业农场试验，经选育而成抗病力强、成熟期早、产量多的"矮立多"。

1934年，他在南京劝业农场种植了国内各地搜集的小麦品种2100余种，国外小麦品种千余种，从这一大批原始材料中择优进行了混合选择，把英国潘希维尔（John Percival）教授搜集的"Mentana"经混合选择育成"中大2419"（后改名为"南大2419"），表现早熟、丰产、抗倒，适于长江流域种植。这些成绩，使他成为当时国内公认的农业育种专家。

抗战期间在重庆

1937年7月7日，日军挑起卢沟桥事变，抗日战争全面爆发，战争的烽火迅速燃遍华北、华东地区。8月，中央大学宣布内迁重庆。金善宝在将妻小送到诸暨石峡口老家后，与梁希等人一道赶往重庆。

在抗日战争的烽火中，金善宝对小麦育种的研究与教学始终没有停歇。金善宝的《作物学》讲稿，及其两篇重要论文——《中国小麦区域》和《中国近三十年来小麦改进史》，就是在重庆大轰炸的威胁下写成的。

1942年，抗日战争进入最艰苦的时期，国库空虚，物价飞涨，一个大学教授的工资也只能勉强维持温饱而已，此时金善宝已将妻小接到重庆，全家生活十分困难。金善宝夫人因劳累过度病倒了，经常咳血；金善宝也疾病缠身，走路拐杖不离手，年纪不到50，已经满头白发，与梁希、邹树文、李演恭、汪德章并列为中大农学院五老之一。

1942年夏，在给农艺系学生讲授《麦作学》时，金善宝突然昏倒在讲台上。学生们知道这次昏倒不单纯是胃病发作，主要是由于营养太差，劳累过度，身体虚弱所致。为此，他们一起凑了一些钱，买了两只鸡和两个月的牛奶票，送到金老师家中。事隔40多年之后，金善宝在《抗战期间在重庆》一文中，回忆这段经历时写道：

> 我昏倒在教室后，同学们认为我是营养不良所致，他们在

一起凑了一些钱，买了许多营养品来慰问我，使我深受感动。当时，很多学生是靠救济或亲友帮助勉强就学的，在这样艰苦的条件下，用勒紧裤腰带省下的钱，买来这些慰问品，其中，凝聚了多少深厚的师生情谊啊。

在教学、科研的同时，金善宝还与梁希、潘菽等人一道，积极追求民主进步，靠拢中国共产党，与毛泽东、周恩来等领导同志结下了深厚的友谊。

1937年12月，周恩来同志来到中央大学，做了《关于目前国际形势和中国抗战前途》的演讲，精辟地分析了德、意、日法西斯外强中干的嚣张气焰和中国抗战必胜的种种有利因素，也指出抗日战争的持久性、艰巨性，批判了"亡国论""速胜论"，大大开阔了人们观察国内外形势的视野。后来，周恩来多次利用喝茶等方式，约请梁希、潘菽、金善宝等人去他的住所座谈，讨论抗战形势，并对他们进行各种鼓励和帮助。

1938年7月7日，中央大学为了纪念全面抗战一周年，在学校广场上设了一个献金台，献金慰劳前方战士。金善宝知道献金是件好事，是爱国的举动，但他担心自己献的钱不能送到前方抗日战士的手里，因此犹豫不决。此后不久，八路军在曾家岩设立了办事处，金善宝与梁希当即各自献金100元给八路军前方战士，第二天，《新华日报》登出一则消息"梁金献金200元"（当时《新华日报》从社长到勤务员每月津贴费仅8元）。

抗战胜利前夕，金善宝等人听到毛泽东飞抵重庆的消息，既兴奋又担心。9月的一天，金善宝与梁希、潘菽、涂长望、干铎、谢立惠、李士豪等著名教授收到毛泽东接见他们的通知。

金善宝晚年回忆说：

抗战胜利后，蒋介石假和平，真内战，为了欺骗舆论，邀请毛泽东主席亲自到重庆进行商谈。毛主席在美国大使赫尔利的陪同下，乘飞机到达了重庆。这个消息一传出，好心的人们欢呼，欣喜若狂，以为国共合作，和平建国，中国有希望了！

毛主席在谈判期间，曾抽空来中央大学，探望他在湖南师范学校学习时的老同学。后来又在嘉陵江畔张治中的住宅，亲切地接见了梁希、涂长望、潘菽、谢立惠、李士豪、干铎我们一些人。毛主席先问我们："各位对时局有什么高见啊？"梁老首先回答："我们感到很苦闷。"毛主席连声说："噢，苦闷。噢，苦闷。噢，苦闷。"一连说了三次。我坐在后面，毛主席问："那位白发老先生有什么意见啊？"他知道我刚50岁时，便伸出两个手指笑着说："啊！我比你大两岁。"我递给毛主席一张名片后，说："革命是要流血的，不流血的革命，不会长久的。孙中山先生为了求得和平，让位给袁世凯，终于遭到二次革命的失败，还是要打仗的！重庆是虎狼之地，不宜久留，希望毛主席早日离渝回延安。"毛主席听了，只是频频点头，没有说什么。

毛主席的接见，更加鼓舞我积极投入反饥饿、反压迫、反内战及营救进步学生的斗争，使我看到了光明，更加坚信一个崭新的中国，一定会在共产党的领导下建立起来。

自然科学座谈会

抗战期间，金善宝和梁希结识了潘菽、涂长望、干铎等人，他们经常在沙坪坝松林坡聚会，交换抗战局势的消息，并通过潘菽长兄潘梓年（《新华日报》社长）的关系，与《新华日报》取得了联系。他们经常到《新华日报》社去听有关抗战时势的报告，学习、讨论共产党的政治主张。金善宝追忆说："当时的重庆在国民党统治下，政治腐败，经济萧条，法西斯反动势力猖獗，阴霾笼罩，黑云压城，令人窒息。科技文教界的朋友普遍感到茫然和苦闷，经常一起议论时局。通过潘菽的关系，我们不但能看到《新华日报》，并且和《新华日报》社取得了联系，经常去周恩来同志住所听抗战形势报告和参加座谈会。我们都是《新华日报》的热心读者，梁希当时曾说，饭可一天不吃，《新华日报》不可一日不看。在中国共产党的帮助教导下，我们的觉悟不断提高。"

1939年春，在周恩来同志和《新华日报》的启发鼓舞下，金善宝、梁希、潘菽等政治观点相近的朋友自动组织起来，因为都是搞自然科学的，所以起名为"自然科学座谈会"。他们在党的领导下，积极支持共产党的抗日民族统一战线，支持爱国学生的革命运动，做了许多有益的工作。金善宝回忆说：

> 大约1939年春，我们一起参加了"自然科学座谈会"，这个组织并不保密，但参加的成员又是不公开的，《新华日报》社社长潘梓年同志经常直接或间接指导我们的活动。基本成员主要是几个著名大学的教授，前后约近20人，活动的地点也不固定，多半以座谈会、聚餐等形式进行，经常出席的人主要有梁希、潘菽、涂长望、谢立惠、干铎和我。梁希教授学习《自然辩证法》很有收获，不仅理解得深刻，而且能结合实际应用。他根据辩证法的原理，观察分析了林业科学和森林事业发展的问题，还写了《用唯物辩证法观察森林》在《群众》杂志上发表。当时，周恩来副主席看后说："梁老是位实干家，写得很好，我们还写不出来。"

自然科学座谈会的成员，和重庆化龙桥虎头岩的《新华日报》社建立了紧密联系。当时，金善宝身体不好，但是只要一听说去新华日报馆，立刻精神百倍，拿起拐杖，冒着被特务跟踪的危险，步行四五里山坡小路，迅速前往。潘梓年、石西民等同志经常为他们介绍国内外形势，并送他们延安的刊物和书籍。

新华日报馆还经常邀请自然科学座谈会的成员参加各种纪念会和联欢

会。1940年是《新华日报》创刊两周年，报馆举行了大规模的纪念活动，有联欢会、座谈会，中午还邀请了金善宝、梁希、潘菽、涂长望等部分自然科学座谈会的成员参加聚餐。周恩来同志也曾几次设宴招待他们，边吃边谈时事，十分亲切。

"民主科学座谈会"开展活动后，经周恩来、潘梓年授意，"自然科学座谈会"的同志由潘菽介绍，先后参加了"民主科学座谈会"，从而使后来的九三学社成为一个以科学技术界、文化教育界高级知识分子为主体的民主政团，这在很大程度上塑造了九三学社的组织特点。

金善宝晚年曾撰文怀念中国共产党老一辈领导同志对九三学社的关怀与帮助：

> 许多往事已随着时间流失而淡漠了，遗忘了，但党对我们科技文教界的爱护培养，毛主席、周总理对我们九三学社的关怀帮助，却永远铭记心间，终生难忘。……只要稍微了解一些中国新民主主义革命的历史，只要了解一些九三学社创始人的经历，以及他们同中国共产党人的源远流长的关系，对九三学社成立伊始就同中国共产党密切联系，亲密合作的关系，就不难理解了。九三学社许多创始人及前辈，都是在爱国主义思想驱使下走上革命道路的，孙中山先生领导的辛亥革命和旧民主主义革命运动使他们受到革命的启蒙；第一次国共合作破裂及大革命失败后，他们努力寻求救国救民的道路，受到许多挫折而不退缩。他们经过观察、对比，特别是经过抗日战争的实践考验，在中国共产党的抗日民族统一战线的影响和感召下，终于选择了代表中国人民根本利益的中国共产党。

中华人民共和国成立后的新使命

1946年5月起,中央大学陆续迁回南京,金善宝全家随中央大学乘"永康轮"轮船返回南京。1948年8月,金善宝获准学术休假一年,受邀到无锡江南大学农学院任教。1949年4月23日,金善宝与江南大学的师生们一道在无锡迎接解放。6月,江南大学的教学任务一结束,金善宝立即返回南京。

1949年7月,金善宝接到通知,去北京参加自然科学工作座谈会。会上,周恩来总结了全国的大好形势,勉励科学家们努力工作,把自己的一切聪明才智贡献给新中国。会后,金善宝又参加了以竺可桢为团长的参观团,去东北参观访问,先后参观了旅顺、大连、沈阳、长春、哈尔滨等地。

结束东北地区的参观访问后,金善宝回到南京,前后接到五张任命书。1949年8月,原中央大学改名南京大学,中央人民政府任命金善宝为南京大学农学院院长;1950年4月,任命金善宝为华东军政委员会农林部副部长;1950年6月,任命金善宝为南京市副市长;1952年7月,大学院系调整,南京大学农学院与金陵大学农学院合并,改名南京农学院,任命金善宝为南京农学院院长;1952年11月,任命金善宝为江苏省人民政府委员。

这五张任命书,对金善宝来说十分珍贵。1993年,他的《在毛泽东思想指引下》一文中写道:

> 每张任命书都表达了党对我的无限信任、无限关怀,每张任命书都给了我无穷的力量,使我这个旧社会一无所有的知识分子,能够在毛主席的阳光沐浴下,为新中国的建设贡献自己的一技之长。更主要的是,自我1895年出生,直到中华人民共和国成立的五十多年里,亲眼目睹祖国人民多灾多难,内战

连年,外患频繁,年轻时和许多爱国志士一样,寻求救国救民的真理,均未能实现。年过半百之后,亲眼看到祖国人民有了希望,怎能不使我感到由衷的高兴呢?

1955年4月,农业部农业科学院筹备小组在北京召开整理祖国农业遗产座谈会。在金善宝和万国鼎教授等人的努力下,成立中国农业遗产研究室,建立了我国第一个专门的农业历史研究机构。农业遗产研究室,在短短几年时间内,取得了较大成绩。

1956年1月,中共中央召开了关于知识分子的会议,周恩来总理在会上做了《关于知识分子问题的报告》,强调知识分子在社会主义建设中的作用,并对知识分子的进步做了充分肯定。接着,全国高教会议在上海召开,金善宝在会上深情地说:"我和共产党接触已经18年了。在国民党黑暗统治的日子里,是共产党给我指出了方向。在旧社会,我是一个一无所有的教书匠,今天,在共产党领导下,我才能为新中国建设贡献自己的一技之长。我要求加入共产党的愿望已经很久了,今天,我终于打消了种种顾虑,大胆地向党提出申请,请党组织审查。"回到南京,金善宝向党组织正式递交了入党申请书,并于1956年2月12日正式加入了中国共产党。

1957年3月,中国农业科学院在北京成立,水稻专家丁颖被任命为中国农业科学院院长,金善宝被任命为副院长。接到任命后,南京市政府党组织曾极力挽留金善宝说,以后农业科学院有事可以到北京去走走,不过,人还是要坐在南京,今后的工作还是以南京为主。直到1958年,金善宝才辞去南京的全部工作,去北京就职。

1958年,浮夸风盛行全国。7月间,全国各地报纸纷纷刊登了小麦亩产达到二三千斤、四五千斤,有的甚至达到七千三百二十斤。对于这些报道,金善宝有时感到兴奋,因为这么高的产量是过去从来没有过的,但是自己并没有亲眼见到,又觉得有些难以置信。后来,在郑州开小麦工作会议时,有人做了关于亩产七千三百二十斤的报告,说每亩小麦有穗148万个,每穗平均有75粒。金善宝觉得这个报告不切实际,断定目前国内的农业生产达不到这个水平，从而推测小麦亩产二三千斤的消息也都是浮夸的。

时任农垦部部长的王震也嗅到了这股浮夸风，他要金善宝到农村去实地调查一下。金善宝前往山东、河南、安徽等地农村考察，他看到，农业生产并不像报上鼓吹的那样好，亩产量的计算存在着许多虚假现象，与实际相差甚远。如果政府按照上报的产量征粮，农民上缴公粮后，将无余粮过冬。为此，他十分担忧，长此下去，必将导致农村经济破产，影响整个国民经济。回京后，他将农村的实际情况，向王震同志做了汇报，盼望中央能够及早采取措施。

30年后，1988年6月3日，已是国家副主席的王震亲临农科院金善宝家中，提起此事，他对在场的同志说："我和金老是老朋友了，1958年大刮浮夸风的时候，报纸上到处都在吹嘘小麦亩产几千斤、一万斤，我请金老到农村去调查一下，金老调查回来后，将调查的实际情况告诉了我，我又将金老调查的情况向毛主席做了汇报，毛主席很重视，很快采取措施，刹住了这股浮夸风。"接着，他又对金善宝说："金老，在这件事情上，你是立了功的！"

小麦育种新突破

自古以来，小麦一年只能播种一次，收获一次。春小麦在北京地区三月初播种，六月下旬收获，在时间上，一年只利用了三分之一左右，其余三分之二的时间都用不上。

金善宝心想，能不能改变这千年不变的规律呢？如果能把剩下的时间也利用来加速春小麦繁殖，一年变成了两年或三年，在育种上的价值就十分可观了。我国幅员辽阔，地跨热带、温带和寒带，别的国家尚且想来利用我国这一优越的自然气候条件，我们自己为什么不能利用这一点进行春小麦繁殖、异地加代，加快春小麦育种进程呢？

为了实现这一想法，他首先在北京地区进行春小麦的夏繁试验，连续两年都没有成功。后来,他又想到高山上海拔高,气候较冷,能不能进行小麦夏季繁殖呢?1965年,他和小麦品种室吴兆苏、沈丽娟一齐前往黄山实地考察,寻找适合春小麦夏季繁殖的场所。1966年8月,金善宝亲自去庐山考察,发现庐山的试验条件很好,庐山植物园也有很好的技术力量,就请庐山植物园协助进行小麦夏繁试验,并向九江市政府有关领导做了汇报,得到了九江市政府的大力支持。1967年,他派小麦品种室薄元嘉去井冈山驻点,坚持在井冈山、庐山两地同时试验,对小麦生长的全过程进行观察记载、精心管理。7月播种,10月间大部分品种成熟。有的杂交后代千粒重达到50克,碧玉麦68天就成熟,而且品质很好。"南大2419"长势很好,小区测产结果,亩产200多斤。12月总结,认为井冈山、庐山夏播小麦初步获得成功。

随着井冈山、庐山夏繁小麦获得成功,打破了我国小麦育种工作一年只能繁殖一代的局面,为我国小麦育种的快速发展打下一个良好的基础。此后,高山小麦夏播繁殖经验,很快在全国各育种单位普遍推广和应用。据不完全统计,仅到庐山进行小麦夏季繁殖的单位,高峰时多达17个。各省、市、自治区还利用当地的有利条件,广泛进行各种作物的夏播繁殖试验,取得了较好的结果。

在高山夏播繁殖小麦成功的基础上,金善宝进一步提出在云南元谋、广东湛江和海南岛等地进行春小麦冬季繁殖的设想。6月,在北京收获小麦后,7月初,到江西井冈山桐木岭和庐山牯岭夏播,10月中旬收获夏繁小麦种子,当月下旬赶到广东湛江秋播,次年2月收获。至此,金善宝和他的助手们经过三年多的努力,终于实现了多年来的美好愿望,利用我国自然地理条件,一年繁殖三代小麦。这项研究,把春小麦新品种的选育时间,从十年左右缩短为三四年,成为我国小麦育种工作中一个新的里程碑。现在,"南繁北育、异地加代"一词,已经成为农业科技的术语。"南繁北育"经验,也在玉米、高粱、水稻、谷子等作物上得到广泛应用,取得了显著成绩。

1968年,金善宝带领科研团队育成了京红1~5号小麦良种。其中京红1号表现早熟、矮秆，被许多育种家用作矮秆早熟种质资源，京红5号在我国西北、华北和华南等麦区曾经大面积推广应用。1968—1974年，他们以改造墨西哥小麦为主要育种目标，通过异地加代，先后育成了京红6号、7号、8号、9号，京春6082等春小麦新品种，深受春麦区广大农民的欢迎。

1975年，在全国56个品种对比试验点中，京红7号、8号、9号在46个试验点中单产名列第一，其早熟性、丰产性、适应性，都超过了当时风靡世界、号称绿色革命的墨西哥小麦品种，该项成果获得了1978年全国科学大会奖。

"文革"中的执着

"文革"期间，知识分子被定性为资产阶级知识分子，成为无产阶级专政的对象。作为"文化大革命"发动标志的《五一六通知》，规定"文化大革命"的任务就是"彻底揭露那批反党反社会主义的所谓'学术权威'的资产阶级反动立场，彻底批判学术界、教育界、新闻界、文化界、出版界的资产阶级反动思想，夺取在这些文化领域中的领导权"。这样一来，许多优秀知识分子都被加上"反动学术权威""臭老九""修正主义苗子""白专道路的典型"等莫须有的罪名，成了革命的对象。金善宝虽然得到周恩来总理的关怀与保护，但他的生活与研究也不可避免地受到了冲击。

1966年8月，金善宝和杜振华正在庐山植物园考察，忽然接到农科院造反派的电报，命令他们立即回京参加"文化大革命"，他们只好匆匆结束了这次考察。回到北京，农科院里早已失去了往日的平静，广场四周搭起了席棚，贴满了五颜六色的大字报，高音喇叭没日没夜地高声喊叫着，昨天的革命领导干部、专家、学者，如今一下子被打成了牛鬼蛇神，关进了"牛棚"，动不动就揪出来游街示众，开大会批斗。面对这一切，金善宝感到十分迷茫、困惑。自从和共产党接触以来，直至中华人民共和国成立的几十年中，他从未见过这种场面，这是为什么啊？

在派性争斗的日子里，造反派让有"反动学术权威"之嫌的金善宝靠边站了。他想：人靠边了，思想可不能靠边；小麦生长是有季节性的，一年只能生长一次，错过了季节，就浪费了一年宝贵的时光；时不可失，不能再"泡"在这无谓的争斗之中了。他找到当时院里的头头，要求派人到云南省元谋县去做小麦冬繁试验。头头强调革命第一，不同意派人。于是，他只好写信给云南元谋农科所，请求他们协助完成这一年的小麦冬繁任务。后来，他又想把北京地区的小麦试验搞起来。但是，在当时的条件下，要搞科学试验，一方面要冒"业务挂帅""白专道路"的危险，另一方面还要顶住来自各方面的阻力和压力。小麦试验需要大面积的试验地，而农科院的试验地，近年来一块块地送给了别人，他只好尽量缩小小麦试验的面积；试验地需要平整、排灌，却没有劳动力和灌溉设备；试验需要肥料、仪器和经费，全都无人理睬。一件件、一桩桩，都要年逾古稀的金善宝亲自去跑、亲自去过问。小麦试验期间，从种到收，他几乎每天都风雨无阻地来到田间，在播种了2000多个品系、品种的苗圃里去观察，去挑选。

正当他的小麦科学试验刚刚有点眉目的时候，突然一道命令下来，把他唯一的助手杜振华调走了。得知这个消息，他气愤极了，立刻找到生产组的头头抗议说："你们把杜振华调走，就是不让我搞小麦科学试验。我搞小麦育种有什么错？毛主席号召我们要抓革命，促生产。你们这样做，违反了毛主席的指示，真是岂有此理！"回到家里，他告诉老伴："他们欺侮我年纪大了，故意把我的助手调走，小麦试验就搞不成了。别的事，我都可以忍，不让我搞小麦试验，我绝不能忍，我一定要和他们斗到底！"经过几次交涉，杜振华终于被留下来了。金善宝的这次抗争，总算宣告胜利。他的小麦科学试验，就在这重重阻力下坚持下来。

"把 82 岁当作 28 岁来过"

1976 年 10 月,"四人帮"倒台。

1977 年 8 月,邓小平同志主持召开了科学和教育工作座谈会。座谈中,金善宝汇报了农科院至今存在的种种问题之后,提出一个问题:农业科技人员在试验地里的劳动算不算劳动?

邓小平同志听完汇报后说:"在农业科学院种庄稼不算劳动,要到农村种庄稼才算劳动,这真是怪事。好多农业院校自己培育品种,自己种田,怎么不是劳动?科学实验也是劳动。一定要用锄头才算劳动?一定要开车床才算劳动?"邓小平同志的话,帮助农科院解决了"在试验地里的劳动不算劳动"的难题,肃清了"四人帮"的流毒,明确了中国农业科学院这座"庙",不但不能拆,还必须重新恢复和加强,为中国农业科学院的发展指明了方向。

中国农业科学院怎样才能重新恢复和加强呢?金善宝提出:第一步,首先要把下放地方的各个研究所收回来,把下放农村长期蹲点的科研人员找回来,把被迫离开农科院、分散在全国各地的科研骨干请回来。在中央领导的支持下,农科院各下放的研究所被陆续收回来。之后,金善宝又亲笔写信给当年被迫离开农科院的技术骨干,诚心诚意地邀请他们以农业科技事业的大局为重,重新回到农科院来工作。不久,在农村长期蹲点的大批科研人员,都分期分批地回来了,那些被迫离开农科院的技术骨干们,如八倍体小黑麦育种学家鲍文奎等人,也先后回到了农科院。

1978 年 3 月 18 日,北京友谊宾馆召开了第一次全国科学大会。在这次大会上,邓小平第一次提出了"科学技术是生产力"的伟大论断,并说四个现代化,关键是科学技术的现代化,没有现代科学技术,就不可能建设现代农业、现代工业、现代国防。

金善宝以优异的科学成就受到了大会表彰,荣获先进科学工作者奖、两项重大科技成果奖。金善宝在大会上满怀激情地说:"我今年虽然已经

82岁了，但我的心却充满了青春的活力，在实现四个现代化的长征道路上，我要把82岁当成28岁来过，把我的余年贡献给我国的小麦育种事业。"

大会期间，金善宝抽空回到农科院，向全体职工传达了全国科学大会的精神，他说："邓小平同志说了，科学技术是生产力，知识分子是劳动人民的一部分，从此，"四人帮"迫害知识分子的情景一去不复返了，知识分子不再是精神贵族，不再是臭老九了。知识分子是推动生产发展的力量，可以抬起头来堂堂正正地做人了！可以全心全意投入祖国四个现代化建设中去了！我们农科院各个下放所也很快要收回来了！一个科学的春天已经到来！同志们，好好干吧！你们年轻人是大有作为的，我今年虽然已经82岁了，但我在科学大会上表态，要把82岁当作28岁来过，和你们一起迎接祖国四个现代化的到来……"

为了迅速改变我国农业科技工作的落后面貌，金善宝和科研人员一起反复研究、讨论，在全国科学大会上提出了迅速发展农业科学技术的六点建议：

> 1. 建立两类农业科学研究中心。一类是专业性的研究中心，一类是区域性的研究中心。从中央、省、地到四级农科网的各级农业科研机构，应该分工合作，各有侧重，形成一个布局合理、专业设置齐全的全国农业科学实验网。作为全国农业科研中心的中国农业科学院，应该面向全国，突出全国性重大科技问题和基础性理论工作，迅速填补空白、加强薄弱学科，根据需要恢复、扩建和新建畜牧、果树、农业经济、农业机械化、作物品种资源、农业工程、农业化学、农用仪器仪表以及水稻、大豆等专业研究机构。同时也要根据我国自然区划的特点，有重点地建设区域性的和专业性的研究中心。
>
> 2. 研究落实技术政策。在"四人帮"的干扰破坏下，技术政策长期以来无人过问，如在种子问题上，优良品种没有专

门机构登记、鉴定，确定其适宜推广的区域，良种繁育体制不健全，推广速度慢。我国农业科学工作者培育出不少优良品种，得不到大面积推广，与社会主义大农业的发展有些不相适应，因此，需要尽快提出与之相适应的种子计划。

3. 迅速培养建设一支宏大的农业科技队伍。加速农业科学技术现代化，必须有一支数量足够、专业配套、拥有世界第一流科学家的队伍，因此，培养人才刻不容缓。全国重点农业院校不应是一所、两所，因为农业的地域性强，应当每个大区都有。另一方面，要通过在职提高，抽调干部进修，提高现有干部的业务水平。

4. 搞好重大农业科研项目的协作研究。目前我国农业生产上还有一大批重大问题需要解决，如南方麦类赤霉病的问题，1973年仅江、浙、沪三省市就损失20亿斤麦子；东北每隔几年就要发生一次低温冷害，造成粮食产量在百亿斤上下的幅度波动。这些问题应该组织有关力量，早日获得解决。

5. 重视农业科学的基础工作和理论研究。建国以来，我们针对农业生产上存在的问题，加强了基础研究，如对蝗虫生活习性和发生规律的研究、对黏虫的研究等，使蝗灾、黏虫得到了有效控制。但在杂交育种方面，还需注意遗传规律和种质来源的深入研究，以避免盲目和重复，提高科研成效。

6. 农业科学研究必须保持相对稳定。鉴于农业科学研究的特点，一是实验周期长，育成一个品种，即使采用加代繁殖，一般也需要三四年时间，家畜、果树周期更长；二是农作物和畜禽生长发育受各种外界条件影响，因素复杂、地域性强；三是研究对象是活体，认识生命活动规律比非生物要困难得多，因而农业科学研究更加需要注意机构、课题和人员的相对稳定。

会后,《人民日报》全文刊载了这六点建议,这些建议,后来陆续得到了采纳。

在全国科学大会精神的鼓舞下,金善宝还积极呼吁恢复"文革"期间被合并了的南京农学院,他为此专门写信给邓小平同志:

敬爱的邓副主席:

最近先后收到江苏农学院部分教职工(原南京农学院职工)要我转呈给您的两封来信,信中谈了林彪和"四人帮"反党集团及在江苏的代理人摧残农业教育、恣意拼砍原南京农学院的罪行及其恶果,和他们渴望恢复该校的请求。现随信送上,请审阅。

我在南京农学院及其前身工作了多年,因此,对南农亦较了解与关心,南京农学院在"文化大革命"前是农业部领导的重点高等学校,这个学校既是被"四人帮"的爪牙所破坏,现在就应该恢复,和北农大等院校一起,作为农林部重点院校,为国家培养农业技术骨干和农业科研人才,如有需要,仍可招收一些留学生。

这个学校历史较久,师资图书设备等较好,过去在培养农业技术人才和科学研究等方面都有一定贡献,今后在农业现代化工作中也必将有所贡献。

以上意见,如您同意,可否批复农林部办理。

顺致

敬礼!

金善宝
1977.9.20

在邓小平同志的关怀和支持下,1979 年 1 月初,中共中央给农林部、江苏省委发出《关于南京农学院复校的电报指示》。1 月 11 日,农林部、江苏省委发出《贯彻执行中共中央关于南京农学院复校的指示》。南京农学院复校后，校址仍然迁回到南京市卫岗。

在此期间，金善宝还主编多部农学巨著，广受好评。

半个世纪的九三情谊

抗战以来，金善宝就和九三学社结下了不解之缘，从"自然科学座谈会"，到中华人民共和国成立后的几十年间，他为九三学社的创建、发展和壮大做出了不懈努力，在社内赢得了崇高的声誉。作为九三学社创始人群体中的一员，金善宝与梁希、潘菽等创始人终生保持着深厚的友谊。

1950年12月，金善宝当选为九三学社第二届中央理事会理事；1951年3月27日，九三学社南京分社成立，当选为南京分社副主任理事；1952年9月，当选为九三学社第三届中央委员会委员；1956年2月，当选为九三学社第四届中央委员会常务委员；1979年10月和1983年12月，当选为九三学社第六届、第七届中央委员会副主席；1989年1月和1992年12月，当选为九三学社第八届、第九届中央委员会名誉主席。

耄耋之年，金善宝仍然积极参加九三学社的各项活动。1988年10月，九三学社江苏省委在南京召开第二次社员代表大会，他代表九三学社中央到会祝贺。在九三学社江苏省委第二次代表大会上，金善宝风趣地说道："我很高兴能来南京参加这次大会，我今年93岁了，正好代表九三中央来向江苏省九三学社的换届大会表示热烈祝贺。"大会结束后，金善宝接受了《江苏社讯》的采访，对九三社员提出了期盼："作为一个社员，要讲民主与科学。做工作，要积极，要争取贡献。在社会上，在生活中，遇到有不公正的事，不能袖手旁观，大至国家的命运，小至他人的冷暖。这样，也提高了九三的威信。"

金善宝晚年，愈加怀念同为九三学社创始人的两名挚友：梁希和潘菽。他在《我和梁希教授同住一室的日子》中写道：

在人的一生中，总有一些难以忘怀的事情牢固地留在自己的记忆里。我和梁希教授同住一室的日日夜夜，就是经常使我回味的。

"七七"事变后，南京的中央大学迁移到重庆沙坪坝，搬迁时规定教授都不能带家眷。那时，当教授所得的薪水维持几口之家的生活也有困难，我就把家眷送回故乡了，梁希教授从德国回来后也过着孤身一人的生活。在沙坪坝，我们俩人住在临时建筑的一间十多平方米的平房里，室内放两张单人床，一张小桌子我们每人用一个抽屉，朝夕相处，情同手足。我们之间推心置腹，无话不谈。他比我大十三岁，既是我的兄长，又是平生难得的益友。

……

梁希教授非常关心和爱护他的学生，支持进步学生的革命活动。他认真备课，具有"教而不厌、诲而不倦"的精神，学生们非常尊重他。对反动黑暗势力的统治，他敢怒、敢言、敢骂的行为，更使学生们敬佩。有一次，我在讲课时因胃病大出血而昏倒，被同学们抬回办公室，他关切地照料我，同时向学生们诉说了当局无视教授们疾苦的种种勾当。重庆大学有位教授在饥寒贫困的条件下生活，为五斗平价米而自杀。梁希教授怒不可遏，面对国民党反动统治，气愤已极，他击碎了校庭的水缸，以示抗议。他挥笔疾书，写了一副挽联"寒士死生五斗米，贪官反正一团糟"，大大激发了广大科教人员的斗争觉悟。那时流行的口头语是"教授，教授，越教越瘦"，大家想到连自己的生活都得不到应有的保障，哪里还谈得上"科学救国""科学建国"呢?!

1997年4月，亦即逝世前夕，金善宝口述《深切怀念我的挚友潘菽同志》一文，真切回忆了与潘菽半个多世纪以来的友谊。他在文中说道：

我一生交往的朋友不多，潘菽是我一生中有数的几个挚友之一。

　　我和潘菽相识在30年代初期，那时我们都在南京第四中山大学（后改名为中央大学）任教，他是理学院心理系教授，我是农学院农艺系教授，两人从事的学科专业不同，教学工作中也没有更多交往，但是我早就知道潘菽为人正直，秉性忠厚、善良、学识渊博，深受学生们的爱戴，我也从心里敬重他……

　　共同的思想，共同的追求，使我和潘菽、梁希等人成为最亲密的挚友，相互之间做到无话不谈，在那乌云压城城欲摧的日子里，有什么比这种友谊更可珍贵的呢？由于我和潘菽接触多了，自然而然地，我的妻子姚壁辉和潘夫人也成了很好的朋友，几十年来我们两家一直保持着亲密的友谊。

　　……

　　1988年春节，我女儿陪我一起去拜望潘老，潘老却因公外出了。我对潘师母说，我们年纪大了，应该保重身体，潘老身体不大好，要劝他注意休息，不要太劳累了。潘师母关心地问起我老伴去世的情况，对我表示慰问。我们谈了一会儿就告辞了，临行，潘师母还歉意地说，过几天，他会去看您的。我回去后一直在等待潘老来访。可是，我等了好多天也没有等来潘老，却等来了一张潘老的讣告，使我十分震惊，十分悲痛。没想到春节登门拜访未遇，竟成了与故友的永诀，成为我终身的遗憾。

1997年5月26日，金善宝因病住院；6月26日中午12时，金善宝辞世，享年102岁。

参考文献

1. 孟美怡《金善宝》，金城出版社 2008 年版。
2. 《金善宝文选》编委会编《金善宝文选》，中国农业出版社 1994 年版。
3. 金善宝《风雨同舟忆当年》，九三学社中央研究室主办《社史研究通讯》2007 年第 1 期。
4. 金善宝《抗战期间在重庆》，九三学社中央研究室主办《社史研究通讯》2011 年第 1 期。

谢立惠传略

■ 陈义华　郭　祥

谢立惠是著名的物理学家、教育家、社会活动家。中华人民共和国成立后，曾先后任全国人大代表、政协常委，九三学社中央理事、委员、常委、参议委员会副主任，社四川省委名誉副主委，中国科协常委、四川省科协名誉主席。

思想的启迪

谢立惠于1907年4月出生于安徽省无为县城关。谢家原本是地方世家大族、书香门第，因其祖父英年早逝，家产被族人侵占蚕食，到他出生时，家境贫寒，主要靠祖母卢氏婆家照应。父辈兄弟4人，长兄、次兄早逝，老三叔骞、老四季翔（谢立惠之父），还有姊妹2人。由于长房无后，由谢氏宗族长者做主，将谢立惠承祧给大伯母，单立门户。

1913年，父亲在谢氏宗祠堂开设私塾，专门从祖母卢氏家族中聘请前清秀才卢先生为他开蒙，并承担全部费用。卢先生脾气古怪，只一味要求死记硬背，背不出来就没有轻重地用戒尺打手心。两年后，谢季翔抽查谢立惠的学业，发现他没有学到多少知识。他当即辞退了卢先生，给谢立惠另聘了何谦堂。他是谢立惠的表兄,谢季翔在以往的交往中,非常认可他的学识、人品和才华。

何谦堂对谢立惠和其他学童要求比较严格,坐卧、行走、叉手、作揖、着衣、视听等,都要求中规中矩,但很少体罚学童;教学中尽管有一些内容也要求背,但何先生都是反复讲解,让大家先明白道理。讲授内容主要参照1906年清政府学部颁布的《改良私塾章程》,课程与正规小学教堂的设置靠近,讲授内容增加了历史、地理、算术、英语等内容。

除了私塾学习,何先生还安排每日的散步,领着大家春游、秋游,向蒙童介绍一些自然知识,在愉悦中学得知识。农忙时,他让蒙童回家干农活,帮助一些病老体弱的人耕种收割,体会农家小户稼耕之苦。

何先生讲授历史、地理,总是结合当时中国的时局,介绍自鸦片战争以后,西方列强、日本帝国主义凭借雄厚的经济和军事实力,对中国从政治上控制、经济上掠夺、文化上渗透。每讲到此,何先生总是捶胸顿足,有时泪流满面。小小的谢立惠似懂非懂,但由此对国家和民族的命运充满了忧虑,对不合理的社会现象十分憎恨,"天下兴亡,匹夫有责"思想已潜移默化于他的灵魂深处。

谢立惠后来回忆:何先生讲中国的苦难现状,也并非全部是讲给我们听的。因为好多东西,我们并不能十分明白。现在才知道,作为一个忧国忧民的人,当时是很少有人能理解他的感受的。何先生是要找人倾诉内心的愤怒,就只好对我们讲了。

这一期间,谢立惠还深受其三伯父谢叔骞的影响。谢叔骞年轻时负笈东瀛,曾受同盟会总部派遣,秘密潜回安徽省无为县,与卢伯荪、卢仲农(谢立惠的舅父)、倪昌遇等人成立了同盟会无为县地方组织。中华民国成立,他代表安徽省被选为参议院议员。1917年,谢叔骞积极响应孙中山护法运动(亦称三次革命),遭到北洋皖系军阀的迫害。为了躲避追捕,他住进租界,在虹口吴淞路、武昌路一带活动,与孙中山保持联系。由于没有小孩,又不能回无为老家,就将谢立惠和其他亲戚的小孩接到自己身边,聊遣思乡思亲之情。谢立惠到上海去过三次,每次总要住上一两个月。

在上海，谢立惠最高兴的就是陪伯父散步。一路上，三伯父会给他讲自然科学知识，讲做人的道理。有一次，他和表兄在上海逛街，误进属于日本租界的虹口公园，里面有一些娱乐设施，一些小孩玩得正开心，他们也过去跟着玩。这时，一个外国巡捕冲过来，揪着他们的耳朵，把他们拖出公园，狠狠地抽了他们几个耳光，指着一个牌子轻蔑地说："好好看一看，'华人与狗不得入内'，这也是你们能来的地方？！"

听了孩子们的哭诉，谢叔骞告诉他们，中国是弱国，日本是强国，弱肉强食，强国就要霸占弱国的土地，欺侮弱国的人民，你们一定要记住这个耻辱。中国人要有一批爱国者，把中国人团结起来，赶走外国列强，铲除军阀。这一批人越多，中国越有希望。

舅父卢仲农也会给谢立惠讲一些革命道理：列强敢欺负我们，要瓜分中国，就是因为我国科学技术异常落后，工业极不发达，没有先进的武器装备，导致国家衰弱。你们年轻人要刻苦读书，只有科技发展了，军事强大了，国家才不受列强的践踏，中华民族不当亡国奴。

谢叔骞和卢仲农的教诲，是谢立惠科学救国思想形成的最早启蒙。在以后中学、大学时代，他一心想成为一名爱国救国的科学家，并朝着这个方向做出不懈努力。他表示："我比较多的是赞成科学救国的口号……科学技术发展，工农业生产才能发达，才能造出好的枪炮、坦克、飞机，这些都是欧美、日本富强的经验。"

1920年2月，安徽各新式学校开始春季招生。13岁的谢立惠以优异成绩考取芜湖南岸小学，直接插班，进入七年级毕业班学习，该校教学质量、社会名气在当地是首屈一指的。

在南岸小学，谢立惠既要适应新的学习环境、教学方式，还要花很多时间和精力，强闻博记，在学习新课程的同时，把过去没有学过的知识通通学一遍，以适应教学进度。由于他天资聪颖，勤奋好学，很多东西，一点就通，且非常重仪表、有礼貌，任课老师也都非常喜欢他，对他的辅导也就格外用心。1921年初，谢立惠以优异成绩从南岸小学毕业。

其后，经过大半年努力，1921年秋，谢立惠以优异成绩被当时全国一流的南京高等师范学校附属中学理科班录取。附中对教学质量要求非常严格，实行"严进严出"的淘汰制，学习成绩太差的学生中途要被劝退，文科、理科班总额基本不变，所遗空缺另找优秀报考生插班补充。

在附中，谢立惠刻苦学习，各科成绩始终保持在前三名、优等之列，对音乐、体育却没有特别兴趣爱好，加之性格内向，被同学们称为"书呆子"。由于用脑过度，1925年夏，谢立惠经常感到大脑晕痛，不得不休学一年。

1927年秋，谢立惠考入第四中山大学理学院（1928年改国立中央大学，1949年改南京大学）。学校为便于学生毕业后知识面更广一些，容易找到工作，让学生选择主系、副系。谢立惠先是主系读数学系、辅系物理系，后来感觉到物理比数学应用更广泛一些，在二年级时，他就改为主系读物理系、辅系数学系。

能够考入这所大学，为当时每一个学子梦寐以求的事，但谢立惠却十分为难。那时上大学，费用包括学费、住宿费、伙食费、衣物等生活用品购置费、资料书籍费等，每年至少要银元100多块。谢立惠小学、中学学费是由父亲供给，到他考上大学，兄弟姊妹七人，两个妹妹立琦、立珩和弟弟立毅都在读高中，作为中学教员的父亲已不堪重负。

1928年初，安徽省教育厅为鼓励本省籍学子到外省著名大学读书，在当时国内名牌大学（全国不到10个）设立了安徽学生奖学金，奖学金每学期100银元。在中央大学，奖学金名额设立20名。安徽省籍学生中，只要每学期总平均成绩优等，就可申请。

谢立惠无疑是幸运的，从第二学期起，他以优等成绩，每学期都能获得100银元奖学金，生活一般不成问题。1928年至1929年上半年，他还找托关系，在中央大学图书馆谋了一份差事，每月工资8元左右。

1929年、1930年，立珩、立毅先后高中毕业，考入中央大学。为了替父母分忧，谢立惠于1929年秋到1930年夏，在中大附近的五卅中学兼职任数学教师，每小时薪金8角，每周4至6小时，每月工资20多元，能够给予弟弟妹妹一定支助。

在此期间,他还加入1928年7月成立的中华自然科学社。此前,他曾加入过"极光社"。该社活动虽然多,但大多是讨论如何出壁报,如何写一些粉饰太平、宣扬空泛民主的"政论性"文章。他大失所望,就退出了"极光社"。谢立惠对科学社进行了深入了解,认为这个组织的同学大多有理想、有抱负,大家在一起相互学习,在学业上、思想上能够共同提高,于是欣然加入,并很快成为骨干,任第二届社长(1929年下半年至1931年)及多届理事。1937年10月,"中社"随国立中央大学迁到重庆沙坪坝,与重庆大学比邻,总社设在中央大学。谢立惠任组织部主任,在重组和发展壮大"中社"组织方面做了大量工作。

1928年5月3日,日寇侵占济南,屠杀国民政府外交部山东交涉员蔡公时等中国军民1万多人,造成了"五三"济南惨案。惨案发生后,国民政府满足日本帝国主义的无理要求,压制国内反日运动,并下令保护中国境内的日本人。

得此消息,中央大学、金陵大学及一些中学学生义愤填膺,为抗议日本帝国主义的罪恶行径和政府的无耻,纷纷要求罢课抗议。大批学生向国民政府请愿,举行游行示威,号召民众起来反抗,谢立惠与同学汪楚宝(字季琦)、顾衡等都积极参加了这次运动。他们10人一组,分组到公路上宣传。他与汪楚宝一组,由于他口才好,往往由他在群众中演讲,其他同学散发传单。

这场轰轰烈烈的学生运动大约持续一个月,最终还是被国民政府镇压下去了。血淋淋的事实,让谢立惠和不少怀着"科学救国"愿望的同学对自己的理想信念产生了怀疑。

顾衡、汪楚宝比较认可谢立惠在反日爱国学生运动中的表现,1928年下半年,由他们介绍,谢立惠参加了中国共产主义青年团的外围组织——"大地社"。大家在一起学习时事,阅读进步书刊,讨论"学习自然科学的人该不该搞政治""哪里是我们共同前进的道路"等当时年轻人所普遍关心的话题,共同提高思想认识。

在顾衡、汪楚宝及其他同志的帮助下,谢立惠逐步认识到,以中国的时局，科学能够推动社会的发展，但不能从根本上解决中国贫困落后问题。

1931年7月，谢立惠从国立中央大学毕业，被推荐到中大实验中学任数理教员，并与芜湖女中师范部毕业的小学教师朱传芳（安徽含山县人）结为夫妻。

建立中共地下交通站

1931年，"九一八"事变爆发。《中央日报》罔顾事实，造谣惑众，认为是东北军力量太弱，不足以抵抗日军进攻。"大地社"成员此时已获知事变部分真相，为抗议《中央日报》的无耻，他们与中央大学附中学生直奔《中央日报》馆，砸烂报馆的玻璃和报架，高呼"不准造谣！还我国土"等口号。

面对群情激愤，政府训令，中小学生不得参加游行示威，否则追究校长责任。事变发生后的第三天，在政府的高压下，南京中小学照常上课。在实验中学，谢立惠向学生们悲愤地讲述：日本帝国主义者要灭亡我们的祖国，而政府却不抵抗，把东北千里大好河山拱手送给了日寇，我国正在危急存亡之秋……

一些学生们听了后，伤心痛哭。这件事震动了全校，也让学校当权者惊慌失措。他们对谢立惠的言行非常不满，1932年1月，谢立惠被借故解聘。

在顾衡、汪楚宝等大地社同志的帮助下，经过抗日救亡爱国学生运动的洗礼，谢立惠的思想有了很大转变。此后，通过汪楚宝，他阅读《共产党宣言》等书籍，认清国民政府反人民、反革命的本质，最终认识到只有共产党才能救中国，只有革命才能救中国。

1932年1月，通过同学关系，谢立惠接到了安徽省立第六女子中学的聘书，任该校数理化教员。1932年2月初，顾衡与他取得联系，在女中建立了中共皖中地下党秘密交通联络点，由他担任联络员，中转上下级秘密文件、保存党的宣传品，在学生中秘密传播反帝、反封建的爱国主义思想，揭露国民政府对中国共产党的歪曲、造谣、污蔑。

联系点建立后不久，由一位姓张的同志与他保持单线联系。第一次见面，谢立惠向张同志提出入党申请。张同志解释："党组织考验一个人需要时间、有一个过程。你的任务就是做好工作。"他还分两次拿了几本进步书刊，让谢立惠好好读一下，这些书籍极大地帮助谢立惠提高了对共产主义、对共产党的认识。

以后，中共合肥中心县委宣传部长凌生，还有一位姓黄的同志与他联系。1932年秋季的一天，凌生来到学校，正式通知谢立惠，上级党组织已批准他加入中国共产党，介绍人是顾衡。

加入中共的谢立惠更加主动地为党开展工作，他自发采购零配件，秘密组装了一台收音机，并由此掌握了大量的信息，为党起草宣传稿提供素材。1933年，他还组织少数进步学生，以学校的名义秘密采购了大量的文具、纸张、蜡纸、油墨及其他宣传用品，转交给党组织。为了进一步增强文件的保密性，他运用自己掌握的化学知识，积极摸索一些新的保密方法。尽管生活拮据，但每次见到党的同志，他都要拿一部分钱作为党费。

按顾衡的要求，为隐蔽好身份，谢立惠在教学方面兢兢业业。他同时教五六个班的不同课程，接触很多同学，待她们和蔼可亲。同学们也逐渐从心理上认可他，愿意找他倾诉烦恼。在不长时间里，他在教职工、学生中建立了扎实的群众基础。

只要有机会，谢立惠就给学生们分析形势，与同学们交流妇女解放的问题，提出男女要平等，妇女要自由、自主，要勇于反抗家庭的压迫，等等。

在谢立惠的引导下，李静一、蔡柏、叶素兰、鲍有荪等同学于1932年9月成立了"朝曦读书会"。起初，读书会仅是一般的群众性组织，不久开始讨论"中国社会将往何处去"一类严肃的政治问题。谢立惠不失时机地与读书会的积极分子进行个别谈话，就一些不便公开讨论的内容与她们交流看法，逐步引导她们认清形势、提高认识，坚信只有共产党才能救中国，才能使中国人民从帝国主义、封建主义、官僚资本主义的压迫中解放出来，使妇女实现真正解放。

读书会活动得到凌生的肯定，他强调，参与读书会活动一定要谨慎，既要掌握政治上的主动权，又不能暴露身份。要积极参与读书会组织工作，争取将来把它办成党的外围组织。他还强调，组织发展工作一定要慎之再慎，人不求多，但求忠诚可靠，加入读书会的人都要认真观察，只有思想成熟进步的才能吸收进来。按照党的要求，读书会成员先后有李静一、蔡柏、鲍有荪、兰健等10余人。经过教育引导，李静一、鲍有荪等流露出加入中共的迫切愿望。

1932年底，经党组织研究，批准李静一加入中共，任谢立惠秘密联络工作的助手。不久，鲍有荪也被批准加入中共，蔡柏、兰健、叶素兰等相继成为培养发展对象。抗日战争时期，读书会多数成员参加了革命工作。

中华人民共和国成立后曾任辽宁省政协常委的蔡柏在《冒着被捕与杀头的危险》一文中回忆："他（谢立惠）利用各种机会，启发我们去探求革命真理，培养我们热爱中华民族、热爱祖国的信念。我在'朝曦读书会'中受到党的教育和培养，从此走上了革命的道路。"

直到20世纪70年代初期，一次偶然的机会，蔡柏认识了"张同志"——张如屏（曾任湖北省政协副主席），才知道谢立惠当时的真实身份——中共地下党员。

1934年4月后，中共地下党与谢立惠联系的同志突然不来往了，谢立惠、李静一、鲍有荪与党组织失去了联系。他曾专门派李静一到上海寻找党组织，没有结果。7月，交通员终于带来顾衡紧急指令，要求谢立惠马上离开合肥，越快越好。情急之中，谢立惠想到了中大同学、中华自然科学社的同仁杨浪明，通过他，谢立惠就聘梧州广西大学物理系讲师。临行前，谢立惠与蔡柏谈话，要求她担负起领导"朝曦读书会"的工作。

在广西大学，谢立惠以扎实的物理理论知识及出色的教学水平，深得校方器重。但他还是时刻想念着合肥地下党的同志，想着继续回合肥为党工作。1935年7月，谢立惠重新回到庐州女子初级中学（原女中）担任物理教员，并继续指导已随蔡柏转到县立第八完小的"朝曦读书会"工作，并四处寻找党组织下落。

抗战时期，谢立惠在重庆意外见到了兰健（红岩烈士张露萍延安时期的同学），才得知，1934年，除无为县外，包括合肥中心县委在内的安徽全省中共党的地下组织全部被破坏，损失惨重。

1937年春，谢立惠应聘重庆大学数理系讲师兼实验室主任，临行前，他与蔡柏话别。蔡柏回忆，谢立惠嘱咐他：（1）要尽力把女子小学（县立女子完全小学）办好，作为我们读书会的坚强阵地；（2）要保持同上海救国联合会的联系，设法从筹建女小经费中节余一些钱，通过关系到上海购买一批进步书刊，进一步开展读书会活动。

在中共南方局的领导下

在重庆大学，谢立惠积极工作，1939年，他被聘为重庆大学教授，以后还曾担任数理系主任。

1937年10月11日，由于日本帝国主义侵华战争扩大化，中央大学仓促内迁，比邻重庆沙坪坝松林坡上的重庆大学。谢立惠回忆：有一些一向自诩清高，过去一般只知埋头书本，很少过问政治的知识分子，目睹国土沦丧，抗战形势日益恶化，而在国民党统治区，贪污遍地，物欲横流，民生凋敝，暗无天日，也不得不抬起头来，注视周围环境，关心时事政治，考虑抗战前途。

1939年3月，在中共中央南方局的支持下，由吴藻溪、张申府、潘菽、孙克定等人发起，成立了重庆"自然科学座谈会"。由于交通不便，潘菽与梁希、金善宝、葛春霖、李士豪等中央大学教授建立了"自然科学座谈会"沙磁分会。经葛春霖介绍，谢立惠也参加了座谈会，座谈会宗旨是"号召科技工作者在争取抗战胜利的旗帜下，团结起来，组织起来，投身于抗日民主斗争"。

1940年初，按照南方局要求，他与座谈会同仁还参与编辑《新华日报》的"自然科学"副刊工作，先后撰写了《无线电与航空的新发展》和《汉奸电台的侦察》，登载在《新华日报》副刊，几次受邀到《新华日报》社所在地化龙桥参加联欢会、座谈会等。

1944年底，在南方局的支持下，"座谈会"决定发起成立中国科学工作者协会。中共南方局书记周恩来亲自做工作，在不长的时间内，这一主张就得到竺可桢、李四光、任鸿隽、丁燮林、严济慈等100多位著名科学家的积极响应。1945年7月1日，中国科学工作者协会在重庆沙坪坝正式成立，谢立惠任组织干事。

在此期间，谢立惠还担任《新华日报》社的无线电义务修理员。报社有一台美国产的高级收音机，专门用来收听延安党中央的声音。有一次，收音机坏了送外修理，取回后发现收听功能正常，却无法收到延安讯号。潘梓年知道谢立惠是搞无线电专业的，就请他试着检查一下。很快，他查明收音机被国民党特务做了手脚。经他校正，收音机恢复正常，还被他改装成收音、发报两用机。几次突击检查，新加功能连技术特务都找不出破绽。此后，潘梓年指示，报社电讯器材坏了，全部由谢立惠同志修理，以免受制于人，也利于保密。

在抗战时期，谢立惠曾远程指导陕北等国统区以外的无线电通讯设备修理工作，后期还参与过中国最早的雷达研制工作。

作为无线电技术专家，周恩来曾安排谢立惠去陕北解放区。1946年，由中国共产党组建的河北张家口华北联合大学也曾希望谢立惠前往任教，但由于一家上有老，下有小，妻子又有病，他走了，家里的生活实在无法维持。如果全家去，又交通不便，最终没能成行，对此，他终身引以为憾。

1944年4月，日寇在河南、湖南、广西等地发动大规模战略进攻，兵锋一度及于贵州独山，陪都震动。面对这一局面，褚辅成、许德珩、张西曼、吴藻溪、税西恒、潘菽等一批社会贤达、科教界人士深感不满。一段时间，他们经常在一起座谈。座谈比较松散，参加的人员并不固定，也没有正式的名称。1945年9月3日是日寇签字投降生效日，座谈会成员在中苏文化协会聚餐庆祝。为庆祝中国人民抗日战争的伟大胜利，大家一致赞成取名为"九三座谈会"。

1945年8月28日，中共中央主席毛泽东飞抵重庆，与国民党进行"重庆谈判"。9月下旬，毛泽东在百忙之中接见中央大学、重庆大学教授梁希、潘菽、金善宝、涂长望、干铎、李士豪、谢立惠等，此后，他还接见了许德珩、劳君展夫妇，对大家提出的问题一一解答，鼓励他们把座谈会办成永久性的政治组织。

1946年5月4日，九三学社在重庆青年大厦正式宣告成立，谢立惠参加了成立大会。谢立惠回忆：那时九三学社社员少，力量不大。当时绝大多数加入九三学社的社员动机是纯正的，是为着爱国、争民主、反美反蒋的。

积极参加民主运动

1946年6月，内战全面爆发。战争的最直接恶果是造成国统区内空前的通货膨胀、物价飞涨，经济、金融状况日趋恶化，导致民不聊生。

当时，谢立惠的家庭经济十分困难，除了生活，还要开支弟妹3个的生活费、2个女儿上初中的费用。他的夫人朱传芳是小学教师，由于多年工作繁重、家务繁忙，生活条件又差，积劳成疾，却无钱治病。

1945年至1946年，国民政府决定选送一批高等学校理工农医方面的教授到美国或英国留学，前提是申请人从未出国留学过，教学效果好，连续教学时间长，且越长越有优先权。

到美国留学，每人给予经费4000美元，学习期为2年，而每年实际开销大约只要1000美元左右。当时，在重庆大学，一个教授每月工资还抵不上10美元。两年2000美元的节余，可以给妻子治病，并极大地提高家庭的生活质量，实在是太诱人了。

根据教育部开列的若干条件，谢立惠最为适合，且有其他人士强力推荐。当得知出国留学需要到中央训练团受训，托陈立夫的关系，还要加入国民党，他断然拒绝。他认为，为留学、为改善家庭生活而放弃自己的信仰，这是政治问题、原则问题，是绝对不行的。

蒋介石反动政权破坏停战协定、政协决议，全面发动内战的行径，激起全国人民的愤怒，反战浪潮一浪高过一浪。谢立惠积极投身其中。

重庆市各界人民，文教界和科技界代表人士分别有三四十人在《新华日报》发表声明，呼吁实行和平谈判、反对内战，谢立惠也签名支持。他回忆：过去，在《新华日报》和《群众周刊》上写文章，都不用真实姓名，"座谈会"的活动也是不公开的。而这次签名，都是用的真实姓名，明确表达了大家反战的决心。

1946年秋以后，九三学社绝大多数社员陆续离开重庆，分别到上海、南京、北平等地。为适应形势发展的需要，1946年10月27日，九三学社重庆分社在上清寺国民外交协会召开了成立大会，公推税西恒、何鲁、谢立惠、左昂、詹熊来、税述之、吴藻溪等15人为理监事。大会通过决议案：电贺旧金山中国及远东和平大会，希望美国人民有效制止美国政府的错误行为；电请联合国大会讨论联合国会员国在非敌国驻军问题，纠正美国对远东的政策；等等。

1946年到1947年春，以民盟盟员为主的民主人士经常在重庆上清寺特园秘密聚会，研究与国民党当局的政治斗争策略。谢立惠积极参加，以致到会的重庆大学教授、民盟中央执委潘大逵等一些同志错认为他是盟员。中华人民共和国成立初期，民盟恢复组织机构，潘大逵任民盟西南总支部筹备委员会主任委员，邀请谢立惠一同参加筹备工作。谢立惠告知自己是九三学社社员，潘大逵这才大悟。

1946年12月24日，驻北平2名美军士兵强奸北大女学生沈崇。1947年2月5日，重庆63所学校15000余人举行了大规模的反美反蒋爱国示威游行。重庆当局出动大量的军警宪特，用殴打、逮捕、枪刺挑等暴力手段，对付赤手空拳的学生、教师和市民，进行压制。

2月9日的《新华日报》记述，在数万学生示威游行的队伍中，税西恒、谢立惠走在最前列，和学生一起高呼反对美蒋反动派的口号，当时的进步记者、后任《四川日报》文教科技总编辑的甘泉恰巧见到这一幕。多年后，他遇到谢立惠，谈到他当时外表弱不禁风，却大义凛然、不惧强暴地冲在最前面，表示了由衷的钦佩。

1947年初，随着国民党反动派发动的内战进一步扩大，国统区爆发了空前严重的经济危机，国民党政府于2月发布《经济紧急措施方案》，激起国统区人民强烈不满。5月、6月，全国暴发了"反饥饿、反内战、反迫害"的学生罢课示威运动。

6月1日，反动政府出动军警，大肆搜捕学生（后称"六一大逮捕"）。谢立惠的堂弟谢立璟当时是重庆大学学生、学生运动的积极组织和参与者，也在被捕者之列。《新华时报》（与《新华日报》在政治上相竞争的特务报纸）登载了重庆被捕人士名单，在谢立璟的名字下面专门标明："重庆大学教授谢立惠的弟弟"，对谢立惠进行警告。国民党重庆党部几次派人，逼迫谢立惠到电台发表反共讲话，遭到严词拒绝。

特务还在重大校院的墙上贴出告示，造谣说谢立惠是共产党支使的、沙坪坝地区学生运动的幕后指挥人，要求其他人与他划清界限，否则后果自负。

中共重庆地下党并不知道谢立惠的身份，以为他仅仅是支持学生运动的民主人士、思想进步的教授，时常暗中派人保护他的安全，遇有危险向他通风报信。

6月中旬，谢立惠的安徽同乡、重庆大学学生张元任找他和立瑶，告之其父张乙之（时任四川省威远县县长，国民党特务，解放初期被人民政府处以死刑）找他们，想尽一下乡谊，商量营救立璟的事。双方见面后，张乙之要求他们代立璟在《中央日报》登一个"脱离共产党"的声明，为谢立惠当场拒绝。

时任重庆警备司令的孙元良与谢立惠是中央大学附属中学的同学，孙元良一直想利用这层关系，劝解谢立惠，让他为自己所用。他让重庆大学校长张洪沅陪谢立惠到警备司令部说话，以同学之谊威逼利诱。谢立惠不为所动，并正告孙元良：顺应历史潮流，多做善事，释放被捕学生。

不久，迫于社会各界的压力，国民党重庆当局不得不释放了谢立璟等大部分被捕学生。

1949年2月，重庆各大中学师生迎来了新的学期。此时重庆的物价比1948年8月19日改法币为金圆券时，平均上涨了1000多倍，公教人员的生活大多陷入绝境。2月22日，重庆大学、中央工业专科学校等学校的教授召开联席会议，决定从24日起罢教3天，要求当局改善待遇。作为发起人，谢立惠在会上愤怒声讨当局不顾人民的死活，横征暴敛，不断扩大战争规模的行为。

1949年11月，重庆临近解放。一天晚上，谢立惠过去教的一个学生急匆匆到他家，告知他国民党特务机关准备进行大逮捕、大屠杀，开列了一份黑名单，他列在前几名。作为有名望的人，特务不会白天抓人，可能是晚上，要他加倍小心。

谢立惠马上与立瑶、立璟等商量，他们在重庆乡下没有亲戚，也没有非常可靠的朋友，而且离开重庆到乡村，时局混乱，弄不好半路上被捕失踪、遭暗算。于是决定白天照常上课，装作无所谓，晚上躲到理学院楼上（重大面对大运动场的一间工房）三楼一个角楼房间里。这里平时由谢立惠管理，主要堆放一些废旧仪器和破烂桌椅，罕有人至。

其间，又有地下党同志通知他和立瑶、立璟，国民党特务可能在28日夜搞大逮捕，就地处置（杀害），让他们万分小心，当晚，他们早早地躲到三楼。

29日、30日，谢立惠藏到重庆大学教务长郑衍芬家。郑衍芬刚从英国考察回来，谢立惠与他和他的夫人周绪芳是大学同学，又同为物理教授，私谊非常深厚。

据谢立惠的二女儿慧瑷回忆："我们家每天晚饭后，父亲与姑姑姨姨都出去散步，沿着江边路过理学院那一带走，把父亲送到物理系实验室，他晚上就睡在那里。坚持了几夜，直到11月30日重庆解放。"

关于这一段历史，谢立惠妹夫吴化之（曾于1944年在重庆开展党的地下工作）做过这样的评价："在旧政协前后，直到1947年我离开重庆时止,他以教授及科学工作者身份参加了当时的民主运动及统战工作。在争取民主和平、反对内战、反对伪国大、反美帝干涉中国内政,支持学生爱国运动中是积极分子,并在他的环境中起领导作用。"

恢复重建九三重庆分社

1949年9月,中国人民政治协商会议第一届全国委员会全体会议召开,九三学社被列为民主党派界别之一。为适应形势发展的需要,1949年下半年,中央理事会进行调整,谢立惠任常务理事。

1950年后,九三学社进入大发展时期,社中央希望潘菽、干铎等人成立南京分社,税西恒、谢立惠负责恢复重建重庆分社。1950年秋,中共西南局统战部部长程子健和党派处处长彭友今找到谢立惠,强调中华人民共和国成立后统一战线、民主党派的重要地位作用,提出整顿重建重庆分社,是党组织交给他的一项重要政治任务,是别人代替不了的。

当时重庆九三社员只有税西恒、谢立惠、漆文定、王克诚、朱鸿贤五人。西南局统战部与税西恒、谢立惠研究后认为,重建重庆分社,首要任务是发展一批有学术威望、在群众中有一定影响力的高级知识分子为社员,使他们成为九三学社重庆分社的骨干。

按照这一要求,在重庆大学、西南师范学院等高校,谢立惠先后发展了柯召、王际强、徐僖等在学术上、社会上都很有影响的教授。至1951年10月,重庆分社社员总数达到27名。以后,他们都成为各高校的骨干、学术带头人、九三学社中央或地方组织领导、顾问。

1950年12月,九三学社召开第一次全国工作会议,谢立惠、税西恒、漆文定出席会议,乐怡然、柯召、王际强、刘淳玉、徐僖作为会议特邀代表参加会议。在会上,税西恒当选为九三学社中央常委,谢立惠、王际强、乐怡然、柯召当选为中央委员,漆文定当选为候补中央委员。

1951年9月3日,经过积极筹备,九三学社重庆分社第一届分社委员会正式成立,税西恒任主委,谢立惠任副主委兼组织处长。

20世纪50年代初期，在民主党派内部存在各种思想斗争，少数人设想依照资本主义国家的政党制度，把民主党派搞成在野党。还有一种思想，认为自己是学者、是科技工作者，只要搞好自己的本职工作就是对国家的贡献，没有必要参加政治活动，也就没有必要参加民主党派的活动。由于社员思想比较复杂，党派内部的思想斗争有时比较激烈。针对这种情况，谢立惠将很多时间、精力放在抓好分社自身建设上，组织社员参加社会主义改造运动，学习马列主义、毛泽东思想，提高接受中国共产党领导的自觉性，增强对社会主义制度优越性的认识、对社会主义道路的认同。

分社还先后组织社员参加支持抗美援朝，参与"三反""五反"运动，开展社会主义思想改造、人民代表普选、党的总路线学习等政治和社会活动。在这些活动中，社员都表现出高度的政治觉悟。中共西南局统战部秘书长林蒙几次参加九三分社的会议，对分社建设、对谢立惠的工作给予了高度评价。

1952年11月，九三学社重庆分社贯彻社中央在"三反"后提出的大力发展组织的指示，明确提出，在高等学校，以讲师以上的教育工作者为重点，在西南一级事业机关，以科级以上及相当于科级以上的专家、工程师、医生为重点，积极发展社员。

11月上旬，谢立惠与中共西南局统战部、西南中华自然科学专门学会联合会及西南工业部、卫生部、农林部等单位党的基层组织与人事部门进行协商，提出了拟发展的50名对象名单，并与其中大多数同志见面交谈，交换意见，帮助他们加深对九三学社的认识。

中旬，九三学社重庆分社召开了组织工作座谈会，邀请了其中大多数同志参加。座谈会的主题是畅谈民主党派性质、任务以及即将到来的国家大规模经济建设等问题，林蒙、彭友今、中共重庆市委统战部副部长杨松青等到会讲话。谢立惠在会上介绍了九三学社的性质、历史及其在统一战线中的地位和作用，提出组织发展的总体目标，强调"注重质量"。

会前，按照谢立惠的要求，九三学社重庆分社还赶印了新的社章和关于经济建设的有关文件，作为学习之用，座谈会以后，有近30名代表性人士非常踊跃地加入了九三学社。

谢立惠历来强调社员要做好岗位工作，他指出，所谓搞好岗位工作，并不只是把个人的工作搞好就行了，而是要以民主党派成员的身份，发挥组织作用，在中共党组织的领导下，与其他民主党派、团体配合，和所联系的群众一道，共同把工作做好。

1953年，高等学校院系调整后，九三学社重庆分社许多社员调到成都，在九三学社重庆分社的支持下，九三学社中央成立了成都分社。1958年，谢立惠调到成都电讯工程学院（现电子科技大学），改任成都分社副主委，并长期担任九三学社中央常委。

1984年，为适应多党合作事业发展的需要，经中央统战部和九三学社中央批准，九三学社四川省委正式成立，谢立惠当选为第一副主委。随后，成立九三学社成都市委员会，谢立惠当选为主委。

忠诚党的教育事业

中华人民共和国成立后，出于对谢立惠的高度信任，党和政府交给他很多重要的工作。除了推动九三学社组织建设，在开展科技普及活动及建立社会主义教育体制等方面，也给他压了很多担子。

1950年上半年，时年43岁的谢立惠被西南局文教部任命为重庆大学校务委员会委员、副教务长，重庆国立女子师范学院临时院务委员会副主任委员。10月，中央人民政府教育部决定，将国立女子师范学院、四川省立教育学院合并为西南师范学院（简称西师）。次年5月，他被西南文教部任命为西师院务委员会副主任委员（主委暂缺），负责西师全面工作。

1952年下半年，高等院校进行了院系调整，四川大学、重庆大学、私立湘辉学院、勉仁学院、华西大学教育学院等近10所院校所属师范类系调整到西师。9月20日，西师成立了以谢立惠为主任委员的院系调整委员会。10月，西师由重庆沙坪坝迁往重庆北碚原川东行署所在地。

由于院务委员会成员和教师来自不同的单位，为搞好团结，谢立惠与委员和教师们进行面对面的交流，联络感情。同时，在明确重点科系、保证教学力量相对稳定的前提下，调整充实优秀教师，做到人尽其才、人尽其用，大家心情舒畅。几个月后，各学校、科系顺利合并，教学工作逐渐步入正常轨道。

1953年1月14日，由中央人民政府主席毛泽东签发任命书，任命谢立惠为西南师范学院首任院长。1954年10月，西南行政区撤销，西师成为教育部直属院校之一。应谢立惠的主动申请，1955年8月，国务院任命原西南局宣传部副部长张永青为西南师范学院院长，任命谢立惠、王逐萍、姚大非为副院长。由院长到副院长，体现了他淡泊名利，以党的事业为重的高风亮节。

1958年1月，由国务院总理周恩来签署任命书，任命谢立惠为成都电讯工程学院（简称成电）院长。他到任后，立即着手起草了《关于部分专门化或专业的调整的初步意见的报告》。3月，第一机械工业部批复同意这一《报告》，其中，在二系设立了雷达专业，圆了谢立惠长达10年的雷达梦。

1958年4月，谢立惠正式就任成都电讯工程学院院长，1962年，中共四川省委正式批准公开谢立惠党员身份，组织关系转到成电。1979年1月，谢立惠光荣出席了中共四川省第三次党员代表大会，当选为省委委员。1986年1月，中共四川省委组织部发出川组审（1986）2号文件"关于恢复谢立惠同志党籍问题的通知"：中共中央组织部（85）组建字655号文件批复，同意恢复谢立惠同志1958年4月重新入党以前的一段党籍，其党龄从1932年秋算起。

"文革"期间，谢立惠受到冲击，戴上了叛徒、特务、国际间谍、反动学术权威、走资派的帽子，被批斗几十次，耳朵几乎被打聋。70年代初期，谢立惠恢复组织生活，与400余名教职工赴西昌米易县湾丘"五七"干校劳动锻炼。

1973年1月，学院教学秩序逐步恢复，谢立惠被中共四川省革命委员会任命为成电革委会副主任，再次由行政正职调整为副职。他毫无怨言，认为：只要能为党工作，能为国家和人民多做一点贡献，把自己放在什么样的位置都不重要。

1977年6月，为了探索教学改革，70高龄的谢立惠亲自带队，到南京、无锡、上海三市进行调研。这几个地方成电毕业生参加工作的多，还有多个专业的学生在那里实习。每到一地，他总是不辞辛苦，召开校友座谈会、毕业班带队老师汇报会，深入车间、研究所，与校友、实习学生交谈，拜访工厂领导、技术人员、普通工人，就思想政治要求、培养目标、专业方向、课程设置、动手能力、产学结合等问题进行认真调研，形成文字材料。

他向随行人提出要求，吃要简单、住要节约，尽量不要打搅实习单位。时任解放军通讯工程学院政委的郭化坚曾任成都电讯工程学院军宣队政委，考虑到部队招待所比较便宜，行前，院办公室专门联系了郭化坚。到了南京，通讯工程学院安排谢立惠住条件较好的小招待所，但他坚持与大家住到一个能够容纳十几人的"大通铺"。到调研单位，学院提出可以派车，他坚决不同意，一行人每天顶着烈日，乘公共汽车到各处调研。

在上海，住宿非常紧张。几经周折，经原合肥女六中学生、上海第一医学院党委书记李静一的联系，他们才住进南京路与外滩之间的和平饭店。饭店经理得知谢立惠是全国政协常委，安排他住条件好一些的北楼。他表示谢意，并坚持住进南楼价格最低、条件最差的双人间。房间酷热难耐，和平饭店配有电风扇放在壁柜里，举手可取，但要额外收费，他坚决不同意使用。

1978年5月，出于工作需要，中共四川省委任命谢立惠为成电副院长。1983年4月，他退居二线，被任命为学院顾问。此后，他把更多的精力都放在九三学社、科协、物理学会等方面，发挥余热，自我加压。1990年8月，他成为首批享受国务院颁发的政府特殊津贴的教授。

谢立惠非常注重亲情，加强对自己亲属子女学习上的严格要求、政治上的谆谆引导。在谢立惠这一辈，他排行老大，有弟妹10人，夫人朱传芳也是老大，有弟妹5人，还有子女4人。在重庆，他们组成一个大家庭，谢立惠是这个家庭理所当然的家长。他率先垂范，以身以行直接影响着每一个成员，以至于这个家庭有三个明显的特点：一是参加革命和加入中共的多，有18人是党员，其中5人是早期的中共地下党，6人是解放初期的党员，谢立惠的4个子女在大学时期均加入中共；二是学数理的多，有14人学数理，其中学物理的10人，学数学的4人；三是担任教师工作的多，19人担任教师，其中大学教师13人、中学教师3人、小学教师3人。

1997年7月22日，谢立惠因病医治无效，在成都逝世，享年90岁。

参考文献

1. 《国民参政会》，重庆抗战丛书编纂委员会编《重庆抗战丛书》，重庆出版社1993年版。

2. 中共中央南方局机关报《新华日报》（1938—1947）。

3. 中联出版社编《中国党派》，中联出版社1948年版。

4. 潘再钦《随谢立惠院长华东教学调研纪实》，《银杏海》2006年7月10日。

5. 九三学社中央研究室编《九三学社简史》，学苑出版社2005年版。

袁翰青传略
■ 贾晓明

　　袁翰青（1905—1994），我国著名有机化学家、化学史家和化学教育家。长期从事有机化学研究、中国化学史研究以及科技情报研究的领导和组织工作，中国科学史事业的开拓者，是一位有着国际声望的科学家。袁翰青还是一位卓越的政治活动家，他一生始终不渝地追求进步与真理，热爱祖国，热爱人民，是中国共产党的忠诚朋友，为坚持和完善中国共产党领导的多党合作和政治协商制度，为巩固和发展爱国统一战线做出了积极贡献。袁翰青任第一届至第七届全国政协委员，第六、第七届全国政协常委。他长期担任九三学社的领导职务，曾任九三学社第二届理事会理事，九三学社中央第三届至第七届常务委员，第八、第九届中央参议委员会副主任委员。

杰出的研究者、教育家

　　袁翰青出生于江苏省南通市，曾就读于南通师范学校，1925 年以优异成绩考入清华大学化学系，1929 年毕业后留学美国加州理工学院和伊利诺大学深造，在美国著名化学家亚当斯教授的指导下，从事立体有机化学的研究，发现了联苯衍生物的变旋作用，对立体化学的研究做出重要贡献。在获得博士学位前，他还在美国发明了一种用于透视的三碘化碳，获得美国国家专利局颁发的专利。1932年，袁翰青获伊利诺大学哲学博士学位并留校任研究助理员。

袁翰青于1933年底学成回国，受聘为南京国立中央大学化学系教授，讲授有机化学、化学文献、高等无机化学等课程，并继续进行有机化合物变旋作用的研究。执教期间，他在《中国化学学会志》《美国化学学会志》《美国化学评论》等重要杂志上发表多篇研究论文。

值得一提的是，袁翰青为推动我国西北地区的科学研究、提高教学质量做出了积极贡献。1940年秋，在西北师范学院化学系任教的袁翰青出任甘肃科学教育馆馆长。由于袁翰青的努力，兰州的科普工作有了很大的进展。抗战胜利后，袁翰青到北大担任化学系教授和化工系主任，同时在北京师范大学与辅仁大学兼任教授。在北平授课期间，由于他的讲学深入浅出，受到青年学生的热烈欢迎。

1947年，袁翰青发表的关于氢键研究的论文，被化学界誉为"氢键理论在立体化学中的应用"。中华人民共和国成立后，袁翰青继续在北大等高等学府任教。当时我国高等教育开始有了较大的发展，需要理工科教材。袁翰青于1952年调任商务印书馆总编辑，负责组织编写和出版教材，并主持完成了外国教材的翻译工作，对提高教学质量起了重要作用。为表彰其贡献，袁翰青于1955年被聘为中国科学院学部委员（1994年后称院士）。由于其学术方面的贡献，袁翰青在国际上享有盛誉，曾获得荷兰科学家范霍夫奖，美国SIGMAXI自然科学荣誉学会会员称号，其名字被列入如《英国大不列颠百科全书世界名人录》等国内外名人录中。

化学研究发展的推进者

袁翰青回国前后，正值我国化学研究、应用发展刚刚走上正轨。他不仅从事课堂讲学、进行科学研究、撰写学术论文，更热心于联络同人交流学术成果，从而有力推动了我国化学研究的整体性发展。

中国化学会于1932年8月4日在南京成立，是我国化学家们自愿组织的学术团体。当时国民政府教育部在南京召开全国化学讨论会，讨论课程标准、化学命名和国防化学三大问题。会议期间，大家认为日军侵占我国大片国土，国家和民族处于危险时刻，爱国的化学家应当组织起来，共同为发展我国的化学科学、化学教育和国防化学，为抗日救国贡献力量，与会各地代表一致同意发起成立中国化学会。

袁翰青回国后便参加了中国化学会，他自觉关心会务工作，积极热情地参加有关活动。中国化学会成立后有两大主要任务：一是开年会，二是办刊物。这两大任务在袁翰青的努力下，都取得了很好的成效。

当时袁翰青虽只是一名化学会的普通会员，但对学会和我国化学研究整体水平的发展倍加关心。每次会议，袁翰青总会提出建设性意见和建议。1936年8月召开第四届年会时，袁翰青提出"介绍新会员入会时，应将入会费及该年长年会费连同《入会愿书》一并寄交本会干事"的提案，获得通过。1936年12月11日，中国化学会南京分会召开本年度第二次全体大会时，袁翰青和戴安邦联名提出"本分会应仿效北平及天津分会捐助总会基金办法，将水灾公债全数捐赠，且每个会员应负责至少募捐10元"，得到与会化学家们的赞成。

1936年10月，中国化学会在南京召开五届二次理事会会议时决定，由袁翰青作为召集人起草《中国化学会理事会办事细则》。该《细则》完成后，于1937年1月25日召开的五届三次理事会上讨论修改后通过。鉴于袁翰青的工作热情和工作能力，学会委托他兼任年会论文委员会委员、化学名词审查委员会委员和募集基金委员会委员等职，并负责学会会议的记录整理工作。袁翰青从1938年起至1947年任中国化学会第6届至14届理事会理事，1949—1982年任中国化学会6至18届和20届理事会常务理事，并于1949—1951年和1956—1957年任中国化学会秘书长。

1938年9月17至21日，中国化学会在重庆举行第六届年会。会议期间，与会化学家们得知日军使用毒气的消息后非常愤慨。大会决定致电日内瓦国际反侵略总会,声讨日军暴行。大家推举袁翰青等起草电文,发送国际反侵略总会。

1940年袁翰青任甘肃科学教育馆馆长后,他就热心联络兰州的化学教师、化工技术人员,酝酿成立中国化学会甘肃分会。经驻重庆的中国化学会理事长同意,袁翰青经过充分准备,于1943年3月中旬,正式成立中国化学会甘肃分会,选出袁翰青等人为理事,袁翰青当选为理事长。

太平洋战争爆发后,日军攻陷东南亚,我国的西南地区受到威胁,国内开发西北、坚持抗战的呼声也随之高涨,在这种形势下,研究如何开发西北化学工业成为当时的重中之重。1944年春,袁翰青接受中国化学会、中国化学工程学会、中华化学工业联合会委托,准备在兰州召开"三会"第二届联合年会。

经过两个月的紧张筹备,1944年9月,"三会"第二届联合年会召开。这是甘肃科学教育馆筹办的一次具有特殊意义的科学盛会,袁翰青邀请到150多人,外地与会者有50多人,在抗战期间出席年会的人数属最多。当时国内的著名学者克服交通不便等因素,采用各种办法如期到会。年会进行了3天的学术报告,宣读了40余篇论文。浙江大学化工系女教师刘福英宣读关于合成橡胶的论文,并展示合成橡胶制成的一双胶鞋,引起大会轰动,因为这意味着可以用合成橡胶代替天然橡胶,以解决战略物资——橡胶的短缺问题。丁宪祜做了关于发展油漆工业的报告,西北师范学院严德浩做了理论化学方面的报告。还有许多专家对开发西北化工资源提出了建议和设想,对推动甘肃以及整个西北地区的化工事业的发展起到了积极的作用。

化学会由于是我国化学家们自发组织的团体,在这次会议前,参加会议人员参会费用均由个人负担。这次会议,袁翰青等人通过多方筹措,使会议经费得到保证,外地代表的食、宿在会议期间10天内均由会议提供。会后,袁翰青还组织代表参观兰州的一些主要化工企业、中央工业试验所西北分所和袁翰青领导的甘肃科学教育馆,还组织游览了西北的兴隆山原始森林等自然、人文景观。

在艰苦条件下编辑出版 "化学三刊"

中国化学会成立后创办了三个刊物,一是用英、法、德文发表中国化学家研究论文的《中国化学会会志》,二是以介绍化学知识为主的中文期刊《化学》,三是刊载学会活动和会员消息的内部刊物《化学通讯》。袁翰青不仅是三刊的主要撰稿人,还为这三刊的编辑、出版做了大量工作。

《中国化学会会志》于1933年在北平创刊,袁翰青曾任第二届编委会委员,主要负责审阅有机化学方面的论文。1946—1948年间,袁翰青担任经理编辑,有关编辑和出版工作也由他负责。1935—1940年,袁翰青在《中国化学会会志》上发表了9篇学术论文(《中国化学会会志》在1952年改名为《化学学报》)。

《化学》于1934年1月在南京创刊,以"传播化学知识,推广化学应用和提倡化学研究"为办刊宗旨,设有《中国化学摘要》专栏,刊登化学各分支学科、交叉学科以及相关的名词、教育、书刊、社团、历史、人物等大量的文摘报道,袁翰青曾任专栏的文摘员。《化学》于1949年短暂停刊,中华人民共和国成立后在北京复刊。从1950年5月到1952年6月,袁翰青任该刊发行人。1952年7月,《化学》改名为《化学通报》。1957年,时任中国化学会常务理事兼秘书长的袁翰青在《化学通报》第1期上撰写文章指出:"全国化学工作者,无论在化学工业生产方面,在科学研究方面,在教学实践方面,都需要更多的努力来提高我国化学科学水平,而《化学通报》在这些方面均负有介绍新知识、沟通消息和交流经验的使命。"袁翰青除积极动员化学会同人撰写文章投稿外,自己也在《化学》和《化学通讯》上发表过25篇文章,成为当时首屈一指的"高产作者"。

中国化学会成立后,为了刊载学会活动和会员消息,中国化学会决定创办内部刊物《化学通讯》。《化学通讯》于1936年1月在南京创刊,为半月刊。袁翰青初任经理编辑,后又接手了编辑工作。从1936年的1卷16、17合期起,直到1941年,《化学通讯》的组稿、编辑、印刷、广告、寄发等工作全由袁翰青一人负责。

袁翰青接手《化学通讯》后，正值1936年8月，中国化学会与中国数学会、中国物理学会、中国动物学会、中国植物学会、中国地质学会以及中国科学社等七学术团体在北平召开联合年会。为了广泛宣传报道和推进科学界这一大盛事的举行，袁翰青在《化学通讯》上发表了《对于本会第四届年会的祝望》一文，提出了自己的希望和建议：

第一，祝望这次年会多宣读论文，因为论文是一个学会年会的"灵魂"。论文讨论，可以增加与会者互相切磋的机会，提供新的研究线索。第二，除宣读论文和讨论会务外，可再举行一两次特别讨论会，即讨论与化学有关的重大问题。第三，讨论出今后举办年会费用来源的方法。第四，希望这次年会开会时所有委员会都有报告。

1936年12月初，袁翰青接手编辑《化学通讯》后不久，便提出了改进刊物的方案。在袁翰青的努力下，《化学通讯》1937年第2卷起不仅形式上有了较大改观，内容也变得更加充实、生动。在2卷3期中《各地化学界情报》栏目中，有一则《南京分会消息》写得很精彩，生动反映出当时化学会的精神面貌。

"本分会于1月22日联合中国化学工程学会南京分会及中华化学工业会南京分会于大西洋川菜馆举行聚餐大会，欢迎外埠来京参加化学名词审查委员会及防毒讨论会诸位化学界同人；到会本埠及眷属121人，来宾36人，共157人，人数之多可谓空前。"开会节目有讲演、抽彩、昆曲及京戏、余兴四部分。在演讲部分，中国化学会会长曾昭抡除介绍化学会工作的进展外，还着重讲了当时绥远抗战中傅作义军对日军取得胜利的情况，让与会者听后无不欢欣鼓舞。有趣的是，本来主办方准备在会后放映电影，但由于放映机出现故障，为了不扫大家的兴致，会上临时推举卫生署的冯志东进行脱口秀表演。冯志东有"滑稽大王"之称，所以立即上台表演，"所述故事极有趣，至20分钟之久"，让"听者无不捧腹"。

抗战全面爆发后，1937年10月，南京各大学、研究机构开始西迁。当时，袁翰青已经把2卷16期《化学通讯》的稿子编好，但无法在南京印刷。于是他带稿子随学校离开南京,途中到达武汉时,利用短暂停留的时间,迅速联系当地的印刷厂开始印刷,终于使2卷16期《化学通讯》在汉口印出并寄走。不过,袁翰青预计到以后开展工作的艰难,本着负责的精神,他特别在这一期刊物的《编者赘言》中通知各位同人:"在整个抗战期中,整个民族正在度过光荣而艰苦的日子。""敌人的炮火只能给我们的工作带来困难,而不能使我们的工作完全停顿,所以本会的主要工作——刊物的出版,暂时由定期改为不定期。"

《化学通讯》从第2卷第17期起开始在重庆印刷,虽然出版条件艰苦,刊物地址也时常变动,但袁翰青主持的《化学通讯》不仅没有停刊,而且内容越办越丰富。每期《化学通讯》出版后,袁翰青总是通过各种关系和渠道,千方百计地把刊物寄到包括沦陷区在内的各位化学会会员手中,并尽可能向化学会会员们传送包括抗战在内的信息——除刊登抗战中化学会会务、地方学会成立及活动情况和会员消息外,还介绍一些国内外化学机构概况以及化学名词讨论情况。遇到一些重大事件,还出《纪念专号》。例如1939年第3卷第6期,为纪念在抗战中不幸遇难的著名科学家、中国化学会会员杨十三,袁翰青还特别出版了《杨十三纪念专号》,并勉励会员们为抗战出力。

对于处于沦陷区的化学会会员来说,《化学通讯》的到来不亚于为他们送来了翘首以盼的精神食粮。1940年7月,一位在上海沦陷区的化学会会员钱洪翔给《化学通讯》编辑部写信说:"每次收到《化学通讯》我都非常高兴,在艰苦的环境中能有这样的成绩,并且继续坚持出版,可佩!可佩!诸位会友和编辑先生的热诚精进和奋斗精神尤其令人钦佩不止。我虽身处孤岛,但极关心学会之动态,所以每次收到《化学通讯》,我便马上打开,从第一个字读到最末一个字,从不漏掉一个,并且感到浓厚的兴趣。"

1989年,正值《化学通讯》发刊一百期纪念,袁翰青克服身体不便的困难,用左手欣然为刊物做了"沟通信息,联络友情"的题词。

振兴大西北科技、教育

1940年秋，袁翰青出任甘肃科学教育馆馆长，开始了他长达6年的西北科学普及工作生涯。任馆长后，袁翰青对组建安排进行了调整，将自然科学组分为数理化股和博物股。数理化股除了搞调查、研究、化验工作外，还附设有中心实验室，为中等学校物理、化学、生物做实验提供实验机械，并由教育馆科研人员对兰州各中等学校学生进行物理、化学、生物学实验的辅导，还建有金木工室及制药室，不久又将金木工室扩大为仪器制造所，制造标准的中小学教学用物理及化学仪器、生物标本和挂图。博物股主持生物学及地学工作，兼筹备科学陈列室的设置，目标是专门从事基础科学研究以及科研成果的应用、转让。经过调整，科教馆的工作取得明显进展。

袁翰青将此前的科学陈列室扩大为陈列厅，陈设科学标本器具，放映科技电影，举办科普演讲，并利用陈列厅多次举办国防科学及国防科学技术等展览会，将本馆科研人员采集制作的动物、植物、矿物标本经过选择，予以陈列，并附贴说明卡，供民众参观。

袁翰青大力加强化验和生物研究工作，鼓励支持青年科研人员多出成果，将研究成果编入《国立甘肃科学教育馆学报》《国立甘肃科学教育馆专刊》。在袁翰青的带动下，青年馆员乔国庆将他从兰州市及近郊、甘肃省一些县采集的4000多种昆虫制成标本，并撰写成《甘肃蝶类初步报告》《甘肃蜻蛉类初步报告》，成为甘肃最早的昆虫研究成果。袁翰青还支持西北师范学院博物系教授孔宪武编著成《兰州植物通志》，该书成为研究我国西北地区野生植物的重要科学文献。

袁翰青还领导科学教育馆开展为地方经济建设服务的科学研究工作，经常进行科教活动和科普宣传。如在报刊上刊登科普文章，介绍"DDT""666"、青霉素等新产品的发明过程、用途、合成方法等，聘请美国青霉素专家到馆做"青霉素的性能、应用和制法"的报告，他本人也做过多次学术报告。

袁翰青不仅组织甘肃科学教育馆的工作人员撰写科普文章，还请国外知名专家到兰州做报告。1943年夏天，英国生物化学家李约瑟（Joseph Needham，1900—1995）博士一行到我国西北地区进行科学考察，特地参观了甘肃科学教育馆，赞扬该馆的建设和成就。李约瑟从1937年起开始学习中文，1942年任英国驻华大使馆科学参赞。袁翰青热情接待了到西北考察的李约瑟一行，并邀请李约瑟到馆做了题为《国际生物化学的进展》的学术报告（后来，李约瑟编著了多卷多册《中国科学技术史》，引用了袁翰青的一些化学史方面的论说）。李约瑟走后，袁翰青利用自己的影响，又请来美国抗菌素专家在甘肃科学教育馆做了关于最新医疗研究成果的报告，并当场口译。

袁翰青还利用自己馆长兼教授的身份，积极联络兰州的化学教师、化工技术人员。1943年3月中旬，正式成立中国化学会甘肃省分会，袁翰青为理事长。

整个抗战期间，由于袁翰青6年的努力，兰州的科普工作有了很大的提升。抗战胜利后的1946年9月，由于袁翰青到北大任职，便辞去了甘肃科学教育馆馆长的职务，馆务由许继儒代理，但基本沿袭了袁翰青的做法和管理模式。

中华人民共和国成立后，袁翰青被任命为中国科学院西北分院筹委会的副秘书长。他又回到阔别多年的兰州，负责筹建分院的全局工作。其间，确立了兰州分院"以资源环境为主体、重离子物理和材料化学为两翼"的发展方向。

毕生从事科普事业

早在中华人民共和国成立前，袁翰青在《田家半月报》上发表《科学下乡》一篇文章中就讲道："科学是由科学家研究出来的，可是科学家离不了社会。他们是靠社会上大家的力量培植出来的，所以他们研究出的结果也应当贡献给全人类。要为大多数人谋福利，不是为少数人服务。"袁翰青从1937年开始发表科普作品，走出了一条科学研究与普及互相融合的创作道路。

袁翰青认为，科学研究和科学普及应该相辅相成。在抗战中任甘肃科学教育馆馆长期间，他就开始推进科普工作。1941年9月21日，我国西北地区出现了一次日全食，兰州附近的临洮是日全食西北地区的最佳观测点，袁翰青认为这是一次非常好的普及科学知识的机会。为了宣传普及科学知识，破除迷信，袁翰青组织馆内人员根据有关部门的预测结果，提前做了预报，并组织日食观察队在日食出现时放映了科学影片，在兰州等地举办科普讲演和日食图片展览等一系列科普活动，在兰州和临洮引起了一场科学普及高潮。

在中华人民共和国成立后，袁翰青作为科普事业的领导人、组织者，继续为科普做了一系列开创性工作，并撰写了大量科普文章和书籍。

袁翰青曾按照有关部门的要求，撰写了一些国防科技方面的文章。为了配合我国研制原子弹，他编写《氟的工业制造技术》《硼烷的制备技术》，这两本著作是为了给从事该项工作的科技人员普及相关知识的需要而写的，对当时的研究工作起到了一定的推进作用。

袁翰青非常重视对广大群众特别是对青少年进行科普知识的教育。中华人民共和国成立后，他撰写了《溶液》《糖的故事》《铜的故事》《漫谈X射线》《再谈X射线》和《原子能的故事》等大量优秀科普作品，介绍中外化学家生平事迹和重要化学史实。其作品行文通俗流畅、内容真实生动，集科学知识性和思想性为一体，启人思维，催人奋发，深受广大读者欢迎。

1949年10月，袁翰青被任命为政务院文化部科学局局长（不久改称科学普及局），负责组织和领导开展科普工作。袁翰青强调要"把科普工作作为科学界的群众性工作来搞"，特别重视要为生产建设服务的目的。在他的策划下，科学普及局设置了辅导处、编译处、器材处和电化教育等几个处，开展了以下几方面工作：1. 举办展览会，例如1950年春在北京举办了《从猿到人·妇幼卫生》展览会，还到山西、河北等地巡回展出，参观人数众多，效果很好，这是中华人民共和国成立后举办的第一次科普展览。2. 组织科教电影和科普幻灯在全国发行。3. 组织和翻译科普读物，两年出版了几十种科普读物。4. 创办科学普及期刊，发送全国各地，交流科普工作经验，推动科普工作开展（袁翰青在文教界、科学界做了广泛的动员，并通过创办的《科学普及通讯》等撰文号召科学工作者投入写作科普文章，得到了高士奇等老一辈和新一代科学工作者的积极响应）。5. 组织工作队下乡，向农民宣传科学知识。

1950年8月18至24日，中华全国自然科学工作者代表大会在北京召开。会上成立了全国统一的中华全国自然科学专门学会联合会和中华全国科学技术普及协会，袁翰青任全国科普协会第一届全国委员会委员兼副秘书长（中华全国科学技术普及协会成立后，文化部决定将科普局与文物局合并，改称社会文化事业管理局）。据统计，协会成立时，全国各地已经建立了25个分会，吸收了7000多会员，举行了1600多次讲演。

作为科普协会的副秘书长，袁翰青提出，科普协会的任务是组织会员，通过讲演、展览、出版及其他方法进行自然科学的宣传，以期达到下列目的：使劳动者掌握科学技术，在经济建设中发挥力量；正确解释自然现象和科技成就，肃清迷信思想；宣传我国劳动人民科技发明创造，培养爱国主义精神；普及卫生知识，保障人民健康。袁翰青领导、组织和参与了协会章程的制订，不遗余力地强调科普工作必须为生产建设服务。他还组织协会人员拟订宣传计划，搜集宣传材料，并聘请有关专家组成科学成就宣传委员会、唯物世界观宣传委员会、工业建设宣传委员会、农林水利宣传委员会和卫生宣传委员会，在全国开展科普宣传。

开拓我国化学史研究

袁翰青是我国化学史、科学史研究的开拓者之一，早在20世纪30年代，袁翰青就注重积累化学史研究史料，并利用他编辑的《化学通讯》进行征集工作，为日后的系统性研究积累了丰富的素材。

1953—1955年，袁翰青任商务印书馆总编辑的同时，兼任北京师范大学化学系教授，主讲化学史，他是中华人民共和国成立不久第一位在高等学校中将化学史作为一门学年课讲授的教授。为了教好这门课，袁翰青广泛查阅古代典籍，收集有关中国化学发展史的资料，进行考证、整理和研究，并为此撰写讲稿，发表论文15篇。此后，他将论文和早年的作品编辑成《中国化学史论文集》，于1956年出版。

袁翰青对于化学史的研究成果涉及中国古代化学史的各个主要方面，很多都属于开创性研究，这为后来的化学史、科学史的系统化研究指明了道路和方向，著名化学史家赵匡华评价这部书"对中国古代化学史的研究起了很大推动作用"。

1954年8月，中国化学会在北京召开"中国化学史讨论会"，袁翰青是这次会议的发起人、筹备者和主持者。他在发言中提出化学史研究的三项原则：1. 必须具有辩证唯物主义的历史观点；2. 必须正确对待发明性成就和发展性成就；3. 必须审慎处理史料。

在袁翰青的带动下，我国化学史、科学史的研究取得了相当的成果。1964年，袁翰青在《化学通报》第1期上发表了《近年来中国化学史研究工作的进展》，对1957—1963年间我国化学史研究工作的进展做出总结，共介绍了100多项研究成果。

袁翰青研究化学史不仅仅限于中国，他的另一本著作《化学重要史实》，是和应礼文合作编写的一本世界化学史专著，全书共50余万字，附250多幅插图，共介绍了74位不同时期世界著名化学家的生平、贡献，同时讲述了世界化学史上一些重要事件。

十年动乱期间，袁翰青仍坚持翻译工作，联合国编印的一部关于环境科学的重要科普读物《只有一个地球》就是由他翻译的。该书是为1972年6月联合国在斯德哥尔摩召开的大会提供实际的背景材料和概念性的基础意见而准备的，由政治经济学家巴巴拉·沃德和科学家雷内·杜博斯在58个国家152位成员组成的通讯顾问委员会的协助下编成的著作。1975

年，袁翰青身患脑血栓症，右手不能握笔，走路也要靠人扶持。即便在这样的情况下，他仍然完成了李约瑟的《中国科学技术史》第一卷的翻译工作。

科技情报研究事业的奠基人

袁翰青是我国科技情报事业的创始者之一。1955年，中共中央和政府向全国人民发出"向科学进军"的号召。1956年初，在编制我国发展国民经济的第二个五年计划和"十二年科学技术发展远景规划"时，根据周恩来的指示，袁翰青等把建立专门的科技情报工作机构作为发展我国科学技术不可缺少的重要组成部分和一项紧急任务，草拟了关于建立我国科技情报工作的规划，即《十二年规划第57项任务》。

当时作为中国科学院学部委员的袁翰青在完成筹建科学院西北分院的任务后，又作为一名文献学家接受了中国科学院的委托，负责筹建中国科学院科学情报研究所。1956年，随着中国科学院科学情报研究所筹备处的成立，袁翰青又负责筹建中国科学院科学情报研究所。

当时，确定科学情报研究所的中心任务是全面、及时地收集、研究、报道和传播国内外，特别是先进国家的科技发展动态和最新成就，翻译出版国外科技书刊资料，搜集、整理国内的科技报告和数据资料。袁翰青除从有关科研部门抽调一批干部外，又分别从武汉、上海、东北等地招聘了一批确有所长的待业知识分子。在有了一定数量的工作人员后，又经过一番准备，按任务按专业组成四个情报研究室：第一研究室包括机械、电工、电子、航空，第二研究室包括采矿、冶金、化工，第三研究室包括基础科学，第四研究室包括农业、医学。另成立情报方法研究组，开展情报理论方法研究。

1956年10月15日，中国科学院科学情报研究所正式成立。袁翰青成为情报所的第一任所长。袁翰青认为，四个现代化的中心是科学技术现代化，而科技现代化的基础又是科技情报现代化。科技情报工作的主要内容首先是搜集全世界的科技情报文献资料，而"最有效的一种检索方法是把每一件文献资料用中文写成文摘，抽出主题词，编成索引"，因此他非常重视"文摘"在科技情报工作中的重要性。科学情报研究所成立后，在袁翰青领导下，除积极收集、加工各类刊物资料外，首先翻译出版了苏联《文摘杂志》的机械工程分册和冶金分册，还编辑出版了《科学情报工作》《半导体快报》《力学文摘》《地质文摘》《物理学文摘》等。

卓越的政治活动家

袁翰青早在少年时代就抱有科学救国思想，经常阅读当时的进步刊物《新青年》等；高小读书时正值五四运动爆发，他便参加抵制日货示威游行；在清华大学学习期间，他曾积极投身爱国学生运动。

抗战期间，袁翰青作为一位爱国民主人士，积极推进开启民智、宣扬民主的活动。他曾在兰州中正公园四照厅以《赛先生与德先生》为题发表演讲，普及民主与科学的概念。在演讲中，他用浅显易懂的通俗语言阐释了科学与民主。他说，"赛先生"（科学）和"德先生"（民主）对人类的贡献有四方面：一是思想方法的改变，二是人生观的改变，三是生产方式的改变，四是交通工具的改变。并且告诉听众："自由与民主及近代科学发展之明证，中国只有按此原则迈进，才能走向现代化之途径。"他的演讲受到当时西北地区广大进步知识分子的热烈欢迎。

在甘肃科学教育馆期间，袁翰青同时也在西北师范学院化学系兼课。不久，黄国璋也来兰州讲学，并代理西北师院院长。黄国璋向袁翰青介绍了在重庆筹建九三学社的情况，希望他能参加。袁翰青欣然同意，按照袁翰青的话说，"虽然没有填表，但当面就讲定了"。

袁翰青回到北平任教后，积极参加九三学社的各项活动，并与中国共产党密切合作，投身反对国民党独裁统治的爱国民主运动。袁翰青在回忆九三学社在北平的活动情况时说："那时九三在北平的同志主要是在北大和师大任教的几位教授，记得最初只有七八个人，他们是许德珩、劳君展、严济慈、孙承佩、薛愚、黄国璋、黎锦熙、鲁宝重、董渭川、张雪岩等。我来北平时,军调部还没有撤销,中共小组仍在北平,负责同民主人士联系的是徐冰同志。九三经常是采用聚餐的方式聚会的,有时在北大府学胡同宿舍,有时在当时黎老主持的大辞典编纂处内,大多是在国会街薛愚同志家里聚会,因为那里较偏僻,不易引起注意。聚餐座谈,九三是单独举行的,至于搞公开活动,则采用社内外人士签名发表的方式。当时,有组织的民主人士在北平的不太多,并没有把各民主党派分的那么清,常常是配合在一起搞活动的。特别是在1947年下半年,在南方的民主人士大部分都到香港去了,在国统区,只是在北平有民主人士的活动。我们主要的活动是在地下党的领导与支持之下,组织签名运动,联合发表了各种宣言、抗议书等等。"

不久,发生了沈崇事件,北平各院校师生在愤怒声讨中,掀起了一个巨大的抗暴运动。袁翰青受北平中共地下党的委托,起草了《抗暴宣言》(即《北京大学教授联合致司徒大使抗议书》),并发起了一个签名运动。

袁翰青热情支持进步学生,曾多次不顾个人安危,积极参加反对国民党统治的各种活动,并掩护中共地下党组织的重要负责人刘仁脱险。在北京大学任教期间,为营救民主人士和进步青年,袁翰青冒着生命危险,和费青组织发表了《十三教授宣言》(又称为《保障人权宣言》),引起强烈反响。在这一宣言和广大人民群众舆论的压力下,国民党反动当局不得不将被捕的民主人士和进步学生陆续释放。后来很多进步学生在袁翰青的帮助下,辗转去了解放区。

1948年3月29日,袁翰青与许德珩、樊弘参加了在北大民主广场举行的纪念黄花岗先烈大会,并当场发表了反对伪国大的讲演,抨击美蒋勾结发动内战的罪恶行径,给爱国学生运动以强有力的支持。袁翰青演讲的题目是《中国青年唯一的一条道路》,在讲演中袁翰青指出:"做一个今天的知识青年,要永远的贡献你的一生所有的知识的力量,为中国苦难的人民而服务——这是知识青年唯一的道路,是每一个知识青年应有的抱负。"并鼓励青年学生"绝不为自己的利益而违背了大多数人民的利益,永远地为中国的人民的利益而奋斗，坚决地为新的中国而努力"。

在1948年开封战役期间，国民党军队对开封实施狂轰滥炸和纵火，对千年古都造成了极大破坏。为了保护民族文化遗产，反对国民党军的倒行逆施，袁翰青联合民主人士发表了抗议轰炸开封的宣言，要求国民党停止破坏文化机关和轰炸古城。6月下旬，河南省旅居北平同学在北京大学民主广场举行开封死难同乡追悼大会，许德珩、袁翰青和樊弘三教授再次到会演讲，痛斥国民党滥杀无辜、破坏文化古迹的行径。

随着全国解放日益临近，袁翰青为配合争取北平和平解放进行了大量工作。袁翰青等九三学社成员签名发表了《对全面和平的书面意见》，认为只有接受中共的《八项和平主张》，召开无反动派参加的新政治协商会议，才是"解决国是、创建新中国的唯一途径"。1949年1月，傅作义宴请部分民主人士探讨和平解放问题，袁翰青和黄国璋出席。席间，两人和傅作义交换了意见，坚定了傅作义接受和平解放北平的信心。

时任中国共产党职业青年支部书记仓孝和曾找到袁翰青，要他帮助挽留著名学者、教授。在袁翰青的努力下，北大训导长贺麟、教务长郑华炽、文学院代理院长朱光潜、中文系主任杨振声、理学院院长饶毓泰等人拒绝了国民党的拉拢和诱惑，留在北平迎接中华人民共和国的诞生。

北平和平解放后，袁翰青等为制止国民党特务的破坏活动，立即印发了《告同学书》《告全北平父老兄弟姐妹书》，动员北平人民保护北平及一切文化设施，迎接解放军入城。

新政治协商会议常务委员会第一次会议于1949年6月16日在北平举行，当时周恩来在《关于新政协筹备会组织条例的解释报告》里有这么一段话："本来23个单位已经协商很久了，考虑邀请他们，像刚才说的两个团体——九三学社、民主革命同盟的领导人物，如九三学社的许德珩先生等也参加了其他单位，这两个单位在筹备会议中就不再邀请了，留到正式的新政治协商会议中再邀请，这当然还要同筹备会各单位协商。当时协商，九三学社是打算参加社会科学工作者协会的，而民主革命同盟这个组织本身也打算改建为团体。"

中国民主革命同盟是1941年夏在周恩来领导的南方局的直接关怀下，在重庆秘密成立的一个特殊的中国共产党外围组织，袁翰青在1946年由汪季琦介绍参加了该组织。1949年7月，新政协筹备会议副秘书长齐燕铭约见袁翰青，提出九三学社应该作为一个党派参加全国政协。袁翰青马上找到许德珩，转达了齐燕铭的话，许德珩当即同意。1949年9月17日，由袁翰青等七人代表中国民主革命同盟发表声明，宣告这个组织结束。1949年9月，第一届中国人民政治协商会议在北平隆重开幕，九三学社作为民主党派组成了以袁翰青、许德珩、黎锦熙、吴藻溪、薛愚为正式代表，叶丁易为候补代表的代表团，参加了政协第一届全体会议。

在第一届中国人民政治协商会议中，袁翰青曾多次发言，积极参与讨论，并对于中央政府组织法等提出了文字上的修改意见。经过充分讨论，会议一致通过《中国人民政治协商会议共同纲领》。

自第一届当选全国政治协商委员起，连续至第七届，袁翰青被任命为全国政协副秘书长并当选第六届和第七届全国政协常委。作为一位来自科技界的全国政协委员，袁翰青曾就促进新中国科技事业的发展提出很多宝贵意见，如袁翰青提出了科学院对于高等学校的科学家，大力采用科学基金会的协助研究的设想。

作为一名全国政协委员，袁翰青非常注重调研工作，并在调研后提出相应的意见和建议，这里仅举一例。袁翰青在江苏视察高等学校科学研究工作时深入基层，和许多教授、系主任等举行了座谈，了解到各高等学校里的科学研究工作的许多情况和存在的问题。此后，袁翰青根据基层反映的意见和要求，向中央有关单位和江苏省有关部门提出加强各高等学校和中国科学院的一些研究单位的联系和合作问题的建议。

除参加政协工作外，袁翰青被任命为首批政务院参事，参与新中国各项建设。在中华人民共和国政府中设置参事室，是毛泽东在中华人民共和国成立之前就提出来的。1949年10月28日，中华人民共和国政务院第三次政务会议任命袁翰青等32人为首批政务院参事。袁翰青等人作为参事，轮流列席政务院会议和国务院全体会议，参与共和国第一部《宪法》的起草，审订法律，会签各部委上报政务院的报告，调查政策、政令推行实情，对政务院的建章立制、公文起草、审核和运转起了建设性作用，尤其在土改工作中，提出了很多宝贵的建议，向政务院总理周恩来及时汇报。

"骥老何当甘伏枥，晚霞明彻照幽州"

1957年，袁翰青被错划为"右派分子"，两年后，被摘掉"右派"帽子，任中国科学院科学情报研究所文献馆主任。"文革"中，袁翰青受到冲击，被下放到河南省信阳市罗山县农场劳动。虽然身处逆境，受到不公正待遇，1975年突发脑血栓，但他依然坚持工作，为我国的科普事业做出了贡献。

1985年，袁翰青得到彻底平反纠正，名誉得到恢复。9月30日，中国科技情报研究所祝贺他八十寿辰。半个世纪以来，袁翰青为国家培养了几代化学界人才，其中不少是有成就的专家、教授，为中国的科学教育事业做出重大贡献，用袁翰青自己的话说，培养的学生"数也数不过来了"。为了给袁翰青祝寿，京津地区各大学讲授化学史的教授们、科技史研究单位的工作人员纷纷来到会场，一睹老师的风采。中国化学会也送来挂匾，祝贺袁翰青从事科研和学会活动五十周年暨八十寿辰，上书诗云：

芬芳桃李遍南北，史论金丹第一流。
骥老何当甘伏枥，晚霞明彻照幽州。

1986年10月，国家科学技术委员会在举行中国科学技术情报研究所创建三十周年纪念时，特向袁翰青颁发证书："您在创建我国科技情报事业中做出了突出的贡献，特颁发荣誉证书，以资表彰。"中国科学技术情报研究所也颁发给袁翰青一等奖励，以表彰他在中国科学技术情报研究所的发展中做出的重大贡献。

1987年3月，中国科学技术协会授予袁翰青荣誉委员称号，以表彰多年来他对科协及所属学会工作做出的贡献。

1990年9月7日，袁翰青85周岁，国家科委隆重为袁翰青在科技情报研究所隆重举行祝寿活动。就在活动的前一天，国务委员兼国家科委主任宋健亲自到袁翰青家中，祝贺袁翰青八十五岁寿辰。九三学社中央副主席孙承佩、中共中央统战部秘书长刘小萍等也先后到袁翰青家中，向袁翰青祝寿。全国政协办公厅、中国科协等单位也派专人到袁翰青家中祝寿。

9月7日上午，到中国科学技术情报研究所参加祝寿活动的有全国政协副主席钱伟长，国家科委副主席蒋民宽、周平，国家科委办公厅主任焦亚正，科委直属机关党委副书记邱林坡，中国科学院副院长李振声，科学院副秘书长张玉台，科学院学部、化学部副主任钱文藻，九三学社中央副主席兼北京市人大常委会副主任陈明绍，九三学社中央常委、中央参议委员会副主任兼秘书长李毅等人。会场悬挂着九三学社情报所支社赠送的条幅："学专化学德高望重声誉远，志在科技兴国利民遐龄高。"

1994年3月2日，袁翰青于北京逝世，走过了他为民主和科学奋斗的一生。3月19日，袁翰青追悼会在北京西郊八宝山礼堂举行，雷洁琼、卢嘉锡、吴阶平、宋健、钱伟长、朱光亚、严济慈和全国政协、中共中央统战部、国家科委、九三学社中央、中国科学院、中国科协、国家教委、中国科学技术信息研究所、南通市政府、南通师范学校等部门代表以及袁翰青生前好友600余人参加了追悼会。

袁翰青逝世一年后，中国科学技术信息研究所出版了《袁翰青文集》，并召开了纪念袁翰青院士诞辰九十周年座谈会。2005年9月2日，中国科学技术信息研究所又召开"纪念袁翰青先生百年诞辰座谈会"，号召学习袁翰青爱党爱国、勤奋学习、勇于探索、严谨治学、孜孜诲人和始终不渝地追求进步与真理的精神。

参考文献

1. 袁翰青《漫谈科技情报工作》,《图书馆学通讯》1983 年 2 月。
2. 袁翰青《中国化学史论文集》,三联书店 1956 年版。
3. 刘昭东主编《袁翰青文集》,科学技术文献出版社 1995 年版。
4. 袁翰青、应礼文合编《化学重要史实》,人民教育出版社 1989 年版。
5. 凌永乐、王治浩《袁翰青》,辽宁大学出版社 2010 年版。
6. 赵慧芝《缅怀著名化学史家袁翰青院士》,《中国科技史料》1995 年 9 月。
7. 袁其采、陈效师《事非春梦岂无痕——记我的父亲袁翰青》,《民主与科学》2005 年 2 月。
8. 陈效师、袁其采《袁翰青——中国科普事业的先驱》,《科普研究》2008 年 8 月。
9. 曲祚民、赵运奎《学贯中西 心通菩提——追记中科院院士、著名化学家袁翰青教授》,《中国化工》1995 年 4 月。
10. 《袁翰青与〈化学通讯〉》,《化学通报》1982 年 9 月。
11. 邓明《著名化学家袁翰青在兰州》,《民主与科学》2000 年 8 月。
12. 刘文声《袁翰青与新中国科普工作》,《民主与科学》2009 年 4 月。
13. 力石《一生求索终身不悔——访袁翰青教授》,《民主与科学》1990 年 10 月。
14. 刘永成、王禄明《民国年间的甘肃科学教育馆》,《档案》2009 年 6 月。
15. 王文元《著名化学家袁翰青在兰往事》,《兰州晨报》2014 年 1 月 11 日。
16. 贾晓明《九三学社成立前后的袁翰青》,《人民政协报》2015 年 10 月 29 日。
17. 应礼文《袁翰青:探源中国炼丹史,考证造纸发明人》,http://news.tsinghua.edu.cn/publish/thunews/9664/2011/20110225232231390977487/20110225232231390977487_.html,2009 年 3 月 9 日/2016 年 9 月 16 日。

孙荪荃传略

■ 李 书

孙荪荃，著名爱国民主人士，社会活动家，诗人，九三学社早期领导核心层中的女性成员。在新民主主义革命时期和社会主义革命和建设历史进程中，她尽了最大的努力，对九三学社的创始和发展做出了重要贡献。无论是在中国近现代诗歌史、现当代革命史，还是在九三学社的历史上，她都是一个不应该被忘记、被忽略的人物。

孙荪荃，生于 1903 年，安徽桐城人，原名祥偈，曾寄居在湖北。她的父亲能作诗，字写得按孙荪荃的话就是"很可以"，靠在政府机关做誊写小职员维持生活。根据中央人民政府人事部制的"干部履历表"，孙荪荃先后就读和毕业于湖北女子师范学校、前国立北京女子师范大学哲学系、前国立北京师范大学国文研究科。

孙荪荃很早即展露出文学方面的天赋。由于父亲经常失业，家庭生活艰难，她担负起了家庭的生活重担。在北京求学期间，她一边上学，一边教学，同时参加报社的编辑工作，发表了不少文学作品。在此期间，孙荪荃思想上深受自己敬重的师长李大钊、黎锦熙等名家影响，这奠定了她日后从事文学和革命工作的基础。

在女师大毕业后，她在北平《世界日报》做过《妇女界》专栏编辑，后来在《朝报》《新晨报》等报刊副刊从事编辑与记者工作；在大学、中学担任过国文教员，曾任北平市立第一女子中学校长，河北大学、山西民族革命大学教授，还当过中央银行经济研究处协纂。她认为自己"一向是做教育工作的，教书的时间多，也做过教育行政工作，这些，我都很内行"，她愿意把自己定位于一个教育工作者。

孙荪荃不仅能作旧体诗词，还写过新诗。20世纪30年代初，她的词作不仅能和著名文献家、词学家孙人和的词同刊于《师大国学丛刊》（1931年第1期），还出版了《生命的火焰》《荪荃词》等集子，是公认的女诗人。《生命的火焰》在1930年1月作为"孤星社丛刊之一"出版，画家杨仲子封面设计，共收新诗40首。兹录其中一首《再不能沉默》：

> 夜莺在山头苦叫得流血
> 说是：夜海的彼岸有和融的春色。
> 夜神放出成千成万的睡魔
> 迷滞着生命的灵波。
> 夜莺的血歌
> 唱不进梦里的心河。
> 我幽禁在夜网
> 血泊中浸着灵感。
> 生命的孤光闪烁不歇
> 我再不能沉默。

诗中充满了浪漫而热烈的激情，展现出作者对于新生活的渴望、向往和讴歌，虽然她感到"夜网"的沉重、浓密，有如"夜神放出成千成万的睡魔"，但她不想屈服，更不想妥协，宁可"苦叫得流血"，即使倒在血泊中，也要让"生命的孤光闪烁不歇"，从《再不能沉默》这首诗我们可以感受到整个《生命的火焰》诗集蕴蓄着的战斗精神。

孙荪荃的新诗写得好，旧体诗也写得相当有功力。《荪荃词》前有顾震福、顾颉刚、吴宓、孟宪章等人序,对孙荪荃的词作给予了很高的评价,依其序推断当于1936年出版,《荪荃词》内收孙荪荃所作词78首。同年,桐城学者光铁夫编《安徽名媛诗词征略》,也收录有孙荪荃的诗词。

吟咏孙荪荃的诗,会感到她不是吟风弄月,不是婉约哀伤,而是颇为豪放,尤如李清照、秋瑾的诗风,见出青年时她铮铮侠客般的冲天豪气,对唐末诗人郑古(即郑鹧鸪)和宋代女词人李清照的喜爱、向往,从中也见出她的个性、理想和远大抱负。

1945年"重庆谈判"期间,毛泽东多次会见著名爱国民主人士。他抄录了自己在1936年2月初所作《沁园春·雪》,将它送给很早就相识的柳亚子。不久,重庆各种报刊陆续发表了毛泽东的这首词以及柳亚子的词,还有人们的和词、各种评论。一时山城轰动,洛阳纸贵。国统区的进步知识分子郭沫若、聂绀弩等人纷纷唱和或撰文,孙荪荃也参加了唱和。

1936年毛泽东作《沁园春·雪》,正值他和彭德怀率领红军长征部队胜利到达陕北清涧县袁家沟,准备渡河东征,开赴抗日前线之时。为了视察地形,毛泽东登上海拔千米白雪覆盖的塬上,当"千里冰封"的大好河山和白雪皑皑的塬地展现在眼前时,毛泽东触景生情,感慨万千,诗兴大发,欣然提笔,写下了这首充满豪情以至今人都很熟悉的词:

> 北国风光,千里冰封,万里雪飘。望长城内外,惟余莽莽;大河上下,顿失滔滔。山舞银蛇,原驰蜡象,欲与天公试比高。须晴日,看红装素裹,分外妖娆。
>
> 江山如此多娇,引无数英雄竞折腰。惜秦皇汉武,略输文采;唐宗宋祖,稍逊风骚。一代天骄,成吉思汗,只识弯弓射大雕。俱往矣,数风流人物,还看今朝。

1945年孙荪荃同样以"沁园春"的词牌,作出和词:

> 三楚兴师,北进长征,救国旗飘。指扶桑日落,寇降累

累；神州陆起，独挽滔滔。扫尽倭氛，归还汉土，保障和平武力高。千秋事，看江山重整，景物妖娆。

文坛革命词娇，有锄恶生花笔若腰。谱心声万里，直通群众；凯歌一阕，上薄风骚。谁是吾仇，惟其民贼，取彼凶顽射作雕。同怀抱，把乾坤洗涤，解放今朝。

孙荪荃的和词引起了毛泽东的注意，毛泽东返回延安在致柳亚子的信中说："先生的和词及孙女士（即孙荪荃）的和词，均拜受了……"孙荪荃能和柳亚子、毛泽东这样的词家相唱和，表达了她拥护中国共产党领导的进步事业的立场，也足见其当时在古典诗词的功力和地位。

1946年4月8日，王若飞、秦邦宪、叶挺等人因飞机撞山而遇难。10月，中共代表团编辑出版《"四八"被难烈士纪念册》，其中亦收录有孙荪荃和谭平山用"满江红"词牌缅怀、悼念死难烈士的词。

中华人民共和国成立之后，可能由于政务繁忙，孙荪荃很少再进行文学方面的创作了。

孙荪荃于1927年北平师范大学国文研究科毕业后，先是在群化中学、黎明中学教学并在《朝报》担任编辑，发表不少抨击国民党反动派的文章。不久，她担任了北平市立第一女子中学（简称女一中）校长的工作。其间，孙荪荃按照大革命时代武汉中学的模式改造学校，发扬民主校风，发展和健全学生自治会的活动。她参加并领导了北平市中等学校抗日救国会和北平市女界抗日救国会的工作，行动果敢，堪为师表。在她的感召下，女一中的不少学生在后来北平历次学生运动、抗日活动中发挥了积极作用，成为骨干和中坚力量。

孙荪荃不是共产党员，但她始终追随共产党，一生以妇女解放、民族独立、文明进步为己任。她有信念、有理想、有志向，有火一样的政治热情，20多岁就投身于革命运动，用自己的青春、满腔的热血为民族解放事业呐喊、奋斗。孙荪荃敬佩自己的老师李大钊，并深受其影响。她多次谈到"在中学和大学期间，中国文学和史学中得到一些初步的爱国思想。从李大钊老师所教的社会学和历史哲学等课程中接受了一些初步的唯物思想"。"产生了'救亡图存、发愤图强'的意识，立下了要为国为民作一番事业的志愿"。20世纪30年代，孙荪荃在学校多次公开宣讲李大钊的生平，介绍李大钊的著作《纵与横》《唯物史观》；她向同学们宣传：女一中的校址——北京北长街，就是李大钊帮助找的；创办女一中，就是为了争女权，反对北洋封建军阀的统治。她宣传中国共产党"八一宣言"，说"共产党要和我们合作了""由这种自发的革命热情所趋使，在女一中的一段工作中，不怕困难，不畏艰险，一往直前地进行各种改革……"

今天我们可以从许多人的回忆中看到孙荪荃当年在民族生死存亡的关头、在抗日战争中清晰的身影，如著名政治经济学家、九三学社发起人之一、九三学社中委孟宪章（1895—1953）回忆："民国二十四年（即1935年），余因西北军关系，任编译室主任，主编《世界情报》半月刊，侧重介绍日本国情，暴露日本侵华野心，并与当时北平民主教授杨秀峰、许德珩、黄松龄、孙荪荃等组织座谈会，以是曾遭日本嫉视。"

孙荪荃在1935年"一二·九"运动中发挥了重要作用，让我们来看看当日亲历者的回忆：

曾任国务院副总理的姚依林（1917—1994）在接受清华大学马列主义教研室老师访谈时说："1935年8月……当时正值黄河大水灾，由于国民党宪兵三团在北平，难于公开活动。因此，我们就决定由民族武装自卫会发起组织黄河水灾赈济会，利用它进行公开活动。……我是以清华暑期同学会的代表名义参加黄河水灾赈济会，会址设在女一中。为什么放在女一中？以它为中心？当时女一中校长孙荪荃，还没有嫁给谭平山，后来与谭平山结婚（中华人民共和国成立后任国务院参事，已去世），她在教职员中比较左一点。她在女一中后院给了我们一个大房间活动，所以赈济会就设在这里。""黄河水灾赈济会联系了一批学校的进步学生，公开在街上为救济水灾募捐，于是有二三十个被搞垮了组织的学校逐渐集中起来了，活动开展得比较好。大约募捐所得有2000来元（白洋）。我们送了一部分捐款给山东，留约500元备用，这笔钱即后来'一二·九'运动的经费来源之一。后来，宋庆龄送了一笔钱，约 100 多元，是通过张申府送来的，北平的一些左翼教授也捐了几百元。这些就是我们搞'一二·九'的活动经费，如印传单之类，就靠这些钱。""1935 年 11 月 18 日，北平学联第一次召开会议，地点在中国大学。会议指定燕京的陈絜起草宣言，选举了郭明秋为学联主席。学联设在女一中，这也与女一中校长提供活动地方有关，这是我们在城内活动的唯一据点。"

翻译过卢梭的《忏悔录》、伏尔泰的《中国孤儿》、凡尔纳的《格兰特船长的儿女》等著作的著名翻译家、作家、教授，北宋名臣范仲淹二十九世裔孙范希衡（1906—1971），在他的生平大事中有这样的记载："1935 年'一二·九'运动，在北京女一中校长孙荪荃（国务院参事、谭平山夫人）授意下，邀请法国教授邵可侣同去赚开阜城门，为清华大学、燕京大学的学生进城开道。"

孙荪荃的不少学生受到她的思想影响。如谷羽（1918—1994），原名李桂英，1934 年暑假，未经家里同意，李桂英即从安徽省立第一女子中学转入北平安徽中学高二学习。半年后，安徽中学因经费困难停办。她听国文老师说，北平女一中有位孙荪荃老师，思想进步，于是她于 1935 年初转入北平女一中，开始高二（第二学期）学习。1935 年 10 月李桂英加入共青团，曾参加抗日武装自卫会西城区工作，在女一中秘密宣传抗日救国。李桂英是"一二·九"运动的积极参加者，据她回忆，孙荪荃原是女一中校长，因在"九一八"事变中领导女一中学生抗日运动被捕，被营救出来回校后，被撤掉了校长职务，仍留校任语文教员。上课时孙常向学生宣传进步思想，并经常讲时事。李桂英因而主动与她接近，常受到孙荪荃的思想影响，偶尔也得到她的经济帮助。从孙老师处所受的思想影响主要是："妇女要解放，民族要解放。"李桂英后到延安，更名谷羽，1939 年成为胡乔木妻子，中华人民共和国成立后成为一名科技战线的领导干部。

孙荪荃是"一二·九"运动的积极参与者。曾长期在隐蔽战线的武剑西（1899.4.15—1973.1.16）回忆，1935 年他在北平以东北大学教授身份为掩护，参与领导了"一二·九""一二·一六"北平大中学生抗日爱国救亡运动，其间，他与张申府、孙荪荃、许德珩、杨秀峰、黄松龄、邢西萍等多名教授，与青年学生领袖姚依林、黄敬、李昌、郭明秋等人一起多次反复研究策划学生反对伪华北自治的抗日游行示威活动。张申府在《所忆》中说："我记得那次运动是以城外的清华大学为中心展开的，城内是从女一中开始的。女一中的校长孙荪荃思想很进步，她接近当时还处于地下的共产党，学生们也很拥护她。""1935年12月9日，广大学生的游行开始了，我记得那天上午，我同清华学生姚克广（姚依林）、女一中校长孙荪荃同学生郭明秋四人同到西单亚北咖啡馆楼上饮茶，看着游行队伍的进行。姚克广和郭明秋是学联的主要负责人，这个咖啡馆实际上也就算是组成了一个游行队伍的临时指挥部。队伍游行走过西单又往东走时，就有一个清华的学生骑着自行车跟着队伍走，并随时来把游行队伍的情形告诉我们。"不久，张申府被捕，孙荪荃极力营救："我被捕后，地下共产党组织积极营救，家属和朋友也设法活动。当时任女一中校长的孙荪荃到南京找到冯玉祥，请冯从中帮忙，因为当时宋哲元任平津卫戍司令，统治北平，而宋曾是冯玉祥的部下。经过多方活动，局势有所缓和。"

另外，郭明秋所著《回忆"一二·九"运动的党的领导》也谈道："孙荪荃虽然没有进共产党，但她对共产党给过相当大的帮助，表现在对'九一八'以后和'一二·九'的学生抗日救国运动方面。"

从上述这些当事人的回忆里我们能够确认，孙荪荃在北平发生的"一二·九"运动中是重要人物。可以说，从运动开始前的筹划资金，到运动中的指挥帷幄，及具体的细节把握，以至善后工作，孙荪荃都起到了举足轻重的作用。虽然"一二·九"运动是直接在中国共产党地下组织的领导下发生的，但它是中国人民社会各阶层的抗日运动，有着广泛的社会基础，是抗日志士共同努力奋战的结果，而孙荪荃可谓其中的杰出女性代表。

"一二·九"运动发生后不久，12月21日孙荪荃的宿舍突遭大批军警包围，她被捕了。被捕期间不管反动派怎样威逼利诱，孙荪荃始终拒绝写反共的东西，18天后被释放，后来被迫离开了女一中。经过"一二·九"

运动的洗礼，孙荪荃更加深了对于中国共产党和党的抗日民族统一战线政策的认识，坚定了跟着共产党走的志向。在去南京、上海营救北平被捕的大批学生和张申府的过程中，她见到了周新民，向周新民申述自己的愿望。在周新民的安排和直接领导下，孙荪荃返回北平开始进行上层的情报工作，利用中国学院和民国学院教书的地位和各种关系做掩护与上层人物打交道。尽管孙荪荃在整个抗日战争时期辗转奔波于北平、武汉、上海、山西、西安、重庆等多地，但她的情报工作一直没有中断。在武汉、上海这两地，孙荪荃都在董必武的直接领导下工作。

1936年，孙荪荃把自己的名字由孙祥偈，改为孙荪荃。

在重庆，孙荪荃结识了谭平山，并与之于1941年结婚。

孙荪荃不仅有浪漫的想像、华美的文采、奔放的热情，同时思想敏捷，具有哲学和经济学的专业知识。1942年至1949年，她在中央银行经济处从事经济研究工作，其间，她发表了《三民主义经济政策的本质》一文。该文从社会背景、时代产物和三民主义经济政策所依据的基本条件、理论基础、哲学根据、与其他主义经济政策的不同及三民主义经济政策具体表现等几个方面，详细论述了国民党经济政策与政治理念的关系，认为抗战时期国民政府的经济政策是孙中山三民主义整体中的一个部分，是对抗战有积极作用的。而"三民主义经济政策的第二阶段的战时经济计划，一面对抗敌人侵略，同时促进了殖民地经济制度的崩溃，使中国社会走上新的阶段。——就是共有、共治、共享的制度"。

文章思路缜密，数据坚实，鞭辟入里，从而在经济领域对民族团结、国家向心力起了积极宣传作用，是对中国人民抗日战争民族解放事业的有力支持。

尽管孙荪荃曾说过"做银行的工作是发挥我的特短"，但这篇论著引人关注，竟被以为出自经济领域行家之手，并不知孙荪荃刚被调到银行工作才不久。

1945年，孙荪荃参与了谭平山、王昆仑等人组织发起三民主义同志联合会。

1946年与张西曼等人组织、成立了以文化界进步人士为主的中国民主宪政促进会，这是一个为促进民主宪政的真正实施的统一战线性质的组织，于1946年2月24日在重庆成立。这个组织存在时间不是很长，但组织机构建设比较完善，有成立大会通过的章程，理事会设秘书组织宣传三处及人民自由保障委员会、农民委员会、工人委员会、妇女委员会、青年委员会、儿童福利委员会、教育委员会等，理事会包括中共代表团的邓发、何思敬、潘梓年、华岗等人。张西曼被推为理事长，孙荪荃任常务理事兼妇女委员会、儿童福利委员会主任委员，该组织于1950年解散。在1950年元月《中国民主宪政促进会结束宣言草稿》的后面有起草人、阅稿人、同意结束人的签名，孙荪荃是5名阅稿人之一，其他4人是陶大庸、张雪岩、甘祠森、孟宪章。原中国民主宪政促进会中的不少人也是九三学社创始、建立的参与者，比如张西曼、孟宪章、许德珩、张雪岩、吴藻溪、孙荪荃、王卓然、潘菽、严希纯等。

孙荪荃曾两次被聘任为国务院参事。1949年中华人民共和国成立伊始即被中央人民政府任命为共和国政务院参事。这第一批参事共32名，其中女性只有3名，孙荪荃位居其一；1959年她再次被聘为国务院参事，国务院参事室是国务院的直属机构，兼具统战性、荣誉性、顾问性。国务院参事由国务院总理聘任，其主要职责以今天更明确的说法是参政议政、建言献策、咨询国是、民主监督。参事中多为中国各民主党派人士、无党派人士、著名专家学者以及富有宏观管理经验的领导干部，都属德高望重的社会名流。

孙荪荃是1946年前后较早参加九三学社的成员之一。

1946年1月10日至31日，政治协商会议在重庆举行。会前1月6日，九三座谈会召开。会议的内容是：检讨新疆问题，声援出席政治协商会议各代表，决定筹组九三学社，出席会议20余人。1月9日的重庆《新华日报》以"学术界举行九三座谈会，决定筹组九三学社"为题，对此予以了报道。

1946年5月4日九三学社在重庆正式成立，到会50余人。成立大会通过《九三学社缘起》《成立宣言》《基本主张》《对时局主张》等文件及致美国会电文，选举潘菽、张雪岩、褚辅成、许德珩、税西恒、吴藻溪、黄国璋、彭饬三、王卓然、孟宪章、张西曼、涂长望、李士豪、笪移今、张迦陵、严希纯等16人为理事，卢于道、詹熊来、刘及辰、何鲁、侯外庐、黎锦熙、梁希、陈剑鞘等8人为监事。

从上述最早报道九三学社的重庆《新华日报》的文字表述中，我们虽然没有发现孙荪荃的名字，但从刊登在由九三学社中央研究室主办的《社史研究通讯》上的早期社史资料——由许德珩等五人联合署名撰述的《九三学社概论》则可以证明，孙荪荃在九三学社创立时期即参加了九三学社。

由许德珩、薛愚、黄国璋、潘菽、笪移今五人联名起草了《九三学社概要》，并由许德珩在6月17日提交新政协筹备会，该文件现藏于国家档案馆，是我们现在所能见到的较早的参与九三学社创始之人留下的九三学社早期历史介绍。这份文件在谈到"社员中为一般人所知道的有"后列的名单有50人，孙荪荃在其中。原稿中"孙笙荃"当为孙荪荃，"荪"字谬为"笙"。

1946年6月12日，九三学社上海分社成立，公推褚辅成、笪移今、孟宪章、孙荪荃、陈乃昌、徐甫等为理、监事。在叙述此一事情的另一文本中，公推理事人名排序与之不同，也没有了监事。"上海分社于1946年6月12日正式成立。公推褚辅成、孟宪章、吴藻溪、笪移今、陈乃昌、孙荪荃、徐甫7人为理事……"

由此，可以判断孙荪荃加入九三学社至少是在1946年前后，并且为九三学社早期的核心人物之一。

有资料表明，孙荪荃在九三学社早期的活动主要在上海，体现在"反美扶日"运动中。

1947年7月下旬，社中央常务理事、上海分社主任理事褚辅成召集九三学社在沪同人座谈中共的方针政策，针对当日美国纵容日本保留某些军备设施，及在对日和约尚未签订、日本在事实上还是盟国公敌的时候，竟宣布开放日本对外私人贸易，引起我国各民意机关和工商界的无比愤怒的情况，他们主张在此时政治条件下，应以反美扶日作为九三学社的中心工作，由此发起"对日问题座谈会"，邀集进步人士，经常研究日本问题，并将座谈结果随时公布于社会，扩大爱国影响，欢迎各党派、各阶层人士共同努力奋斗，孙荪荃在上海积极参加了这一运动。

孙荪荃和褚辅成、孟宪章、王造时、吴藻溪等九三学社同人多次联合社会各界名流、志士在报刊上发表署名文章，伸张正义，表明立场。如1947年8月3日上海《大公报》刊出的《我们关于对日问题的意见》即严正指出："开罗会议与波茨坦宣言，对于限制日本领土于其本国以内以及完全解除其军备的经济的精神的武装，本有极明确的规定……""美国积极援助日本复兴，当然有其政治上的用心。惟我们要忠告友邦：日本帝国主义在历史上曾屡次表现其口蜜腹剑、反复无常的行为。""我国均应站在国家民族永久利益立场，提出独立而坚决的主张，不可因敷衍某友邦一时的面子，随人抚养，听人摆布，而以国家的百年大计做礼品。""同人等鉴于因美国对日管制之失当，致使日本法西斯侵略势力重行抬头，并感触于胜利后正为我积极建设之两年大好时光，凭空虚度，爰本爱国之微忱，提供对日之管见，尚祈政府当局，勿以刍荛见弃，并希望全国同胞提高警惕，加强研究，团结御侮，发愤图强，庶艰苦抗战之成果不致徒付东流，而民族解放大业得以早日完成。"重温这段历史对今天也不无裨益。

发表在1947年9月10日上海《大公报》《求是月刊》上的《我们关于对日和约的主张》，同年12月28日上海《大公报》《求是月刊》刊登《我们对召开对日和约预备会议的意见》，1948年4月1日上海《大公报》刊出《针对美国积极助日，中国应有的对日政策》等文章，我们都可从中看到孙荪荃的署名。

"反美扶日"运动声势不断扩大，孙荪荃既是发起者、参会者，也是在声明、抗议书上的签名者,她不顾自身安危,多次把自己的家提供给大家做开会场所。

在高景仰撰写的《卢于道与九三学社》一文中,我们知道,1946—1948 年,"九三的活动是秘密的,有时在顾执中主持的民治新闻专科学校,有时在泰兴路曾参加过'一二·九'运动的孙荪荃同志家里,与地下党的联系也是单线的"。

除此之外,笪移今在《九三学社的缘起和在上海的斗争》回忆文章中也印证了孙荪荃同九三学社的密切关系和作用,他谈道,"上海分社成立之初,常在孙荪荃家里召开座谈会,讨论的主题是争取民主、和平、反独裁、反内战,实质是学习党的方针、政策以及如何搞好向群众的宣传工作。谭平山每次都参加我们的讨论,发表对政局的意见,对大家很有帮助"。

1949 年 9 月 21 日至 30 日,中国人民政治协商会议第一届全体会议在北京中南海怀仁堂召开,九三学社的代表有许德珩、潘菽、黎锦熙、袁翰青、吴藻溪、薛愚,候补代表为叶丁易。孙荪荃作为自由职业界代表出席了会议,以其他各界代表身份出席会议的九三学社成员还有:梁希、严济慈、涂长望、储安平、樊弘、张雪岩、卢于道等 10 余人。

九三学社虽"很光荣的列为民主政团之一,参加了新政协",但从 1949 年 9 月到 1950 年春九三学社停滞了,九三学社是解散还是继续?这段时间没有发展加添新社员,几乎没有做什么工作。许德珩说,因为"我们都是一些书生,各人又都有各人自己的工作岗位。政协开过以后,人民民主政权已经建立,我们最初的目的已经达到,认为此后,只要在本岗位上替国家尽力,不需要组织什么政团。所以去年政协开完以后,九三学社就预备解散,曾经为这件事,开过几次会,并且已经着手草拟解散宣言,南北各地的社员,多半同意这个办法……就是旧社员有出社的,我们也是采取一个听其自然的态度"。由于九三学社成员散布在重庆、成都、广东、杭州各地,这些地方尚未解放,电讯不通畅,要解散、取消九三学社,必须得到各地方负责人的同意。及至毛泽东访问苏联归来,闻听救国会已解散,深表惋惜,并立即派中央领导同志转达他不同意九三学社解散的意见。中共中央统战部部长李维汉特到九三学社阐明对此事的观点，他说："九三学社的朋友在解放以前，是与各民主党派的朋友一样，在反美反蒋及为民主的各项运动上尽了力的。在整个革命当中，是有贡献的。中国人民政治协商会议召开的时候，九三学社是与中国共产党及其他民主党派一样，一同参加了这个会议。""参加政协的，则是革命的政党，政协就要他们继续发展。……解散这件事，是与中国革命的历史发展不相符合的，我们也希望九三学社继续存在。……我们希望不取消。"李维汉还讲了很多掏心窝子的话。在中国共产党和毛泽东、周恩来、李维汉的关怀、鼓励、帮助下，九三学社经过各方面多次商谈，才决定仍然继续下去。

由于有这段插曲，1950年3月九三学社恢复了中央理事会。因有酝酿解散之事，有人把这届理事会称为第一届中央理事会。现将学苑出版社1991年出版的《九三学社历史资料选辑》79页"九三学社第一届中央理事会名单"按顺序抄录如下："理事：方亮、许德珩、孙荪荃（女）、孙承佩、严济慈、吴藻溪、孟宪章、黄国璋、笪移今、梁希、谢立惠、裴文中、黎锦熙、潘菽、薛愚。"这是恢复了的中央理事会理事名单，孙荪荃是进入这个时期九三学社领导核心层的唯一女性。

1950年11月底12月初，九三学社召开了建社以来的第一次全国工作会议，具有全国社员代表大会性质。会议明确了九三学社以政协会议《共同纲领》为社的纲领，制定了以抗美援朝为中心任务、巩固与发展的组织工作方针；产生了第二届理事会，在原有理事许德珩、梁希、黄国璋、薛愚、孟宪章、黎锦熙、潘菽、卢于道、税西恒、涂长望、彭饬三、裴文中、严济慈、吴藻溪、孙承佩、孙荪荃、方亮、笪移今、谢立惠等19人基础上，增选洪铭声、高觉敷、金善宝、袁翰青、叶丁易、劳君展、鲁宝重、董渭川、初大告等9人为理事，顾执中、洪涛、王克诚、漆文定、金涛、汤璪真、张效良等7人为候补理事。1952年9月11—20日，九三学社召开第二次全国工作会议，会议决定社的中央领导机构由原来的理事会改为社会政治团体通常采用的委员会名称，选举产生社的第三届中央委员会，孙荪荃任中委。

1956年2月,九三学社召开了第一届全国社员代表大会,选举产生第四届中央委员会,孙荪荃为中央委员。在中央各部、会负责人名单中,她任妇女委员会副主任委员。

可以说,从建社初始到20世纪50年代中、后期间,九三学社所有的重大会议、活动孙荪荃都积极参与其中了。这里仅举一例,1954年7月18日北京市分社沙滩支社筹委会、西四直属小组、地质部直属小组3个基层组织举行学习宪法草案联组座谈会,孙云铸、韩寿萱、俞平伯、孙荪荃、楼邦彦、程裕淇等专家学者都参加了会议,会上孙荪荃说:"妇女参加宪法草案讨论是十分光荣的。在旧社会里,妇女只是半个人,妇女被剥夺了一切权利和自由,处在最受压迫的地位。中华人民共和国建立后,我们广大妇女才享受了充分的自由与平等,宪法草案把在我国已经实现了的男女平等的事实固定下来了。"她的发言被刊载在九三学社中央宣传委员会编辑的《九三社讯》上。她的发言代表了妇女界的心声,也体现了她多少年来一直追求、企盼妇女解放和民族解放的理想终于在今天实现了的喜悦心情。

从国务院参事室、中央文史研究馆官网看,20世纪50—60年代,孙荪荃多次参加国务院参事室组织的各种会议、重要节日庆祝活动、赴各地参观视察并汇报视察情况,50年代后期到60年代中期,她更多的是参加国务院参事室的活动。

世事难料,孙荪荃这样一个热爱生活、革命激情澎湃的女性,在1965年秋,竟以自杀的方式结束了自己的生命!在国务院参事室、中央文史研究馆网上公布的《大事记》1965年的讣闻栏目中这样表述:"1965.9.22中国民主同盟成员、九三学社成员、'三民主义同志联合会'发起人之一,全国政协第一届全体会议代表,爱国人士孙荪荃参事去世。"

孙荪荃的不幸去世成了不解的谜。由于文献资料的阙如,目前无法查到系统、完整、可靠、权威的实证解密她最后几年的情况,难以解开她自杀之谜。

文学家、教育家、革命者、九三学社早期核心层的一名干练女性,就这样随着世事更迭和时光的流失,完全淡出了人们的视线。

孙荪荃的诗词、革命生涯、跌宕经历，如此这般折射着时代变化的印记，却"事如春梦了无痕"地渐渐随风飘逝了。她就像一颗划过天空的流星陨落了，以致今天她渐渐淡出了人们的记忆！我们今天回望孙荪荃的一生，有许多疑惑、碎片、空白，拼不出她完整的形象。或许，她的人生更像艺术大师的作品常有的"留白"，而太满太拥挤容易使人失去想象的空间。我想，人生的许多魅力，可能不在于完美，而在于对缺憾的回味、思索。

孙荪荃是一个永远在进取、追求，始终向往着美好的女性，她热爱国家，追随共产党，一生为文学、民主、进步，为中国人民的抗日和解放事业，为巩固人民政权、推进社会主义建设做出了艰苦的努力和积极的贡献。我们永远不应忘记她，也不会忘记她！

参考文献

1. 上海市政协文史资料编辑部《上海文史资料选辑——上海九三学社专辑》，2007年版。

2. 《炎黄春秋》2009年第8期。

3. 九三学社中央社史办公室编《九三学社历史资料选辑》，学苑出版社1991年版。

4. 张申府《张申府文集·第三卷》，河北人民出版社2005年版。

5. 《人民日报》1985年6月30日。

6. 张小曼编《张西曼纪念文集》，中国文史出版社1995年版。

7. 九三学社中央研究室编《九三学社简史》，学苑出版社2005年版。

8. 中国人民政治协商会议浙江省嘉兴市委员会文史资料委员会《嘉兴市文史资料》第三辑，浙江人民出版社1991年版。

9. 王天松编著《褚辅成文存》，中国文史出版社2011年版。

10. 《九三社讯》1956年第2、3号。

11. 《九三社讯》1954年第8号。

12. 孟宪章编《中国反美扶日运动斗争史》，中华书局1951年版。

王造时传略

■ 贾晓明

王造时是中国现代史上著名的政治理论家和政治活动家,是抗战时期著名的"七君子"之一,是活跃在中华民国时期的自由主义知识分子的典型代表。同为"七君子"之一的邹韬奋曾对王造时作了如下的描述:"王博士……和蔼可亲!他的性情又是那样天真烂漫,笃实敦厚。""王博士(王造时)具有演说的天才,尤其在广大群众的大会场上,他能抓住群众的心理,用明晰有力的话语,有条理的说法,打动他们的心坎。""王博士屡有做官的机会,但是因为忠于他自己的主张,不肯随便迁就,宁愿过清苦的生活,行其心之所安,这是很值得敬佩的。"

"通过五四运动和两次被捕,爱国主义深入我心"

王造时(1903—1971)祖籍江西安福,原名雄生,8岁时开始接受启蒙教育,聪慧好学,过目成诵,被乡人誉为"神童"。老师非常喜爱他,认为这个小孩将来定然会做出一番事业,因此帮他取了个名叫"造时"。

王造时小学毕业后,于1917年以江西省前五名的优异成绩考取北京清华留美预备学校。当时的北京是新文化运动的中心，在此期间，王造时阅读了《新青年》《新潮》等许多进步刊物，开始崇拜"德莫克拉西"，信仰"赛恩士"，拥护平等自由，并"为新生事物摇旗呐喊"。在学校，他一面刻苦学习，一面热衷社会活动，先后担任清华学生会宣传部长、干事会主席、"仁社"社长等职，和张国焘、段锡朋同被称作清华的江西"三只虎"。

1919年五四运动爆发，正值清华大学八周年纪念日。下午5点，正在招待来宾的清华学生王造时忽然听说了一个消息，北京城内各校学生举行了示威游行，打了卖国贼，烧了卖国贼的房子，许多学生被捕了。当晚，他从同学罗隆基打来的电话里确认了该信息。王造时和罗隆基商定，立即组织同学们响应各大高校的罢课营救工作，王造时马上跑去动员。第二天上午，各级级长和各社团领袖参加的联席会议成功举行，会议决定，清华学生要与北京学生一致行动。王造时被选入清华学运的领导机构"清华学生代表团"，任清华学生会评议会主席，他积极发动同学参加示威游行，散发传单，筹备演讲。

1919年6月3日，王造时和同学们来到北京东安市场做宣传活动，正要演讲时，一队警察忽然出现，把他从台上拉下来逮捕，这是王造时第一次被捕。5天后，当王造时被释放时，看见关押所门前挤满了欢迎的群众，每一批被捕学生出来，大家随即一起欢呼，王造时后来回忆说："我此时感动得只是流热泪。"

8月28日，王造时参加北京学生代表团去北洋政府请愿，走到新华门时，学生被早已等候的警察驱散、逮捕。王造时毫无畏惧，在被警察拖走的路上，还高呼"打倒卖国贼""抵制日货"。

鉴于舆论的压力，北洋政府不得不释放王造时等爱国学生。王造时在回忆这段时光时说："通过五四运动和两次被捕，爱国主义深入我心，从此以后，反帝爱国运动我无役不从，几十年如一日。"

五四运动后，王造时更加如饥似渴地阅读《新青年》《向导》等进步刊物，思想觉悟不断提高。此后他积极拥护国共合作，拥护孙中山的"联俄、联共、扶助农工"三大政策，更加积极地投身于反帝反封建的斗争。

王造时热爱文字工作，曾担任过《清华周刊》编辑、主编，1925 年"五卅"惨案后，他负责编辑北京学联办的《上海惨剧》日刊，得到邵飘萍、孙伏园的赏识，请他主编《京报副刊——上海惨剧特刊》，共出了 12 期，这为他日后办报打下了一定的基础。

"饶我那时年轻"

王造时早年对梁启超很崇敬。1915 年袁世凯不顾全国人民反对妄图复辟称帝，梁启超写下一篇《异哉所谓国体问题者》雄文加以驳斥，这篇文章给少年王造时留下深刻印象。

1923 年 10 月，北京清华园举行"双十节"国庆大会，学校特邀梁启超来演讲，题目是《我对双十节的感想》，王造时自然前往聆听。演讲中，梁启超说："中华民国之所以闹到这样乱七八糟的地步，国民党是要负重大责任的……"听到这里，王造时很是不满，"急想站起来质问，但是一来怕扰乱会场秩序，二来心里着实有点害怕发跳，结果还是站起来，又坐下去了"。回到宿舍他写了一篇反驳文章，题目是《梁公讲学的态度与我听讲的态度》，发表在《清华周刊》上。文章的开头与结尾都用了下面两句话："对于讲学问的梁任公先生，我是十二万分的钦佩；对于谈政治的梁任公先生，我是十二万分的怀疑。""中华民国之所以闹到这样乱七八糟的地步，绝不是孙中山和国民党，而是梁任公先生和那些勾结北洋军阀，以及热衷于搞派系的保皇党人物。"

文章刊出后不几天，国民党北京党部主办的《时言报》特地加上"研究系包办华北教育的反响"的按语在头版头条转载。梁启超看到后打电话询问清华校长曹云祥，曹云祥连续 3 次把王造时找到办公室，令王造时写出深刻的悔过书，并向梁启超道歉赔罪。

王造时说："在学校我是学生，在社会上我是公民；梁先生可以谈国事，我王造时也可以谈国事；梁先生可以批评孙中山和国民党，我也可以批评梁启超和研究系。请问：错在哪里，罪在何处？"他还表示，如果校长开除他的学籍，他就要向社会呼吁，向法庭控诉。

不久，梁启超离开了清华园，此事也就不了了之。

1933年，《东方杂志》元旦号以"生活的一页"为题，向王造时约稿，王造时把这一段往事作文一篇《做学生差点被开除》发表。

这篇文字发表时，删去了原稿中最末一段文字，而王造时恰恰认为，该段文字才是整篇文章的主旨所在。王造时忆述："这篇文章刚刚写好，有一个朋友来访，看了不禁哈哈大笑起来，说梁任公曾经说过，不惜以今日之我同昨日之我宣战，我看你十年前那样热烈地拥护国民党，今天又这样激烈地批评国民党，亦是自相矛盾。我反问说，是我变了呢？还是国民党变了呢？说罢哈哈大笑，他也哈哈大笑。"

王造时就此向杂志提出抗议，要求在下一期刊登全文并道歉。王造时后来推断："我想必定是梁曹两位先生宽大为怀，饶我那时年轻。"

"安内必先攘外"

1925年，王造时留学美国威斯康辛大学，获博士学位。1929年8月，王造时转入英国伦敦大学政治经济学院，师从英国著名学者拉斯基。1930年8月，王造时由欧洲回国，担任上海光华大学教授、文学院院长兼政治系主任，这时他年仅27岁。

1931年"九一八"事变后，王造时迅速投入抗日救亡运动，发表了题为《救亡两大政策》的小册子，主张"对日准备殊死战争，与日拼命到底"。他的这一见解在当时引起了各方的关注和广泛的反响，甚至在当时共产党领导人洛甫（张闻天）所撰写的《满洲事变中各个反动派别怎样拥护着国民党的统治》一文中，都以较大的篇幅对王造时的主张进行了分析。

王造时又创办《主张与批评》半月刊。《主张与批评》杂志第一期，王造时发表了题为《国民党怎么办?》的文章，从军事、政治、党务诸多方面，批评了国民党政府主导的对日和平外交、依靠国联等鸵鸟政策，指出抗战一年的教训,"证明我们同日本是绝无外交可言"。

《主张与批评》只出了4期,国民党当局就以言论"荒谬""肆意诋毁本党"等罪名"秘密通令全国查禁"。后来他又创办《自由论坛》杂志,在《自由论坛》第一期上,发表《安内必先攘外——为政府进一忠言》一文,严肃批判了蒋介石"攘外必先安内"的错误政策,认为"政府根据这个政策,所以不派大军北上去收复失地,而调动三十多万军队去围剿共党。上海之战,政府宁愿坐视十九路军的孤军苦战,而不愿移在江西的军队来增援淞沪"。

此外,王造时还公开宣传对日本侵略实行反击的论点,他认为,"以日本的军力、的准备、的国势,无论如何,我们起初是必败的""但失败并不可怕,因为中日一战,力求速战速胜是不现实的。而一切惧怕对日开战的人,就是对速战速胜感到失望的人,一切对中日战争举棋不定的人,都缺乏长期抗战的决心",他指出,尽管中国在战争中会遭到极大的损失,但从长远来看,胜利一定属于中国。因为日本虽然强大,但地小物贫,只要中国坚持长期抗战,日本必败无疑。

《自由论坛》第一期在1933年的2月1日出版后,读者纷纷购买,4天之内即告售完,王造时再追印数百册,又告售罄,但在出了几期后又被"勒令停刊"。

不久,国民党当局命令光华大学辞退了王造时,并不准聘请王造时当教师或律师顾问。在章士钊等的支持下,他开始挂牌做起律师,并应王云五之约替商务印书馆翻译《近代欧洲外交史》《现代欧洲外交史》《美国外交政策史》等著作。

王造时除发表政论外,还参与发起组织上海各大学教授抗日救国会。1932年底,宋庆龄、鲁迅、杨杏佛等发起组织中国民权保障同盟,积极参加援救被国民党关押在监狱里的革命者和进步学生的活动,这令国民党当局头痛不已,认为他是"共党嫌疑分子"。蓝衣社头目刘健群亲自找过王造时,告诉他说:"不要在上海哇啦哇啦空发议论,妨害国家大计。蚊子嗡嗡叫有什么用呢?只要举手一拍就完蛋了。"王造时回答,好意心领,他还是想继续教书。

不久，王造时收到一个邮包，拆开一看，里面装的是一枚小型炸弹和三发手枪子弹，还有一张小纸条，上写"小心你的脑袋"。王造时对此一笑了之。

恐吓、匿名信、带子弹的包裹邮件都没有让王造时屈服，于是，蓝衣社特务徐子琴化装埋伏于王造时寓所周围，想等王造时外出时实施暗杀。但等了将近一个星期，因为那几天王造时工作繁忙，几天没有回家，这才没遭毒手（1949年上海解放后，被我公安干警抓捕的两名特务供认，曾奉国民党当局之命对王造时执行暗杀）。

1933年6月中旬，国民党元老李烈钧向王造时出示了一张列有53人的"黑名单"，王造时的名字被列在最后一位。6月18日，王造时突然接到噩耗，和他同在"黑名单"上的中国民权保障同盟总干事杨杏佛被特务枪杀了。

王造时经过思索，找到《大美晚报》的总编辑张似旭，几天后，暗杀名单及消息作为头条新闻登在《大美晚报》上。王造时又与《中国论坛》杂志联系，于1933年7月14日第3卷第8版以"勾命单"为题，在中英文版刊出。名单一经刊出，中外舆论哗然，国民党当局更是狼狈不堪，急派上海市市长吴铁城发表"谈话"说暗杀计划"不存在"，其暗杀计划不得不暂时停止实施。

"当此民族生死关头，应团结全国，共赴国难才对"

1931年12月，各界人士熊希龄、马相伯、黄炎培等60余人组成中华民国国难救济会，发表宣言和通电，要求国民党"解除党禁，进行制宪"。在各方压力下，国民党政府不得不于1932年1月下令召集国难会议，邀请"全国各界富有学识、经验、资望之人士"讨论御侮、救灾、绥靖等事宜。国难会议，尽管是一次临时筹备的会议，但对当时的爱国民主人士而言，是参与政治的一个难得机会。国难会议的筹备召开，极大地提升了各方民主人士对国民政府当局的期望，同时也激发了各方民主人士的政治热情。

不久，年仅28岁的王造时被国民政府聘请为"国难会议"成员，他作为京、津、沪3市7人代表之一，赴南京与行政院长汪精卫交涉会议的讨论范围，强烈要求把取消国民党一党专政，实行民主宪政，保障人民基本权利，团结全国，共赴国难作为主要议题。

1932年1月，王造时参加了由老同盟会会员孙洪伊和国民党元老李烈钧等在上海成立的宪政促进会，强烈要求国民党结束训政，实施宪政。1932年3月19日，王造时、黄炎培等38名国难会议成员召开会议，提出了将国难会议开会地址定在南京，成立提案预备委员会委员等四项决议，王造时、褚辅成、黄炎培等16人被推选为提案预备委员会委员。1932年3月下旬，王造时与黄炎培、沈钧儒等62人联名签署了一项《救济国难之具体主张》的提案，要求国民党确保人民言论、出版、集会、结社自由，开放党禁，筹备宪政，在8个月内制定民主宪法。

当王造时等人对国难会议寄予期望之时，国民政府行政院却出台了《国难会议组织大纲》，大纲严格限制了会议的议题，声明不准谈政治，这让预备出席国难会议的成员们深感不满。为了督促国民党改弦更张，各方推举王造时、熊希龄、褚辅成等7人组成代表团前往南京，与南京政府谈判关于结束训政、实行宪政等问题。

王造时与时任行政院长的汪精卫曾进行过一场激烈争论，汪精卫说："国难会议是政府召集的，我们是主人，诸位是客人。诸位如果不满意政府的办法，去革命好了！我们流血革命，打出来的政权，岂能随便说开放就开放！"王造时则回应道："革命不是哪个人哪个党派的专利品，如果逼得人民无路可走，自然有人会去革命。不过国难这么严重，我们是不愿同室操戈来闹革命的。汪先生身为行政院院长，负最高政治责任，当此民族生死关头，应团结全国，共赴国难才对，反叫人家去革命，我期期以为不可。不负政治责任的人，说说还无所谓，汪院长万万说不得。我们固然是由政府聘请的，不是人民选出来的，但国家是全国人民的国家，大家都有份儿,不能拿私人请客来比喻我们是客人,我们同样是主人。政府既然聘请我们,我们有意见便要提出。中山先生的遗教'天下为公',汪先生的话,未免变为'天下为私'了!"

但汪精卫仍拒绝扩大国难会议的讨论范围,王造时和其他一部分成员决定拒绝出席在洛阳召开的国难会议。4月5日,国难会议上海成员王造时、张耀曾、黄炎培等66人致电国民政府,明确表示:"政府既已严定制限,则此实施宪政之案,又无提出会议余地。思维再四,与其徒劳往返,无补艰危,不如谢绝征车,稍明素志。"

4月7日至12日,国难会议在洛阳举行,会议听取了汪精卫做的政府报告。原定成员为520余人,到会者仅144人,多数代表以政府不许讨论政治问题为由,拒绝出席会议。而在国难会议召开之际,王造时与留沪不出席国难会议的成员黄炎培、张耀曾、左舜生等人发起组织"民宪协进会",继续进行"民主宪政"宣传活动。

"欢迎不是欢迎七个人,而是欢迎救国会的主张"

1935年12月9日,"一二·九"运动爆发,事隔三天,王造时即与马相伯、沈钧儒、邹韬奋等280余人发表《上海文化界救国运动宣言》,组织了上海文化界救国会。此后,王造时更加积极地为抗日救国奔走呼号,担任了"大学教授救国会"常务理事。1936年6月,以宋庆龄、沈钧儒等为首的"全国各界救国会"在上海成立,王造时被推为常务理事兼宣传部部长,并主持《上海文化界救国会会刊》和《救国情报》。

1936年11月23日凌晨3时,救国会的七位领袖人物沈钧儒、邹韬奋、王造时、沙千里、李公朴、章乃器、史良被强加上"危害民国""共党嫌疑""鼓动罢工"的罪名,突然在上海被捕,押往设在上海的江苏高等法院第二分院。

法院开庭审讯之日,大批爱国群众来到法院旁听,法官却以"案情重大"为借口，禁止旁听。群众退到法院门口，聚而不散，以示抗议。在法庭上，王造时当庭驳斥了"公安局代表"的诬蔑之词，并对非法逮捕提出强烈抗议，表示坚决反对非法移送。法官当庭裁定："责付律师，保证以后开庭时被告随传随到。"于是，王造时、沈钧儒、李公朴、沙千里4位救国会主要领导在各自辩护律师的陪同下，昂首阔步走出法庭。这时，守候在门口的群众报以雷鸣般的掌声。章乃器、邹韬奋、史良等人，也在江苏高等法院第三分院被保释。

可在保释的当天下午，国民党当局又以"发现新的犯罪事实，他们有逃亡之虞"为借口，重新逮捕了王造时等6位爱国人士（唯有史良事先得到消息，暂避他处），还将王造时等6人秘密押到苏州，关押在江苏高等法院吴县横街看守所。12月30日，史良自动赴苏州投案，被单独关押在司前街女看守所。

在狱中，王造时谈到如果把他们几个人绑出枪毙，他们应该怎么办？大家商定：相约到临刑的那一天，高唱《义勇军进行曲》走向刑场，临刑的时候一致高呼"打倒日本帝国主义""民族解放万岁"口号。

苏州江苏高等法院开庭"审理"，法官问："被告王造时，你们的联合会宣言有句话说，各党各派代表进行一谈判，建立一个统一的抗战政权，这是不是不要现政府呢？"王造时告诉他说："法官先生，你们把政府与政权混为一谈了，看来你们并不知道政权为何物。政府乃国家行政机关，是国家机构的组成部分。政权，则是指国家的权力，亦即统治阶级的权力，由军队、警察、法庭、监狱等暴力来保证其实现……政府是具体的，政权是抽象的，你所问的问题本身就是逻辑混乱、概念错误。"

审判长见状，转移话题问："你们为什么要鼓动上海日本纱厂工人罢工？"王造时则回答："日本纱厂的工人，也是我们的同胞，我们怎么不应该援助他们呢？他们也是审判长先生的同胞，审判长先生为什么对自己的同胞毫无同情心，一味替日本资本家说话呢？"

王造时在法庭上站在法案前被审问的时候，脸是朝着法官的，当听完法官审问而回答问题时，为了把法庭当作救亡运动的演讲场所，他总是边讲边把身子慢慢地向后转 30 度或 45 度，最后完全面对观众。法官让他把身子转回来，他照办了，可是不到几分钟，他又转过去了，反复数次，弄得满堂大笑，又赢来阵阵掌声。

第二次开庭后，新换的审判长老调重弹，他讯问王造时："你们主张外联苏联内联共产党，建立统一政权吗？"王造时阐述道："我们主张的联合，是指联合与日本利益相反的各国如英美法苏，不是单指苏联；是指联合各党各派，并非单独联共。建立政权而不是改组，统一是全国人民的共同希望。"

1937 年"七七"事变之后，在全国人民的不断声援和抗议下，国民党当局只得释放"七君子"。出狱时，王造时写下这样一段话回赠监狱："事到如今，战争是不可逃避的了。只有在抗战的血光中能找到我们民族的新生命。"7 月 31 日，"七君子"在辩护律师和家属的陪同下，步出苏州看守所大门，迎候在门外的数百名群众爆发出雷鸣般的欢呼声。望着欢迎的人群，王造时不禁热泪盈眶，并从内心深处发出："人们欢迎不是欢迎七个人，而是欢迎救国会的主张。"值得一提的是，王造时在狱中 8 个月，翻译了英国著名学者、他的导师拉斯基的名著《国家的理论与实际》。

言和者应以卖国论罪

1937 年 12 月 13 日南京失守，国民政府迁到武汉（后又迁到重庆），在武汉成立国民参政会。抗日战争爆发后，1938 年 3 月，王造时和许德珩、罗隆基一起回到江西，出任江西省地方政治讲习院教务主任兼教授，在政治讲习院开设课程"中日关系及其现状"，积极宣传抗日救国。国民参政会成立后，"邀请"王造时为第一、二届国民参政会参政员。在第一届国民参政会期间，他积极履行参政员职责，运用参政会这个讲坛发表意见和提议案，反对妥协投降，要求抗战到底。

王造时在历次参政会上均有提案，所提出的每一项提案无不与抗日和民主相关联。

1938年7月6日，国民参政会一届一次会议在汉口召开，会期10天。这届国民参政会召开之际，日军正集中优势兵力进攻国民党的临时大本营——武汉，因此，要不要坚持抗战，如何抗战，便成为时局的关键，也最为国人所关心。有见于此，王造时在一届一次国民参政会上提出了《设立省以下各级民意机关案》。该案与曾琦等32人所提《克期设立省县市参政会案》、许德珩等24人所提《拟请从速设立省县及县以下民意机关案》、程希孟等20人所提《设立地方各级民意机关建设案》等议案合并审查，修正为《拟设立省县参议会，推行行政，完成自治》的决议案。

1938年10月28日，国民参政会一届二次会议在重庆开幕。在这次会议上，王造时根据当时的局势，提出《为抗战到底，宜由本会决议宣言，请政府明令公布，以防反间而定人心紧急动议案》。陈嘉庚虽无法到会，但打来电报提议"言和者以卖国论罪"，结果引起与会者一场辩论。国社党代表说，任何战争都是以和平结束的，言和者不等于出卖国家利益，为何要以卖国治罪呢？主持这次会议的是汪精卫，当即支持国社党的意见。王造时当即反驳说：日本帝国主义者用武力占领了东北和华北，又占领了南京、上海和武汉，而且正在向我国继续进攻的形势下，除了屈膝投降为城下之盟外，哪有"和"可言，言和者应以卖国论罪。

1939年2月，一届三次国民参政会在重庆召开，这次会议的重要议事内容之一是讨论文化教育问题。王造时提出的《建立全面文化工作，以适应第二期全面抗战方针案》，尤为重要。他提出，当时的报纸等出版物主要集中在后方与大都市，出版界未能深入前方，及时供应前方以文化食粮，从而不能适应第二期全面抗战的方针。

1939年9月，一届四次参政会在重庆召开。在这次参政会上，王造时提出了《为加紧精诚团结增强抗战力量而保证最后胜利案》。在王造时等参政员的提议下，大会通过的决议案提出了"治本"与"治标"各两项办法："甲，治本办法：（一）请政府明令定期召集国民大会，制定宪法，实行宪政；（二）由议长指定参政员若干名，组织国民参政会宪政期成会，协助政府，促成宪政。乙，治标办法：（一）请政府明令宣布全国人民除汉奸外，在法律上，其政治地位一律平等；（二）为因战时需要，政府行政机构应加充实并改进，借以集中全国各方人才，从事抗战建国工作，争取最后胜利。"

王造时拥护国共合作，赞成团结、抗战、民主的言论在参议会引起很大反响，但也让国民党当局非常恼火，千方百计予以干扰。1941年3月第二届国民参政会召开时，王造时等救国会的参政员随中共参政员一起退出了国民参政会。

在担任参议员期间，1939年10月，由参议员王造时联合张澜，褚辅成、沈钧儒等在重庆发起宪政座谈会，座谈会的规模日渐扩大，讨论问题逐渐深入，从抽象理论到具体的可操作的实施计划，影响也从重庆扩大到其他地区。1944年，重庆宪政座谈会连续举行，各民主党派领袖黄炎培、左舜生、沈钧儒、王造时等积极活动，要求国民党尽快落实民主、宪政等方面的内容。

在王造时参加参政会期间，还有过一个小插曲。1940年王造时前往重庆参加参政会途中，接到江西省政府转来中山大学代理校长许崇清的电报，邀请他前往曲江担任中山大学法学院院长。正好此时国民参政会延期，王造时便前往曲江与许崇清会谈，表示出任院长一事可以考虑，但回江西之后才能最后决定，许崇清随后向外界公布了此事。

得此消息，国民党广东省当局引起了恐慌，生怕王造时来中大鼓动学生"制造事端"，于是提出"非国民党员不宜担任学院行政一把手"。

中大学生对此极为愤慨，发电报请王造时从速来院，并派6个代表到江西吉安迎接。许崇清也给王造时发来一电，告诉王造时，加入国民党后即可上任，但王造时告诉许崇清："入党与讲学似不必相提并论……谨专此前来辞职，敬请另聘贤明。"

邹韬奋听到此事后曾评论说："王博士虽博，他的唯一的'缺点'竟是'不是本党的同志'，奈何！奈何！"

"我们的社论被列为全国八九种重要报纸之一，我们的专论常被别报转载"

1939年3月27日，江西首府南昌被日军占领，省政府及大批机关团体、学校、新闻单位初撤到赣中的吉安，王造时也举家南移到这里。5月，为了宣传抗日救国，鼓舞军民抗战斗志，王造时等人组织"前方文化社"，更好地发挥文化人士在抗战中的积极作用。王造时接受了"江西抗日救国联合会"的要求，决定在吉安创办一份抗日报纸，因为吉安临近前线，当时便有"前方的后方，后方的前方"之称，报名"前方"，以示坚持抗战，为民前锋，因此定名为《前方日报》。

为了筹集资金，王造时除了拿出自己的一点积蓄外，还奔波于湖南、袁州等地向亲友、同学以及家乡安福籍商人求资，并得到他们的支持，因而使《前方日报》得于1939年5月9日正式出版发行，王造时任社长和发行人。

《前方日报》是一份民办报纸，日出对开一大张，四版，一二版是国际、国内要闻及地方新闻，三版是论述，四版是副刊。王造时办报的主旨是宣传进步，维护国共两党抗日民族统一战线，激励全国军民团结抗战，揭露日本法西斯侵华罪行。每逢国内外形势发生重大变化，或有重大的战争战役、社会政治动向，该报都要发社论、专论或评论，表明自己的观点和主张，其中很多文章都是王造时亲自撰写，如《长期抗战的国策再认识》《总动员不能缓》《看鄂南湘北战局》《保卫我们的粮仓》《挽转颓风》《挥泪望中原》等，及时观察、分析时局和战局。

汪精卫叛国投敌后，《前方日报》集中火力对其展开揭露和抨击。1939年9月2日，该报发表社论《开展讨汪运动》，并连续两天刊登《讨汪宣传特刊》；11月6日，该报连续三天刊载王造时的长篇专论《泛论爱国心》，以鲜明的立场观点，号召全体人民同仇敌忾，团结起来抗日。1940年1月底开始，《前方日报》七天连载了王造时撰写的长篇评论《汪逆怎样把我们卖了》，文章以确凿的事实和锐利的剖析，从各个方面揭露了汪精卫的卖国行径。为坚定江西民众抗战到底的决心和信心，《前方日报》还陆续设立了《民族英雄录》《战区通讯》《血债记录》等专栏，介绍为国捐躯、抗日牺牲的烈士，揭露控诉日寇在江西的血腥暴行，其中如《如何回答敌人的暴行》《赣北游击战区巡礼》《游击在新建》《克服西山》等文章在社会上引起了强烈反响，被国内媒体广泛转载。

《前方日报》除了及时介绍中国抗战外，对世界整个反法西斯战场各条战线也予以广泛报道，并提出了令人耳目一新的见解。后来又开辟《闲话天下最近事》栏目，从政治、军事、经济、时事等多角度进行实事求是的分析，让读者大开眼界。此外，《前方日报》还开设《每周文摘》，为江西读者转载大后方各报重要文章，很受读者欢迎。

《前方日报》的创办与发展，得到了中共党组织、社会进步团体及爱国民主人士的关心与支持，大批进步人士和作家如郭沫若、茅盾、巴金、沈从文、田汉、艾青、袁水拍等都在该报发表过宣传抗日救亡的作品。办报伊始，《前方日报》便与重庆《新华日报》建立了长期的信息与报纸交换关系，并以《新华日报》言论为依据撰写发表一系列文章和抗战短评。1940年6月25日和26日，《前方日报》还特别连载刊登伦敦《泰晤士报》的长篇通讯《中日战争中的华北》，介绍中共领导的八路军在华北敌后抗日根据地发动群众、坚持民主、抗战到底的事迹。周恩来在视察东南地区抗日救亡工作时，路经吉安，虽然行程匆忙，但仍在夜晚抽时间来到前方日报社看望了王造时。

在编辑记者中，王造时不仅聘请的是爱国进步人士，还有一些是地下共产党员，报纸连续发表了不少立场坚定、旗帜鲜明的好文章。国民党当局大骂王造时是共产党的吹鼓手，指责《前方日报》是共产党的"尾巴报"，视之为眼中钉，欲将拔除而后快。于是，国民党当局不择手段，对王造时写恐吓信，几次强迫《前方日报》停刊，并对进步记者、编辑进行迫害，有的被解雇，有的被逮捕。

《前方日报》一经出版发行，便以其震撼性的抗战锋芒赢得了广大读者，起先的发行数不足2000份，后来直线上升，达到4000份左右，到1943年春，发行数稳定在5000份左右。后来又增加了一张文艺副刊性的《前方日报晚刊》，报纸从四开四版增加到四开六版，深受广大读者欢迎，发行量从5000份上升到7000多份，发行量差不多是当地《江西民国日报》的3倍。

1942年夏，日军发动了浙赣战役，敌前锋已侵占了乐安、抚州、萍乡、吉水等地，离吉安市只有几十公里了，一时间，吉安的大小官员纷纷向南撤退，唯独《前方日报》仍坚持在吉安照常出报。

日军进攻吉安后，《前方日报》撤至安福县，报社设在安福中学，坚持了不定期出版。随着形势的紧张，继而报社又迁至武功山下，隐蔽于深山老林之中，虽然无法继续出报了，但有时还要印刷一些传单和宣传品，随着形势好转，报社仍然搬回了吉安市。

《前方日报》自创刊日起到1949年休刊，为宣传进步，宣传抗战，整整持续了十年。1948年5月9日，《前方日报》在创刊十周年之际，王造时发表给报社全体同仁的公开信，他说《前方日报》"虽是一张地方报纸，但在抗战当中，被文化界誉之为一张新兴的报纸，我们的社论被列为全国八九种重要报纸之一，我们的专论常被别报转载。到了现在我们更觉得骄傲，因为我们环顾国中，深信这是一张比较自由的报纸"。

1949年6月，国民党当局出动武装强令停刊。

值得一提的是，在抗战期间，王造时还在自己的家乡安福创办了安福中学。在这之前，安福没有中学，只有小学。学生们需要升学，就不得不到距离较远的吉安、宜春等地去，极为不便。待到抗战开始以后，有不少逃难的同胞拥入安福，安福人口陡增，而新增人口的子女中也有不少需进入中学求学。王造时看到这种情况，因此决心在安福创办一所中学。1939年，经过王造时的创议、集资和募捐等一系列活动，安福的第一所中学建立起来。学校建立后，王造时被推举为第一任校长。他对安福中学极为关切，始终对学校的发展大力扶持。直至1951年以后他在复旦大学任教时，每年还要去安福中学一两次，看望当地的师生。

"今日中国，实在太需要民主了！"

抗战胜利后，全国人民迫切要求和平、民主，然而蒋介石为独霸抗战胜利的果实，强化他的个人独裁统治，很快就命令部队向解放区进攻。对此，王造时大声疾呼："今日中国，实在太需要民主了！"并奋笔疾书，写了《讲理不讲打，动口不动手》等文章，坚决反对国民党发动"内战"，要求各方尊重人民愿望，进行"和谈"，解决分歧。

1945年的9月3日，九三学社在重庆诞生，王造时成为九三学社的第一批社员之一。1946年5月中旬，王造时同褚辅成、卢于道、笪移今、吴藻溪和孟宪章等九三学社成员陆续回到上海。1946年6月中旬，九三学社上海分社成立。褚辅成经常组织王造时、孟宪章、笪移今等九三学社成员和沈钧儒等在上海的民主人士就国内形势的变化和战局的趋向交换意见，探讨如何开展工作、营救遭受迫害的进步人士方法。

在白色恐怖愈来愈凶险的环境中，王造时等上海的九三学社成员利用各自的身份进行了公开或秘密的斗争。王造时回到上海后，先后到10多所大中学校发表反对内战、独裁的演讲，积极推动民盟在全国发动声势浩大的"反内战运动"，制止内战。为了反对国民党的内战独裁政策，1946年冬开始，他积极筹办一份民主刊物《自由周刊》，自任社长和主编，以普通市民的立场评论时政，推动形势向和平、民主、统一的方向发展。由于上海当局害怕王造时继续发表反蒋言论，不予批准立案，结果《自由周刊》没能出版。此后，王造时与生活书店经理、中共秘密党员徐伯昕合作，创办了自由出版社及其门市部。他们采用公开与秘密相结合的办法，经销当时在国内外出版，包括解放区出版的各种革命书刊和民主书刊，这在当时国统区的上海是少有的进步书店。书店办了数年，曾多次遭到国民党特务的搜查，中共秘密党员、书店店员昌诚被逮捕关押，王造时全力将他营救出狱。

1946年9月，李公朴、闻一多在昆明被刺身亡，激起全国人民的愤怒。九三学社上海分社褚辅成、孟宪章、笪移今、王造时、陈子展、任钧等人不惧威胁，跟随周恩来，郭沫若、黄炎培、沈钧儒、李维汉、茅盾等发起组成了李公朴、闻一多两先生的追悼大会筹备委员会。20天之后，教育家陶行知因病去世，九三学社上海分社褚辅成、卢于道、顾执中、施复亮、王造时、许士骐等，随同周恩来、李济琛、邵力子、马叙伦、陈望道等人发起组成陶行知先生追悼大会筹备处。

为停止内战、实现和平做最后的呼吁，1947年5月下旬王造时在出席国民参政会四届四次大会上，与主张和平民主的参政员许德珩、黄炎培、褚辅成等一起，联合提出了由他执笔起草的《国共两党停止内战重开和谈案》，但由于占会议多数的国民党参政员的反对，他们的提案未能通过。王造时又面见张群、陈诚、陈立夫等国民党要员，呼吁国民党政府对学生运动不要采取武力镇压。

1947年8月3日，王造时等发起对日问题座谈会，并发表《我们关于对日问题的意见》，揭露美国以侵略中国为目的、扶植日本军国主义的行径。此后，王造时更加积极地和上海九三学社成员投入到"反内战、反独裁、反饥饿"等的社会运动中，并在《大公报》上发表《致美国驻中国大使司徒雷登的公开信》，反对美国支持蒋介石发动内战，还积极支持大女儿王海若参加上海中共地下组织。

1947年7月，褚辅成与笪移今、王造时、孟宪章等九三学社成员，发起成立"对日问题座谈会"，并于8月3日发表《我们关于对日问题的意见》，从而引领了一场浩浩荡荡的"反美扶日"运动。九三学社成员联合其他民主党派成员，针对美国的妄为，联合发表《我们关于对日问题的意见》。在《意见》上签名的有褚辅成、王造时、孟宪章等15人，其中九三学社成员6人、民革4人、民建2人、民盟1人，无党派人士2人。以后历次座谈会发表的意见、主张或声明，签名的人数一次比一次多，最多一次达390人。从1947年春至1948年底，九三学社上海分社先后在《大公报》发表了九篇文章，其中七篇系孟宪章撰稿，两篇由王造时执笔。九三学社上海分社发起的"反美扶日"运动，不仅引起国统区各界人士的响应，而且受到了中共领导的高度肯定和广大群众的赞赏，在解放区邯郸的电台也不断广播"反美扶日"斗争的进展，予以支持和声援。

1948年3月29日，九三学社发起人之一褚辅成逝世。5月16日，在大上海戏院举行"褚辅成先生追悼会"，九三学社上海分社的领导王造时、笪移今等和在上海的其他民主党派领导人、各界代表参加了追悼会。会上，王造时做了重要讲话，中共党员、进步学生代表王淑贞做了即席发言。

1948年12月25日，九三学社上海分社在王造时家中举行会议，会议决定选举第二届分社理事会，公推王造时、孟宪章、顾执中、笪移今、吴藻溪为理事，卢于道、潘震亚为监事。会议着重讨论研究了当时政治形势，决定九三学社上海分社的工作应在审慎中求深求实，加强与兄弟党派地下组织联系，宣传组织护厂、护校，免遭特务破坏，迎接上海解放等事宜。

就在会议结束的当天，发生了著名的"《观察》事件"。《观察》周刊主编储安平，当时是不参加九三学社活动的九三学社成员，他经常和笪移今等讨论编务和选稿标准等问题。从1947年8月至1948年10月，《观察》先后四次发表"反美扶日"的专论和报道，在群众中影响很大，发行量高达12万份。蒋介石恼羞成怒，亲自下令查封了《观察》杂志。笪移今从王造时家去《观察》杂志社审稿，一进门就和该社编辑记者7人一起被逮捕。

随着淮海战役以国民党蒋介石的全面失败而结束，解放军挺进到长江北岸，国民党当局对民主人士大肆迫害，孟宪章、王造时、储安平、吴藻溪等都被列入黑名单。此时，王造时不顾个人安危，多方奔走营救，于1949年2月亲自担保和营救了笪移今、朱宣咸在内的被捕人士。1949年5月上海解放前夕，当局决定对全市各高校中思想激进有共产党嫌疑的学生进行大搜捕，为保护学生，王造时冒着极大风险，让复旦大学逃避搜捕的学生到他的自由出版社躲藏，使他们度过了最危险的时刻，迎来了上海的解放。

"现在我领到了选民证，我特别感到愉快"

中华人民共和国成立后，王造时被新中国政府任命为华东军政委员会委员、华东文教委员会委员，被选为上海市政协委员、上海法学会理事和上海市人民代表。1950年5月28日，王造时发表《几点感想》一文，认为"人民政府是廉洁的，是全心全意为人民服务的"。1951年8月，王造时应校长陈望道之邀，担任复旦大学教授，先是政治系，后转历史系，任世界史教研室主任。

1954年8日，在普选上海市人民代表大会代表时，王造时成为上海四川北路选区选出的代表，他在普选时说："现在我领到了选民证，我特别感到愉快，感到兴奋，感到骄傲。"他还说："这次选举是最平等、最普通、最民主的，再度说明了中国共产党的领导的正确和伟大。"

1955年10月1日国庆时，王造时又发表了《我们今天庆祝国庆要为实现第一个五年计划而努力》的文章，其中指出："第一个五年计划的实施，不仅指示着我们6亿人口的中国大步走向社会主义，并且是具有巨大世界历史意义的大事件。如果20年后我们来写世界史，这将是可以大书特书的一章。"

1957年3月，全国政协二届三次会议在北京召开，王造时作为特邀列席代表出席会议。到北京后，王造时受到沈钧儒、史良、沙千里等救国会老朋友和其他爱国民主人士热情款待。王造时在政协会议上做《我们的民主生活一定日趋丰富美满》和《扩大民主生活》的发言，得到北大校长马寅初等人的赞同。

王造时回到上海后，在上海宣传工作会议上、上海市政协会议上，以及《新闻日报》《光明日报》分别召集的座谈会上，他多次发言，并相继发表《把鸣放的重点放到基层去》和《进一步建立民主法制秩序》等文章，其中建议：必须加强民主与法制的宣传教育，摆脱重人治轻法治的封建残余传统；必须确实实现人民的基本权利，必须建立互相监督的制度，必须执行基层民主管理。

1957 年，王造时被错划为"右派分子"，受到不公正待遇。1960 年 9 月，王造时获得"摘帽"。从此，王造时回到大学讲台，为复旦大学历史系本科生讲授世界近代史这门基础课，并和历史系其他老教授一起为本科高年级学科生讲授史学评论、黑格尔哲学等。"文革"期间，王造时受到迫害并遭到拘捕，被送往上海第一看守所监禁，称"1416 号"。1971 年，王造时在"文革"中含冤去世。1980 年 5 月，王造时被错划为"右派"的问题得到改正，有关方面为他彻底平反，恢复政治名誉。1980 年 8 月 20 日，上海各界为王造时举行追悼会，将其骨灰葬于龙华上海烈士陵园。上海市副市长宋日昌主持会议，上海市人大副主任、中共上海市委统战部部长张承宗以及先生的生前好友，各界人士数百人参加，全国政协、中共中央统战部、民盟中央、上海市政协、中共上海市委统战部、复旦大学，史良、胡愈之、沙千里、苏步青等敬献了花圈。复旦大学党委副书记致悼词："王造时先生的一生不愧为爱国民主人士的一生，中国人民将永远怀念他。"

参考文献

1. 叶永烈编《王造时：我的当场答复》，中国青年出版社 1999 年版。
2. 冯英子《民主战士 救亡先驱——回忆王造时同志》，《社会科学》1980 年 5 月。
3. 罗添时《略述王造时的爱国抗日》，《南昌大学学报（人文社会科学版）》1990 年 4 月。
4. 谢一彪《不屈的"君子"》，《党史文苑》1996 年 1 月。
5. 姚士彦《王造时在江西办〈前方日报〉的一段史实》，《档案与史学》1996 年 2 月。
6. 周英才《为真理而战的王造时》，《文史精华》1997 年 2 月。
7. 眭传厚《爱国民主斗士王造时》，《文史春秋》1998 年 10 月。

8. 甘竞存《"君子"王造时的悲剧》,《文史精华》1999 年 1 月。

9. 周英才《王造时曝光"勾命单"》,《世纪》2001 年 9 月。

10. 鲍和平《王造时在第一届国民参政会中的提案评析》,《淮南工业学院学报（社会科学版）》2002 年 6 月。

11. 赵寿龙《王造时：民主法制建设的探索者》,《百年潮》2002 年 12 月。

12. 姜平《王造时抗战时期佚文一组》,《民国档案》2003 年 2 月。

13. 刘雅丽《试析王造时的"坚持抗战和民主廉政论"》,《江西社会科学》2003 年 3 月。

14. 田荔枝《"七君子"庭辩展风采》,《政府法制》2003 年 3 月。

15. 傅国涌《中国言论史上的王造时》,《炎黄春秋》2003 年 7 月。

16. 刘雅丽《王造时早期国家理论探析——"费边社会主义式的想法"》,《中共南昌市委党校学报》2004 年 12 月。

17. 周英才《王造时与〈前方日报〉》,《党史文苑（纪实版）》2007 年 4 月。

18. 商鸣臣《我见到的王造时先生》,《春秋》2008 年 3 月。

19. 陈夏红《谁之变：王造时与国共关系一瞥》,《同舟共进》2008 年 7 月。

20. 刘是今《王造时与"九一八"事变后的宪政运动》,《湖南科技大学学报（社会科学版）》2013 年 1 月。

21. 何碧辉《王造时的最后二十年》,《世纪》2014 年 5 月。